노동자 건강의 정치경제학 2

이 도서의 국립중앙도서관 출판시도서목록(CIP)은 e-CIP홈페이지(http://www.nl.go.kr/ecip)
와 국가자료공동목록시스템(http://www.nl.go.kr/kolisnet)에서 이용하실 수 있습니다.(CIP제어
번호 : CIP2012000367)

At The Point of Production
노동자 건강의 정치경제학 2
직업환경보건의 사회적 분석

찰스 레벤스타인 편저

김명희 · 김승섭 · 김재영 · 김현주 · 이화평 · 임준 · 임형준 ·
정최경희 · 주영수 · 최영철 · 한재각 옮김

한울
아카데미

At the Point of Production
The Social Analysis of Occupational and Environmental Health
Edited by Charles Levenstein

Copyright © 2009 Baywood Publishing Company, Inc. Amityville, New York.
All rights reserved, in addition to any copyright line that may be required to establish copyright in the actual translation.

Korean translation Copyright © 2012 Hanul Publishing Group

이 책의 한국어판 저작권은 Baywood Publishing Company, Inc.와의 독점계약으로 도서출판 한울에 있습니다. 신저작권법에 의해 한국 내에서 보호를 받는 저작물이므로 어떠한 형태로든 무단 전재와 복제를 금합니다.

옮긴이의 말

이 책은 노동자 건강권운동 단체인 노동건강연대 회원들의 집단적인 노력으로 만들어진 두 번째 번역서다. 모든 번역자가 노동건강연대 회원은 아니지만, 노동건강연대의 문제의식과 지향에 동의하여 번역과 보론 집필 작업에 기꺼이 참여해주었다.

노동건강연대가 지향하는 노동자 건강권운동의 가치와 관점, 그리고 영역은 노동건강연대의 첫 번째 번역서이자 이 책의 전작인 『노동자 건강의 정치경제학(The Point of Production)』과 이 책 『노동자 건강의 정치경제학 2(At The Point of Production)』에 녹아 있다. 우리는 노동자의 건강 문제가 발생하고 관리 또는 처리되는 기전이 작업장 내의 작업환경과 사업주의 역할 등으로 국한될 수 있는 성격의 문제가 결코 아님을 지속적으로 제기해왔다. 안전보건을 둘러싼 작업장 내의 노사 관계와 안전보건의 구체적 행위는 그 사회의 사회경제적 구조, 정치 환경, 지배계급 또는 세력의 지배 장치로서 법적·제도적 장치, 그리고 각 행위 주체 또는 세력 간 힘의 균형과 불균형의 영향 등을 벗어나서는 설명하기 어렵기 때문이다. 산재보상의 문제도 마찬가지다. 산재보험을 둘러싼 정치사회적·구조적 맥락을 고려하지 않으면 문제의 본질을 해석하기 어려울 뿐 아니라 해결의 실마리도 찾기 어렵다. 이것이 전작의 분명한 문제의식이자 노동자의 건강권 문제를 바라보는 노동건강연대의 시각이다.

또한 우리는 노동자 건강권운동이 전통적인 안전보건 영역에 제한될 수 없는 지향점을 지니고 있음을 제기해왔다. 그동안 우리는 노동자의 의미가 굴뚝 산업을 대표하는 제조업과 건설업의 대기업 노동자와 노동조합 조합원으로 협소하게 인식되어서는 안 된다고 주장했다. 노동자의 절대 다수를 차지하는 서비스 산업의 노동자, 중소 규모 사업장의 노동자, 비정규 노동자, 이주 노동자, 노동과 비노동이 혼재되어 있는 비공식 부문의 노동자 등을 모두 포함해야 비로소 노동자의 건강 문제에 대한 근본적 해결책에 천착할 수 있기 때문이다. 더욱이 건강의 결정요인이 보건의료 및 안전에 국한되지 않고 환경의 파괴, 성차별, 지역 격차, 고용의 불안정성, 소득 불평등 문제와 밀접하게 관련되어 있다는 점에서 노동자 건강권은 작업장의 기술적·물리화학적 안전과 보건의료의 문제를 뛰어넘어야 한다. 권리의 주체로서의 노동자 참여와 거버넌스 문제도 전문가주의에 포섭되어 있는 현재의 안전보건 문제의 프레임 속에서는 결코 구현될 수 없다. 이러한 문제의식이 바로 이 책이 우리에게 던져주는 질문이자 우리가 이 책의 번역을 결심하게 만든 이유다.

  지금 우리는 신자유주의가 어떻게 99%의 사회 구성원을 끝 모를 나락으로 떨어뜨리고 있는지를 목격하고 있다. 그리고 그 정점에 한국의 노동자 건강권의 현실이 놓여 있다. 이 책을 번역하고 출간하는 중에도 수많은 노동자들이 일터에서 다치고 병들며 죽어가고 있다. 우리는 이 책의 번역이 한국의 노동자를 포함한 전 세계 노동자의 노동과 건강을 자본에 포섭하고 지배하는 1%를 위한 체제를 극복하는 데 실천적인 연대 활동이 될 수 있기를 희망한다. 그리고 이것이 이 책의 저자와 편집자가 희망하는 일일 것이다.

2012년 1월
옮긴이 일동

한국어판 서문

크레이그 슬래틴(Craig Slatin) 교수와 나는 2010년에 서울대학교 보건대학원 설립 50주년 기념 세미나의 발표자로 초청을 받아 서울을 방문했다. 당시 우리는 삼성 노동자들의 건강권을 옹호하는 그룹, 보건의료 노조와 교원 노조, 노동건강연대 사람들을 만났다. 우리는 아름다운 관광지뿐 아니라 작은 신발공장들을 방문하기도 했다.

우리는 무럭무럭 자라나는 노동자 안전보건운동의 징후를 볼 수 있어 즐거웠다. 그리고 우리를 보살펴준 이들의 환대 덕분에 우리는 집 같은 편안함을 느낄 수 있었다. 한국어로 번역된 이 책이 이러한 운동의 지속과 성장에 도움이 되었으면 좋겠다. 이 책의 한 부분을 저술한 슬래틴 교수도 틀림없이 나와 같은 생각일 것이다.

+++

디트로이트에서 보스턴으로 가는 비행기에서 나는 위험관리 모형 개발을 전문으로 하는 기업을 운영한다는 한 청년을 만났다. 나는 작업 환경을 전공한 퇴직 교수로서 당연히 그가 환경 위험, 작업장 위해요인 같은 것을 다룰 것이라고 생각했다. 하지만 그게 아니었다. 그의 회사가 관심을 갖는 부분은 기업의 재무위험에 관한 것이었다! 우리는 재무위험관리와 환경위험관리 사이의 관계에 대해 흥미로운 대화를 나누었다. 우리가 날마다 듣는 환경 재앙들은 최소한 부분적으로는(어쩌면 상당 부분) 인간의 (관리와) 경제적 결정에서 비롯된 결과이기 때문에, 이들 사이에는 틀림없이 어떤 연관성이 있다는 점에 우리는 동의했던 것 같다. 무지와 멍청함, 변화에 대한 저항, 게으름, 관성, 즉 이러한 문화들이 관련 없다는 것은 아니었다. 하지만 바닥(말하자면 최저선)에서, 기업들과 어쩌면 국가들까지 침몰 또는 부유하게 만드는 것은 바로 '시장', 이윤 충동, 기업의 경제적 측면 등이다.

그렇다면 왜 이러한 연계가 직업·환경의 안전보건 연구에서 주요한 강조점이 되지 않을까? 그 재무위험관리 애널리스트와 나는 매년 미국에서 발생하는 수백 건의 화학공장 폭발사고에 대해 이야기를 나누었다. 그리고 우리는 석유화학 자본의 상대적으로 광범위한 파괴 — 인명과 물질적 측면 모두 — 를 야기한 위험관리 전략에 대한 조사에서 무언가 배울 것이 있으리라는 점에 동의했다.

경제와 환경

금융의 작동방식을 이해하기란 매우 어려울 수 있다. 이는 일반적인 시민, 노동자, 문외한뿐 아니라 돈 문제에 관한 어떤 비전문가한테도 그러하다. 투기적 금융 활동 이면의 추진력 — 집중된 부의 돈벌이 활용에 대한 경제적·정치적 추구 — 과 이러한 고삐 풀린 탐욕의 원인 및 결과는 소득 불평등을 엄청나게 증가시켰다. 그런데 이러한 정치적이고 경제적인 모략, 이들 월스트리트 협잡은 자연환경과 공공 부문, 노동자의 안전보건에도 심원한 영향을 미쳤다. 일자리, 주택, 저축 손실이 노동조합 의제의 우선순위가 되어야 하는 한편, 우리가 숨 쉬는 공기와 우리가 마시는 물에서의 현재 진행형 변화, 임박한 기후변화 등은 노동자 계급과 전체 시민에게 하찮은 것이 아니다.

이 책에 실린 글들은 환경과 경제의 관계는 뿌리 깊다는 전제, 진보적인 연구자, 환경운동가, 노동조합 활동가, 특히 안전보건 활동가 등이 이러한 연계와 그것들이 야기한 긴장들이 숨김없이 논의될 수 있고, 어쩌면 해결될 수 있는 장(場)을 필요로 한다는 전제에 기초하고 있다. 최근 시장 근본주의의 실패로 이러한 논의가 더욱 긴급한 것이 되었다.

오래된 문제, 오래된 해법들

이 책의 글들을 발췌한 잡지 *New Solutions Journal of Occupational and Environmental Health Policy*는 미 연방「직업안전보건법」이 통과된 지 20년이 지난 후에 창간되었다. 민주당의 린든 존슨(Lyndon Johnson)이 대통령이었을 당시 처음 기초가 잡힌「직업안전보건법」은 닉슨 정부 때 통과되었는데, 그 자체로 심각한 결함이 있었다. 애초부터「직업안전보건법」은 온갖 규제들의 잡동사니로 거치적거렸고, 그중 대부분은 의무화하려는 의도가 전혀 없었다. 주(州) 프로그램 조항은「직업안전보건법」을 단일한 국가 프로그램으로 만들려는 노력의 싹을 잘라냈다. 그리고 닉슨의 재선 캠페인은「직업안전보건법」의 기준 설정 과정(혹은 그 부재)을 억지 협잡으로 이용했다. 여전히 가장 심각한 문제 중 일부는 1970년대에 존재했고 오늘날에도 지속되는 것들이다. 이를테면 불충분한 감독관 숫자, 드문 감독, 낮은 벌금 수준은 이러한 규제 체제 시행 바로 첫날부터 문제였다.

따라서 작업 환경의 개선이「직업안전보건법」의 결과라는 주장은 미심쩍다. 직업성 손상과 질병에 관한 자료는 부정확하기로 악명 높고, 지난 20년 동안 과소보고 문제가 더 심각해졌다는 충분한 근거들이 있다(Azaroff, et al., 2004: 271~303). 게다가 유해한 제조업이 미국에서 퇴장하는 것은 안전보건 문제들을 개발도상국가로 수출하는 것과 다름없을 수 있다. 이를 노동자 안전보건의 성공 신호로 보기는 어렵다.

노동자 안전보건을 위한 투쟁에서 한 가지 긍정적 측면으로는 직업안전보건을 위한 풀뿌리운동, '위원회' 혹은 '연합'인 직업안전보건연합(Coalition for

Occupational Safety and Health) 운동의 발전을 들 수 있다. 그러나 미국 직업안전보건연합의 네트워크는 어느 쪽에서도 큰 지지를 받지 못했다. 미국 직업안전보건청의 '새로운 방향 프로그램'과 미국 국립환경보건과학연구소의 '유해폐기물 취급 노동자 및 응급 처리반 훈련 프로그램'은 몇몇 미국 직업안전보건연합의 생존을 돕는 데 매우 중요했다. 이러한 자원과 프로그램의 요구 조건은 또한 미국 직업안전보건연합의 기술적 전문성 수준을 향상시켰다. 이는 매우 바람직한 것이었다. 하지만 미국 국립환경보건과학연구소 프로그램을 통해 주어진 기회들을 노동계급, 혹은 직업안전보건연합과 대학들이 온전하게 활용했다고는 할 수 없다.

미국과 전 세계 안전보건운동이 맞서야 할 근본적 문제는 현재 신자유주의의 거의 보이지 않는 가정(이자 가치)인 '자유로운 노동시장' 개념이다. 노동자가 자유롭지 않다는 개념, 즉 노동자가 자유롭게 경쟁적인 노동시장에서 개별적이고 독립적이며 충분한 정보에 입각한 선택을 하지 않는다는 개념은 개인의 책임성이라는 신자유주의적 사상을 강력하게 전복시킨다. 우리는 예외, 이를테면 피부양자, 어린이, (과거에는) 여성, 아마도 이민자 등을 위해 규제를 할 수 있다. 하지만 보통의 주류 노동자들이 일하는 중에 죽어가고 아프게 된다는 인식은 이단이다. 우리는 드문 화학물질, 드문 질병, 개별 기업, 즉 예외적인 상황들에 초점을 둔다. 대안적인 프레임? 그것은 과연 무엇일까? 프레임은 새의 깃털처럼 공중에서 저절로 떨어지지 않는다.

「직업안전보건법」의 개혁에 대한 오늘날의 수많은 처방에는 세월의 먼지가 쌓여 있다. 노동조합이 훨씬 많은 수의 노동자들을 대표하던 시절에는 그러한 것들이 적절했을 수 있다. 하지만 그것은 오늘날의 미국에 해당하는 이야기가 아니다. 그리고 가까운 미래에 더 나아지는 변화가 일어날 것 같지도 않다. 노동조합운동은 다른 나라들에서도 약해지고 있다(혹은 거의 존재하지도 않는다). 효과적인 노동조합운동의 건설은 공중보건의 '해야 할 일' 목록에 올라야만 한다. 그러나 많은 이들이 정치경제적인 맥락에서 근본적인 변화를 보려 하지 않기 때문에, 그러한 점진적 변화의 옹호자들은 국가에 의한 직업안전보건 규제와 관련하여 이것의 중요성을 알아채지 못하고 있다.

오래된 문제, 새로운 해법들

미국 전역에서 안전보건 문제와 관련한 적극적 행동주의의 풀뿌리 출현을 나타내는 노동자 센터의 새로운 물결이 일어나고 있다. 이러한 센터들은 흥미진진하고 새로운 발전이다. 이는 단순히 직업안전보건 문제를 둘러싼 이슈뿐 아니라 노동자 건강 전반을 위해 노동 계급 그룹들을 조직하는 새로운 방식이다. 이러한 안전보건운동의 '틀 다시 짜기'는 효과가 있는 것처럼 보인다. 이는 대개 이주 노동자들의 운동이지만, 더욱 폭넓은 지역사회와 함께하고 있다. 미국에서 보건 전문가, 인권 활동가, 노동조합 활동가, 환경운동가들은 노동자 센터 운동을 지원할 방법을 찾아야 하며, 폭넓은 공중보건운동을 구축하는 것에 자신의 노력을 기울여야 한다. '공정성'은 중산층 운동의 틀을 짜는 방식이며, '민중건강운동'은 총체적으로 사회 비전의 틀을 다시 짜는 방법이다.

불행하게도 보건학은 경직된 상태를 경험하고 있는 듯하다. 노동자 건강을 위한 운동을 구축할 수 있는 새롭고 좀 더 강력한 토대를 발전시키기 위해, 우리는 '공중'보건학과 행정에 대한 종속 상태를 근절시켜야 한다. 환경 및 직업보건에 현재의 학술적 접근법을 매어두는 만성병 역학의 방법론은 드문 질환을 세밀하게 도려내는 것에 적합하다. 하지만 이는 화학물질의 늪에 살고 환경 재앙에 직면한 사회(그리고 점차 세계)에 필요한 해방의 과학은 아니다. 직업환경보건학은 개별적인 화학물질의 페티시즘에서 벗어나 구조적인 관계와 변화에 대한 연구로 이동해야 한다. 우리가 보고 있는 문제는 전반적으로 건강한 체계에 존재하는 최저 한계가 아니다. 사실 우리는 병적인 사회·정치·경제 제도를 기술하기 위해 서투르게 더듬는 중이다. 우리는 진정한 질문을 다루어야 한다. 주류 노동자들과 그들의 지역사회에 무슨 일들이 벌어지고 있는가? 화학물질의 늪에 산다는 것은 어떤 것인가?

산업위생 모형은 이러한 과제에 부적합하다. 우리는 더 크고, 넓고 깊게 생각해야 한다. 더구나 우리는 기업의 과학 지배에 대해 더 이상 놀라지도 않는다. 이건 오래된 이야기다. 직업보건과학의 방법론은 그러한 지배에 종속되기에 안성맞춤이다. 기저의 사회적·정치적·경제적 맥락이 변화했지만, 우리는 아직 그러한 문제들을 거의 다루지 못한다. 그리고 이것들은 표준적 역학에서 혼란 요인보다 더한 것들이다. 운동은 연구자를 앞질러 왔다. 운동이 제기하는 문제들은 무엇이며, 과학은 이를 어떻게 다룰 수 있을까?

새롭고 흥미로운 희귀 질환을 발견하는 것이 본질적인 문제인가? 만일 그게 아니라면, 일상의 흔한 안전보건 문제들은 어떻게 연구해야 할까? 연구가 더 필요한 것이기는 할까?

우리의 새로운 방법은 질적인 것과 양적인 것을 통합해야 한다. 여기에는 '중개(translational)' 연구/작업뿐 아니라 참여행동 연구도 포함되어야 한다. 마지막으로 미국 같은 사회에서, 우리는 '생산의 지점'에서 '소비의 지점'으로의 전환을 이해해야 한다. 이는 노동환경에서의 전환과 그 중요성을 이해하는 것이다.

미래의 방향?

근본적인 사회 변화, 공중보건, 환경과 작업장 정의를 위해 광범위한 기반의 운동을 발전시키는 것에서 진보적인 안전보건 연구자들은 어떤 역할을 해야 할까?

① '인권'으로서 노동자·지역사회·환경의 안전보건: 이는 본질적으로 다른 불만의 목소리들을 함께 연결하는 표제(혹은 기치)가 될 수 있을까?

② 에너지 이슈: 기후변화, 에너지에 대한 대안적 접근, 노동자와 지역사회에 대한 함의. 빈곤과 실업은 이 사회에 열린 유일한 환경 전략일까?

③ 이민자: 우리는 신자유주의적 세계화의 측면, 혹은 매우 오래된 이야기로서 이민자를 착취하는 기업에 대해 글을 써야 한다.

④ 도시화: 마이크 데이비스(Mike Davis)의 『슬럼, 지구를 뒤덮다(Planet of Slums)』(2007)는 근본적인 환경 이슈를 보여준다. 새로운 도시 공중보건이 존재할까?

⑤ 젠더 이슈: 일터와 지역사회에서 가족과 젠더 역할 재정의.

⑥ 인종과 민족: 노동력과 지역사회 이슈. 지속가능성의 한 측면으로서의 '정의'와 그 '해법들'.

⑦ 공공 부문의 수호: 공공 인프라의 악화. 노동조합에 대한 공격. 학교·도서관·대중교통 등 핵심적인 공적 제도의 중요성 이해.

⑧ 변화를 위한 힘: 노동자 센터, 지역사회 환경운동, 국제 연합. 계급 간 연합. 연구자, 보건과 환경 전문가들. 대학의 역할. 노동조합이 무엇을 할 수 있을까? '공중보건운동'이 존재할까?(혹은 가능할까?) 블루-그린 동맹(Blue-Green Alliance)[1]의 성취와 향후 전망은 무엇일까?

⑨ 우리는 에이즈(AIDS)의 경험에서 무엇을 배울 수 있을까? 이는 건강 보호를 위한 광범위한 지역사회 조직화의 힘을 보여주는가?

⑩ 작업 조직과 직무 스트레스: 우리는 사회적 투쟁의 의료화를 허용한 것

---

1 미국의 노동조합운동과 환경운동이 녹색경제에서 양질의 일자리를 늘리기 위해 전략적 파트너십을 구축한 사례를 지칭한다(http://www.bluegreenalliance.org). _ 옮긴이

일까? 이는 노동조합 쇠퇴의 한 측면이고 동맹군에 대한 필수적 탐색이라 할 수 있을까?

⑪ 희생자 보상은 어떠한가? 산재보상은? 산재 소송을 둘러싼 전쟁은? 이들은 자본주의라는 스포츠 경기장 안에서 좀 더 필요한 창 시합일까? 왜 사회안전망은 노동자와 지역사회 안전보건을 방치해왔을까?

⑫ 미디어의 역할: 사회적 의제의 결정. 주류 미디어의 기업 지배와 인터넷의 가능성.

이것들은 *New Solutions Journal of Occupational and Environmental Health Policy*의 저자들과 독자들이 앞으로 다루어야 하는 질문의 일부분이다. 확신하건대, 독자들이 이 의제에 추가할 것이 더 있을 것이다.

2012년 1월

찰스 레벤스타인(Charles Levenstein)

서문

생산의 지점

존 우딩(John Wooding)과 함께 쓴 이 책의 전작 『노동자 건강의 정치경제학(The Point of Production)』에서 특정 산업과 작업장이 처한 사회적·정치적·경제적 맥락에 대한 깊은 이해 없이는 산업 유해성(industrial hazards)에 대한 인식 및 통제 과정을 제대로 이해할 수 없다는 점을 주장한 한편, 광범위한 정치경제체제(broad political economy)에서 노동자의 안전보건이 직면한 문제들을 찾으려고 했다(Wooding and Levenstein, 1999). 우리는 그 책에서 법규를 발생시키는 환경적 요인과 문제, 그리고 미시적 수준에서의 변화 가능성에 영향을 받는 경제 주체/기관들의 상호작용 체계를 가정했다. 이러한 접근법은 존 던롭(John Dunlop)이 고안한 노사 관계 체계 분석(industrial relations systems analysis) 모형을 차용한 것이지만, 미국 경제에 대한 고찰에서 이를 좌파적 관점으로 재해석했다(Dunlop, 1958). 또한 관리자 주도로 이루어지고 있는 직업안전보건에 대해 분석했다.

당연하게도 우리가 제한점으로 생각했던 요인들이 큰 변화를 겪고, 그 과정에서 사회적 인과관계의 층위를 밝혀내기 위한 원인 연구가 필요해지면서 우리의 분석방법은 더욱 주목을 받았다. 노사 관계 체계 분석에서는 첫째, 사회에서 기술의 상태, 둘째, 시장의 발달 수준, 셋째, 사회 계급 간 권력의 분포, 넷째, 이데올로기의 과잉 등으로 설명할 수 있는 다소 안정된 사회 환경을 가정한 상태에서 분석을 실시했다. 또한 논쟁점이기는 하지만, 노동조건을 바꾸기 위한 일차적 도구로서 국가의 역할을 고려했다. 반면에 새롭게 전개되고 있던 경제의 세계화를 인식하고 있었지만, 그러한 세계화가 네 개 범주에서 어떠한 변화를 가져오는지에 대해서는 다루지 못했다. 게다가 『노동자 건강의 정치경제학(The Point of Production)』에서 발전한 자본주의 경제라는 조건에 국한하여 직업성 재해와 질병을 다루었다.

덧붙여서 『노동자 건강의 정치경제학(The Point of Production)』에서 기술 통제에 대한 투쟁이 어떤 식으로든 더 폭넓은 사회에 반영된다고 주장했는데, 이는 산업 유해성에 대한 미시 환경을 공부하는 것이 사회와 일반 환경에 존재하는 많은 문제에 대해 더 깊이 이해할 수 있다는 것을 의미한다. 정말로 우리는 노동자와 지역사회의 삶에 영향을 미치는 수많은 부정적 금기들을 폭로할 수 있는 창(window)으로서 그것을 바라보았다. 예를 들어 이러한 접근 방법은 환경 정의와 '더 깨끗한 생산'에 관한 이슈를 이해하는 데 매우 유용한 도구가 될 것이라고 생각했다.

비록 충분하지는 못했지만, 자본에 잠식된 사회에서 좋지 않은 소문에 휩싸여 있는 과학의 문제들을 검토했다. 과학자들의 기능이 사업주, 보험회사, 그리고 다국적 자본의 이해와 요구에 종속되어 있다는 사실을 밝혀냈다. 이 부분에 대한 분석에서 자본주의 국가를 전능하지는 않지만 생산 및 시장과의 관계에서 지배 체제의 활력을 유지하는 수단으로 이론화했다. 여기에서 연구의 초점을 미국에 맞추었고, 부분적이지만 유럽 국가들의 경험을 활용했다.

그런데 『노동자 건강의 정치경제학(The Point of Production)』이 생산에서의 성 이슈에 대해 불충분하게 다루었으며 환경주의에 대한 함의를 충분히 검토하는 데도 실패했다는 비판이 제기되었고, 이와 함께 개발도상국의 적용 가능성에 대해서도 의문이 제기되었다. 미국에 초점을 맞추면서 불가피하게 미국의 경험에 치우쳤고, 작업 환경 문제와 상호작용하는 광범위한 범주에 대해서도 제대로 다루지 못했다. 아마 더 중요한 것은 일련의 연구물들이 매사추세츠 주립대학교 로웰 캠퍼스(University of Massachusetts Lowell)의 노동환경 정책 분야에서 종사하는 연구자들에 의해 이루어졌고, 그들 모두 산업과 산업에 관련된 특수한 문제를 조사·분석하는 데 『노동자 건강의 정치경제학(The Point of Production)』에서 사용한 분석틀을 이용했다는 점일 것이다. 이 책 역시 이러한 연구자들에 의해 성취된 연구물 중에서 New Solutions Journal of Occupational and Environmental Health Policy에 게재된 글을 모은 것이다. 또한 『노동자 건강의 정치경제학(The Point of Production)』에서 사용된 접근법은 레벤스타인이 다른 연구자들과 함께 진행한 연구에도 이용되었다. 그 결과물로 작성된 논문의 일부는 New Solutions Journal of Occupational and Environmental Health Policy에 게재되었고, 다시 이 책의 한 부분으로 수록되었다.

후기산업사회에서 국민경제의 심오한 변화는 새로운 문제를 유발했을 뿐 아니라 오래된 문제인 노동자의 안전보건 문제를 더욱더 중요하게 만들었다는 점이 연구를 통해 더욱 분명하게 드러났다. 보건의료 부문이나 다른 서비스 산업 부문과 같이 진에는 큰 주의를 끌지 못했던 분야가 관심의 영역이 되었다. 그리고 이러한 산업들과 관련된 문제들이 전통적인 상품 생산이 아니라 서비스와 관련되어 있기 때문에, 『노동자 건강의 정치경제학(The Point of Production)』에서 제기한 분석틀이 이러한 분야에 적당한지가 의문시될 수 있었다.

아마도 『노동자 건강의 정치경제학(The Point of Production)』에서 가장 크게 눈에 띄는 문제 중 하나는 세계 경제의 변화를 다루는 데 실패했다는 점일 것이다. 그 당시에 저자들의 관심은 직업안전보건 종사자들이 자본주의 동학(dynamics)을 잘 이해할 수 있도록 설명하는 데 있었다. 차후에 더 분명해진 것은 지금은 한 국가의 자본주의 체제가 아니라 제국주의에 대한 검토가 필요하다는 것이었다. 더욱이 발달한 산업 경제하에서 사회적 '행위자'로 명확하게 구분되었던 것들이 중부나 동부 유럽과 같은 신흥 시장체제에서는 명확하지 않게 되었다. 이러한 체제에서 명확한 자본가 계급의 성장은 1990년대에 들어와서 발생한 현상이었다. 한편 일부 개발도상국, 특히 동남아시아의 경우 산업화의 새로운 경향과 함께 노동계급의 발달이 동반되었다. 제2세계와 제3세계에서 국가의 역할은 세계 경제와 정치 세력에 의해 변화하고 있었다. 세계화는 새로운 것이 아니지만, 변화의 속도와 깊이는 19세기와 20세기의 세계화와 분명 다른 특징을 보여주고 있다. 그러므로 노동조건의 결정요인으로서 노사 관계의 정상적인 체계는 세계의 변화 속에서 더 이상 '정상'이 아닌 것이 되었다.

상품 생산에서 중심적인 위험은 화학물질·방사능물질·금속의 사용, 분진·유독 가스의 발생, 위험한 기계의 사용, 그리고 반복 노동의 조직화(포디즘, 과학적 경영) 등과 관련되어 있다. 물론 인종주의와 성 차별의 문제, 그리고 노동조합의 감소가 문제를 더 악화시켰다. 서비스의 생산에서 발생하는 위험은 고객, 환자, 소비자와 서비스를 전달하는 노동자 사이의 관계에서 내재화되고 있다. 산업 현장에서 지속적으로 존재해왔던 폭력의 문제가 새롭게 등장했다. 노동관계와 위계화된 체계의 구성요소로 존재했던 직무 스트레스는 지금 더 큰 주의를 받고 있다. 또한 오래된 과업을 현대화함에 따라 새로운 형태의 반복적인 손상이 또 다른 형태의 질병과 재해로 등장하고 있다. 증가하는 감시 기술과 모니터링은 작업장에서 종속적인 위치에 있는 노동자에게 새로운 의미를 부여하고 있다. 이제 그들은 새로운 스트레스와 소외를 영속적으로 경험하게 된 것이다. 모든 부분에서 보건의료 부문은 많은 위험을 갖고 있는 산업으로 자리매김하고 있다. 소매점이나 피자 배달을 하고 있는 10대들은 직업안전보건 연구자의 관심을 끌고 있다. 이주 노동자들 또한 관심의 대상이 되기 시작했는데, 특히 가사 도우미나 요양원 등에서 일하는 이주 노동자들의 건강 문제가 주요하게 다루어지고 있다.

이 책에 우리는 저자들이 『노동자 건강의 정치경제학(The Point of Production)』

에서 개발한 연구 방법론을 적용·시험하고 새롭게 개선한 논문을 실었다. 이러한 논문들이 새로운 세계 경제에서 노동자의 건강과 안전에 영향을 미치는 사회적·경제적·정치적 결정요인들을 풍부하게 다루었다고 믿는다. 더욱이 이 책의 논문들은 『노동자 건강의 정치경제학(The Point of Production)』에서 사용한 분석틀을 확장하고 개선함으로써 서비스 분야의 위험을 제거하기 위한 연구의 틀로 활용하는 것이 가능함을 보여주고 있다. 다른 말로 우리는 이러한 질문을 역설적으로 던질 수 있다. "지금 이 시대가 제조업의 시대와 결정적으로 다른 새로운 시대인가?"

이 책의 제1부는 세계화를 둘러싼 이슈들을 다룬 장으로 구성되어 있다. 시퀘이라(C. E. Siqueira), 레무스(B. Lemus), 그리고 레벤스타인(C. Levenstein) 등이 브라질과 멕시코 노동자의 건강과 안전에 사유화가 미친 영향에 대해 살펴보았다. 마크카넨(P. Markkanen)의 연구는 아시아 제화 산업에서 이루어지고 있는 가족노동에 초점을 맞추었다. 마카도(E. P. Machado)와 레벤스타인은 폭력이 지역사회에서 버스로 흘러들어가는 브라질의 상황을 기록하고 있다.

제2부에서는 『노동사 건강의 정치경제학(The Point of Production)』에서 언급되었지만 제대로 다루지 못했던 부분에 대해서 다루었다. 로젠버그(B. Rosenberg)는 농업 부문 노동자에 대한 환경 규제의 의도하지 않은 효과를 검토했다. 슬래틴(C. Slatin)은 직업보건과 환경보건의 교차 영역에서 응급상황에 노출되어 있는 폐기물 처리 노동자와 지역사회 주민들에 대해 다루었다. 캠벨(R. Campbell)과 레벤스타인은 생산의 지점에서 독성물질의 사용 감소 등과 관련된 환경 법령의 실행에 대해 기록했다. 아멘티(K. Armenti)와 그의 동료들은 공해 예방에 대한 노동자의 역할을 다루었다.

제3부에서는 매우 중요한 주제임에도 『노동자 건강의 정치경제학(The Point of Production)』에서 제대로 다루지 못했던 노동관계와 젠더 문제의 교차 영역에 대한 스팽글러(E. Spangler)의 고찰을 담았다. 또한 에드워드(S. Edwards)와

퀸(M. Quinn)은 '청소 업무'의 의제에서 젠더의 중요성과 적합성을 고찰했다. 모어(S. Moir)와 아자로프(L. S. Azaroff)는 건설 업종에서 일하는 노동자를 다룬 참여행동연구(participant action research)를 보고했다.

마지막으로 제4부에서는 퀸, 레벤스타인, 그리고 드로리어(G. F. DeLaurier)가 작업장에서 직업보건 연구를 수행하는 것과 관련된 실천적인 이슈들을 다루고 있다.

이 책에 『노동자 건강의 정치경제학(The Point of Production)』에서 제안한 연구틀에 기초했거나 확장한 저작물을 모두 담은 것은 아니다. 베이우드 출판사에서 출간되는 레벤스타인, 포란트(Forrant), 그리고 우딩에 의해 편집되는 '노동, 건강, 그리고 환경'이라는 주제의 일련의 책들이 우딩과 레벤스타인이 최초 제안한 가설을 다룬 저작물들을 더 많이 포함하고 있다. 덧붙여 레무스, 뎀브(Dembe), 바레이라(Barreira), 체딜로(Cedillo), 바뷰(Barbeau), 캠벨, 무어 에라소(Moure-Eraso), 그리고 여러 사람에 의해 이루어진 성과물들이 *New Solutions Journal of Occupational and Environmental Health Policy*와 다른 잡지에서 발표되고 있다. 이러한 연구틀을 사용한 연구들이 점차 서비스 분야로 확대되고 있고, 해당 산업에 대한 효과적인 연구 방법으로 더 많이 요구되고 있음이 점차 확실해지고 있다.

찰스 레벤스타인

[임준 옮김]

차례

옮긴이의 말 5
한국어판 서문 7
서문 15

제1부 세계화와 개발

제1장 세계 경제와 노동자 건강
: 노동자 건강에 미치는 영향에 대한 선진국과 개발도상국의 교훈 27
1. 세계화가 노동에 미치는 영향 29 / 2. 미국에서 나타난 세계화의 영향 34 / 3. 멕시코와 브라질에서 나타난 사유화의 영향 36 / 4. 연구 방법 38 / 5. 멕시코의 정치경제 39 / 6. 브라질의 정치경제: '잃어버린 10년'부터 신자유주의 10년까지 47 / 7. 고찰 57 / 8. 결론 59

제2장 생산의 새로운 현장: 아시아의 가내노동과 제화 산업 62
1. 미국의 생산 감소 63 / 2. 인도네시아와 필리핀에시의 신빌 생산 64 / 3. 가내 생산 66 / 4. 가내 비공식 부문 제화 산업의 작업 환경 66 / 5. 성에 의한 노동의 구분 67 / 6. 제화에 사용되는 화학물질과 다른 위해요인들 68 / 7. 작업 환경과 관련된 행위 주체들과 기구들에 대한 분석 71 / 8. 종합 분석 71 / 9. 국제기구들 75 / 10. 가내 노동자 지역사회 77 / 11. 현장에서 통하는 것은 무엇일까? 82

제3장 버스 강도:
브라질 사우바도르의 대중교통에서 발생하는 작업장 폭력과 (불)안전 85
1. 사우바도르의 대중교통 체계 89 / 2. 버스 노동자 90 / 3. 규칙 어기기 92 / 4. 버스 강도 통계 97 / 5. '돈 아니면 죽음' 99 / 6. 공포에 떨며 103 / 7. 노사 갈등 106 / 8. 버스 강도에 대한 경찰의 조치들 107 / 9. 결론 109

옮긴이 보론 세계화와 노동자 건강 111

제2부 환경과의 상호작용

제4장 농약 알라의 사용 금지 사례: 정치적인 대립과 예기치 못한 결과들   125

1. 매사추세츠 주에서 미국 농무부의 농업지원 프로그램이 알라의 홍보에 미친 영향 129 / 2. 알라가 의심받기 시작하다 131 / 3. 허용 기준치를 낮추다 137 / 4. 사용 금지 조치 141 / 5. 사용 금지 조치 이후 143 / 6. 매사추세츠 주 사과 산업의 경제적 현황 145 / 7. 노동자에 미친 영향 147 / 8. 수확 작업 노동자에게 미친 영향 147 / 9. 농업인에 대한 영향 149 / 10. 농업인에게 미친 심리적 영향 151 / 11. 경제적 손실 152 / 12. 사과 재배 과정에 미친 영향 153 / 13. 농약의 사용 156 / 14. 상한 과일에 미친 영향 162 / 15. 결론 164 / 16. 감사의 글 169

제5장 안전보건 조직하기:

석유화학원자력국제노조의 노동자 대 노동자 안전보건 훈련 프로그램   170

1. 석유와 석유화학 산업들 173 / 2. 석유화학노조의 연원 175 / 3. 석유화학노조와 안전보건 176 / 4. 노동연구소 178 / 5. 석유화학노조의 내부 정치 투쟁 181 / 6. 훈련 기금-노조 배경 183 / 7. 국립환경보건과학원에 사업계획서를 제출한 석유화학노조 184 / 8. 프로그램 구축 188 / 9. 석유화학노조가 직면한 문제들 194 / 10. 일과 환경 204 / 11. 시스템 분석을 위한 노동자 준비 205 / 12. 프로그램의 영향 206 / 13. 결론 208 / 14. 감사의 말 210

제6장 손쉽게 얻을 수 있는 열매:

독성물질 사용 감소 정책의 사회적 가치와 기업의 결정권   211

1. 독성물질 사용 감소 정책에 대한 고찰 214 / 2. 계획 과정의 문제점 218 / 3. 연구 방법 220 / 4. 현장조사에서 얻은 관찰 결과 220 / 5. 기업 소속 계획 입안자 222 / 6. 기업 외부 컨설턴트 계획 입안자 230 / 7. 정책 환경과 주 정부 235 / 8. 결론 238

제7장 직업성 및 환경성 오염에 대한 통합 예방 전략: 1차 예방 모델   244

1. 직업환경 정책의 틀 246 / 2. 공중보건 모델 내에서 직업 환경보건에 대한 역사적 고찰 247 / 3. 규제 기관의 구조와 우선순위의 차이점 249 / 4. 예산의 차이 253 / 5. 규제 순응의 장애물들 254 / 6. 1990년의 「환경오염예방법」 256 / 7. 현재 환경 패러다임의 전환에 대한 효과에서 「환경오염예방법」의 제한점 257 / 8. 주 정부가 제안한 오염 예방 프로그램 260 / 9. 매사추세츠 주의 독성물질 사용 감소 261 / 10. 직업보건과 연결된 독성물질 사용 감소 261 / 11. 독성물질 사용에 대한 제한의 한계 262 / 12. 협력을 강화하는 중재방안 263 / 13. 통합의 장애물들 266

옮긴이 보론 후쿠시마, 녹색운동, 그리고 노동자   270

제3부 젠더

제8장 성적 괴롭힘: 다른 수단에 의한 노사 관계   283

1. 비교하기 285 / 2. 고비용 287 / 3. 지형의 일부 289 / 4. 고용주가 이득을 얻는 방식 291 / 5. 거칠고 험한 업무에 대한 '거래' 293 / 6. 강인함의 기풍 294 / 7. 여성의 경험으로부터 시작하기 296 / 8. 감내하는 것의 편익 298 / 9. 감사의 글 299

제9장 젠더와 청정생산:
전략 개발과 대안 설계에서 젠더 분석을 포함한 틀 짜기   300

1. 청정생산/오염 예방 또는 지속가능한 생산 303 / 2. 서구식 개발 패러다임과 이에 대한 비판, 그리고 대안 307 / 3. 과학과 기술에 대한 페미니즘의 비판 315 / 4. 개발정책은 어떻게 여성의 삶을 좌우하는가? 317 / 5. 젠더 관점에 기초한 청정생산 분석틀을 위하여 319 / 6. 독성물질 사용 감소 계획에 젠더 분석 포함하기 325

제10장 보스턴 지역 '건설 여성 노동자 안전보건' 연구 서클:
　　특수한 작업 환경 묘사를 극대화하기 위한 새로운 참여방법　　328
　　1. 방법　330 / 2. 결과　332 / 3. 더 나은 미래를 위한 건설 여성 노동자들의 전망
　　338 / 4. 변화를 위한 전략　339 / 5. 고찰　345

옮긴이 보론 한국 사회에서 직업안전보건과 젠더 이슈　347

제4부 윤리적 문제

제11장 민간 영역의 지원을 받는 직업안전보건 연구를 위한 올바른 연구 가이드라인
　　　　　　　　　　　　　　　　　　　　　　　　　　　　　　355
　　1. 가이드라인이 필요하다　357 / 2. 논점들　360 / 3. 올바른 연구 가이드라인 개발을
　　위한 워크숍의 질문들　367 / 4. 우리가 가야 할 길　370

옮긴이 보론 '노동자 건강 정책·연구'에서의 법적·윤리적 고려점　372

　　참고문헌　377
　　찾아보기　397

| 제1부 세계화와 개발 |

제1장 세계 경제와 노동자 건강
노동자 건강에 미치는 영향에 대한 선진국과 개발도상국의 교훈

제2장 생산의 새로운 현장
아시아의 가내노동과 제화 산업

제3장 버스 강도
브라질 사우바도르의 대중교통에서 발생하는 작업장 폭력과 (불)안전

옮긴이 보론
세계화와 노동자 건강

1

세계 경제와 노동자 건강
노동자 건강에 미치는 영향에 대한 선진국과 개발도상국의 교훈

에두아르도 시퀘이라(C. Eduardo Siqueira),
블랑카 레무스(Blanca Lemus), 찰스 레벤스타인(Charles Levenstein)

직업 및 환경 보건은 상품과 서비스의 생산 방법의 결정에 따라 좌우된다. 지역사회와 작업장에서 나타나는 삶의 질과 노동자, 거주자, 시민의 안녕은 생산기술에 따라 상당한 영향을 받는다. 우리는 생산에서 인간과 자연환경의 사용에 대한 의사결정 체계를 이해하려고 했다. 또한 이러한 결정이 이루어지는 테이블에 누가 앉아 있는지, 그리고 무엇이 그러한 결정을 유도하는지를 알고자 했다. 그리고 어떻게 하면 보통 사람들이 그들의 건강과 안녕을 도모하기 위해 그러한 테이블에 참석할 수 있는지를 알고자 했다. 세계 경제가 '시장이 유일한 진실이고 국가와 국가의 정체성(인간 행위 주체)은 단지 부분적인 역할만 한다는 세계화에 대한 신화' 같은 것은 아니다.

지난 10년 동안 우리는 동부와 중부 유럽에서 일어난 사회주의 경제의 몰락, 북반부와 남반부 블록으로의 재구축, 신자유주의와 그 대리인인 국제통화기금(IMF), 그리고 세계은행(World Bank)의 승리, 세계무역기구(WTO)라는 새로운 무역질서의 출현, 그리고 유럽과 미국의 새로운 무역 블록 등의 현상을 목도했다.[1] 우리는 국제적인 경제 세력들이 통제하고 있는 일본을 포함한 아시아 지역에서 국가 주도형 경제가 성공하는 것을 보았다. 의심할 것도 없이 이러한 변화들은 노동자의 안전보건과 전반적인 환경에 실질적인 영향을 미쳤다.

경제 변화는 건강과 환경에 두 가지의 큰 문제를 발생시켰다. 첫째, 높은 산업화에 도달한 국가에서도 잘 통제되지 않는 많은 위험한 기술들이 세계로 퍼져나갔다(Castleman, 1995: 85~96; Karliner, 1997). 둘째, 산업화된 세계에서 노동자, 소비자, 그리고 환경을 보호하기 위해 어렵게 투쟁하여 만들어낸 표준들이 파괴적인 국제 경제 질서에 의해 약화되고 있다(Walker, 1998; Moure-Eraso et al., 1994: 311~324; Moure-Eraso et al., 1997: 587~599; Brown, 2000). 중앙 정부에

---

1 신자유주의는 전 세계적으로 유사한 개념으로 정의되고 있다. 여기에서 우리는 아래 내용으로 구성된 경제적·정치적·이데올로기적 교리로 신자유주의를 묘사한 마르티네즈(E. Martinez)와 가르시아(A. Garcia)의 정의를 따르고 있다.
   a. 시장의 법칙: 정부의 개입으로부터 자유로운, 그로 인한 사회적 손상이 어느 정도가 되든 상관없는 '자유' 기업 또는 민간 기업의 보장. NAFTA와 같이 국제 무역과 투자에 대한 더 큰 개방. 투쟁을 통해 획득한 노동자 권리의 제거와 노동자의 탈조합화에 따른 임금의 감소. 가격 통제 금지. 자본, 상품, 서비스의 자유로운 이동의 완전한 보장. "탈규제 시장이 경제 성장을 끌어올리는 최상의 방법이고 궁극적으로 모든 사람에게 좋은 일이다"라고 말하기.
   b. 교육, 보건의료와 같은 사회 서비스에 대한 공공 지출 삭감.
   c. 정부 역할 축소라는 이름으로 빈곤층에 대한 안전망과 도로, 교량, 상수도 등에 대한 유지 보수 축소. 물론 신자유주의자들은 경영계를 위한 정부 보조금과 세금 감면 혜택은 반대하지 않음.
   d. 탈규제: 환경 보호, 직업안전 등을 포함한 이윤을 줄일 가능성이 있는 모든 정부 규제의 축소.
   e. 사유화: 정부가 소유한 기업 또는 정부가 운영하는 상품과 서비스를 민간 투자가에게 팔아넘기기. 은행, 핵심 산업, 철도, 고속도로, 전기, 학교, 병원, 상수도 등을 포함함. 종종 효율성이라는 이름으로 필요성이 제기되지만, 사유화는 단지 소수에 더 많은 부를 집중시키고 대중에게 필요 이상의 비용을 부담하게 만드는 효과만 발생함.
   f. '공공재'와 '지역사회'의 개념을 제거하고 그 자리에 '개인의 책임'의 개념을 대체함. 가장 가난한 사람들에게 스스로 부족한 보건의료, 교육, 사회보장에 대한 해결책을 찾으라고 압박하고 그들이 실패할 경우 '게으른 자'라고 비난함.
   '신자유주의가 무엇인가'에 대해 더 알고 싶다면, 엘리자베스 마르티네즈와 아놀도 가르시아에 의해 작성된 활동가를 위한 간단한 정의를 참고할 것(http://www.corpwatch.org/issues/glob101/background/2000/neolib.html Aceessed April 2001).

의한 규제는 아직까지 중요하지만, 국가는 점점 시장의 경쟁과 자본의 유동성에 대한 경영계의 이해에 영향을 받고 있다. '자유 시장'에 대한 마술적이거나 유토피아적인 생각들이 점차 국가의 개입을 잠식하고 있는 것이다. 시장에 관한 인류 역사를 볼 때 시장이 작동하기 위해서는 사회적 구조 등과 같은 조건이 조성되어왔고, 이것들이 시장 행위에 대한 조건과 한계로 작용했다(Amin, 2000: 1~17). 시장이 효과적으로 작동하기 위해서는 사회적 이용에 대한 관점이 필요한데도, 대처(Margaret Thatcher)는 이러한 핵심 논리를 회피한 채 세계화 이외에 "대안이 없다"라고 외쳤다. 기술의 세계화는 우리에게 국제적 수준에서 그러한 이슈를 고려하도록 강제하고 있다. 또한 우리로 하여금 전 지구에 걸쳐 노동자와 지역사회가 직면한 공통의 문제들에 대한 대안을 제안하도록 만들고 있다. 이에 대한 주요한 정치적 반응으로, '자유' 무역에 반대하고 공정 무역을 주장하는 등의 광범위한 변화의 의제하에 노동조합, 환경주의자, 토착민, 그리고 지역사회 그룹을 결합해나가는 사회운동의 민중적 국제연대가 발전하고 있다. 몇몇 참관인은 이러한 과정을 민중의 세계화(grassroots globalization) 과정이라고 부르고 있다(Karliner, 1997).[2]

1. 세계화가 노동에 미치는 영향

국제노동기구(ILO)의 최근 보고서는 세계화가 세계 노동시장에 미친 영향을 다음과 같이 보고하고 있다.

---

2   *World Social Forum, Porto Alegre call for mobilization*, available at http://www.fsm.rits.org.br/fsm, accessed on Aril 22, 2001.

아주 예외적인 경우를 제외하면, 전체적으로 고용상태가 좋지 못하고 높은 실업률이 세계 대부분의 지역에서 주요한 관심사가 되고 있다. 세계적으로 고용상태는 매우 심각한 상황에 처해 있고, 고용의 장벽을 극복하기 위해 새로운 방법을 찾아야 하는 절박한 요구가 지구상에 있는 나라들 공통의 긴급한 도전으로 제기되고 있다[International Labor Organization(ILO), 1999].

또한 국제노동기구에서 발표한 숫자들은 우리 모두를 경악하게 만들고 있다.

1998년 말까지 약 10억 명의 노동자들, 또는 전 세계 노동시장의 1/3이 실업 또는 불완전고용 상태에 처해 있다. 구직 중이거나 일할 능력은 있지만 일을 찾을 수 없는 노동자와 같이 실업 상태에 있는 노동자는 약 1억 5,000만 명에 이를 것이다. 게다가 전 세계 노동자의 25~30%에 해당하는 7억 5,000명에서 9억 명의 노동자들이 일하고 싶어도 상시 노동 시간에 훨씬 못 미치는 일을 할 수밖에 없거나 생활임금에 훨씬 못 미치는 임금을 받으면서 일을 하고 있는 불완전고용 상태에 놓여 있다[International Labor Organization(ILO), 1999].

이러한 상황은 어떤 종류의 사회적 규제로도 해결되지 않고 있을 뿐 아니라 경제활동에 대한 정부의 압박조차 고용 창출에 도움이 되지 못하고 있다.

이렇게 끈질기게 지속되는 높은 수준의 실업과 불완전고용 상태는 청년층과 노년층, 그리고 미숙련 노동자, 장애노동자, 소수자 그룹(모든 범주에서 여성의 문제가 과소평가되고 있음) 등에 대한 사회적 배제를 증가시키고, 결국 그들의 고용 기회를 더 어렵게 만드는 역할을 하고 있다[International Labor Organization (ILO), 1999].

비센트 나바로(Vicente Navarro)는 이렇게 섬뜩한 환경에 놓여 있는 변화된 경제 조건을 기록했다(Navarro, 2001). 나바로는 실업과 불평등에 대한 신자유주의의 영향을 포괄적으로 다룬 글을 제출했다. 그는 시장 편향적 정책들이 경제 성장을 가져오거나 이를 북돋아줄 것이라는 신자유주의 주장에 대한 평가에 관심을 가지고 있었기 때문에 OECD에 초점을 맞춘 연구를 진행했다. 그는 1974~1979년과 1980~1989년 사이의 실업률을 비교하면서 OECD 국가의 실업률이 4.2%에서 7.4%로 급속하게 증가하고 있음을 지적했다.

나바로의 글에 의하면, 위 기간에 유럽연합에서 실업률이 4.4%에서 7.9%로 증가했고, 일본도 1.9%에서 2.5%로 증가한 것으로 나타났다. 미국 역시 같은 기간에 6.7%에서 7.2%로 증가했다(Navarro, 2001: 43).

그다음 해인 1990년부터 다른 산업 국가들처럼 미국도 실업률이 감소했지만, 불평등과 빈곤은 더 심각한 문제를 발생시키고 있었다. 1979년과 1994년 사이에 빈곤선 이하에 있는 미국인의 비율은 16.6%에서 19.1%로 증가했다. 신자유주의 시장 개혁의 또 다른 챔피언인 영국은 빈곤선 이하의 자국민이 같은 기간에 9.2%에서 14.6%로 증가했다(Navarro, 2001: 73).

이렇게 자본 시장의 세계화는 노동시장에 심각한 영향을 미쳤다. 그것은 또한 인구 이동을 통해 노동 조건에도 심각한 영향을 미쳤다. 비록 자본에 비해 이동 속도가 느리고 많은 제약조건이 따르지만, 자본과 마찬가지로 노동도 이동했다. 각 국가들 사이에 존재하는 경제적 기회의 커다란 차이는 이주에 대한 더 큰 이점을 제공한다. 예를 들어 북아메리카의 1인당 소득은 멕시코의 4,559달러에서 미국의 3만 2,616달러까지 매우 큰 차이를 보이고 있었다(Economist Publications, 1999: 1~78). 국제적인 노동의 유연성 문제는 이제 이주를 받는 국가에서뿐만 아니라 이주를 하는 국가에서도 매우 중요한 의제로 등장했다. 예를 들어 미국 클리블랜드에 있는 케이스 웨스턴 리저브(Case Western Reserve)

대학교의 캐나다-미국법률연구소(Canada-U.S. Law Institute)가 개최한 회의에서 캐나다의 브리티시컬럼비아에 소재한 사이먼 프레이저(Simon Fraser) 대학교의 돈 드보레츠(Don DeVoretz)는 "미국 회사들이 캐나다 교육에 대한 투자 없이 캐나다 대학에서 뛰어난 인재를 뽑아 가고 있다"고 불평하기도 했다(Baxter, 1999).

캐나다가 중국과 인도 같은 국가에서 고등교육을 받은 인력을 흡수하여 크게 이익을 보고 있다는 점을 인정하면서도, 드보레츠는 4만 명의 고등교육을 받은 캐나다 인력이 유출됨으로써 발생한 손실과 그들을 대체하기 위해 외국에서 받아들인 인력의 정착 및 언어 교육에 소요된 비용 등을 고려하면, 지난 10년 동안 캐나다 달러로 11조 8,000억 달러의 손실이 발생했다고 추정했다. 그는 지식기반 분야, 특히 컴퓨터와 제약 분야에서 고도로 훈련 받은 사람을 쉽게 받아들이는 미국의 정책 때문에 캐나다의 지적 재산이 빠르게 고갈되고 있다고 말했다. 한편 참관인 중 한 명은 이와는 반대 시각으로 자본의 이동 효과를 보고했다.

미국의 단순 제조업 일자리가 북미자유무역협정(NAFTA)의 발효에 따라 남쪽인 멕시코로 빠져나가는 반면, 고숙련의 일자리가 북쪽인 캐나다로 흘러가고 있다. 계산은 간단하다. 제조업 평균 임금이 미국의 캘리포니아에서는 6만 6,000달러인 반면, 캐나다의 앨버타에서는 3만 9,000달러에 불과한 상황에서 미국 플로리다의 거대 디지털 무선 회사인 해리스(Harris)사가 캐나다 캘거리와 몬트리올로 공장을 옮기는 것은 놀랄 일이 아니다. 오락 산업은 오래전부터 캐나다의 재능과 캐나다 달러의 약세로 인하여 캐나다를 매우 매력적인 곳으로 인식하고 있었다. 텔레비전과 영화 산업이 로스앤젤레스의 희생을 발판 삼아 캐나다로 옮겨가고 있다(Ginsberg, 1999).

실업이 건강에 미치는 영향은 이미 잘 알려져 있는 사실이다(Claussen). 하비 브레너(Harvey Brenner)의 초기 작업은 간경화, 심혈관계 질환, 자살 등과 같은 다양한 질병에 의한 사망과 실업 사이의 관련성을 다루었다(Brenner, 1973). 비록 논쟁적인 측면이 없지 않았지만, 영국의 모저(K. S. Moser) 등과 덴마크의 아이버슨(L. Iversen) 등에 의한 후속 연구가 브레너의 주장을 뒷받침하고 있다(Moser et al., 1987: 86~90; Iversen et al., 1987: 879~884). 마티카이넨(P. T. Martikainen)에 의하면 실업 이전의 건강 상태를 통제한 후에 분석할 경우 실업과 질병 그리고 사망 사이에 '양-반응' 관계가 존재한다고 한다(Martikainen, 1990: 407~411). 마지막으로 영국의 지역심장연구(British Regional Heart Study)에서 남성을 대상으로 한 모리스(J. K. Morris), 쿡(D. G. Cook), 샤퍼(A. P. Sharper)의 연구를 보면, 비록 사회적 기전에 대한 연구가 과제로 남겨지긴 했지만 실업과 사망의 인과관계를 분명히 확인할 수 있다(Morris et al., 1994: 1135~1139).

다음 장에서는 간단하게 첫째, 미국에서 나타난 신자유주의의 주요한 영향을 설명하고, 둘째, 멕시코와 브라질에서 나타난 사유화의 영향에 관한 몇몇 효과와 교훈을 살펴본 후에 셋째, 미래의 활동 방향에 대한 권고 및 아이디어로 결론을 맺을 것이다. 먼저 생산의 재구조화, 규제 완화, 사유화로 대표되는 세 가지 정치적·경제적 경향으로 인하여 노동조건과 노동자의 건강에 중대한 영향을 미치고 있는 선진 외국의 한 예로서 미국의 신자유주의의 영향에 관해 대략적인 윤곽을 제시할 것이다. 다음으로는 신자유주의 세계화의 중요한 구성 요소 중 하나인 사유화가 두 개의 서로 다른 사회인 멕시코와 브라질에서 노동 현장과 노동자의 건강에 어떤 영향을 미치게 되었는지를 몇몇 특별한 예를 통해 보여줄 것이다. 우리는 풍부한 사전지식과 노동과 건강의 세계화 영향에 대한 지속적인 관찰에 기초하여 이 국가들을 선택했다. 게다가 이는 아직 널리 알려지지 않은 연구 결과를 더 많은 사람들과 공유할 수 있는 기회이기도 하다.

2. 미국에서 나타난 세계화의 영향

미국 자본주의는 세계화의 이념적·재정적·기술적 중심에 위치해 있다. 미국에서 경제의 재구조화는 세계화를 더 깊어지게 하고 있으며, 건강에서 중요한 함의를 갖도록 만드는 세계화의 한 측면을 구성하고 있다(Kuhn and Wooding, 1994: 21~27, 43~56). 첫째, 고용에서 제조업 점유율이 급격하게 감소했다.

다운사이징, 외주화, '군살 빼기(lean and mean)', 적시(just-in-time) 생산 등은 신경제의 수사이면서 실제가 되고 있다(Devine, 1996: 49). 1950년대 미국 고용시장의 약 30%를 차지했던 제조업 분야는 20% 이하로 감소했다. 다음은 미국 노동청의 통계이다.

> 시설의 숫자와 고용된 노동자의 숫자를 볼 때 서비스 분야가 미국에서 가장 큰 산업이다. 이 분야는 모든 시설의 38.7%를 차지하고, 실업보험의 적용을 받는 인력의 29.1%를 차지한다. 시설 대상의 설문조사에 기초한 1990년에서 2000년까지의 고용 자료를 보면, 서비스 분야의 평균 고용이 매년 증가하여 2000년에 이르러 4,000만 명에 이르고 있음을 보여주고 있다. 이것은 44.6%가 증가한 수치다. 반면, 1991년에서 2000년 사이에 전체 고용은 단지 21.9%가 증가하는 데 그쳤다(Bureau of Labor Statistics, 2001).

제조업의 생산성과 고용의 숫자가 증가했지만, 이 부분에서 고용은 노동시장의 성장에 비례하여 증가하지는 않았다(Kuhn and Wooding, 1994: 21~27). 서비스 분야의 팽창은 저임금(낮은 사회보장 급여), 파트타임, 임시직 노동자의 증가를 의미한다. 상대적으로 노동시장의 일부분만 이러한 변화를 통해 이익을 보았으며, 제조업의 생산성 증가로 생긴 대부분의 많은 자본에 돌아갔다. 불평등 문제는 더욱 악화되었다. 미국에서 나타난 고용 구조의 변화는 국제노동 기구의 경제학자가 명명한 '비정규직 노동(precarious work)'의 팽창을 의미했다(Standign, 1999).

둘째, 경제의 재구조화를 위해 규제 완화가 함께 진행되었다. 시작 단계부터 약한 기구로 출발한 직업안전보건청은 레이건 대통령의 임기 동안 민간 영역에 대한 안전보건 규제 권한을 상당 부분 주 정부로 넘겼다(Boble, 1997). 그러한 정책은 감독 인력이 부족한 조건 속에서 직업안전보건청의 규제를 더욱 약하게 만들었고, 자율 예방 프로그램의 일환으로 자발적인 사업주의 협력에 대한 관념을 확산시켰다. 최근 공화당 의회의 파괴적 행위로부터 안전보건기준을 지켜내기 위한 노력이 실패로 돌아간 것은 직업안전보건청에 더욱더 좋지 않은 상황을 만들었다. 그럼에도 정부는 효과적인 프로그램이 적용되고 있다는 증거로 산업재해가 줄어들고 있다고 선전하고 있다.3

셋째, 1990년대에는 장애 노동자에게 지급하는 급여를 줄이기 위한 전국적인 시도가 있었다. 노농자에 대한 산재보상 체계가 주마나 달났기 때문에, 급여를 줄이고 산재를 인정받기 어렵게 만들려는 보험회사의 캠페인에 효과적으로 저항할 방법이 별로 없는 실정이었다. 결국 직업성 스트레스 및 정신적인 긴장과 관련한 노동자의 산재보상 청구를 제한하기 위한 노력이 성공을 거두었다는 것은 특별히 주목해야 할 사실이다. 보험회사들은 대중매체를 이용한 캠페인을 통해 매우 효과적으로 노동자 보상과 관련되어 있는 변호사와 의사를 악마처럼 묘사했고 재해 노동자를 꾀병이나 부리는 사람들로 비난했다. 이러한 방식으로 산재보상체계를 개혁한 결과 산재 청구가 줄어들었고, 정부

---

3 Occupational Safety and Health Administration WEb site at http://www.osha.gov/media/oshnews/apr01/national-2001 accessed on November 5, 2001.

와 산업계는 노동환경이 매우 안전하다는 주장을 펼칠 수 있는 근거를 마련하게 되었다(Shor, Spieler and McFarren, 2000).

마지막으로, 미국 신자유주의 체제의 주요 테마가 광범위한 사회 서비스의 사유화에 있기라도 하듯이, 규제 완화를 넘어서서 국가의 사회적 역할에 대한 공격이 이루어졌다. 이것은 지금까지 공공서비스로 되어 있었던 청소, 하수도 처리, 기타 서비스 영역을 외주화하거나 사유화하는 것을 포함하는 것이었다.[4] 그리고 이러한 공격에 뉴딜 사회복지정책의 가장 중요한 영역이었던 보건의료와 교육 분야의 공공서비스 제공이나 재정 문제가 포함되었다(Navarro, 1999: 1~49).[5] 미국에서 기업이 지배하는 보건의료체계가 지난 20년에 걸쳐 완성된 것이다(Navarro, 1993). 공공교육체계에 대한 보수주의자의 공격도 학교 바우처(School Vouchers, 차등 학교 지원제)를 통해 더 좋은 학교를 선택할 수 있도록 학부모에게 선택권을 부여한다는 기만책을 통해 확대되었다.[6]

3. 멕시코와 브라질에서 나타난 사유화의 영향

국제적인 경제 역관계가 전 세계를 세계화의 방향으로 이끌면서 세상의 노동자들은 작업 조직의 새로운 형태 변화, 안전보건의 조건 및 규제의 변화, 그리고 경영계·정부·노동조합 사이에 형성된 새로운 관계에 따른 변화의 영향

---

4 American Federation of State, County, and Municipal Employees Web site at http://www.afscme.org/private/privat01.htm, acessed November 2001.

5 On the internet at http://www.epinet.org/real_media/010111/materials.html, aceessed November 2001.

6 ON the internet at www.aft.org/research/vouchers/semantics.htm, accessed May 2001.

을 경험하고 있다. 노동자와 그들의 공동체에게 복지국가의 소멸 또는 축소가 갖는 정치적 함의와 반향은 매우 컸다. 노동조합 가입 숫자가 줄어들었고, 노동자의 정치 참여가 감소했다(Kuhn and Wooding, 1994: 21~27, 43~56). 라틴아메리카의 노동자들은 공기업의 사유화, 실업과 불안전 고용의 증가, 줄어드는 실질 임금, 그리고 삶의 질의 후퇴라는 새로운 상황에 직면하게 되었다. 멕시코와 브라질의 경우 국가 소유의 통신회사와 석유회사처럼 국가 정체성의 상징이었던 공공 부문들이 1980년대와 1990년대에 걸쳐 사유화되거나 탈국유화되었다. 사실상 외국 자본에 의한 경제 분야의 통제가 지난 15년에서 20년에 걸쳐 급격하게 증가했다(Petras and Veltmeyer, 1999: 31~52).

멕시코와 브라질에서 농업 및 관련 분야에서 종사하는 노동자들은 신자유주의 정책의 결과로 이전보다 훨씬 더 열악한 노동조건과 삶의 조건으로 후퇴하는 상황에 직면하게 되었다. 그들은 평균적으로 임금이 가장 낮았고, 매우 취약하고 위험한 환경에서 일하고 있었다(Vevy and Wegman, 1995). 최근 수년 동안 전개된 광범위한 사유화는 그들의 고통을 배가시키고 있다. 생계형 생산에 기초하고 있어서 지역사회에서 생존하기 어려운 소작농이 증가했고, 일자리는 점점 더 부족해지고 노동조건은 더 나빠졌으며 노동 강도는 더 높아졌다. 농약의 사용으로 노동자와 그들의 공동체가 독성 화학물질에 노출될 가능성이 증가했다. 그 결과 부작용을 호소하는 목소리가 커졌다. 농업 분야에서 멕시코 노동자들은 노사 관계의 재조직화에 따라 기반시설이 줄어들고 노동 과정에서 노동 강도가 강화되는 현실을 경험하게 되었다. 이 과정에서 일자리가 더욱 줄어들고 노사 갈등은 더 많이 발생했으며 작업장에서의 긴장과 스트레스 그리고 산재가 증가했다(Fouad et al., 1997: 191~199).

4. 연구 방법

이 장에서 제시하고 있는 멕시코와 브라질에 대한 증거들은 유사한 질적 연구 방법을 수행해본 저자들이 이루어놓은 심층 역사적 사례 연구들(in-depth historical case studies)에 기초하고 있다. 이러한 질적 연구 방법의 일환으로 개인 및 집단을 대상으로 반구조화된 인터뷰를 실시했다. 이를 위해 노동조합 지도자와 일반 노동자, 지역사회 구성원, 정부 관료, 관리자, 연구자 등과 같은 핵심 정보제공자에 대해 '사회적 행위자의 목적 지향 및 이론 기반 표본추출 방법(purposeful and theory-based sampling of social actors)'을 통해 대상자를 선정했고, 문헌·논문·언론 보도자료 등을 검토했으며, 직접 관찰 방법을 사용했다(Sreswell, 1989). 비록 표본 추출 연구가 아닌 한계로 인하여 사례 연구의 결과를 일반화하기 어렵지만, 이번 사례 연구는 진전된 국제 연구에 유용하게 활용할 수 있으면서도 결과의 비교성을 지지할 수 있는 심층 사례에 대한 기술과 분석을 포함하고 있다. 여기에 요약된 사례를 위해 선택된 산업체는 1980년대와 1990년대 멕시코와 브라질에 자유시장정책이 적용되었을 때 사유화와 재구조화 작업이 전개되었던 전 국영 부문 기업들이다. 이 기업들은 소유권 및 관리 방식의 변화로 인해 다양한 사회적·경제적 변화와 건강에 대한 영향이 발생한 두 국가에서 매우 중요한 산업체들이다. 또한 이 특별한 영향에 대한 분석은 국제 문헌을 통해 제시된 개발도상국가들의 사유화가 노동과 건강에 미치는 영향에 관해 축적된 증거를 더 확고하게 해주거나 새로운 도전으로 간주할 수 있을 것이다.[7]

7　See Public Service International Research Unit on the Internet at http://www.world.psi.org

5. 멕시코의 정치경제

1935년과 1975년 사이에 멕시코 경제는 인구 성장보다 더 빠르게 매년 6% 이상씩 성장했다. 그 결과 국민 1인당 생산이 40년 동안 매년 2.5% 이상씩 증가했고, 이는 '멕시코의 기적'이라고 불릴 만큼 놀라운 것이었다(Barkin, 1993: 70~80). 그러나 1976년 이래로 경제 불황과 실질 임금의 감소가 유행이 되어버렸다. 정부 정책이 산업 개발과 재정 혁신에 기반을 둔 현대화 프로그램에 기초하면서 전통적인 농업 활동에 대해 차별적인 태도를 취했기 때문에 위기의 영향은 시골 지역에서 특히 더 심각하게 나타났다(Labra, 1997: 6~8).

1982년 외채의 채무불이행 상황은 멕시코, 더 나아가 세계 전체가 새로운 시기에 도달했다는 전조였다. 멕시코는 그러한 상황에 직면하면서 국제 경제기구들로부터 원조를 받을 수밖에 없었다. 그 대가로 세계은행과 국제통화기금은 일련의 구조조정 프로그램을 요구했고, 경제 운용에 깊숙하게 개입하기 시작했다. 이러한 구조조정은 인플레이션을 효과적으로 통제하고 외국과의 무역적자를 줄인다는 목적으로 진행되었지만, 실질 경제 성장과 실질 임금을 급속하게 감소시켰다. 또한 그들은 외국 민간 투자의 유입을 활성화했고, 정부의 보조금과 그 지원 방향을 소위 사회보장과 같은 사회적 부문에서 규제 완화와 같은 새로운 체계로 전환시켰다. 이를 통해 자유로운 시장의 이점을 활용하여 민간 기업들이 시장에서 그들의 힘을 강화할 수 있도록 했고, 전 세대 동안 획득하고 이룩한 대부분의 공공 부문을 정부 스스로 축소하게 만들었다.[8] 이러

---

[8] 세계은행과 국제통화기금은 개발도상국에 금융구제 패키지의 한 부분으로서, 그리고 지역 경제를 자극하기 위한 방편으로 돈을 빌려준다. 소위 구조조정자금으로 알려진 이러한 돈들은 일련의 정책적 변화를 동반하는데, 세계은행과 국제통화기금의 주장에 따르면 이러한 변화가 성장을 촉진하고 무역 수지를 안정화시키며, 빈곤을 줄일 것이라고 한다. 그러나 많

한 일련의 조치들 덕분에 대기업과 다국적기업이 멕시코 경제의 전략 부문을 급속하게 통제할 수 있는 유리한 환경을 부여하는 데는 정부의 능력이 강화된 반면, 생산 구조의 발전을 선도해나가는 정부의 능력은 줄어들었다.

멕시코 노동자의 고용, 이주, 삶의 질 등과 같은 다양한 사회적 척도에 대한 평가를 통해 세계화의 매우 큰 부정적 효과가 드러났다. 그것은 한 나라가 세계 경제에 급속하게 통합할 때 많은 비용이 든다는 점이다(Barkin, 1990).[9] 이러한 부정적 효과는 특히 미국과 멕시코의 국경지대에 위치한 마킬라도라(maquiladoras)라는 조립 공장에서 분명하게 확인할 수 있다. 이러한 현상에 대한 전체적인 검토는 살라스(C. Salas), 윌리엄스(D. Williams)와 호메즈(N. Homedes), 또는 덴먼(C. Denman)과 케딜로(L. Cedillo) 등의 연구에서 확인할 수 있다(Salsas, 1996: 77~103; Williams and Homedes, 2001: 320~337; Denman and Cedillo, 2001). 간단히 요약하면, 경제의 재조직화 과정은 개발도상국이 미국과 같이 잘사는 나라들로 값싼 상품과 서비스를 수출할 수 있도록 허용할 뿐만 아니라 멕시코처럼 시장 개방이 이루어진 국가에 수많은 상품이 수입되도록 함으로써, 내부의 발전 동력으로 반세기 이상 건설한 국내 산업 사이의 유기적 연결고리가 깨지는 것을 의미한다. 이러한 새로운 무역 경향은 모든 국가에서 가난한 지역에 사는 수백만 명의 빈곤층에게 더 가혹한 가난을 심어준 반면, 부유한 국가가 더 높은 생활수준을 유지하도록 지원해주는 새로운

은 독립적인 참관인들은 이러한 프로그램의 사회적 결과는 금융구제를 받는 개발도상국을 황폐화시킬 뿐이라고 지적하고 있다(Danaher, 1994; Dollars, 1995 참조).

9 전형적인 구조조정 프로그램은 (1) 정부기업의 사유화와 경제활동의 탈규제, (2) 비전형적 상품 수출에 대해 새롭게 강조, (3) 임금 억제와 인플레이션 조절 전략 등을 요구한다(Rendon and Salas, 1996). 구조조정 프로그램에 대한 예리한 비판은 다음을 참조(Structural Adjustment Programs, 1998). 'In Focus'는 워싱턴 DC에 있는 반구간자원센터(Interhemispheric Resource Center)와 미 정책연구소(Institute for Policy Studies)의 공동 프로젝트이다.

형태의 불균형 교환을 창출했다(Barkin, Ortiz and Fosenet, 1997: 14~27).

경제 정책의 이러한 극적인 전환은 기저에 있는 정치적·사회적 이상(philosophy)의 철저하고 지속적인 재설계와 동반되었다. 국내 경제의 번영에 다양한 사람이 통합될 수 있도록 국내 정책을 수립하는 대신, 세계무대에서 생산과 무역이 새롭게 순응하도록 만들기 위한 새로운 정책적 접근 방식이 도입되었다(Barkin, 1990; Singelmann, 1995). 1994년에 수립된 북미자유무역협정은 이제 전 세계 국가들이 노동자가 아닌 기업들을 위해 충분한 운영 환경을 제공할 수 있음을 보여준 사례라고 할 수 있다. 예를 들어 멕시코시티에 있는 노동자 대학에서 작성한 보고서에 따르면 1997년 중반기의 최저임금으로는 생필품의 40.37%만 구입할 수밖에 없었는데, 이는 새로운 정책의 핵심인 임금 정책의 직접적인 결과였다(Vazquez, 1997).[10] 그 결과로 이미 매우 잘 알려진 것처럼 광범위한 사회적 불안이 형성되었다. 맥이완(A. MacEwan)은 이를 다음과 같이 지적하고 있다.

아마 가장 큰 피해를 준 세계화의 사회적 모순은 민주주의에 미친 영향일 것이다. 북미자유무역협정이 이러한 과정을 잘 보여준다. 이 협정은 '시장'을 북아메리카에서 이루어진 경제 활동의 원칙처럼 신성하게 다루고 있기 때문이다. 그것은 그 자체가 직접적인 여러 규칙들의 통지문으로 작용하고 있다. 또한 정부가 새로운 공공 생산 활동의 개발을 금지하고, 귀찮은 법규를 회피하고 있으며, 더 큰 유연성을 사업체에 주기 위해 이러저러한 종류의 규제와 제한을 직접적으로 배제하는 등 민간사업 부문을 규제하는 정부의 권한을 제한하고 있다. …… 창조적인 파괴(또는

---

10 1994년 12월부터 1997년 8월 사이에 기초생필품의 소비자 물가는 166.7% 오른 반면, 같은 기간에 노동자의 실질 임금은 35% 떨어졌다.

자본주의적 발전)는 노동자의 실업, 공동체의 빈곤, 환경의 황폐화, 그리고 민중의 탈권력화를 의미한다(MacEwan, 1994: 131).

1) 설탕 산업의 사유화

1970년 멕시코 정부는 설탕 공장의 방만한 경영과 탈자본화, 그리고 탈산업화로 인한 파산으로부터 이들 공장을 회생시키기 위해 전면적인 산업 통제를 단행했다. 정부는 투자를 통해 공장을 회생시키면서 소유주들에게 사탕수수 생산 비용에 대한 관대한 보상이 이루어지도록 했다. 그 과정에서 소유주들은 정치적 힘을 이용했다(Gallaga, 1984). 공장의 국유화는 비용이 드는 작업임에도 정치적인 이유 때문에 지지부진하게 진행되었다. 현대화된 산업으로 전환하기에는 재원이 충분하게 투입되지 않았고, 리더십 부재로 미래의 전망을 이끌어낼 수 없었던 순종적인 노동조합이 결성되었기 때문이다.

설탕 산업의 발전 과정은 전체적으로 멕시코 경제의 모습을 보여주는 창과 같다. 잘못된 경영은 고용 과다, 부패 등의 비효율을 낳았는데, 일부는 정치인들을 매수하기 위한 것이었고 일부는 경영자들의 호주머니를 채우기 위한 것이었다. 이렇게 더 많은 비용을 지불하면서 문제를 해결하려고 했던 공공 부문의 경영자들은 멕시코 경제가 당면한 해결 불가능한 구조적 문제가 되어버렸다(Singelmann, 1995). 유의미한 정책이 없다면 산업 기반 시설은 파손되거나 노후화될 것이 뻔했고, 게다가 더 깊은 위기로 빠져들 상황에 처했다. 1988년 선거로 대통령이 바뀌면서 새로운 사유화 이론을 적용하는 데 설탕 공장이 가장 중요한 목표가 되었고, 이미 매수자들이 준비를 진행하고 있었다. 1989년과 1991년 사이에 전체 64개 중 62개에 해당하는 거의 모든 설탕 공장이나 '인헤니오스(ingenios, 설탕 제분소)'가 민간 투자자에게 팔려나갔다. 단지 2개만이 협동조합으로 조직된 조합 노동자에게 팔렸을 뿐이다(Singelmann, 1995: 10).

역사적으로 설탕노조(STIASRM)는 정부에 무조건적으로 순응하는 노조였다. 그렇지만 이번은 조금 달랐다. 그들은 다양한 이유로 100% 사유화를 반대했다. 그러나 노조는 설탕 공장의 대부분에 전염병처럼 퍼진 경제 문제에 봉착했고, 대부분의 공장이 파산했거나 거의 파산 상태에 있다는 사실을 알게 되었다. 정부 역시 사유화를 통해 새로운 기계와 고용에 필요한 재원이 생길 것이라고 노조에게 약속했고, 증가된 생산에 따라 설탕을 생산하는 지역에 도로 건설과 같은 기반시설을 구축하는 과정에서 다른 생산적인 부가적 일거리들이 생길 것이라고 설득했다.11 결국 노조 지도자들은 재구조화에 대한 신자유주의 프로그램에 대해 제한 없는 지지를 보내주었다.

"설탕 공장 소유주들이 사탕수수 경작과 설탕 처리과정에서 생산성 증가를 도모하고 비용을 줄이도록 계약하는 것이 가능하게 되었다"(Singelmann, 1995: 13)라는 서술에서도 드러나듯이 경제의 재구조화와 설탕 공장의 사유화로 설탕 산업은 정치적 구속에서 '해방'되었다. 설탕 공장 소유주들은 산업에 대한 규제 완화를 추진하고, 더 적은 노동자를 이용하여 생산성을 높이며, '유연성'의 도입과 부가급여의 감소로부터 노동자를 보호하고 있었던 노동법을 개정하기 위해 다양한 방법을 찾아나갔다.12 사유화 과정은 대부분 음료산업과 제과산업과 관련된 일부 힘 있는 금융그룹과 설탕 원료를 사용하는 주요 회사에 설탕 공장이 집중되도록 만들었다. 우리가 연구한 설탕 공장의 경우도 소유주들이 펩시콜라 회사와 다국적 캔디 및 쿠키 제조회사들에 참여하고 있는 투자그룹

---

11 Interview by Blanca Lemus with union representatives, 1997.
12 *Azucareros de Mexico*, Bimonthly publication of the Mexican Union of Sugar Mill Workers(August 1997, Azucarnet), pp. 10~11

에 속해 있었다. 이 그룹의 본사는 할리스코 인근 주에 있는 과달라하라 시에 위치해 있었다. 이 그룹은 다른 주들을 포함하여 5개의 설탕 공장을 소유하고 있었다.13 싱겔만(P. Singelmann)은 이러한 과정을 지역과 연결되어 있지 않는 현 시대의 새로운 소유주들의 독특한 특징이라고 지적한 바 있다(Singelmann, 1995). 현재 생산을 하고 있는 공장은 62개인데, 이 중에 1개만이 조합 형태의 노동자 수중에 남아 있는 상태다.14

6만 명에 가까운 멕시코의 설탕 공장 노동자들은 사유화가 이루어지기 전까지 상대적으로 잘 보호를 받고 있었다. 노동관계는 작업 환경을 개선하고 표준화하도록 설계된 산업계약에 의해 규제를 받았는데, 멕시코에서는 매우 드문 사례 중 하나였다. 그러나 1992년에 이르러 사유화가 이루어지면서 설탕 공장의 재구조화와 폐쇄가 이루어졌고, 그 결과로 대량 해고가 이루어지면서 고용이 줄고 조합원 수가 감소하기 시작했다.

2) 진정한 자유무역이 아닌 북미자유무역협정

북미자유무역협정에 대한 찬성과 반대, 목표, 효과 등에 관해 많은 글이 발표되었다. 일반적인 의미에서 북미자유무역협정의 목적은 미국, 멕시코, 캐나다 사이에 존재하는 무역, 관세, 쿼터의 장벽을 허무는 데 있다. 미국 설탕 산업이 북미자유무역협정 전반을 지지하기는 했지만, 설탕에 관한 협정 체결에 대해서는 반대했다(Abadie, 1994). 루이지애나 설탕 산업 그룹은 멕시코 설탕

---

13 *Azucareros de Mexico*, Bimonthly publication of the Mexican Union of Sugar Mill Workers(August 1997, Azucarnet), pp.10~11
14 1998년에 또 다른 설탕 공장 하나가 문을 닫았다. 1999년 2월 현재 61개가 운영되고 있다.

의 미국 수출을 일부 제한하는 내용의 우대 협상안에 대해 멕시코 산업개발장관이 동의한 후에야 북미자유무역협정에 찬성했다. 그러나 멕시코 음료산업에서 설탕 대체제로 사용되는 고과당 옥수수 시럽(HFCS)의 수입에 대해서는 동일한 조건의 문제였음에도 모든 제한 조건이 제거되었다(Rudino, 1997).

설탕노동조합의 의장인 엔리크 라모스(Enrique Ramos)는 한 인터뷰에서 이를 두고 "만약 이러한 경향이 지속된다면 이 나라에 있는 설탕 공장 61개 중 20개 이상이 문을 닫게 될 것이다"라고 말했다.[15] 정부는 협상이 진행되는 동안 일시적인 조치로서 '덤핑'과 이에 대한 관세 보상을 발표하는 수준으로 반응했다.

3) 설탕 산업 노동자의 건강에 미친 영향

블랑카 레무스 박사가 연구한 설탕 공장은 멕시코 중앙에 있는 미초아칸 주에 위치해 있었다. 이곳의 주도인 모렐리아는 멕시코시티의 서쪽 300km에 위치해 있다. 농업은 지금까지 가장 중요한 생산 활동이었다. 1991년 사유화가 되기 전 해에 우리가 연구한 설탕 제분소에는 400명의 노동자가 1년 내내 고용되어 있었다. 경작지에서 사탕수수를 베는 과정과 설탕이 설탕 제분소에서 처리되는 과정에서, 인력이 경작지와 공장으로 유동적으로 배치되었다.[16]

설탕 처리 작업은 가장 유해한 일 중 하나다. 오래된 기계, 구식의 기반시설, 그리고 수세기에 걸쳐 거의 변화가 없는 경험에 기초한 산업공정으로 작업에 항상 위험이 동반된다. 대부분의 사고는 사탕수수 절단기에서 발생했는데, 이는 날이 넓고 무거운 마체테의 제어장치가 낡았기 때문이다. 그뿐 아니라 설탕 공

---

15 Collective interview by Blanca Lemus with workers at the union's local, 1997.
16 Collective interview by Blanca Lemus with workers at the union's local, 1997.

장 노동자들에게서 손 부위와 발 부위의 부상 그리고 추락이 높은 발생 빈도를 보이고 있었다. 우리는 사유화가 가져온 변화를 조사하기 위해 '이탈리아 노동자 모델'의 방법론에 따라 참여행위 연구를 설계했다. 그러나 노동자들이 너무 지쳐 연구 과정에 전면적으로 참여하기 어려웠기 때문에 관리자, 시 관계자 및 노동조합 관계자, 그리고 마을 주민에 대한 인터뷰 등을 포함한 다양한 연구 방법을 사용할 수밖에 없었다. 우리의 주요 연구 결과는 다음과 같다(Lemus, 1999).

① 민간 소유주들은 시설의 현대화나 안전보건에 많이 투자하지 않았다. 그래서 오래된 안전보건 위험 요인들이 그대로 남아 있게 되었다. 시설 현장을 방문하여 미끄러짐, 실족, 추락, 전기, 소음, 온열, 그리고 사탕수수 찌꺼기에서 발생한 분진 등과 같은 위험 요인을 확인했다.

② 우리는 상당한 수준으로 간부직원이 줄어들었고, 그 결과 직업의 불안정성과 노동 강도가 크게 증가했음을 알게 되었다. 우리는 작업장 스트레스와 수면 장애, 고혈압, 불안, 신경과민, 전반적인 불편함 등과 같은 관련 건강 위험 요인이 크게 증가했음을 확인했다. 위험 지도(risk maps)는 화로, 보일러, 제분 과정에서 더 많은 건강 위험이 있다는 것을 보여주었다. 노동자들에게 확인된 가장 중요한 위험 요인은 소음, 온열, 분진, 그리고 작업 스트레스였다. 지역사회에서는 가족의 붕괴, 학교의 유기(황폐), 알코올중독의 증가, 삶의 질의 하락, 생산의 증가에 기인한 대기 및 수질 오염의 증가, 호흡기 질환의 증가, 그리고 마을 경제의 불안정성 증가 등을 확인했다.

요약하면, 우리는 사유화가 의심할 여지없이 생산성을 증가시키고 이윤을 증가시켰을 것이라고 생각하지만, 그 결과로 노동 조건과 환경은 심각하게 후퇴했음을 확인할 수 있다.

6. 브라질의 정치경제: '잃어버린 10년'부터 신자유주의 10년까지[17]

멕시코와 유사하게 브라질도 제2차 세계대전 이후 수십 년 동안 급속한 경제 성장을 경험했다. 1968년과 1973년 동안에 연간 국민총생산(GNP)이 평균 10% 정도에 가까운 상승을 보여, 국제적으로 브라질의 '경제 기적'으로 알려질 정도였다(Evans, 1981: 81~125). 1978년부터 1985년까지의 기간은 1964년 이래 브라질을 지배하고 있던 군사독재에 대항하여 정치투쟁이 전개되던 시기였다. 단지 법률적 의미의 반대당이었던 MDB(the Movimento Democratico Brasileiro, 1970년대 말에 Partido do Movimento Democratico Brasileiro: PMDB로 변경)는 1970년대 중반과 말, 그리고 1980년 초에 이루어진 지방선거와 전국선거에서 약진했고, 1982년 주지사 선거에서 가장 중요한 일부 주에서 승리했다. 1980년대 대외 채무위기 때 국제통화기금이 브라질 정부에 요구한 구조조정 계획을 강제하는 과정에서 발생한 경기후퇴형 금융정책을 펼친 결과로 브라질 사회의 주요 부분에 큰 변화가 발생했다.[18]

벨로(W. Bello)에 따르면, 구조조정 계획의 목적은 "북쪽으로부터 수입에 대

---

17 거시경제의 저성장, 높은 외채 및 국내 부채, 그리고 라틴아메리카 국가들의 높은 인플레이션 비율은 영아 사망률, 교육수준과 같은 사회적 지표의 후퇴를 야기했다. 그래서 1980년대를 '잃어버린 10년'으로 부르게 되었다. 정치경제적 측면에서 보면, 브라질의 재민주화, '신 공화국' 이행 체제, 그리고 1990년대 신자유주의 어젠다의 강화를 야기한 사회적 투쟁의 주요한 원인으로 작용했다.

18 1970년대에 들어와서 브라질 외채가 크게 증가하고 국제 이자율이 급격하게 상승했다. 닐슨 소우자(Nilson Souza)는 '미국 정부에 의해 국제적으로 강제된 이자율 증가'로 1970년대 말과 1980년대 초 사이에 브라질 외채가 35억 달러로 증가했다고 주장하고 있다(Souza, 1994 참조). 구조조정 프로그램은 세계은행의 로버트 맥나마라(Robert McNamara) 재임 마지막 해에 형성된 구조조정 자금의 새로운 이름이다. 라틴아메리카의 채무위기의 원인과 결과는 다룬 수많은 문헌에서 다루어지고 있다. 이러한 문헌 중 좋은 예로 다음을 참조할 것 (Tanzer, 1995; Ahumada, 1996; Danagher, 1994).

한 보호 장벽을 제거함으로써, 또한 자본으로부터 노동을 보호하기 위해 존재하던 그나마 약해빠진 법적 장애물을 완전히 무너뜨림으로써 지역경제를 북아메리카에 의해 주도되는 세계 경제 질서에 더욱 깊숙이 편입시키고 외국 투자에 대한 장애요인을 일소하는 것"이었다(Bello, Cunningham and Rau, 1994: 5).

제3세계 경제의 개방을 위해 레이건과 대처 행정부에 의해 사용된 구조조정 계획은 국제수지의 불균형과 민간 외국은행에 대한 채무 부담을 구제하기 위해 브라질 정부가 주요 경제 개혁에 동의하도록 만들었다. 국제통화기금의 구제금융자금에 덧붙여진 조건들은 정부의 공공지출을 줄이고, 농업에 대한 보조금 지급을 중단하고, 수입을 자유화하고, 산업과 금융 서비스 분야에서 외국 투자에 대한 제한을 제거하고, 통화가치를 떨어뜨리고, 밀과 설탕 같은 기초 농작물의 가격을 올리며, 마지막으로 주요 국영기업의 사유화를 강제하는 것이었다. 그로 말미암아 1980년대 초반에 이르러 실업, 고인플레이션, 하락하는 임금 및 삶의 질은 정치적 자유의 부재와 함께 광범위한 민주화운동을 불러일으키는 요인이 되었다. 학생조합, 노동조합, 지역사회 조직, 그리고 변호사·의사·기자로 대표되는 전문가 조직이 광범위한 연대를 형성했고, 국제통화기금이 조건으로 내세운 정책들에 항의하고 군사독재체제의 종식을 요구하며 거리로 뛰쳐나왔다.[19]

전국독립주연맹과 거의 모든 노동조합이 참여한 전국연맹 등으로 조직된 노동운동이 활성화되었다. 임금 손실과 경제 불황에 대항한 파업의 파고가 전국을 휩쓸었다. 1984~1985년에 일어난 대통령 직선제 운동의 실패는 경제적·정치적 변화에 대한 민중의 요구를 하나로 만드는 계기가 되었고, 이로 인해

---

19 IMF 정책의 종식을 요구한 대중 슬로건은 "Fora daqui o FMI"였다. 이는 '브라질 국민들은 브라질 밖에 있는 IMF를 원한다'는 것을 의미한다. 이 슬로건은 또한 브라질 정부가 IMF의 사회 경제 정책에 굴종하고 있다는 사실을 환기시켰다.

강력한 시민불복종 운동을 전개하게 되었다.

저조한 경제 실적과 결합된 민주주의 세력의 성장은 제한된 자유민주주의 체제로의 평화로운 전환을 용인하자는 쪽으로 체제 내부 세력이 양분되는 상황을 발생하게 만들었다. 라틴아메리카의 다른 국가와 마찬가지로 군사 독재 이후 첫 민선 정부인 사르네이(J. Sarney)의 '신공화국(New republic)'은 제한적인 민주주의에 불과했다.[20] 소위 브라질의 '민주주의 이행' 체제인 사르네이 행정부는 군부, 자유민주주의, 그리고 일부 중도좌파 세력의 정치적 연합을 대표했다. 사르네이 행정부는 점차적으로 의회와 언론의 기본적인 자유를 재정립했다. 그 결과 다양한 정당, 노동자 연맹, 환경 그룹 그리고 비정부기구가 전국적으로 출현하게 되었다.

2년에 걸친 격렬한 논쟁 끝에 상당히 진보적인 개념과 사회적 관심사가 반영된 브라질의 최고 법률인 새로운 헌법이 1988년에 제정되었다. 한마디로 시민사회는 이행기 체제 동안 브라질에서 지금껏 경험해본 적이 없을 정도로 크게 번성했다. 국제통화기금 정책에 대해 사회적·정치적 저항을 조직한 민중운동은 일부 성공적으로 이행기 체제를 강제했지만, 1980년대 초반 대외 채무위기에서 비롯한 경제위기의 원인은 10년에 걸쳐 계속 남아 있었다.[21] 1980년대

---

20 조제 사르네이(Jose Sarney)는 탄크레두 네베스(Tancredo Neves)의 공천자 중 부통령 후보였을 정도로 오랜 기간 군부체제의 보수적 동맹자였다. 탄크레두 네베스는 군부체제에 반대하는 광범위한 연합을 조직했던 중도 정치가였다. 그는 취임 전에 사망했고, 사르네이가 '신공화국' 정부의 대통령이 되었다. 귀마레스(Guimarães)는 이러한 사회적 조건이 바이아 주(이 장의 마지막에 언급)에서 노동계의 급진화뿐만 아니라 그 기저에 군부 체제에 의존하고 있었던 지역 석유화학 블록의 주도권을 무너뜨리는 데 도움이 되었다고 주장했다.
21 닐슨 소우자가 그의 책에서 1980년대 첫 4년을 요약, 정리하고 있다. "Sim! Reconstrucao Nacional!(Yes!, National Reconstruction)"(Paulo, 1984). 그는 브라질 경제가 의존적인 자본주의적 생산관계와 생산력 진보 간의 구조적 모순, 즉 경제 의존성과 국가 경제 개발 간의 구조적 모순에 빠져 있다고 주장한다. 따라서 그는 1980년대의 브라질 정치경제는 제국주

중반 이후 사회적 변화가 극과 극을 오가기는 했지만, 1989년 첫 직선제 대통령 선거에서 민중운동은 강력한 영향력을 미쳤다. 중도좌파 금속노동자이자 노동자당 후보였던 룰라 후보가 결선투표에서 우파 후보인 페르난두 콜로르(Fernando Collor) 후보와 맞서게 되었다. 대중적인 반부패 목표와 현대화 슬로건으로 포장된 신자유주의를 대표한 콜로르 후보가 미세한 표차로 승리했지만, 이것은 변화가 다시 시작되는 계기에 불과했다.

콜로르 행정부는 '워싱턴 합의(Washington Consensus)'의 원칙을 깊게 맹신했고, 오른편으로 더 치우쳐서 제도화했다. 콜로르는 국제통화기금과 세계은행이 제안하고 대형 국영철강회사, 국영은행, 그리고 몇몇 공공 기업들이 포함되어 있는 사유화 프로그램을 문자 그대로 이행했다.22 그러나 콜로르는 사

의 세력과 민주적 민족주의 세력 간의 첨예한 갈등을 반영한 서로 다른 접촉점에 위치해 있었다고 주장한다. 국제통화기금과 군부독재체제는 전자의 이해를 대변한 반면, 민주적 민족주의자들은 후자의 이해를 대변했다. 비록 그의 분석이 단지 4년의 분석에 기초하고 있고, 사회 투쟁에 대한 급진적 해석(또는 정통적 해석)에 기초한 투쟁적 색깔을 띠고는 있지만, 그는 근본적인 이유를 정확하게 제시하고 있다.

22 라틴아메리카의 진보적 해설자들은 '워싱턴 합의'가 1990년대에 채택된 라틴아메리카의 정책을 유도하고 만들어냈다는 데 전반적으로 동의하고 있다. '워싱턴 합의'는 국제 금융 대표자들, 보수적 '싱크탱크' 이데올로그들, 그리고 미국 정부에 의해 제안된 구조 개혁을 명명하기 위해 국제경제기구(Institute of International Economics)의 경제학자 존 윌리엄슨(John Williamson)에 의해 도입된 표현이다. 아후마다(Ahumada)에 따르면, 1989년 11월 국제경제기구가 '라틴아메리카의 구조조정: 얼마나 이루어졌나'라는 주제의 컨퍼런스를 조직했는데, 그때 8개의 라틴아메리카 국가들(페루, 볼리비아, 멕시코, 브라질, 콜롬비아, 베네수엘라, 칠레, 아르헨티나)의 경제학자들이 라틴아메리카의 경제 개혁에 관한 광범위한 합의에 기초하여 선정된 10개의 요소를 확인했다. 이것은 예산 축소, 공공 지출 삭감, 금융과 무역 자유화, 정부 소유 기업의 사유화, 화폐가치의 고평가(환율 인하), 탈규제와 재산권의 보호, 외국 투자에 대한 개방 등이다. 아후마다의 "El Modelo Neoliberal" 54를 보라. 드럭(G. Druck) 역시 '워싱턴 합의'가 세 가지 경제적 목표를 가지고 있다고 했는데, (1) 라틴아메리카 경제의 안정, (2) 정부 크기의 감소, 탈규제화된 시장, 그리고 무역과 금융의 자유화를 위한 구조적 개혁, 3) 외국 투자자에게 자국 경제를 개방하는 것이라고 했다(Druck and Franco, 1997 참조).

유화 프로그램을 끝낼 만큼 충분한 시간을 확보할 수 없었다. 브라질 언론은 대통령과 추종세력들의 부패 행위를 밝혀내는 데 주도적인 역할을 했다. 강력한 대중적 압력의 결과로 1992년에 브라질 의회는 콜로르 대통령을 탄핵했다.

신자유주의 의제는 이와 같은 일시적 방해를 받았지만, 결국 세계 경제의 세계화 이데올로기의 지역적 승리를 표현하는 페르난두 엔히크 카르도주(Fernando Hernrique Cardoso) 행정부에 의해 더 강력한 힘을 발휘했다. 그로 말미암아 수년간에 걸쳐 신자유주의 세계화 의제에 대항한 내부 저항이 있었음에도 공식적으로 브라질은 1990년대 중반에 이르러 '자유 시장' 경제의 완전한 회원이 되었다.23 이러한 신자유주의 이데올로기 이 공격은 1990년대 투기적인 '카지노' 경제의 주도 아래 지속되었지만, 세계화에 대한 대안이 부재했던 진보세력은 정부의 권위주의에 대항하여 제대로 된 싸움을 하지 못했다.24 앞에서 언급한 바와 같이 신자유주의 세계화의 대안 부재에 관한 지지 이데올로기는 소위 '대안이 없다(there is no alternative)' 또는 TINA(대처 영국 총리의 별명) 이데올로기라고 불리고 있다(Leavitt, 1995: 1~16; Tanzer, 1995: 1~15; Druck, 1997: 132, 138).

1) 카마사리 석유화학단지의 사유화

카마사리 석유화학단지(Camaçari Petrochemical Complex)는 에르네스토 게이젤(Ernesto Geisel) 장군 행정부(1974~1978년)가 석유화학이나 자본재 산업과

---

23 아후마다는 국제 금융 집단은 브라질이 신자유주의 정책 패키지를 받아들이기를 꺼렸기 때문에 라틴아메리카의 '말썽꾸러기'가 되지 않을까 노심초사했다고 쓰고 있다. 브라질이 이를 받아들이고 실행하기 시작한 후, 특히 정부 소유 기업의 사유화가 시작된 이후 ≪이코노미스트≫, ≪비지니스 위크≫와 같은 보수적 잡지들이 이를 칭송했다.
24 신자유주의 이데올로기가 담론적 우위에 있었던 것은 베를린 장벽의 붕괴 이후 전 세계에 걸쳐 모든 진보적인 지식인의 주요한 근심거리였던 국제적 현상이다.

같이 '기초 투입' 산업에 초점을 맞추어 브라질 산업 개발을 급진전시키기 위해 수립한 제2기 국가개발계획의 파생물로 1970년대 중반에 만들어졌다. 이 단지는 가난한 브라질 북동부 지방에서 가장 부유한 주인 바이아의 주도 사우바도르의 북쪽으로 40km 떨어진 곳에 위치해 있다. 단지는 사우바도르 광역권에 있는 카마사리와 디아스 드아빌라 카운티에 있는 넓이가 235km^2(5만 8,000 에이커)에 이르는 지역으로 화학, 석유화학, 그리고 구리·섬유·맥주 등과 같은 기타 산업으로 구성되어 있는 실질적인 공업단지다.

단지는 지역 개발과 산업 분산을 도모하고 필수 생산물에 대한 수입의 대체를 증진하며 국가소유 산업의 확대를 증진하기 위한 경제 개발 전략의 일환으로 바이아에 위치하게 되었다. 군사정권에 의해서 추진된 발전주의 전략은 브라질에 필요한 석유화학 제품의 상당 부분을 자체 공급하게 만들었을 뿐 아니라 브라질 북동부 지방의 경제 성장을 상층과 하층으로 양분화시키는 계기가 되었다. 그 결과 브라질은 석유화학 제품에 대한 대외 경제 의존을 줄이게 되었다. 에번스(P. Evans)는 국가 계획하에 이루어지는 석유화학 산업에 민간 자본의 참여를 확대하기 위해 주 정부가 약 25억 달러를 직접 투자했고, 그 과정에서 주 정부 관료들의 주도하에 주 정부가 후원한 지방의 기업가 계층이 생성되었다고 주장했다(Evans, 1981: 81~125). 브라질의 석유 독점 기업인 페트로브라스(Petrobras)는 자회사인 페트로퀴사(Petroquisa)를 통해 제2세대 석유화학 제품을 생산하는 민·관 합작 투자회사를 설립하기 위해 외국, 지방, 민간, 그리고 정부 자본 간의 삼자 동맹을 조율했다. 또한 브라질 정부는 '관리된 자본주의(managerial capitalism)' 노선에 따라 선택된 지방과 전국의 민간 자본 간에 협력 전략을 추구했다. 이렇게 해서 민간과 정부 자본은 외국 자본과 함께 삼각체제로 긴밀하게 통합되었다.

23년에 걸쳐 단지는 두 차례의 국면과 이행기를 지나왔다(Suqueira, 2003). 첫 번째 국면은 국가적 차원에서 바이아 석유화학 공업을 추진하여 급격한 성장을 경험했던 1978년 단지의 출범과 1980년대 말까지의 기간이다. 또한 이 기간은 새로운 석유화학 노동자 계층이 전투적 노조인 신디퀴미카(Sindiquímica)를 조직하고 더 나은 노동 조건과 안전보건환경을 만들기 위해 상당한 정도의 성공적 투쟁을 전개했던 10년이기도 하다. 1980년대 말은 단지의 확대에 앞서서 단지가 환경과 사람의 건강에 중대한 손상을 가져온다는 사실을 발견한 환경영향 연구들이 두드러지게 나타난 이행기였다. 두 번째 국면은 주요 공공기업이 사유화되었던 1990년대에 단지의 팽창이 이루어졌던 시기를 말한다. 그 시기에 많은 부분에서 경제 재구조화가 이루어졌고, ISO 9000과 ISO 14000의 표준이 적용되었다. 이 10년을 통해 브라질 노동운동이 그렇게 된 것처럼 신디퀴미카는 더 약하고 덜 투쟁적인 노조가 되었다.

시퀘이라는 바이아 지역의 석유화학 생산의 역사를 검토하면서 이들 국면에 존재하는 경제의 동학, 작업장 및 환경 조건 등을 상세하게 서술했다(Siqueira, 2003). 이 장에서는 제2차 국면에 초점을 맞추어 살펴볼 것이다. 왜냐하면 그 시기 동안 석유화학공업의 관리 체계 및 소유관계의 변화로 인해 석유화학 제품을 생산하는 방식 및 단지 내 노동 조직이 급격히 변함으로써 직접적으로 노동과 건강에 영향을 미쳤기 때문이다.

1990년 초반 카마사리의 경영자들은 선진 외국의 생산적인 재구조화 아이디어와 개념을 도입하기 시작했다. 유행병처럼 퍼진 경쟁력, 생산성, 질의 담론 등이 경영 자문 집단과 언론에 퍼졌고, 1980년대 중반 미국과 유럽에서 발생한 과정이 이곳에서 지역적으로 재생산되기 시작했다. 이미 브라질 내의 일부 선진 기업들에서 사용된 바 있는 '일본 모델'은 새로운 현대식 관리 형태로 변모했다. 총체적 품질관리와 민간 위탁 관행이 이미 잘 알려진 적시생산체제, 통계적 공정 관리, 그리고 관리 기법의 진화된 메뉴로 유행을 타고 있는 품질관리 서클 등

의 개념과 결합되었다.25

민간 위탁은 비용 절감을 위해 1990년 중반 석유화학단지에서 가장 먼저 채택한 '일본 모델'의 중심 요소였다. 광범위한 조직 축소와 결합된 민간 위탁은 관리 정책과 문화에서 기초적인 질적 변화의 전형이 되었다.26 사업주 조합인 '신퍼(Sinper)'의 자료에 따르면, 1989년 1만 4,982명이었던 상용직 노동자가 1995년에 이르러 6,627명으로 줄어들었다. 이것은 1990년 9월에서 1993년 8월 사이에 8,260명의 노동자가 해고되었다고 발표한 석유화학노조의 자료에 기초할 때 대략적으로 유사한 수치라고 할 수 있다. 정확한 수치에 대해서는 일부 의구심이 남지만, 이러한 수치들은 1990년대 최초 몇 년 동안 노동력의 크기가 급격하게 줄었다는 사실을 보여준다(Druck, 1997: 132, 137). 또한 일부 중간관리 단계가 노동력 감소 과정에서 축소되었는데, 이는 단지 전반에 걸쳐서 직업의 불안정성이 확산되었다는 것을 의미한다. 이제 더 이상 어떠한 직업도 안전을 보장받을 수 없게 되었다.

노동 유연성을 달성하기 위해 기업들은 청소, 식당, 수송, 안전, 냉난방 등의 지원서비스와 유지 업무 같은 생산적인 서비스에 대해 외주화를 확대했다. 더욱이 하청 업체가 다른 업체에게 재하청을 주는 '민간 위탁 사슬'이 형성되었고, 이것이 일반 관행이 되어버렸다(Druck, 1997: 132, 138).27 당시 하청 노동자

---

25 동시에 브라질 정부는 1990년 '품질과 생산성 프로그램'을 도입했고, 경제에서 질을 높이기 위한 노력을 기울였다. 프로그램은 정부 프로그램은 아니었지만, "간섭은 줄이고 조정자의 기능은 늘리는 새로운 정부의 역할과 새로운 시민사회 환경에 기초하여 정부, 경영계, 노동자, 소비자 등의 사회를 대표하는 행위 주체들을 움직이기 위한 프로그램"이었다(Druck, 1997 참조).

26 드럭은 비용 감소가 보호무역주의 정책에 익숙해 있었던 기업가 계층을 압박했고, 새로운 기술에 대한 투자를 어렵게 만들었다고 기록하고 있다. 결국 그들은 항상 외국으로부터 기술을 사오게 되었다.

27 브라질에서 노동계약에 사용하는 단어는 "terceirizacao"이다. 제3자가 사업주와 당사자 간

가 되면 그 노동자는 서로 다른 하청업체를 전전하면서 원청기업의 유지 계획과 수요에 따라 고용과 해고가 반복되는 악순환에 빠졌다. 이들 노동자가 질병에라도 걸리면 의료기관에서 진단과 치료를 받기 위한 힘든 여정이 반복되었다. 그리고 의료기관들은 좀처럼 일과 질병 사이의 관계에 대해서 다루려고 하지 않았고, 점점 상황이 악화되었다.

광범위한 민간 위탁의 결과로 석유화학 노동력이 소수의 상용직(또는 공식) 노동자와 다수의 임시직(또는 비공식) 노동자로 양분화되었다. 일반적으로 기술 수준이 낮고 훈련을 제대로 받지 못한 채 가장 위험한 작업과 열악한 노동환경에서 장시간 노동을 하고 있는 하청 노동자들은, 저임금을 받으며 사업주와 공식적 관계를 형성하지 못하고 있을 뿐 아니라 어떠한 사회보장 급여도 받지 못했다.[28] 반면 잘 훈련된 고숙련 상용직 노동자들은 새로운 기술을 획득하고, 여러 작업 공간에서 일하며 다양한 업무를 수행해야만 했다. 또한 생산 게임의 새로운 법칙은 사업주의 관점과 기업 가치에 따라 노동자의 '재배치'를 요구했다. 총체적 품질관리 프로그램을 통해 노동자들은 '그들 주변의 세계, 특히 노동의 세계'에 대해 생각하는 방식을 바꾸도록 강요당했다(Siqueira, 2003).

노동의 유연성, 전문화보다 업무의 통합성, 그리고 팀 작업을 통한 업무와 노동자의 호환성을 특징으로 하는 새로운 노동조직이 개발되었다(Greenbaum, 1994). 비록 아직까지 상용직 노동자는 노동조합에 소속되어 있고 부가급여를

에 관계된다는 생각과 관련된 개념이다. 그러므로 고용 당사자는 제3자에게 책임이나 행위를 이전한다. 만약 원청회사가 서비스의 관리 또는 운반 부문에 대해 하청을 이용하려고 한다면 네 번째 구성요소가 도입되는데, 드럭은 이를 '하청의 사슬' 또는 '제4자의 포섭'이라고 불렀다. 프랑코(T. Franco)는 하청 노동자들이 처음에 정규직 일자리를 잃어버린 후 더 적은 임금과 부가 급여를 받는 신세로 추락하게 되었다고 서술하고 있다.

28 여기서 서술한 작업 조건의 후퇴는 포르투갈어로 'precarizacao'라고 불리는데, 이는 최악의 직업과 하청 노동자의 작업 조건을 함축하는 개념이다.

받고 있으며, 파트타임 하청 노동자보다 더 나은 대접을 받고 있을지 모르지만, 파트타임 하청 노동자의 수가 빠르게 증가하자 둘 모두의 작업 환경이 악화되었다. 민간 위탁과 인력 감축에서 파생된 노동력의 양분화와 고실업은 이미 조직화된 집단적 저항 없이 사업주에게 권위주의를 재강화하도록 허용함으로써 노동자들의 연대를 어렵게 만들었다. 이러한 단지의 재구조화와 사유화가 노동자 건강과 안전에 미친 영향은 사우바도르 광역권 내의 15개 산업장 표본을 통해 회사들 간 위험의 이전 과정을 분석한 프랑코와 아폰소(Afonso)의 연구에 의해 밝혀졌는데, 하청 노동자가 상용직 노동자보다 더 많은 재해를 입는 것으로 나타났다. 예를 들어 1988년에 직업성 사고의 50% 이상이 상용직 노동자에게서 발생했다면, 1992년에는 사고의 65%가 하청 노동자에게서 발생했다.29

이러한 결과는 시퀘이라에 의해 이루어진 노조 지도자와 석유화학 노동자 대상의 인터뷰를 통해서도 확인할 수 있었는데, 상용직 노동자들은 일부 공장에서 더 안전하고 더 건강한 조건에서 일하고 있는 반면, 하청 노동자들은 화학적 위험을 그들에게 이전하고 공장 내의 매우 위험한 환경에 노출되도록 만드는 근시안적인 인력관리 정책의 희생양이 되었다. 저숙련 상태에서 제대로 훈련을 받지 못한 젊은 하청 노동자들은 새롭게 교체가 필요한 15년이나 된 낡은 탱크와 기계, 그리고 파이프라인의 수리와 유지보수 업무를 해야 했다. 더욱이 사업주들은 유지보수에 필요한 노동력을 줄여서 비용을 줄이고자 했으므로, 사용 연한을 뛰어넘어 매우 위험한 수준에 있는 노후한 장비를 사용했다. 한마디로 때늦은 고장수리가 예방적 유지보수 업무를 대체하고 있었던 것이다.

---

29 위험의 이전에 관한 더 상세한 토의 내용은 프랑코와 아폰소의 글을 참조("Acidentes de Trabalho e Mobilidade dos Riscos Industriais na Bahia," 1997). 이러한 위험의 이전 과정은 미국에서도 동일하게 나타나고 있다.

7. 고찰

참관인들과 학자들이 이 장에서 묘사한 세계화가 가져온 부정적인 노동환경 조건을 변화시키기 위한 몇몇 전략에 대해 논의했다.

- 국제표준기구 또는 책임 케어 프로그램(Responsible Care Program)과 같은 특별한 산업 조직들에 의한 임의적인 국제표준의 창출.
- 국제노동기구의 강화.
- 북미자유무역협정과 같은 모든 지역협정과 전 세계적으로는 세계무역기구에 노동과 환경에 관한 부속 협정을 포함시키기.
- 직업보건에 관한 국제회의, 콜레지엄 라마지니(Collegium Rammazini), 국제직업위생협회와 같은 국제 전문가 소사이어티와 협회 등이 동의한 전문가형 임의 기술 표준의 개발.

우리는 이러한 전략의 대부분이 노동, 지역사회, 환경단체의 대중 동원이 없다면 제한적이라고 주장했다. 그 이유는 다음과 같다.

국제표준기구는 경영에 의해 지배되고 있다. 국제표준기구의 표준은 일정한 환경에서는 유용할지 모르지만, 경영의 이해가 이를 압도하고 있는 상황에서 기업 선전 또는 '그린워시(greenwash: 환경의 이미지만을 내세운 선전)'의 도구로 이용되는 경향이 다분하다.

가장 중요한 부분은 노조가 국제표준기구의 의사결정 과정과 지역수준에서 국제표준기구의 수행에 참여하지 못하고 있다는 사실이다(Bennett, 1997: 37~45).[30] 국제표준기구의 표준이 진정한 변화의 도구로 거듭날 수 있도록 만들기 위한 유일하고도 효과적인 방법은 비정부기구와 노조의 영구적인 참여가 보장될 수 있도록 의사결정 과정의 민주화를 위해 외부에서 압박을 강화하는 것이다.

국제노동기구는 의사결정 테이블에 노동과 정부 대표의 참여를 보장하고 있지만, 환경단체는 아직까지 의사결정 과정의 구성원이 되지 못하고 있고, 정부에서 국제노동기구 규약을 채택하지 않는 경우가 종종 존재한다. 미국이 아직까지 많은 기본적인 국제노동기구 규약조차 비준하지 않고 있으며 기본적인 노동조합의 권리에 대해 위반을 저지르고 있는데도 국제노동기구를 강화한다는 것은, 선진 외국과 개발도상국에서 지난 세기에 대부분 단지 사례에 불과했던 국제노동기구의 규약을 비준하고 실행하도록 만드는 데 도움이 될 수 있다[International Labor Organization(ILO), 1999].[31]

우리가 아는 바로는 지역무역협정에 관한 연구에서 가장 잘 다루어진 것이 북미자유무역협정에 관한 연구다. 노동환경 부속 협정에 대한 논쟁을 통해 얻은 것은 북아메리카의 안전보건 환경을 개선하고자 했던 많은 사람들에게 최대의 실망을 안겨주었다는 사실뿐이었다. 효과가 없는 분쟁해소기구와 요구를 반영하지 못하는 매우 느린 관료적 과정에 대한 불만과 함께 캐나다, 미국, 멕시코에서 작업 환경과 환경의 법규를 끌어올리도록 부속협정을 체결하는 것이 매우 어렵다는 것을 확인했다.[32]

지금까지 세계무역기구는 자유무역 의제 이외의 노동 및 환경 문제들을 고려하지 않는 신자유주의 경제학자들과 무역 전문가들에게 지배당해왔다. 이

---

[30] International Conferation of Free Trade Unions(ICFTU), Report on United States from the Annual Survey of Violations of Trade Union Rights, available on the internet at http://www.icftu.org, accessed in October 2001

[31] NAFTA at 7, 2001.

[32] NAFTA at 7, 2001.

러한 무역과 통상의 틀 안에서 안전보건과 환경에 대한 관심은 무역의 기술적 장벽 또는 세계무역기구가 추구하는 규칙의 궁극적 기준인 '자유무역'이 주어지지 않고 있는 문제로만 간주된다. 부가적으로 세계무역기구는 민주적이지도 않고, 책임지는 자세를 갖고 있지도 않을 뿐만 아니라 기업에 지배를 받고 있으며, 가난한 남반부 대다수 사람들의 이해에 반하여 선진 외국의 이해만을 일방적으로 대변하고 있다는 비판을 수없이 받아왔다(Khor; Tabb, 2000: 28~45). 그럼에도 프랑스의 석면 금지에 대한 캐나다의 불만에 의해 촉발된 석면 사례는 순수한 경제적 논쟁 대신 필수적인 건강보호에 기초한 국가 작업 환경 기준을 끌어올리기 위한 긍정적 선례로 남겨질지 모른다(Castleman, 1995: 85~96).[33] 국제 노동조합과 국제무역기구의 임원들은 세계무역기구가 아니라 국제노동기구가 개발도상국가의 노동기준을 관리·감독하는 기구가 되어야 한다는 주장을 성공적으로 제기해나가고 있다(Bennett, 2001: 197~201).

8. 결론

이 장에서는 라틴아메리카 국가의 새로운 두 사례와 미국 상황에 대한 요약을 통해 신자유주의 세계화가 노동의 세계에 심대한 영향을 미쳤다는 사실을 증명했다. 우리는 실업과 건강에 관한 문헌 검토와 멕시코와 브라질에서 수집된 기본 건강 자료를 통해 이러한 영향을 건강 결과로 설명했다. 그러나 신자유주의의 영향과 건강 간의 인과관계를 경험적으로 증명하고자 시도하지는 않았다.

---

33 Trade Union Technical Bureau for Health and Safety Newsletter, Asbestos@WTO, 13:1-2, 2000; Trade Union Technical Bureau for Health and Safety Newsletter, TWO asbestos ban hearing: update, 14:4-5, 2001.

오히려 우리는 신자유주의 세계화가 기술, 노동 조직, 고용, 그리고 노동자 보호수단, 한마디로 노동환경의 정치경제에 현저한 변화를 가져온 계기로 작용했고, 노동자 건강 연구자들에 의해 연구된 바와 같이 노동자 건강에 부정적인 결과를 가져왔다는 사실이 드러나기를 희망했다.

비록 많은 문제들이 동질적이라 하더라도 국가마다 그 문제를 다루는 방식은 상당히 다르다. 역사, 문화, 정치 체계, 지배 이데올로기 등 모든 부분의 차이가 직업과 환경으로 인한 건강 문제가 발생하고 다루어지는 방식에 영향을 미친다. 특히 조합 수준, 국가 개입의 전통, 세계 무역체계에서의 위치, 경제력, 실업 수준 등등 모든 것이 이러한 문제에 대한 국가 대응 방식의 차이를 결정한다. 그럼에도 우리가 미국, 멕시코, 브라질에서 다룬 상황은, 예를 들어 동부 유럽과 같이 더 많은 국가의 다른 많은 산업에서 반복될 것이라고 확신한다.[34]

특히 지난 10년에 걸쳐 자본주의가 승리하게 되었을 때 다른 모든 세력들과 행위자들이 사라져버린 것처럼 느껴졌다. 결론적으로 우리는 일을 하고 있는 사람이나 일거리를 찾을 수 없는 사람들에게 세상이 얼마나 어렵게 변해갔는지, 기술이 전 세계적으로 안전보건에 대한 새로운 위험을 얼마나 새롭게 드러내놓고 있는지, 그리고 기술과 자본이 세계를 어떻게 정복했는지를 인식했다. 그러나 가장 흥미를 자아내는 것은 인터넷에 의해 크게 활성화되고 있는 세계화에 대한 저항운동이 전 세계적으로 매우 빠르게 성장하고 있다는 사실이다.

광범위한 부정적 효과를 발생시키고 있는 기업 주도의 세계화에 대한 대안을 제시하고 세계화에 저항하기 위해 모인 2000년 12월 브라질 세계사회포럼과 같이 전 세계의 사회세력과 민중운동이 한자리에 모인 이후 세계화에 대한 저항이 더욱더 분명한 모습을 띠게 되었다.

---

34 Meeting the Challenge of Privatization, *New Solutions*, 8:4, 1998.

세계의 수많은 시민사회가 신자유주의에 대항하여 투쟁의 공통 의제를 수립해나가고 있다. 또한 사회적 영역에서 개발의 대안으로 사회정의, 자유, 평등, 시민권, 그리고 평화를 증진하는 민주적 풀뿌리 국제운동(grassroots international movement)의 출현과 같은 새로운 현상이 빠르게 생겨나고 있다.[35] 만약 최소한의 정치 프로그램이 시작되지 않는다면, 세계에 대해 아무리 좋은 비전이 있다고 하더라도 저항은 분노로 변할 것이다. 때때로 '아니요'라는 말은 시간의 흐름과 함께 냉소로 바뀔 것이다. 확신하건대, 세계화에 항의하는 국제운동은 우리의 중심적인 문제이기도 한 세계 자본의 통제에 대한 효과적인 정치적 수단으로 전환될 것이다.

국가의 후퇴, 시장에 대한 사회적 굴복, 신자유주의의 정당성과 불가피성에 대한 순응 등은 중대한 개혁의 장벽들이다. '지속가능한' 미래를 만드는 것은 우리가 보이지 않는 손에 우리의 힘과 권한을 양도하는 한 가능하지 않다. 세계사회포럼의 동원 요청은 "세계사회포럼의 참여가 우리의 투쟁에 대한 이해를 풍부하게 만들고 우리를 더욱 강하게 만들 것이다. 우리는 더 나은 미래를 만들기 위한 투쟁에 세계의 모든 민중들이 동참하도록 요구한다"에서 나타나고 있듯이 불간섭 태도를 거부하고 있는 것이다.

[임준 옮김]

---

35 World Social Forum, Porto Alegre call for mobilization, available at http://www.fsm.rits.org.br/fsm, accessed on Aril 22, 2001.

2

생산의 새로운 현장
아시아의 가내노동과 제화 산업

피아 마크카넨(Pia Markkanen), 찰스 레벤스타인(Charles Levenstein)

세계화 ― 그리고 지난 십여 년 동안 적용되어온 방식 ― 는 개발도상국에서 시행되는 공공 정책의 다양한 하부 기반, 특히 보건의료, 사회, 환경 부문에 피해를 입혔다. 비공식 경제 부문과 사람들의 가정생활에 '생산'이 자리 잡는 과정에서 가장 가난한 인구집단이 가장 심각한 결과를 경험해야만 했다. 비공식 경제 부문에서 발생하는 노동안전과 건강에 관한 문제들은, 이 부문이 실질적으로 전 세계 노동력의 주류를 차지하고 있음에도 규모와 필요성에 준하는 관심을 불러일으키지 못했다. 제2장에서 설명하려고 하는 것은 크게 두 가지인데, 첫 번째, 인도네시아와 필리핀에서 마크카넨의 경험을 바탕으로 가정 내에서 이루어지는 제화 산업의 노동환경에 대해서 설명할 것이다(Markkanen, 2004). 두 번째, 레벤스타인과 우딩의 책 『노동, 건강 그리고 환경: 오래된 문제들과 새로운 해결방법들(Work, Health, and Environment: Old Problems, New Solutions)』의 제1부 제1장 「직업성 질환의 정치경제학(The Political Economy of Occupational Disease)」 속에서 레벤스타인과 투미나로(D. J. Tuminaro)에 의해서 제안되었고, 그들의 또 다른 책 『노동자 건강의 정치경제학(The Point of Production)』에서 더욱 발전적으로 제시되었던 연구의 얼개를 검토할 것이다(Levenstein and Tuminaro: 3~18; Wooding and Levenstein, 1999). 마크카넨은 이와 같은 접근 방식을 적용하여, 위험한 작업 조건과 부적절한 건강보호책들이 만들어지는 과정에서 '국제' ― '국내' 지역사회' ― '제화 산업 그 자체'의 각 단계별 수준에서의 다양한 '주체'들과 요인들이 어떻게 작용하고 있는지에 대해 현장조사를 시행했다.

제화 산업은 세계화가 가장 많이 이루어진 산업 부문에 속해 있다. 1997년 제화 산업 종사자 중에서 조직화되어 있고 공식 부분에 속해 있는 인구는 173만 명이었는데, 이들 중에서 아시아인이 차지하는 비율은 36.6%였다[International Labour Office(ILO), 2000: 27, 48]. 비공식 부문에 종사하고 있는 노동 인구의 규모에 대해 신뢰할 만한 자료를 찾기란 쉽지 않은 일이다. 그러나 우리는 모든 비공식 부문의 노동 비율에 대한 추정 자료들을 이용함으로써 비공식 부문의 규모를 대략적으로 추정해보았다. 2002년에 아시아개발은행은 인도네시아에서 모든 종류의 비공식 노동력이 전체 노동력에서 차지하는 비율을 64%인 것으로 추정했다[Asian Development Bank(ADB), 2002]. 필리핀 노동고용부에 따르면 2003년 필리핀의 비공식 부문의 노동력은 전체 노동력의 70%를 차지하는 것으로 나타났다[Department of Labor and Employment(DOLE), 2003]. 그런데 이러한 비공식 부문의 규모조차 비공식 부문과 공식 부문 간의 긴밀한 연결 고리를 감안할 때 매우 과소평가된 것이라 할 수 있다. 대규모와 중간 규모의 제조업과 소매업은 광범위한 하도급 업무와 비공식 부문의 노동력 사용으로 잘 알려져 있다. 전 세계의 제화 산업 역시 비공식 부문의 노동이 공식 부문의 노동보다 훨씬 더 큰 비중을 차지하고 있음은 주지의 사실이다.

1. 미국의 생산 감소

미국의 제화 산업은 1850년에서 1950년까지 전성기를 구가했다. 그러나 1960년대가 지나자마자 생산이 크게 감소했다. 미국 의류·신발협회의 신발 부문 통계자료에 따르면, 1965년부터 2002년까지 미국의 신발류 생산은 90% 이상 감소한 것으로 나타난다. 미국 내에서 생산된 신발이 미국의 국내 신발 시장에서 차지하는 비율은 겨우 3%에 지나지 않는다(American Apparel & Footwear Association, 2003). 2002년 중국에서 생산된 신발이 미국의 수입 신발 시장에서 차지하는 비율은 80.4%였다. 나머지 주요 수입국들은 브라질(5.4%), 인도네시아(3.4%), 이탈리아, 멕시코, 베트남 등이었다(American Apparel & Footwear Association, 2003). 바이스코프(R. Weisskoff)는 국내 생산이라는 측면에서 볼 때 '미국산(made in USA)'이란 대개 '미국 내 조립(assembled in USA)'을 의미하는 것이며, 특히 박음질된 신발 윗부분은 대부분 개발도상국에서 수입되어 온 것들이라고 주장했다(Weisskoff, 1994).

2. 인도네시아와 필리핀에서의 신발 생산

인도네시아에서 신발산업의 수출액은 1980년에 미화 100만 달러에서 1996년 미화 22억 달러로 증가했다. 1998년 아시아 금융위기로 인하여 상당한 타격을 받았고 수출액 또한 11억 달러로 크게 감소했는데도 인도네시아 신발산업의 고용 규모는 전 세계에서 중국 다음으로 큰 것으로 기록되었다(International Labour Office(ILO), 1999]. 2000년까지 수출은 20억 달러로 증가했다가 2002년 말 다시 11억 달러로 감소했다(Laksamana, 2002; National Agency for Export Development, 2003). 2002년 인도네시아에서 생산된 수출용 신발류의 40% 이상은 미국 시장으로, 33%는 유럽 시장으로, 나머지는 아프리카, 중동, 남미 국가들로 수출되었다(Laksamana, 2002). 인도네시아에서 큰 제화 센터들은 가내 제조업이 흔한 반둥, 보고르, 타시크말라야와 같은 서부 자바 지방에 위치하고 있다. 1990년대가 되자 생산 지역은 점차 자카르타 근교로 이동했는데, 특히 탕게랑과 동부 자바 지방으로 옮겨갔다. 1998년 ≪아시아타임즈≫는 다국적 신발 브랜드 기업들이 인도네시아 신발 수출의 94%를 차지하고 있다고 보도했다. 이 기업들 중에는 나이키, 아디다스, 리복과 같은 스포츠 거대기업들이 포함되어 있었는데, 이들은 상품 생산을 위해 지역 공장들과 계약하는 것을 선호했다(Guerin, 2002). 인도네시아 역시 다국적 신발 회사의 생산기지가 다른 나라들(특히 베트남이나 중국)로 옮겨감으로써 고통을 받기 시작했다. 나이키의 전 세계 생산량 중에서 인도네시아가 차지하는 비율은 1996년 이래 38%에서 26% 정도로 감소했다(Laksamana, 2002). 2002년이 되자 나이키는 인도네시아에서의 주문량을 40% 정도로 줄였다(Guerin, 2002).

필리핀은 1990년대 중반부터 신발류의 수출이 감소했다. 1991년부터 1995년까지의 기간에 필리핀의 제화 산업은 매년 11%씩 성장했다. 그러나 1996년부터 2000년까지의 기간에는 무려 15%나 감소했다. 2000년의 경우 필리핀은 신발류 수출로 1년 동안 7,600만 달러를 벌어들였는데, 이 액수는 지난 10년 동안의 수출액과 비교했을 때 가장 낮은 수준의 금액이었다(De Castro, 2001). 필리핀 통상부에서 발표한 최신 통계 자료에 의하면 신발류 수출액은 2002년에 들어와서 3,610만 달러밖에 되지 않는 것으로 나타났다(The Department of Trade and Industry, the Philippines, 2003). 이 과정에서 싸구려 수입 신발의 덤핑 행위와 밀수입에 관한 논란이 커졌다(De Castro, 2001). 그러한 수입품들이 필리핀의 국내 생산을 위협하고 있고 생산 감소의 주된 이유라고 비판하는 목소리가 논쟁을 뜨겁게 달구었다. 글로리아 아로요(Gloria Arroyo) 필리핀 대통령은 다른 누구보다도 생산 공정이 적절하게 현대화되지 못한 탓에 이러한 문제가 발생했다고 주장한 반면, 필리핀 제화 산업협회는 중국과 홍콩에서 들어오는 신발류의 덤핑 공세와 밀수를 정부가 중단시켜야 한다고 항변하면서 국산품 애용 캠페인을 전개하기도 했다(De Castro, 2001).

3. 가내 생산

신발은 다양한 생산 방식에 의해서 만들어진다. 예를 들면 다음과 같다. (1) 최근의 세계화된 경제의 맥락 안에서 볼 때, 일종의 재택근무인 가내 신발 생산, (2) 기계화된 공장에서의 생산, (3) 수공업 생산 등이다. '가내 신발 작업장' 이란 용어를 아주 명확하게 정의할 수 있는 것은 아니지만, 이 책에서는 '가내 신발 작업장'이라는 용어를 다음과 같이 정의하고자 한다. (1) 신발 생산이 집 안에서 이루어지고, 삶의 공간의 한 부분(예를 들어 부엌, 거실, 차고, 창고)과 연결되어 있거나 (2) 집 밖에 있지만 가족 구성원들이 쉽게 접근할 수 있는 집 근처에 있는 경우로 한정하고자 한다. 집과 멀리 떨어져 있기 때문에 가족 구성원들의 접근이 쉽지 않으며, 작업 활동이나 업무를 집으로 가져오지 않는 형태의 작업장은 '가내'라는 표현을 쓰지 않을 것이다.

4. 가내 비공식 부문 제화 산업의 작업 환경

가내 제화 산업에서는 부모와 자녀를 비롯한 모든 가족 구성원들이 생산에 참여한다. 제화의 기초 학습은 10대에 시작될 수도 있지만, 어떤 경우에는 훨씬 더 어린 나이부터 시작되기도 한다. 어린 나이에 일을 배우기 시작하면 돈을 벌 수 있는 기회도 더 일찍 생기는 것이다. 아동노동은 제화의 주된 문제 중 하나인데, 국제노동기구는 이러한 현실에 대해 문제를 제기하기 위해 인도네시아, 필리핀, 타이에 아동노동 근절을 위한 인포커스 프로그램(InFocus Program for Eliminating Child Labour: IPEC)을 설립했다. 신발 사업을 하기 위해서는 — 심지어 가내 공업의 경우에도 — 자본, 장비, 많은 연락과 접촉 그리고 일 잘하는 협력자들이 필요하다. 이러한 이유 때문에 많은 노동자들이 자신들만의 제화작업장을 가지기보다는 생산 개수당 얼마의 품삯을 받는 일꾼으로 머무를 수밖에 없는 것이다.

성수기에는 하루 종일 일을 해야 한다. 얼마의 돈을 받느냐는 작업량에 달려 있으며, 작업량은 주문량과 시장 수요의 오르내림에 좌우된다. 인도네시아에서 숙련된 작업자가 받는 임금은 일주일에 10만 루피(미화 11.1달러)에서 20만 루피(미화 22.1달러) 정도에 불과하다.[1] 필리핀의 임금 수준은 반둥보다 더 낮아서 아동용 샌들을 만드는 노동자가 하루에 100~150페소(미화 1.8~2.7달러)를 벌 뿐이다.[2] 아보트(E. Abbott)는 이러한 임금 수준이 150~170년 전 미국 매사추세츠 주의 임금 수준과 비슷하다고 묘사했다(Abott, 1969).

5. 성에 의한 노동의 구분

미국 매사추세츠 주의 경우를 보면, 장인들의 수공업에 의존하던 과거의 생산 방식이 기계에 의한 공장식 생산 방식으로 빠르게 전환되면서 많은 여성들이 이러한 변화를 환영한 적이 있었다. 여성들이 공장식 산업 방식을 환영했던 이유는 과거 수공업의 전통 속에서 여성들이 제화공으로 대접받지 못했기 때문이다. 당시 여성들의 임금은 가정의 추가 수입원 정도로만 인식되었다(Abott, 1969). 공장 산업화는 여성들이 소득을 창출하는 데 더 독립적이게 되었고 더 큰 능력을 가지게 되었다는 것을 의미했다(Blewett, 1988). 이와 유사한 젠더 관련

---

1 2004년 7월 23일의 환율 '미화 1달러 = 9,049 인도네시아 루피'를 적용했다.
2 2004년 7월 23일의 환율 '미화 1달러 = 55.98 필리핀 페소'를 적용했다.

현상들을 인도네시아와 필리핀에서도 확인할 수 있었다. 인터뷰를 통해 몇몇 예외가 있다는 것이 밝혀지기도 했지만, 일반적으로 볼 때 가정을 기반으로 하는 사업에서는 남성들이 지배인, 주주(투자자) 그리고 주된 결정권자의 역할을 하곤 했다. 연구의 결과들을 통해서도 1800년대 매사추세츠 주에서 있었던 방식과 유사한 '성별에 의한 업무의 분리 현상'이 있음이 나타났다. 남성들은 제화에서 마무리와 조립을 담당하고 주 작업자의 역할을 한 반면, 여성들은 신발 윗부분에 대한 바느질, 닦기, 자르기, 접착제 바르기, 완성된 신발의 광내기와 같은 일들을 담당했다. 이와 같이 남성과 여성이 하는 업무가 달라지면서부터 사례로 제시된 두 국가 모두에서 여성이 남성보다 임금 수준이 낮았다.

6. 제화에 사용되는 화학물질과 다른 위해요인들

지금까지 몇몇 나라의 사례에서 확인할 수 있는 가내 제화 산업의 모습은 기계화가 빠르게 이루어지기 전 시대인 1840~1850년경 매사추세츠 주의 상황과 유사한 점이 아주 많았다. 차이점이 있다면 과거에는 접착제 대신 바느질이나 못질을 이용해서 신발을 붙였다는 점 정도다. 접착제는 1800년대 후반에 도입되었다. 1912년 매사추세츠 주의 건강조사 보고서를 보면, 고무와 나프타의 혼합물인 제화용 접착제가 위험 물질로 분류되었고, 미성년자들의 접착제 사용이 금지되었다(State Board of Health, 1912). 그로부터 90년 이상의 시간이 지난 지금에도 이와 같은 제화용 접착제들을 노동자들의 집과 작업장에서 뚜껑도 없는 그릇에 담아서 사용하고 있다. 오늘날 이런 방식으로 접착제를 사용하고 있는 곳은 19세기 미국 매사추세츠 주에서 '텐-풋터즈(ten-footers)'[3]라고 부르던 작업장보다 훨씬 좁은 곳들이다.

유기용제가 함유된 화학물질이 사용되면서 제화 산업이 더욱더 위험해졌다. 오늘날 인도네시아, 필리핀, 타이에서 사용하는 제화용 접착제의 주성분은 톨루엔이다. 톨루엔은 과거에 주로 사용하던 가솔린, 나프타, 벤젠만큼 치명적인 물질은 아니다. 그러나 많은 역학적 연구들에서 다양한 건강 영향이 있는 것으로 밝혀졌듯이 톨루엔 역시 위험한 물질에 속한다. 톨루엔은 신경계에 강력한 영향을 미치고(Nijem et al., 2001: 182~188; Kristensen et al., 2001: 192~198; Lee et al., 1998: 259~263; Passero et al., 1983: 463~472), 간에도 손상을 주며(Tomei et al., 1999: 541~547; Bulbulyan et al., 1998: 381~387), 생식기에도 영향을 주는 것으로 알려져 있다(Agnesi et al., 1997: 311~316; Thomas, 1998). 게다가 제화용 접착제는 대개 여러 종류의 유기용제를 함께 포함하고 있는데, 이런 경우에 독성 효과가 증폭될 수도 있다(Nijem et al., 2001: 182~188). 인화성이 큰 많은 양의 유기용제들이 한 장소에 보관되어 있는 경우도 많다. 분진의 단독 노출로 인해서, 혹은 특히 유기용제와의 복합적인 노출로 인해서 폐기능이 저하되고 호흡기 계통의 질병이 발생하기도 한다(Watfa, Awan and Goodson, 1998; Zuskin et al., 1997: 50~55). 예를 들면, 가죽 분진은 코 안에서 발생하는 암과 관련된 것으로 알려져 있다[International Agency for Research on Cancer(IARC), 1981]. 또한 벤젠의 사용도 완전히 사라지지 않았다. 예를 들어, 첸(M. A. Chen)과 찬(A. Chan)은 중국의 지방행정부 소유 기업들에서 최근 수십 년 동안 순수한 벤젠을 함유한 접착제의 사용이 줄어들었지만, 집단기업과 사기업의 공장 노동자들은 여전히 벤젠에 노출되고 있음을 지적한 바 있다(Chen and Chan, 1999: 793~811). 또한 이들은 중국의 노동안전보건 전문가들과의 인터뷰를 통해 벤젠을 함유한

---

3 텐-풋터즈(ten-footers): 미국 매사추세츠 주에서는 제화 작업장을 이렇게 불렀는데, 그 이유는 작업장이 대부분 10ft×10ft 정도의 크기였기 때문이다(1ft=30.48cm이며, 텐-풋터즈의 크기인 100ft^{2}는 약 9.3m^2, 즉 2.8평 정도의 공간이다 _ 옮긴이).

접착제가 벤젠이 없는 접착제들에 비해서 30% 정도 저렴하며, 벤젠을 함유한 접착제가 다른 제품들에 비해서 품질이 우월하다는 미신적인 믿음이 고용주와 노동자 대표 양측에 넓게 퍼져 있음을 밝혀내기도 했다(Chen and Chan, 1999: 793~811).

인도네시아와 필리핀에서 제화용으로 사용되는 화학물질들은 부적절한 제품 정보가 붙어 있거나 아예 붙어 있지도 않은 채 유통되고 있었다. 화학물질의 성분, 위험성, 취급 시 주의사항과 같은 정보들은 거의 제공되지 않고 있었다. 어떤 경우는 어느 제조업체가 만들었는지에 대한 정보조차 없었다. 화학물질의 구성성분, 건강에 미치는 영향, 취급 시 주의사항과 같은 제품에 대한 적절한 정보의 표기는 화학물질의 안전관리에서 가장 중요한 규범이다. 마크카넨은 아시아의 화학물질 제조업체들을 방문하면서 접착제에 왜 적절한 제품 정보가 표기되어 있지 않는지에 대해 담당자들에게 물어보았다. "제품들에 해골바가지와 뼈다귀들을 그려 넣고 그 위험성을 알려준다면 아무도 우리 제품을 사지 않을걸요"라는 담당자들의 답변을 통해서 기업들의 정서를 읽을 수 있었는데, 여기에 '안전의 경제성(safety-pays)'이라는 개념은 어디에도 없었다.[4]

제화 산업의 작업 환경을 개선하기 위한 가장 중요한 작업은 유기용제를 함유하고 있는 접착제를 수용성 접착제로 대체하는 것이다. 작업 환경을 개선하기 위해 환기 시설을 설치하는 작업은 비용이 많이 소요될 뿐 아니라, 설치비용을 감당할 수 있다고 하더라도 비좁은 작업장의 경우에 환기시설을 적용하는

---

[4] 미국 산업안전보건청(OSHA)의 안전의 경제성 프로그램(Safety Pays Program)은 산업재해와 직업병 발생을 가정하고 이러한 상황에서 지출되는 비용과 기업의 수익에 미치는 영향을 고용주에게 제시해주는 양방향 전문가 체계다. 프로그램을 통해서 경영자는 사업 과정에서 발생하는 산업재해와 직업병의 직간접적인 충격을 예측하고 손실을 보상하기 위해서 추가적으로 필요한 매출을 추정할 수 있다(http://www.osha.gov/dcsp/smallbusiness/safetypays/index.html 참조). _ 옮긴이

것이 기술적으로 쉽지 않은 일이다. 우리의 분석에서 길잡이 역할을 하는 주요한 의문은 도대체 왜 대체물질이 사용되지 않느냐(혹은 요구되지 않느냐)에 대한 것이다. 다음에 논의될 행위자 분석(actor analysis) 결과를 살펴보기에 앞서서 제화 산업의 작업 위험성이 화학물질과 분진 노출로 인한 건강 영향에 한정되어 있지 않다는 것을 반드시 기억할 필요가 있다. 앞에서 우리는 값싼 임금과 긴 노동 시간의 문제가 정신사회적 측면에서 작업장의 중요한 의제임을 밝혔다. 이와 더불어 화재 위험, 고온 다습, 날카로운 도구에 의한 절단과 화상, 부적절한 정리정돈, 인간공학적이지 못한 불편한 작업 공간(예를 들면, 다리를 교차해서 바닥에 앉는 자세, 쪼그리고 앉는 자세, 의자를 대신해서 임시로 사용하는 접착제 깡통 등), 폐기물 처리 등과 같은 여러 가지 문제가 동반되어 있음을 확인했다.

7. 작업 환경과 관련된 행위 주체들과 기구들에 대한 분석

가내 제화 산업의 노동조건에 영향을 미치는 행위 주체들과 기구들을 〈그림 2-1〉과 〈그림 2-2〉를 통해 확인할 수 있다. 이것을 좀 더 일반적인 모형으로 정리해보면, 각 행위 주체들은 관리자와 관련 조직들, 노동자와 관련 조직들, 그리고 정부 등으로 구분해볼 수 있다. 물론 제화 산업을 둘러싼 실제 상황은 이보다 훨씬 더 복잡하다.

8. 종합 분석

세계 신발산업의 전형적인 모습을 종합적으로 분석해보면, 가내 노동자 외

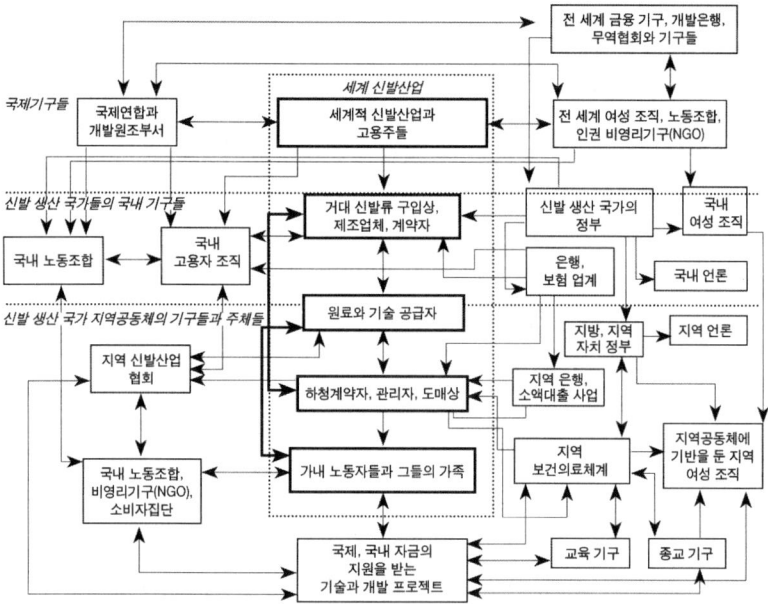

〈그림 2-1〉 국제적·국가적·지역적 수준에서 다양한 기구와 연결된
비공식 부문의 가내 제화 산업

자료: Markkanen(2004).

에도 신발산업에 다음과 같은 주체들이 포함되어 있다. (1) 세계 신발산업의 큰 테두리 안에 있는 소매상, 디자이너, 판매(마케팅)회사, 외국의 신발공장, 신발협회, (2) 신발 생산 국가의 메이저 바이어, 제조업자, 공장, (3) 원료와 기술 공급자(예를 들면, 화학물질 생산자), (4) 하청업자, 관리자, 도매상과 중개인.

제조 공장과 노동력의 지리적 위치와 상관없이 노동 조건에 관한 주된 책임은 반드시 신발산업이 스스로 져야 한다. 미국 시장에 나오는 대부분의 신발류는 개발도상국에서 생산된다. 신발산업의 다양한 구성원 중에서 신발산업을 통해서 발생한 이익의 대부분을 가져갈 뿐만 아니라 상당한 권력과 권한을 행사할 수 있는 구성원들, 즉 세계적인 유통업체들, 대형 신발제조업체와 그

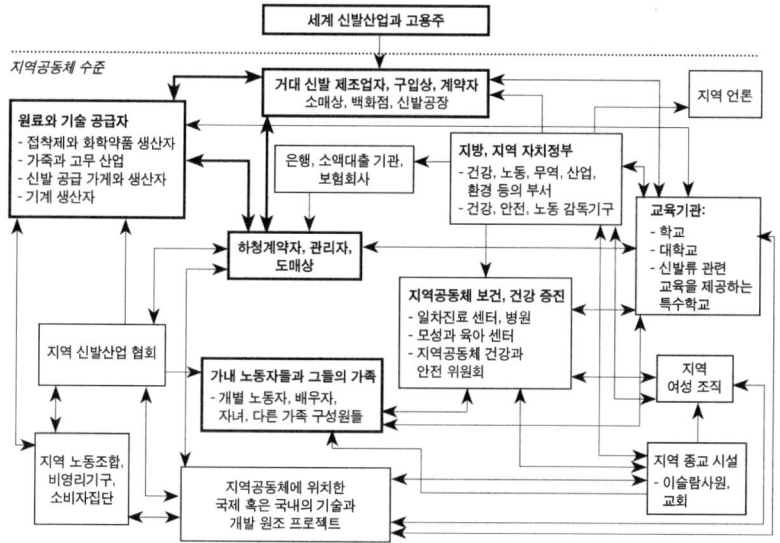

〈그림 2-2〉 가내 노동자 지역사회에 위치한 기구들의 연결고리에 초점을 맞춘 비공식 부문의 가내 제화 산업

자료: Markkanen(2004).

경영조직, 관련 계약자들, 기술제공자들이 가장 큰 책임을 져야 한다. 만약 하청을 통해서 생산이 이루어지고 있다면, 원청기업은 도급인과 하도급인이 안전한 사업 추진 능력을 증명하도록 요구하거나 그렇게 하도록 경제적 유인을 줄 수 있기 때문이다.

1) 정부

신발을 생산하는 나라에서 그 국가의 정부는 대부분 국제 활동의 문지기 역할을 하는 공간이며, 각종 중재가 이루어지는 장소라고도 할 수 있다. 첫째, 정부는 강제력을 가지고 있다. 둘째, 정부는 다른 국가기관과 기업대표들, 고용

자단체, 노동자단체, 여성단체, 국립은행, 보험회사, 지방 혹은 지역정부, 각종 지역사회 조직 등과 같은 행위 주체들에게 영향력을 행사할 수 있다. 정부는 정책, 집행, 연구, 지지를 통해서 필요한 작업 개선에 대해 중재를 촉진할 수 있다. 그리고 만약 필요하다고 판단이 되면 모든 관계당사자들의 협력을 강제할 수도 있다. 그러나 실제 상황에서 정부의 중재는 각종 이유 때문에 제대로 실행되지 못하고 있다. 그 이유는 정치(국내 권력 분포), 예산 부족, 시설 부재 등과 같은 것들이다. 또한 고위 정책결정 과정에서 직업안전보건의 우선순위가 낮아 담당 인력이 적은 것도 이유 중 하나이다.

2) 국가 내의 사회적 파트너들: 고용자, 노동자, 비정부기구, 여성단체

조사대상자들은 사업주와 노동자 모두 노동자 보호를 지지하는 중요한 역할을 할 수 있었을 것이라고 생각했다. 그런데도 대부분은 그들의 의제에서 작업장의 안전보건은 다루어지지 않았다고 단언했다. 노동자의 삶에서 임금, 복지급여, 안정된 고용의 의제가 안전보건 문제를 가리는 이유가 되는 경우가 많다. 사고가 발생하면 노동자들 스스로 자신들을 비난하기도 하는데 "넌 일하는 중에 왜 잠들었어?"라는 식으로 말하는 경우도 있다. 노동조합, 여성단체, 비정부기구, 혹은 노동자를 대표할 가능성이 있는 집단들은 정부의 인정과 지원에 크게 의존하고 있다. 국제노동기구의 비공식 부문에 관한 보고서에서 가내 노동자들 — 특히, 여성과 젊은이 — 에게 접근하기 위한 혁신적이고, 신선하며, 창조적인 전략의 필요성을 다룬 적이 있다. 특히 텔레비전 프로그램, 인식 제고 캠페인, 거리 공연과 같은 활동들이 그러한 전략에 포함되었다[International Agency for Research on Cancer(IARC), 1981]. 국제노동기구는 기업가정신 개발기구, 소위 사회마케팅으로 알려진 대안 무역, 그리고 기업의 사회책임 이니셔티브 등의 설립을 제안했다[International Labour Office(ILO), 2002].

인도네시아에서 장기간에 걸친 억압적 '신질서(New Order)' 체제5가 끝난 후 여성단체와 노동조합운동이 모두 더욱 강력하게 성장하고 있는 중이다(Wieringa, 2001). 그러나 노동조합의 권리가 완전하게 존중받고 성 형평성이라는 것이 제대로 자리 잡기 전까지 아직 가야 할 길이 멀다. 필리핀에서는 PATAMABA라는 이름의 가내 노동자 조직이 노동고용부가 중재하고 있는 전국가내노동조정위원회(National Steering Committee on Home Work)에 참여하고 있다(Pidena-Ofreneo, 1993: 1~32). 조정위원회에 참여한 결과 PATAMABA는 여론의 주목을 끌게 되었고, 지원을 받을 수 있는 새로운 통로를 넓히게 되었다. PATAMABA는 노동법의 가내노동 조항에 대한 수정안을 승인했던 필리핀 국가삼부회의(National Tripartite Conference)의 진행 과정에도 영향을 줄 수 있게 되었다[International Labour Office(ILO), 2002]. 『노동자 건강의 정치경제학(The Point of Production)』의 모형에서 노동자들이 합리적이며 잘 발달된 대표 체제를 가지고 있다는 가정은 개발도상국들의 상황에서는 전혀 맞지 않는 이야기인데, 하물며 가내 노동자들의 경우에는 말할 것도 없다.

9. 국제기구들

노동환경 문제에 관해서 아주 잘 만들어진 법이나 정책이 있다고 하더라도

---

5   인도네시아의 '신질서' 체제는 수하르토(Suharto) 대통령이 집권했던 1965~1998년의 기간을 의미한다. 수하르토는 자신이 집권하기 전의 대통령이었던 수카르노(Sukarno)의 집권 시기를 인도네시아의 '구질서'라고 불렀으며 이와 대비하여 자신의 새로운 통치 기간을 '신질서'라고 불렀다. _ 옮긴이

재정적인 지원과 정치적 후원이 없었다면 그것은 결코 큰 의미를 가지지 못했을 것이다. 국제 금융기관들이 강제하는 구조조정 프로그램은 결국 공공지출의 감소와 보건사회 부문의 약화를 초래했다(Hartigan, Price and Tolhurst, 2002: 37~62; Pyle, 1999: 81~104; Standing, 2002: 347~371; Bangser, 2002: 257~280). 제화산업(혹은 다른 어떤 제조업 분야라도)의 노동 조건을 개선하려면 노동환경정책, 관련 프로그램, 기업의 일차 예방활동 등과 같은 것들이 단순히 돈만 드는 일이며 경제발전을 저해할 것이라고 믿는 주요 금융기관의 잘못된 인식부터 뿌리를 뽑아야 한다. 스티글리츠(J. E. Stiglitz)는 세계화의 가장 큰 도전은 기관들이 자기 자신의 문제에는 관심을 갖지 않고 특정한 경향에 더 주의를 기울이고 있는 현실에 있다고 주장했다. 그는 전형적인 중앙은행장의 경우 빈곤 통계보다 인플레이션 통계에 더 많은 주의를 기울이고, 통상장관의 경우 오염 관련 수치보다 수출 관련 수치에 더 관심을 보이고 있다고 지적했다(Stiglitz, 2003: 216, 226). 이미 우리는 『노동자 건강의 정치경제학(The Point of Production)』의 모형에서 노동환경의 효과적인 규제를 제한하는 요인으로 이념의 중요성을 강조한 바 있다.

다른 한편 어떤 나라에서는 비공식 부문의 여성 노동자들이 그들 스스로 조합을 만든 경우도 있다. 인도 아메다바드의 자영여성협회가 아마도 그와 같은 형태의 동맹 조직들 중에서 가장 활기에 찬 곳일 것이다(Chen, 2001: 71~82). 인도 정부가 이들 자영여성협회 대표단에게 가내 노동에 관한 정책을 생산하는 과정에 참여해달라고 요청할 정도였다(Chen, 2001: 71~82). 자영여성협회는 가내 노동자들을 위한 '홈넷(HomeNET)', 노점상들을 위한 '스트리트넷(Street NET)', 그리고 비공식 경제권에서 일하는 가난한 노동자들에게 초점을 맞추고 있는 국제적 연구·정책 분석 조직인 '비공식 경제의 세계화와 조직화를 위한 여성들(Women in Informal Economy Globalizing and Organizing)'이라는 단체에 창립 회원으로 참여하고 있다[Chen, 2001: 71~82; Chen, 1999; Women in Informal Employment Globalizing and Organizing(WIEGO), 2003]. 자영여성협회는 국제노동기구에서 가내노동회의의 개최와 채택의 촉매제로서 주된 역할을 하고 있다. 자영여성협회와 홈넷은 비공식 부문 노동자들을 대표하는 넓은 지역구들을 가지고 있어서 작업 관련 위해요인들과 노동 조건 전반에 관한 관심과 소통을 불러일으키는 데 이상적인 역할을 할 수 있었다.

국제노동기구, 세계보건기구, 국제연합여성개발기금(UNIFEM), 국제연합환경계획(UNEP), 국제연합공업개발기구(UNIDO)와 같은 유엔기구들은 표준 설정, 정책과 지지 도구의 개발과 기술 및 개발 협력 프로그램의 수행 등과 같은 그들의 필수적인 기능을 지속적으로 수행하고 있다. 문제는 그들의 표준과 기본협정에 대한 구속력이 결여되어 있다는 것이다. 게다가 재정도 매우 제한적인 경우가 많다. 그러나 이러한 구속력의 부재에도 그들의 인식 제고 및 능력 배양 활동에 영향을 받는 많은 지지자들에게 이러한 활동은 매우 중요하다.

10. 가내 노동자 지역사회

〈그림 2-2〉는 가내 노동자 지역사회에 위치한 기관 간의 연계에 초점을 맞추어 비공식 부문의 가내 제화 산업을 묘사하고 있다. 개개인의 가내 노동자들은 제한된 범위 내에서 자신의 노동 조건을 스스로 개선할 수 있다. 그러나 그렇게 되기 위해서는 누군가가 훈련, 캠페인, 인식 개선 자료 등을 활용해서 위해요인에 대해 노동자들과 소통해나가야 한다. 일단 가내 노동자가 자각을 하면 그들 스스로 이룰 수 있는 개선의 정도는 그들이 가진 자원(예를 들어, 자본, 저축금, 공간)에 의존하게 된다. 가내 노동자들은 그들의 작업장에 경고판을 설치할 수

도 있고, 작업 공간과 보관 창고를 생활공간에서 분리시킬 수도 있으며, 일상적인 작업장 관리와 청소 작업을 할 수 있을 뿐만 아니라 가족들과 동료들에게 안전한 작업 방법에 대한 정보를 제공할 수도 있다.

인터뷰를 통해 지역사회조직뿐 아니라 마을 내 모성보육시설들도 노동자의 '알 권리'를 지지해줄 수 있는 지역사회 내의 잠재적인 전달 수단이 될 수 있는 것으로 나타났다. 인도네시아에서는 정부의 예방 접종 프로그램들이 이러한 접점이 될 수 있는 것으로 나타났다. 노동자와 그들의 가족은 주로 지역사회의 보건시설을 이용한다. 이러한 장소들은 특히 여성들이 도움과 조언을 구하고 자신의 관심사를 말하는 데 가장 편안함을 느끼는 공간으로 자리매김하는 경향이 있다. 이 연구의 인터뷰에 참가한 사람들은 여성의 역할을 어머니이자 가족의 건강을 돌보는 사람으로 인식하고 있었다. 그래서 여성을 지역사회에서 안전보건을 지지하는 사람으로 생각하며 자연스럽게 신뢰를 가지고 있었다. 이러한 관점은 한편으로 긍정적이지만 다른 한편으로는 주의가 필요한 부분이다. 안전보건을 고취하기 위한 수단의 관점에서도 여성을 단순히 주부, 어머니 혹은 집안의 환자 돌봄이 정도로 간주하지 말아야 할 뿐 아니라, 캐비어(Nalia Kabeer)의 말처럼, 여성들은 '경제활동의 필수적이며 완전한 참가자'라는 관점에서 보아야 한다(Kabeer, 1994: 62~64).

이슬람사원이나 가톨릭교회 같은 종교 시설들은 사회 전체 그리고 지역사회 주민의 삶에 심대한 영향을 미친다. 이전에 우리가 논의한 적 있는 『노동자 건강의 정치경제학(The Point of Production)』의 모형에서는 이와 같은 조직들이 고려되지 않았다. 그러나 이러한 조직들이 어떻게 작업장의 안전보건 증진에 관계될 수 있는지를 살펴보는 것은 고려해볼 만한 가치가 있다. 지역 내의 국내 혹은 국제 개발 프로젝트뿐만 아니라 학교, 대학, 기타 교육기관 등도 '유해성 소통 기반구조(hazard communication infrastructure)'의 소통자와 건설자로서 중요한 역할을 담당하고 있다. 한 인터뷰 참가자는 지역사회에서 제화 기술을 가르칠 뿐만 아니라 신발산업과 경영에 대해서도 함께 가르쳐주는 고등학교 초급 수준의 특별한 정규 교육기관이 필요하다는 사실을 지적했다. 사실 부모들은 학교 교육 과정을 마친 자녀들이 학교를 마치지 않은 자녀들에 비해 더 많은 임금을 받지 못할 것이라고 생각하고 있다. 즉, 교육이 미래에 자녀들에게 더 나은 고용기회를 주지 못할 것이라고 생각하고 있다. 이러한 상황에서 대학의 역할은 교육 기회 확대를 옹호하기 위해 비정부기구들을 도와주고 작업 관련 위해요인과 건강 간의 관련성을 찾아내는 것이었다.

사례 연구의 대상이 되었던 두 나라의 사례를 비추어볼 때, 국제노동기구-아동노동근절단(ILO-IPEC)의 신발 프로젝트는 지역사회의 삶에 영향을 주는 데 성공했다. 안전보건에 관한 그들의 활동은 그들이 관계한 지역에서 신발 생산 공동체의 의식을 함양시켰다. 인도네시아에서 아동노동근절단 신발 프로젝트는 지역사회에 기반을 둔 직업안전보건위원회의 결성과 직업안전보건 훈련의 시행을 촉진시켰고, 작업장 평가도구와 같은 다양한 정보를 제공했다. 아동노동근절단은 반둥기술연구원과 협력하여 4개의 신발 작업장을 개선했고, 환풍기, 조명, 단단한 허리받침이 있는 의자, 소형 소화기, 응급의료장비와 같은 것들을 공급했다. 필리핀에서는 필리핀 직업안전보건센터와 협력하여 동일한 프로젝트를 시행했는데, 안전보건과 관련된 훈련들을 조직하고 인식을 고취하기 위한 문서와 비디오 필름을 개발하고 생산했다. 아동노동근절단이 시행한 이러한 프로그램들은 노동하는 가족들의 능력을 배양하는 데 중요한 것들이었다.

1) 선진국과 개발도상국의 노동환경: 이념, 기술 그리고 시장

『노동자 건강의 정치경제학(The Point of Production)』은 미국 공식 부문의 전형적인 그리고 위계적으로 조직된 작업장을 기술했고, 직업안전보건의 행위 주체 분석방법을 제시했으며, 직업병과 직업적 손상의 사회적 결정요인에 관한 가설을 정형화했다. 〈그림 2-3〉에서는 생산과 관련된 조직 체계를 표현했는데, 고용주는 가장 높은 단계에 있고 그 아래로 관리자와 자문단이 있으며 마지막으로 가장 낮은 단계에 노동자가 위치해 있는 것으로 묘사했다 (Wooding and Levenstein, 1999). 상당한 노조의 힘이 노동자들의 목소리를 키우지 않는 한 사업주와 관리자는 한 회사의 투자, 예산, 생산 과정뿐만 아니라 노동조건도 완전히 지배하게 된다.

〈그림 2-2〉와 〈그림 2-3〉의 내용을 비교해보면, 비공식적인 신발 생산 부문에 대한 분석한 〈그림 2-2〉와 공식적인 부문에 대한 분석한 〈그림 2-3〉 사이에 존재하는 유사점과 차이점을 발견할 수 있다. 공식 부문에 대한 모형에서 노동과 노동 조건은 이념에 의해 포위되어 있는 두드러진 양상을 보이고 있다. 수직 계열화되어 있는 권력 분포는 개발도상국의 비공식 부문 생산 환경에서 좀 더 명백하게 드러나고 있는데, 서로 다른 기관들 간 혹은 기관들 내에서 그리고 국가 내외에서 모두 나타나고 있다. 국제노동기구의 보고서에서 언급되었듯이 권력이 고용자, 계약자, 공공 권위, 지주 등 누구의 손에 있건 혹은 없건 간에 권력과 권위를 향해 항의하거나 조직화를 시도하는 과정 속에서 가장 큰 위험을 감수해야 하는 계층은 가장 빈곤한 계층이다. 이렇듯 명명백백한 지배 구조는 권력의 분포와 관계가 극적으로 불평등한 지방 단위로 내려갈수록 훨씬 더 가혹한 형태로 드러난다[International Labour Office(ILO), 2002]. 게다가 위계라는 것은 개인의 재산, 민족, 인종, 성별, 계급, 연령(선후배)과 같은 조건에 의해 엄격하게 정의되기 때문에 사회적 이동성은 상당한 제한을 받게 된다. 이러한 상황에서 자유시장경제체제의 핵심 원칙인 개인주의, 사적 소유에 대한 권리, 시장의 효율성과 같은 것은 한 시간에 2달러를 버는 비공식 부문 가

<그림 2-3> 직업보건에서의 행위 주체들

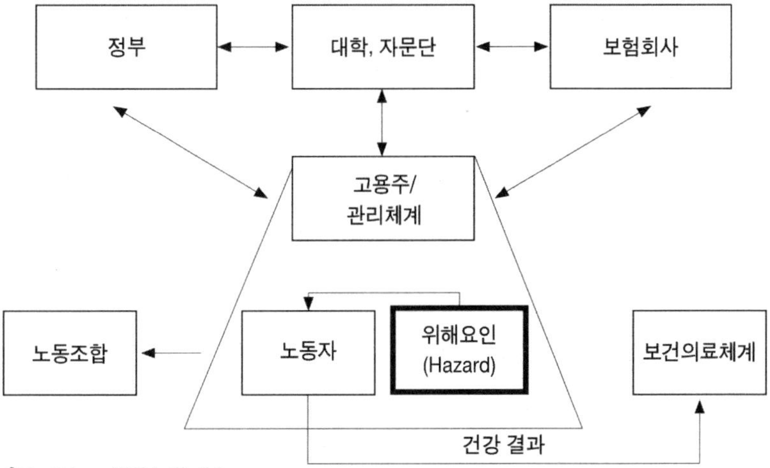

자료: Kabeer(1994: 62~64).

내 노동자에게 아무런 의미가 없게 되는 것이다.

『노동자 건강의 정치경제학(The Point of Production)』의 모형에서 이념적 맥락은 노동환경 및 기술에 영향을 미친다. 산업위생기사, 기술자, 의사는 자신이 가진 전문적인 지식과 기술적인 해결책이 노동 위해요인들을 완화시켜 줄 수 있다고 가정한다(Wooding and Levenstein, 1999; Levenstein, Wooding and Rosenberg, 2000: 27~50). 불행하게도 작업장 위해요인의 원인이 되는 사회적 혹은 정치적 맥락들은 종종 무시되며, 기술적인 논의에 적합하지 못한 것으로 간주된다(Wooding and Levenstein, 1999; Levenstein, Wooding and Rosenberg, 2000: 27~50). "도대체 왜 수용성 접착제 대신 유기용제로 만든 접착제가 여전히 쓰이는 걸까?" 가격과 품질 때문이라는 설명은 결코 만족스러운 대답이 될 수 없다. 수용성 신발 접착제들이 현장에 도입되지 않는 것은 모형의 주요 주체들이 사용을 요구하지도 권하지도 원하지도 않았기 때문이다.

『노동자 건강의 정치경제학(The Point of Production)』에서 성 불평등과 부정의(injustice)의 문제가 다루어지고는 있지만 그 중요성이 아주 적절하게 조명된 것은 아니었다. 저자들은 가장 친밀한 사회관계들에 이르기까지 자본주의 팽창의 반응으로 페미니즘이 떠오르는 것을 감지했고(Wooding and Levenstein, 1999), 의심의 여지없이 다수의 다른 저자들도 이러한 부분에 대해 수차례 언급한 바 있다. 캐비어는 자본주의가 성 불공평에 의해 창출된 권력과 이윤에 대한 기회들로부터 만들어졌고 그것이 지속되고 있다고 지적했다(Kabeer, 1994: 62~64). 1987년에 이미 ― 이것은 아직 최근의 경제 세계화가 가속화되기 전의 이야기이다 ― 센(G. Sen)과 그라운(G. Grown)은 수출 촉진과 성장 그 자체에 반하는 주장을 하지는 않았지만, 토지 소유와 수입 분포의 극단적인 불평등이라는 조건에서 수출을 촉진하면 수출이 국내생산으로 다시 이어지지 못하게 되고 기존의 불평등이 더욱 악화될 수 있다고 주장했다(Sen and Grown, 1987: 34). 이 모든 것이 진실이기는 하지만, 성 해방 투쟁이 전적으로 자본주의의 결과인 것만은 아니다. 성 형평성은 소련, 동유럽국가, 중국, 쿠바 등과 같은 과거 혹은 현재의 비자본주의 국가들에서도 결코 미덕으로 간주되지 않고 있다. 『노동자 건강의 정치경제학(The Point of Production)』에서 주요한 페미니즘 논쟁은 강력한 가부장 사회에서 권력에 대한 여성의 진출을 고의로 막음으로써 성차별이 심한 노동시장을 만들어낸다는 것이었다.

11. 현장에서 통하는 것은 무엇일까?

〈그림 2-3〉에 그려져 있는 선과 화살표는 기관과 행위 주체 간의 소통구조와 권력관계를 보여주고 있다. 그러나 우리의 분석 목적은 이와 같은 관계의

체계 속에 들어 있는 잠재적인 '틈'을 밝혀내는 것이다. 즉, 변화를 이끌어내는 데 필요한 잠재적인 경로와 사회 조건이 무엇인지를 밝히는 것이다.

국가라는 측면에서 볼 때, 중앙 정부는 주요한 중재자라고 할 수 있다. 그러나 정부의 기능은 국내 재정 상황과 주요 국제금융기구들로부터 영향을 받게 되며, 그러한 문제로 인하여 사회 또는 건강과 관련된 하부구조 혹은 자원을 활용하는 부분에서 제한을 받는다. 이러한 제한 속에서 정부가 거대한 비공식 부문의 안전하지 못한 노동환경 문제를 해결할 수 있으리라고 기대하기는 쉽지 않다. 이와 더불어 정부의 사회·보건 부문의 상태는 그 나라 노동조합의 조직 상황과 지지 노력을 반영하고 있다. 그리고 노동조합은 대다수 개발도상국에서 힘 있는 기관이 아니다.

변화를 가져올 수 있는 힘은 도대체 어디에서 나올 수 있는 것일까? 세계적인 금융기관과 무역기구는 정치와 경제에 많은 영향을 끼치고 있다. 그들은 대표적인 세계 신발 자본의 관행에도 영향을 미칠 수 있다. 국제인권단체, 비정부기구, 여성단체는 이러한 기구에 초점을 맞추고 활동을 전개했고, 그동안 많은 것을 성취해왔다. 특히 부유한 국가들의 정치 과정에 압력을 행사하는 데 중요한 역할을 하고 있다.

인도네시아의 자영여성협회와 같은 고무적인 성공 사례에서 보듯이, 노동조합과 여성단체들의 역할은 매우 중요하다. 그럼에도 가내 노동자들이 ─ 신발을 만들건 다른 것을 만들건 아마도 사회구성원 중에서 가장 가난하고 힘없는 자들이 ─ 수지를 맞추려고 노력하면서도 기적적으로 스스로 조합 만들기를 시작할 것이라고 가정하는 것은 비현실적이다. 오히려 지역 단체가 노동조합과 비정부기구로 발전할 수 있도록 국제노동조합 사무국과 여성단체들이 실질적인 지원을 제공할 수 있는 위치에 있을 때에 조합의 조직화와 운동의 구조화가 가능하다고 보는 것이 보다 현실적이다.

지역사회 수준에서 가내 노동자들의 노동조건을 개선시키는 데 가장 성공적인 역할을 하는 중재자들은 지역사회의 (1) 보건의료 제공자, (2) 교육기관, (3) 이웃에 위치하고 있으면서 지역의 대중에 의해 수용되어 온 국제/국내의 기술 및 개발 프로젝트 등과 같은 것들이다. 그러나 다시 한 번 언급하지만, 보건의료 및 교육기관은 정부의 자원에 의존적일 수밖에 없다는 점이다.

제화 산업은 사람들의 거주공간이 어떻게 위험한 작업장으로 변하고, 노동안전과 공중보건에 대한 관심이 최종적으로 어떻게 수렴되는가에 대한 유일한 본보기는 아니지만 가장 훌륭한 사례라고 할 수 있다. 거대한 비공식 부문에 대한 중재가 효과적으로 이루어지기 위해서는 노동환경 전체의 복잡한 그물망 안에 있는 행위 주체들이 복잡한 엉킴 속에서 빠져나올 필요가 있다. 고도로 조직화되고 경제적으로 발전한 나라의 경험을 토대로 만들어졌던 『노동자 건강의 정치경제학(The Point of Production)』의 모형은 이제 정치, 이념, 경제, 기술과 같은 관심사들이 나라들 간의 경계를 넘나드는 새로운 세계 경제에 적합한 형태로 변화해야 한다.

[이화평 옮김]

3

버스 강도
브라질 사우바도르의 대중교통에서 발생하는 작업장 폭력과 (불)안전

에두아르도 파에스 마캐도(Eduardo Paes Machado), 찰스 레벤스타인(Charles Levenstein)

이 장은 브라질 사우바도르의 대중교통체계에서 발생하는 폭력 범죄가 버스 운전기사와 안내원의 노동환경, 건강, 안전에 미치는 영향에 대해 검토하고 있다. 노동자, 노동조합, 이용자, 관리자, 경찰을 대상으로 깊이 있고 폭넓은 면접조사를 시행했다. 전형적인 범죄자의 유형은 가난한 실업 청년이었고, 대부분 전과가 없었으며, 주로 유흥비 마련을 위해 손쉬운 방법을 택한 부류들이었다. 수입은 아주 적었다. 신체적인 상해나 사망이 아니라, 공포, 정체성 갈등, 이용자와의 긴장 관계, 도둑맞은 요금을 메우는 것과 관련한 노사 갈등, 그리고 노동자와 이용자의 안전 문제 등을 유발하면서 버스 노동자와 심리적 파워게임을 즐기는 버스 강도의 한 유형도 확인했다. 경찰의 살상무기 사용을 포함한 안전 조치들의 효과에 대해서도 개괄하고 평가했다.

이 장의 목적은 브라질 바이아 주의 주도인 사우바도르 시의 대중교통 수단인 버스에서 발생하고 있는 폭력 문제를 검토하는 것이다. 대중교통과 관련된 일반적 상황, 범죄의 특정 방식, 버스 노동자들과 다른 사회집단들에 대한 폭력의 영향에 대해 기술할 것이다.

또한 버스 노동자들이 당하는 폭력을 직업성 폭력으로 개념화하고, 폭력 범죄(강도, 신체적 폭행 등)가 전파되는 폭넓은 직업적 맥락과 사회구조적 맥락을 연결시키고자 할 것이다(NIOSH-Cib, 1996; Neuman and Baron, 1998: 391).

폭력은 사업장 내에서 사업주와 노동자, 그리고 노동자들 간의 내부 관계 악화에서 부분적으로 파생되기도 하지만, 서비스 경제의 팽창과 맞물린 사회적 상황에 기인하기도 한다(NIOSH-Cib, 1996; Neuman and Baron, 1998: 391). 제조업에서는 노동이 한 장소에서 일어나고 고객과 신체적으로 격리되어 있는 것이 일반적이지만, 서비스 산업은 고객과 그들의 요구 및 기대가 노동자와 직접적으로 결합되는 특징을 갖고 있다. 긴밀한 접촉으로 인해 노동자는 공격 행동에 취약한 상황에 놓인다. 그런 행동, 특히 신체적 폭행은 현금을 다루는 노동자에게 더 흔히 발생한다(NIOSH-Cib, 1996; Neuman and Baron, 1998: 391).

다음으로 저자들이 주목하고 싶은 것은 사회-신체적으로 제한된 공간의 외부에 존재하는 긍정적 효과에 관한 것이 아니라, 적대적이고 위협적이며 범죄를 저지르는 제3자에게 과도하게 노출되어 발생하는 위험에 대한 부분이다. 더불어 버스 노동자와 승객 사이에 내재된 계급 갈등의 차원보다는 노동자들이 희생양이 되고 있는 사실에 주목할 것이다.

대중교통 노동자들이 맞닥뜨린 긴장에 대한 연구에서 벨키(K. Belkie)와 슈널(P. Schnall)은 가장 흔한 스트레스 요인이 폭력의 위협이라는 사실을 밝혀냈다(Belkie and Schnall, 1998). 미국에서 이루어진 연구에 의하면, 노동자들에 대한 적대적 행동의 예방을 위해서는 노동자 자신의 심리적 노력이 상당히 필요했다(Belkie and Schnall, 1998).

사이케스(J. T. Sykes)는 미국 무료통학버스 체계에서 버스 운전기사를 향한 학생들의 공격 행동의 심리적, 도덕적, 물질적 결정요인을 연구했다(Sykes, 1995). 청소년인 이들 공격자는 차별 받는 소수 민족일 가능성이 높았는데, 이 연구에서는 이들의 사회경제적 특성을 제시하기보다는 버스 기사들이 개인적으로 이용할 수 있는 상해 예방 방법들을 기술했다.

〈표 3-1〉 브라질 도시에서의 버스 강도

도시	사건 수	1,000명의 거주자당 %
상파울루	12,905	1.3
리우데자네이루	6,774	1.2
사우바도르	3,407[a]	1.5
헤시피	2,754	2
비토리아	1,170	4.3
벨로리존치	712	0.3

주 a: 이 수치는 단지 경찰국 한 곳의 통계이기 때문에, 사우바도르의 다른 경찰국들에서 발생한 사건 통계를 합한 4,745건이 더 적합해 보인다(〈표 3-2〉 참조).
자료: Revista CNT(1999).

브라질에서 버스 노동자들과 버스 승객 사이에 갈등을 조장하거나 감소시키는 대중교통 체계의 일반적 특성에 대해서는 시퀘이라가 보고했다(Siqueira, 1995). 저자들은 유쾌하지 않으면서 통제수준이 높은 버스 노동자들의 직무를 고찰한다. 그러나 시퀘이라는 버스 노동자들이 승객들의 이익과 권리에 반하는 직무로부터 긍정적 측면을 도출하고 있음을 밝히고 있다(Siqueira, 1995). 우리는 이 연구가 일반인이든 범죄자이든 규칙을 어기고 부적절한 이득을 취하며 버스 노동자들을 폭행하는 버스 승객들의 반응을 과소평가하고 있음을 주장할 것이다.

버스 노동자들에 대한 폭행의 심리적 영향을 살펴보기 위해 프랑카(A. Franca)는 브라질에서 폭행 범죄가 세 번째로 많이 발생하는 사우바도르 시에서 한 버스 회사의 버스 안내원 144명을 조사했다(Franca, 1998; Confederacao Nacional do Transporte-CNT, 1998). 연구 결과를 보면, 거의 모든 버스 안내원이 버스 강도의 희생자였던 경험이 있고, 직무 스트레스의 발생률이 매우 높았던 것으로 나타났다. 37.2%가 일반적으로 신경과민, 긴장감, 그리고 걱정거리를 갖고 있고,

30.3%가 매우 쉽게 공포감에 젖는다고 응답했다.

그런데 이 연구는 연구 방법의 오류로 인하여 이런 폭력이 다른 스트레스 요인, 예를 들어 승객이 요금을 맞게 내는지 감시하는 것, 버스 승객과의 갈등, 사업장에서의 자율권 상실, 불충분한 휴식 시간 등과 근본적으로 다르지 않다고 잘못된 결론을 내리고 있다(〈표 3-1〉 참고).

이 연구에서 버스 노동자들의 일상생활 중 강도와 절도는 갑작스럽고 대단히 충격적인 사건이라고 가정하고 있고, 일정한 범죄 발생률을 보이는 버스노선에 근무하고 있는 130명의 버스 노동자(버스 안내원, 버스 기사, 교통 관제사 등)와의 면접을 통해 이를 증명하려 시도하고 있다. 이 노선은 샌프란시스코처럼 거대한 만인 'Bay of All Saints'로 가는 입구 한 끝에 위치한 대도시 사우바도르의 큰 세 개 구역, 즉 바이아('Bay of All Saints' 내의 해안을 따라 있는, 가난하고 오래된 교외 지역), 올라('Bay of All Saints' 바깥 해안을 따라 위치해 있는 신흥 부유 지역), 미올라(두 해안 사이에 위치한 크고 긴 지역으로 인구밀도가 상대적으로 낮은, 신흥 빈곤 교외지역)를 가로질러 분포하고 있다.

버스 노동자 이외에도 우리는 버스노동조합 위원장 2명, 버스 승객 50명, 버스 회사 대표 9명, 버스 강도 관할 경찰 2명을 추가로 면접조사했다. 또한 1998년부터 1999년까지 보고된 위반자에 대한 88개의 보고서와 26개의 조사 결과를 검토했고, 노동조합 게시판인 트란포르테(Tranporte)의 1991년부터 1999년까지의 목록을 검토했다.

이 장은 서론, 결론과 별도로 대중교통의 일반적 상황, 버스 노동자와 승객 사이의 관계, 폭력의 형태와 치사율, 공포, 노동관계, 버스 범죄를 감소시키기 위한 적절한 조치 등에 관한 세부적인 내용을 다루고 있다.

1. 사우바도르의 대중교통 체계

사우바도르의 버스 연결망은 710㎢의 면적에 걸쳐 있고, 240만 명의 인구가 이용하고 있다. 2,400대의 버스, 424개의 노선이 있고, 매달 3,600만 명, 매일 100만 명 이상의 승객들이 버스를 이용한다.

브라질의 다른 주도(州都)와 마찬가지로 여기서도 위험을 통제하기 위한 공학 기술, 안전 조치, 운송 교육 등과 같은 적절한 예방책이 없는 상태에서 버스와 다른 운송수단에 대한 이용이 급증했다. 대중교통 체계는 매일 수많은 교통사고가 발생하는 문제뿐만 아니라 버스의 노후화와 부적절한 배차, 임시방편의 버스 승하차장, 지붕이 있는 버스 정류소의 부족 등 많은 결함을 가지고 있었다.

대부분 도시지역 주민인 이용자의 입장에서 이러한 결점들은 대중교통 체계의 기준에 비추어볼 때 부적합한 것이었다. 이러한 상황은 차를 소유하고 있는 23%의 주민과 차가 없어서 대중교통에 주로 의존하는 77%의 주민 사이에 물질적·상징적 분리를 심화하는 것이었다(Vasconcelos, 1999).

1990년대식의 집단 공격이 더 이상 대중에게 나타나지 않는다고 하더라도 버스 요금 인상이 수동적으로 받아들일 문제는 아니었다(Moises, 1978: 13~65). 상당한 수준의 요금 부담이 노동자를 요금 인상에 민감하게 만들었고, 버스를 타는 대신 걸어가도록 만들었다(Vasconcelos, 1999). 현재 도시 인구의 29%가 직장까지 걸어 다니고 있는 실정이다. 요금이 인상됨으로써 요금 지불에 대한 다양한 저항 활동이 매일 지속되고 있고, 버스 노동자들과의 갈등이 증폭되고 있다(Scott, 1990).

13명의 소유주들이 관리하고 있는 사우바도르의 28개 버스 회사에는 총 1만 244명이 직접 고용되어 있는데, 이 중에 운전기사 4,755명, 수금원인 안내원 4,879명(약 1,000명이 여성), 교통 관제사(transit controllers)인 관리직 610명

등이 포함되어 있다. 유지 인력과 행정 인력을 포함하면 피고용인의 총수는 1만 2,571명에 달한다.

대중교통 체계는 도시교통국장에 의해 운영되고 있는데, 도시교통국장은 버스 운행 상황을 통제하고 노선, 버스 운행시간, 요금, 그리고 직원 인사기준 등을 정하는 책임을 갖고 있다. 책임이 워낙 광범위하기 때문에 실제로 운송과 안전에 대한 개선이 지지부진한 상황이다(Siqueira, 1995).

소유주와 노동자 모두 활동적인 단체들이 각각을 대표하고 있다. 1930년에 만들어진 버스노동조합은 1990년에 지도부의 변화를 겪으면서 더 전투적인 정책을 성공적으로 적용했고 임금협상력을 배가시켰다. 그러나 직업안전보건에 관한 문제에는 거의 관심을 기울이지 않았다.

2. 버스 노동자

버스 작업장은 오랫동안 학력이 낮은 남성 유색 인종 노동자들의 일자리였는데, 점차 여성, 고학력자, 다른 일자리를 구할 수 없는 백인들의 비중이 커지기 시작했다(Castro and Sa Barreto, 1998).

버스 작업장의 주요 특징 중 하나는 고정되어 있지 않고 건물과 같이 보호받을 수 있는 공간이 없다는 점이다. 노동자들은 하루에 단지 두 번, 버스 출차할 때와 업무가 끝날 때 회사 차고에 들어간다. 업무 종료 때는 버스의 회전식 문에 있는 승객 수치를 돌려놓고 요금을 합산한다. 이 작업장의 또 다른 특징은 공공장소에서 버스를 이용하는 변덕스럽고 예측 불가능한 버스 이용자와 직접 접촉한다는 것이다.

표준 업무는 7시간 20분이지만 초과근무를 자주 하게 된다. 또한 버스 노동자들은 운행 사이사이에 단지 15분의 휴식을 취하는데, 이러한 짧은 휴식과 초과근무는 노동자들을 몹시 지치게 하며 긴장과 불안전을 유발한다.

스트레스가 발생하는 기전은 버스 기사와 버스 안내원, 두 직종이 서로 다른 양상을 보인다. 스트레스 강도는 운전기사가 더 크다. 기사는 어려운 교통 상황, 반복 작업, 승객의 요구와 불만을 접해야 한다. 버스 안내원은 자리를 이동할 수 있다는 점에서는 더 자유롭지만, 사람들과 더 많이 접촉을 해야 한다. 1,000명의 여성 안내원이 있는데, 그들은 남성 안내원보다 더 공손하고 정직하다고 평가를 받고 있지만, 승객으로부터의 압력에 더욱 취약한 것으로 나타나고 있다.

휴식 시간이 필수적인 것으로 인정되고 있지만, 운행 사이의 휴식은 부적절하고 교통 상황 때문에 지연되며 적절한 휴식 장소가 없어 어려움을 겪고 있다. 그래서 노동자들은 흔히 휴식 시간을 길에서 보내거나 규정을 어겨가며 바(bar)에서 보낸다. 이렇게 작업 현장이 불안정한 만큼 그들은 사교적인 분위기가 조성되고, 정보가 교환되며, 지지 집단이 개발되는 환경에 처해 있다.

버스 회사와는 별도로 승객들의 불만을 접수하는 정부 규제 부서와 센터 등을 포함한 복합 네트워크가 버스 노동자의 업무를 통제하고 있다. 각 버스 운행을 등록하고 정확히 측정하는 회전속도계나 '운전 마스터' 장치를 포함한 기술 장치가 노동을 관리하는 강력한 도구가 되고 있다.

두 가지 형태의 감시자가 있는데, 하나는 일반인 옷을 입고 순환하며 정체를 파악할 수 없는 '비밀 확인자'이고, 다른 하나는 제복을 입어 인식 가능한 '운행 관리원'이다. '비밀 확인자'는 버스에 탑승하여 버스 노동자의 작업을 평가하는 반면, '운행 관리원'은 버스 노선의 마지막 부분에서 업무를 수행한다. '운행 관리원'은 개인의 근무 시간을 조정하거나 노동자와 버스의 이동, 버스 회사 행정부서로 돈을 건네주는 일을 하는데, 이를 위해 일정한 권한을 행사하고 타협 등의 방법을 사용한다.

모든 방면에서 압박에 시달리고 있는 버스 노동자들은 이윤만 추구하고 피고용인의 안녕에는 별다른 관심이 없는 회사 때문에 그들의 일에 대해 부정적인 시각을 갖고 있다. 그러한 생각은 48세 흑인 버스 기사인 포르투나투(Fortunato)의 증언에서도 확인된다. 그는 일상적인 노동환경에 대해 분통을 터뜨리며 말하고 있다.

우리는 노예입니다. 100% 노예예요. 우리는 아주 사소한 오류에도 벌칙을 받습니다. 경찰은 운전기사들을 몰아세우고, 우리를 공격합니다. 만약 당신이 법률에 적용을 받게 된다면 유연해져야 합니다. 회사에서도 성별에 관계없이 벌칙을 받고 강등됩니다. 당신은 어떤 권리도 없습니다. 우리는 항상 압박을 받으며 일하고 있습니다.

이러한 노동환경이 노동자들이 언급한 스트레스와 다른 직무상의 건강 문제를 유발한다(Franca, 1998). 이 문제에 대한 다양한 의견을 묶어서 36세 유색인인 버스 안내원 호베르투(Roberto)는 다음과 같이 말했다. "노동자는 건강하게 들어와서 종국엔 콜레스테롤 불균형, 신경계 질환, 승객들의 이해부족으로 병이 들게 됩니다." 승객과의 관계는 스트레스의 지속적인 원천이며, 버스 노동자 직무에서 매우 위험한 부분인 것이다.

3. 규칙 어기기

대중교통의 영역에서 협력과 갈등의 관계는 버스 노동자들이 그들의 관리자와 승객 사이에서 중간자 위치에 놓여 있다는 맥락에서 발생한다. 그들은 관리자로부터 규정을 준수하도록 요구받는 한편, 별다른 편익도 없이 승객들에게 규정을 부과함으로써 발생하는 자극적인 반응에 노출되어 있다.

그 결과 버스 노동자들은 갈등을 피하기 위해 유연하게 협상하는 태도를 갖게 되는데, 이것은 승객들이 규정을 어기는 것을 용인하거나 규정을 지키는 데 관심을 두지 않는 태도를 의미한다. 특히 하루를 시작할 때는 승객들과 다툼이 발생하지 않기를 바라는 것이 일반적이다.

참가자와 참관인의 관점에서 볼 때 이동성과 변동성이 심한 버스는 그 운용 조건으로 인하여 발생하는 상충된 이해를 제어하기 위해 규정을 세울 만큼 충분하게 견고하지 않은 사회 공동체일 뿐 아니라, 버스 노동자들의 접근법, 승객들의 태도, 버스 이용 규정, 버스 요금의 수금 등은 기본적인 예의 수준을 무너뜨리고도 남을 정도의 문제 영역들이다(Elias, 1997; Sennet, 1993).

만약 교통과 버스의 운용 조건이 무례함을 촉발시키는 것이라고 한다면, 버스 노동자들이 일반 대중에게 불만을 표출하는 경향을 그렇게 쉽게 미난하지는 못할 것이다. 그렇지만 노동환경에 대한 저항의 표현으로 나오는 경솔한 운전 행태와 승객에 대한 좋지 않은 태도는 일반 대중이 노동자들에 대한 적대적인 감정을 강화하고 반감을 표출하도록 만들고 있다.

한편 버스 서비스에 대한 공급과 수요의 간극, 범죄의 노출로부터 안전하지 않고 보호시설이 없는 버스 정류소에서의 오랜 기다림, 붐비는 버스, 교통 체증, 버스 내의 과도한 열기 등으로 승객들의 불만은 커지게 된다. 이것이 승객들끼리 그리고 버스 노동자에게 공격적인 행동을 하도록 만든다.

그러한 감정은 미올라와 바이아의 가난한 교외 지역으로 가는 버스 노선에서 더 증폭되어 나타난다. 이곳의 대중교통은 충분치 못한 실정인데, 특히 주말, 공휴일, 대규모 축구 경기가 열리는 날은 더욱 그렇다. 이 경우 활기찬 승객들은 버스 내에서 노래하고 뭔가를 두드리면서 음악을 연주하고, 농담과 게임을 즐긴다. 그런가 하면, 어떤 승객들은 서로 싸우고 창문이나 좌석을 부수는 등 공공 기물을 파손하고 낙서를 한다. 인터뷰에 응한 한 버스 회사의 임원에 의하면, 공공 기물 파손에 의한 손해가 버스 강도에 의한 손실보다 더 크다고 했다.

화난 승객이나 훌리건과의 상호작용으로 인한 곤란함에서 버스 노동자의 취약성을 찾아볼 수 있는데, 이러한 상황에서 버스 노동자에게 규정을 강제하는 것은 거의 불가능에 가깝다. 예를 들어, 버스에 탔지만 회전식 문을 통과하여 나가지 않고 버스 요금의 지불을 피하면서 다른 승객이 탑승하는 것을 막는 승객을 생각해볼 수 있다. "그들(승객)은 규정을 모릅니다. 그들은 이러한 규정을 만드는 것이 우리라고 생각하죠. 그들은 우리가 단지 회사의 규정을 따르고 있다는 것을 모릅니다. 우리는 모든 것에 대해 비난 받습니다." 하급자의 복종을 기대하는 사회 문화 속에서, 승객들의 분노를 초래하지 않도록 하거나 위협에 직면하지 않도록 하기 위해, 혹은 신체적으로 폭행당하지 않도록 하기 위해 노동자들이 승객들의 행위를 묵인하는 것은 용인되어야 한다.

그러한 갈등은 승객들이 버스 안내원에게 요금을 지불하지 않으려고 할 때, 즉 회전식 문으로 나가면서 안내원에게 칼로테(calote, 저항)를 할 때 악화된다. 이것은 '카로나(carona)'라고 불리는 다른 형태의 반대다. 카로나는 버스 안내원이 자신의 친구가 요금을 지불하지 않고 회전식 문을 통과하는 것을 허용하는 경우를 말하는데, 이것은 다른 승객들을 자극하고 다른 사람들의 요금 거부를 정당화하는 이유로 작용한다. 보통 승객이 무기를 갖고 있거나 집단행동을 할 때 요금 거부가 달성된다. 그것은 재정적인 손실뿐만 아니라 폭행이나 투석과 같은 신체적 공격 등으로 이어진다. 특히, 이러한 폭력적인 양상의 요금 거부를 다른 승객들도 목격하기 때문에 버스 노동자들은 이를 받아들이기 어렵다고 생각한다.

　이와 다른 측면에서 사회적 영향을 미치는 범죄로 갈취를 들 수 있다. 버스에 탄 폭력배는 버스 안내원을 폭행으로 위협하고 요금을 내놓도록 강요한다. 이런 일은 항상 존재하기 때문에 버스 안내원들은 한두 차례 요금을 따로 떼어 놓는다. 비록 협조를 거부하다 폭행을 당하기도 하고, 때로는 좀 심하게 맞은 뒤에 위협을 받는 수도 있지만, 강도와 안내원 간에 일반적으로 이루어지는 신중한 거래로 인하여 폭력이 행사되지 않는다. 이러한 경우에는 행동의 이면에 있는 암묵적 합의로 인해서 앞에서 언급한 칼로테와 같은 공개적인 굴욕의 요소가 발생하지 않는다.

　범죄의 다른 형태는 우선 승객의 지갑을 목표로 삼는 것이다. 가해자는 '작은 도둑', '소매치기' 등으로 불린다. 그들의 행동은 협박부터 승객 주머니에서 몰래 지갑을 빼내는 것까지 다양한 모습을 띠고 있다. 즉각적인 폭력을 행사하겠다고 협박하기도 하고, 희생자나 다른 사람이 증언할 경우 복수하겠다고 협박하기도 한다.

　이러한 양상의 범죄는 대중교통에서 '돈 버는' 방법으로 부상했다. 그러나 이것은 무기를 소지한 강도가 출현하면서 그 영향력을 잃고 있다. 강도의 목표는 승객들의 소지품과 안내원이 받은 요금을 모두 빼앗는 것이다.

　경찰이 여성 1명을 포함하여 체포된 88명의 범인을 조사한 결과를 발표한 적이 있는데, 그들의 평균 연령은 21세였고, 80%는 24세 미만이었으며, 11%는 18세 미만의 미성년자였다. 일부 미성년자는 독자적으로 일하는 경우도 있었고, 다른 일부는 성인을 돕고 있었다. 백인, 물라토, 유색인, 흑인 등 공식적으로 발표된 인종의 분류 기준이 매우 주관적이고 독단적이었다. 미국이었다면 흑인으로 분류되었을 사람이 브라질에서는 흑인이 아니라 유색인으로 분류되었다. 공식적인 분류에 따르면, 버스 범죄자의 71.6%가 유색인이었고, 28.4%

가 흑인이었다. 특징적인 것은 백인이 거의 없다는 점이다. 그리고 범죄자가 압도적으로 많이 거주하는 지역은 가난한 교외 지역이었는데, 이는 피부색과 빈곤의 관계를 보여주는 대목이다(Bahia-SSP, 1999).

강도들은 평균 약 70헤알(미화 40달러)을 갈취했는데, 이것은 노동자 월평균 임금의 10%에 해당하는 금액이지만, 한 강도의 진술에 따르면, 이는 '푼 돈'에 불과한 것으로 여겨졌다. 강도들은 쉽게 도주할 수 있는 버스 노선 중 한 곳에 집중하는 경향이 있다. 그러한 지점은 '침입'이라 불리는 지역을 포함해 거의 대부분 가장 가난한 교외 지역에 위치해 있는데, 빈 땅에 불법 거주를 하거나 도시 기반 시설이 매우 적은 지역이었다.

강도들은 저녁 근무시간을 선호하는 것으로 나타났는데, 사건의 45%가 오후 6시에서 10시 사이에 일어났고, 그다음으로 28%가 밤 근무시간에 발생했으며, 14%가 아침 근무시간에 발생했다(Sindicato das Empresas de Transporte de Salvador(Seteps), 1998/1999]. 이러한 양상은 다양한 전략적 요인과 관련되어 있다. 특정 근무시간이 더 많은 수입을 올릴 수 있다는 점, 그렇지만 사람이 많이 붐비는 버스는 피한다는 것이다. 강도들은 버스 노선의 종점에 가까운 버스 정류소에 집중되었는데, 그곳에서 승객 숫자가 줄어들기 때문이다. 많은 사람들이 붐비는 곳을 택할 경우 사람들을 제어하기가 어려울 뿐만 아니라 승객이 많으면 강도에 대항한 방어 행동을 할 수 있기 때문이었다.

강도들이 선호하는 요일은 일요일(19%), 토요일(16%), 금요일(14%) 순이었다. 이 요일들에는 경찰의 행정력이 감소할 뿐만 아니라, 주말의 유흥을 위해 더 많은 돈이 필요하기 때문이었다. 월별로는 4월(12%), 6월(11%), 7월(9%), 5월(9%), 3월(9%) 순으로 발생이 많았다(Sindicato das Empresas de Transporte de Salvador (Seteps), 1998/1999]. 이에 대한 근거 있는 설명은 없지만, 이 달들이 카니발, 부활절 주간, 세인트 존 페스티발 등과 같은 각종 축제가 끝난 다음 달이거나 그 전 달이라는 점을 염두에 둘 필요가 있다. 이러한 축제들이 소비를 자극하기 때문이다.

4. 버스 강도 통계

대중교통 노동자들과 이용자들에게 범죄가 주요한 문제임에도 이에 관한 통계는 부정확한 실정이다.

2만 572건의 버스 강도사건이 지난 10년 동안 발생한 것으로 등록되어 있지만, 이러한 유형의 직업적 폭력을 연구하기 위해 연구자들이 등록 자료를 분석한다는 것은 쉽지 않은 일이다. 가장 큰 문제는 발생의 구조와 크기에 대한 좀 더 근거 있는 정보가 부족하다는 점이다.

경찰 등록 자료는 1990년부터 시작되었고, 그 전에는 아예 대중교통에 관한 자료가 없다. 더군다나 등록된 사례들은 단지 버스 안에서 일어난 사건만 포함하고 있으며, 버스 밖에서 버스 노동자에게 가해지는 막대한 수의 범죄 행위는 별도 자료로 등록되어 있는 실정이다.

도난당한 물품의 가치와 인명 피해라는 두 측면에서 볼 때 자료의 불완전성은 더욱 분명하게 나타난다. 수치들은 영향력 있는 사람, 그래서 보상을 받을 수 있는 사람들의 재산 보호에만 주의를 기울이고 있다. 이 수치는 노동자나 승객의 인적 자산의 가치를 계산하지 않고 있다. 만약 이러한 항목들이 포함된다면, 손실 총액은 3배에 달할 것이고 버스 회사들은 이 금액에 대해 보상 책임을 물어야 할 것이다.

강도에 의한 사망은 노동조합 자료뿐만 아니라 버스 회사의 통계 자료, 그리고 1995~1996년에 버스 타살을 통계적으로 분리하기 시작한 경찰 통계에서

〈표 3-2〉 1990~1999년 사우바도르 버스 강도의 건수, 도난 물품의 가치와 사망자 수

연도	건수	도난 재산 가치($R)	건당 평균 가치	통계원당 사망자 수				
				A^c	B^d	B^e	B^f	A+B+B+B
1990	539	-	-	-	-	-	-	-
1991	964	-	-	-	-	-	-	-
1992	1,285	-	-	-	-	-	-	-
1993	1,476	-	-	-	-	-	-	-
1994	1,530	-	-	-	-	-	-	-
1995	934	-	-	-	-	1	-	1
1996	2,210	155,274.01^b	70.3	-	7	-	-	7
1997	4,219	345,623.47	81.9	-	2	-	-	2
1998	2,745	333,563.78	70.3	-	7	4	-1	1
1999^a	2,670	224,023.24	83.9	-	2	-	20	22
계	20,572	1,058,484.5	51.5	24	18	5	20	67

주: a: 1999년 1~9월. b: 1996년 5~12월의 자료만 포함됨. c: 노동조합의 자료로 1990년부터 1996년까지의 버스 노동자 사망만을 포함함. 각 사건의 해는 명시되어 있지 않음. d: 군대경찰 자료로 버스노동자와 승객의 사망을 모두 포함함. e: 군대경찰 자료로 경찰 사망만을 포함함. f: 범죄자의 사망에 대한 군대경찰자료.
자료: Policia Civil; Policia Militar; Bus Companies Association; Bus-Workers Union.

도 누락되어 있었다. 노동조합은 버스 강도들의 심각한 위험을 저지하기 위한 활동엔 적극적이었지만, 1990~1996년에 국한된 매우 제한된 통계 자료만을 가지고 있었다. 이 시기는 경찰이 이러한 종류의 범죄를 기록하지 않았던 때다. 이 시기 이후부터 버스 노동조합은 이러한 종류의 범죄로 인한 사망 자체 통계 기록을 보관하는 관행을 포기했다.

지난 10년 동안 강도들에 의한 사망을 모두 추계하는 것이 가능하지 않다고 하더라도, 버스 노동조합과 경찰 통계로부터 67명의 사망자가 있었음을 확인

할 수 있었다. 이 사망 가운데, 버스 노동조합이 1990년부터 1996년까지 버스 노동자 24명의 사망을 기록했고, 경찰은 1995년부터 1999년까지 43명의 사망을 기록했다. 이 중에 버스 노동자 18명, 승객 5명, 범죄자 20명이 포함되어 있었다(〈표 3-2〉 참조).

만약 1990년부터 1996년 사이에 발생한 24명의 버스 노동자 사망에 1996~1999년에 발생한 8명의 사망을 더한다고 가정하면, 10년 동안 발생한 버스 노동자의 사망이 총 32명이라고 추정할 수 있다. 이와 같이 버스 노동자들은 강도 자신들 다음으로 가장 많이 희생을 당하는 집단인 것이다. 버스 노동자의 사망자 수가 전 기간에 걸쳐 적용되는 반면, 20명의 강도 사망은 단지 10개월(1999년 1월부터 10월)의 기간에 집중되어 있다. 이것의 의미는 강도에 대항하는 경찰의 방법과 관련된 문제로 아래에서 논의될 것이다.

5. '돈 아니면 죽음'

버스 강도들은 예상되는 사건의 연속성 속에서 '대본'에 나온 것처럼 행동한다. 그러나 '대본' 속의 참가자들은 예상치 못한 심각한 상황이 발생할 수 있기 때문에 실제 행동이 '대본'과 다르게 나타나기도 한다(Linger, 1992). '대본'에 따라 강도들은 버스 노선의 종점 부근에 위치해 있고, 버스 안내원과 승객들에 대해 대담한 행동을 하게 된다.

버스 노선의 종점에 있는 강도들은 버스 범죄의 일반적인 통계에 잡히지 않는데, 이들 범죄는 가난한 교외 지역에서 '근거지'를 장악하고 있는 청년 집단에 의해 행해지고 있고, 이 지역을 순환하는 버스를 접수하며 그들의 지배를 확장하고 있다. 버스가 운행되는 사이에 휴식을 취하기도 하면서 그들은 동시에 다양한 버스들을 강탈하고 있다. 그들은 버스 노동자를 대상으로 강도짓을 하고, 승객들로부터 '기부금'을 강압적으로 거두는 등의 범죄를 저지른다. 이러한 강도의 공격은 11개 노선 가운데 9군데에서 증파된 경찰력 덕분에 성공적으로 중단되었다. 그러나 사우바도르 시 미올라의 교외 지역에 있는 2개의 터미널에서는 강도행위가 지속되고 있는데, 이곳에서는 버스 노동자들이 폭력 발생 때문에 다른 버스 노선으로 옮기기를 희망하고 있을 정도다.

움직이는 버스 안에서 안내원을 직접 공격하는 사건을 보면, 한 명 이상의 강도들이 버스 안내원의 금품을 빼앗는다. 그것은 흔히 비공개적으로 일어난다. 또 다른 경우에서는 강도가 버스 뒤에 앉아 있는 안내원뿐만 아니라 앞에 앉아 있는 승객들까지도 강탈한다. 이러한 범죄는 버스에 탑승한 승객 전체가 목격한다.

작전의 이익을 최대화하고 탑승 안전과 같은 버스 회사의 새로운 방법에 의하여 소득이 줄어드는 것을 막기 위해 일군의 범법자들은 더욱 대담한 범행을 저지른다. 2명에서 4명의 노상강도가 버스를 제어하고 버스 안내원을 제압하며 승객들을 약탈한다. 약탈당하는 승객 중에서도 가난한 노동자들의 손실이 가장 큰데, 그 이유는 그들이 수표나 신용카드를 가지고 있지 않고 그날 필요한 돈을 현금으로 들고 다니는 경향이 있기 때문이다.

'대본'은 버스를 납치하는 것까지 포함한다. 운전기사는 예정된 노선을 떠나 고립된 지역으로 버스를 몰도록 강요받는다. 경찰과 행인에게 발각될 수도 있기 때문에 이러한 종류의 행동은 인구가 적은 지역에서 행해지며, 비어 있는 주차장에 버스를 숨기도록 한다.

범죄자들은 똑같은 방식으로 범죄 행위를 재연하면서 공격적인 행동을 통해 임박한 죽음이나 상해에 대해 희생자들이 느끼는 공포감을 증폭시킨다 (Wright and Decker, 1997). 그러나 범죄자의 의도와 달리 화기의 사용, 폭행의 위험에 처한 희생자의 혼란스러운 반응, 폭행범에 대한 초조함, 무기를 소지한 승객의 존재와 역공격의 시도 등으로 재앙과 같은 상황이 발생하기도 한다.

공격 행동의 치명성을 결정하는 요인들을 보면, 항상 화기만 문제가 되는 것은 아니다(NIOSH-Cib, 1996). 무기를 사용하는 범죄자들 — 이들은 강도짓을 하는 데 자신감을 갖고(Paes-Machado and Tapparelli, 1996: 63~81), 희생자에게 수동성을 촉발하기 위해 함성과 함께 행동한다 — 이 그렇지 않은 자들보다 더 많을지라도 그들 중 1/4은 화기를 갖고 있지 않다고 한다(Bahia-SSP, 1999).

화기가 없을 경우에 일부 노상강도는 전문적이 아니어서인지, 무기를 구입할 돈이 없어서인지, 또는 법적 문제를 피하기 위해서인지는 모르겠지만, 칼과 같은 가벼운 무기를 사용하거나 숨기고 있다고 주장하거나 장난감 총을 사용하기도 한다. 그러한 전략들은 승객에 대한 직접적인 위험을 감소시키지만, 다른 문제를 일으키기도 한다. 무기를 소지하지 않은 노상강도는 때때로 승객들이 속임수에 분개하기 때문에 경찰이나 성난 승객에 의해 체포되고 폭행당하여 죽을 위험에 처하게 된다.

승객에 의해 저지당할 위험을 완전하게 제거하지 못하더라도 그 위험을 줄이기 위해 신중한 노상강도는 화기를 소지하지 않고는 일을 진행하지 않는다. 그러한 경우에 힘의 사용은 희생자의 묵인을 이끌어내는 것 이상일 수 있다. 예를 들어, 승객들을 완전히 무장해제 시키기 위해 노상강도들은 때때로 옷을 벗으라고 명령한다. 이러한 위협적인 상황은 또 다른 문제를 동반한다. 그것은 공포를 배가시키면서 빠른 상황 판단 능력을 요구하는데, 이 상황에서 폭행범에 의해 위험에 처한 희생자는 당황한 반응을 보일 수 있다. 또한 희생자들에 대한 공격적인 행동으로 이어질 수 있다. 이것은 39세 유색인 루시아(Lucia)라고 하는 버스 안내원의 증언에서도 보인다. 그녀는 여기서 두 동료의 죽음에 대해 언급하고 있다.

그들 중 한 명은 뒷주머니에 돈을 가지고 있었어요. 노상강도가 그것을 달라고 했을 때, 그는 돈을 꺼내기 위해 손을 움직였고, 노상강도는 그가 자신을 쏘기 위해 권총을 잡으려 한다고 생각했습니다. 다른 한 동료는 이미 강도를 한 번 당한 상태였고, 여전히 버스 회사에 손실금을 보전해주고 있었어요. 강도가 돈을 요구했을 때, 그는 "뭐? 너, 또?"라고 말했습니다. 강도는 돈을 갖고 버스에서 내리면서 그를 쐈습니다. 자신을 알아보았기 때문이죠.

'대본' 또는 적어도 즉흥적으로 만들어진 대본을 따르는 이 어려움은 일반적인 현상이다. 강도들이 심신을 약화시키는 공포를 더 잘 피할 수 있다면, 실제 위협과 희생자들의 당황한 반응을 더 잘 구별할 수 있을 것이다. 아마추어 범죄자가 긴장하거나 약물의 영향이 있을 때는 일반적으로 이러한 구별이 불가능하다. 이러한 강도들은 방아쇠를 당기기가 더 쉽다. 수송 관리자로 고용되었던 32세 유색인 길도(Gildo)에 따르면, 16세와 17세, 두 명의 청소년은 그들이 두 명의 버스 노동자를 살해했을 때 약물중독 상태였거나 단순히 긴장한 상태였다는 것이다. 한 사람은 돈이 없었고, 한 사람은 저항하려 했다.

많은 사람들이 공격의 충격을 극복하고 정신을 바짝 차리며 강도들에게 협조하고 물질적 손실을 받아들이는 반면, 일부 남성 승객들은 반대로 강도를 공격하는 경향이 있다. 강도의 약점이나 부주의를 이용하여 그들을 공격하고 제압하려고 한다. 이 시도들은 때때로 성공하기도 하지만, 때로는 저항자들을 죽음으로 몰고 간다.

폭력의 요소를 증가시키는 또 다른 요인 중 하나는 화기를 소지한 승객의 존재다. 이것이 버스 안을 싸움터로 만들고 버스 안 누군가의 생명을 잃게 만든다.[1] 이러한 문제는 화기의 사용이 자기 방어(Noronha and Paes-Machado, 1997)나 업무용 도구로 폭넓게 사용되고 분배되는 사회적 맥락에서 이해해야 한다.

6. 공포에 떨며

　그런 극한의 충격적인 상황에 지속적으로 노출되면 버스 노동자들은 심리적 장애를 입게 된다. 대중교통에 근무하는 사람들이 경험하는 연속적인 충격은 불안, 정체성 위기, 피해망상 상태를 야기한다. 이러한 감정은 신체적 전멸(全滅)의 공포와 관련되는데, 아마릴두(Amarildo)라는 노동자는 이를 다음과 같이 표현하고 있다. "긴장감을 느끼고, 다시는 어느 누구도 보지 못할 것이라는 감정을 느낍니다. 나는 내가 내 가족들을 다시 못 보게 될 거라고 생각했어요. 그것은 정말 이상한 느낌이었습니다."

　고립된 개인에게 국한된 자기 지시적 감정 대신 공포는 소속감이나 가족의 정체성을 파괴할 가능성이 크다. 가족의 거주지나 집에서 직장까지의 길 역시 강도의 위험에서 자유롭지 않을지라도, 가정은 직장의 불안전함과 대비되는 장소로 남아 있다. 그런데 이러한 공포의 감정은 노동자의 배우자와 공유되어 배우자도 남편의 운명에 대해 공포와 긴장 속에 살게 되고, 결국 남성 자신의 불안을 악화시킨다.

　이것에 더해 우리는 직장의 침범과 노동자 지위의 상실에 의해 야기되는 정체성 갈등에 대해 덧붙여야 한다. 버스 노동자들은 폭행범이 제어하고 지배할 때 거대한 심리적인 충격을 경험하게 된다. 버스 운전기사의 시각에서 볼 때 이것은 굴욕이고, 안내원의 입장에서 볼 때는 완전히 사기가 꺾이는 일이다.

　무력감이 묵인과 혼동될 수 있는 모호한 상황에 처해지는데, 버스 안내원은 그가 희생자이거나 책임을 져야 할 사람, 용감한 사람이거나 비겁한 사람, 회사가 믿을 만한 가치가 있는 사람이거나 부정적인 기회주의자로 보이는 등 양

1　Sindicato dos Rodoviatious do Estado da Bahia, Salvador, Transporte(July 15, 1996).

자 중 하나로 여겨지도록 잘못 해석될 소지가 있다.

이러한 갈등에 사로잡혀 버스 노동자들은 외상후 스트레스장애를 입게 된다(Kleinman, 1992). 35세 유색 남성인 훌리오(Julio)는 다음과 같이 말한다. "당신이 실제로 반응하지 않을 시점에 당신은 그가 당신에게 말한 것을 하게 됩니다. 충격이 오는 것은 강도 이후입니다. 그때 당신은 중립적이 되죠. 그리고 초조감이 뒤따라오게 됩니다." 한 운전기사는 증언에서 '신경성' 증상으로 소음에 대한 날카로운 반응과 장애를 언급하고 있다(호세발, 58세 백인 남성).

당신 귀에 리볼버가 겨냥되어 있고, 한 놈이 당신을 욕한다고 생각해보십시오. 이 상황을 떠올리는 것만으로도 나는 매우 신경질적이 됩니다. 그것은 나머지 삶에 지속되는 충격입니다. 지금 나는 누군가가 크게 말하는 것도 견딜 수 없는 상황이 되어버렸습니다. …… 나는 원래 매우 침착한 사람입니다. 그러나 요즘 난 침착할 수가 없습니다.

그러한 장애는 정부가 제공하는 사회서비스를 받기 위한 대기 시간이 매우 길고, 회사가 노동자들에게 제공하는 의학적·심리적 서비스와 지지가 부족하다는 것을 의미한다. 24세 유색인 남성으로 교통 관제사인 호세(Jose)는 다음과 같이 말하고 있다.

노동자 가족이 찾는 도움은 오히려 다른 버스 노동자가 주고 있는 형편입니다. 우리는 돈을 지불할 목록을 만듭니다. 동료가 아프거나 폭력을 당해 자리에 눕거나 회사에서 허용된 기간인 2주 이상으로 치료가 길어져 서비스를 받을 수 없을 때 목록에 올라갑니다. 우리는 정부의 사회서비스(INSS) 자금이 지급될 때까지 도와줍니다. 그 자금이 오기까지는 시간이 오래 걸리는데도 회사는 배가 곯을 때까지 그냥 놔두기 때문이죠.

오랜 기간 같은 노선에 근무하고 있는 어떤 버스 노동자는 업무를 거부하기도 했다. 이것은 백인 교통 관제사인 47세 백인 남성 에드손(Edson)의 증언에서 확인할 수 있다.

만약 내가 내 이력에서 이 직업을 떼어낼 수 있다면 그렇게 하겠습니다. 이것은 누군가가 가질 수 있는 최악의 직업입니다. 이것은 문제투성이예요. 내가 입사했을 때 나는 6개월 이상을 지속할 수 없을 것이라고 생각했습니다. …… 모든 곳으로부터 언어폭력이 자행되고 있어요.

더 많은 긴장감을 느끼고 두려워하며 일하는 것과 별개로, 버스 노동자들은 평범한 승객의 얼굴에서 강도를 보는 것과 같은 피해망상 상태를 경험한다(Franca, 1998). 특히 밤 근무와 더 위험한 노선에서는 더욱 그렇다. 이러한 증후군은 40세 흑인 교통 관제사인 아브디아스(Abdias)의 증언에서 명확하게 확인할 수 있다. "그것이 당신을 두렵게 만듭니다. 누군가가 버스에 탈 때 믿을 수 없고, 모든 사람이 강도가 될 수 있다고 생각하게 할 것입니다. 왜냐하면 강도가 드는 시간이 정해져 있지 않아 전혀 예측이 불가능하기 때문입니다."

다른 버스 노동자인 29세 유색 여성 안내원인 마리자(Mariza)의 증언은 공포가 얼마나 노동자의 인식을 바꾸고, 일반 승객조차 위험한 대상으로 보게 만드는지를 보여준다. "강도 덕분에 당신은 승객이 강도가 될 수 있다고 생각하기 시작하고, 당신의 공포는 실제로 모든 승객이 강도가 될 수 있다고 생각하게 됩니다."

7. 노사 갈등

대중교통에서 일하거나 이용하는 사람들에 대한 이런 침울한 '대본' 내에서 강도들은 노동자들의 저항을 촉발시킨다.

회사 소유주와 피고용자들의 갈등은 강도를 당한 요금을 복구하라는 소유주의 요구에 의해서 파생된다. 1998년 월평균 1,500헤알 미만의 비용은 보험증서에 의한 보증이 필요 없을 정도의 최소한의 수치로 보이지만, 소유주들은 강도로 인한 손실금을 책임지려 하지 않는다. 한 버스 노동조합의 간부에 따르면, 회사가 손실금의 최소 55%까지 노동자들에게 전가시키는 근거는 양 집단 간의 사회적 관계에서 파생된다고 한다.

버스 회사는 그들이 기사들을 고용하는 것만으로도 노동자들에게 굉장한 서비스를 제공하는 것이라고 생각하고 있으며, 따라서 노동자들이 강도와 관련된 위험을 감수해야 한다고 생각하고 있다. 또 다른 측면에서 회사는 버스 노동자들이 수집한 요금을 다룰 때 주의하도록 강요하면서 강도들의 '일'을 더 어렵게 만들고, 개별 안내원들이 범법자들과 음모를 꾸미거나 훔친 돈을 부풀리지 못하도록 버스 안내원들에 대한 압력을 강화한다. 결국 저녁 근무와 밤 근무를 하는 버스 안내원들은 회사 주차장에서만 열리는 차내 금고에 수입의 일부를 예치해 놓거나, 버스 앞이나 속옷 안에 보관 장소를 만들어 놓아야 한다.

이런 방법들도 강도나 도둑의 즉각적인 폭행에는 효과적인 반면, 노상강도가 그들의 수입을 최대화할 시간을 가진 경우에는 적용되지 않는다. '돈 아니면 죽음'에 직면하여 상해나 죽음을 피하고자 하는 노동자들에게 돌아간 대가는 8,000헤알이나 100개의 버스표 값을 초과하는 손실에 대해 직접 회사에 보상을 해야 한다는 것이다. 이 차액은 노동자들의 월급을 줄여 메워진다. 몇 달치 월급이 합쳐져야 보상이 끝나고, 공제액은 '대출 급여'로 불리고 있다.

아침 근무를 하는 버스 안내원들은 각 근무시간에 따른 수입이 섞이지 않도록 하기 위해 금고에 수입을 보관하지 않는다. 그러나 만약 그들이 강도를 당하고 목격자가 없다면, 연구에서 발견한 사례와 같이, 그들 또한 그 차액을 메우도록 요구받는다.

노동조합 간부에 따르면, 소유주의 횡포와 노동자의 순진함에 기인한 노사 갈등을 넘어서서 이 문제는 1992년에 노동자들의 투쟁을 촉발시켰고, 몇몇 버스 노동자들의 사망 이후 1995년과 1996년에 발생한 시위의 원인이 되었다. 강도가 버스 노동자들을 죽이게 내버려두지 말라는 요구 조건과 함께 30개의 파업이 진행되었다. 이 캠페인은 그 전까지만 해도 버스 노동자들과 가장 가난한 대중교통 이용자에 국한된 것으로 인식된 문제에 대해 대중의 관심을 불러일으킨 계기가 되었다.

캠페인의 결과 버스의 검은 유리창에 붙어 있던 벽보 게시판이 제거되었다. 이것은 버스 안의 시야를 가리는 역할을 했었다. 전면적으로 적용되지 못했을 뿐 아니라 부분적으로는 효과가 별로 없었던 다른 방법들, 즉 경보능, 상화 금고 등 차내 안전을 위한 다양한 안전장치들이 도입되었다. 또 다른 방법으로 1997년 말에 버스 강도에 대한 특수경찰 작전이 전개되었다. 이 작전의 특징은 아래에 기술하겠다.

8. 버스 강도에 대한 경찰의 조치들

시행착오를 통해 수립된 경찰의 강도 단속조치는 범죄를 효과적으로 제어할 수 없게 하는 내외의 장애물에 직면하게 된다. 외부 장애물은 반사회적 행동으로 이끄는 빈곤한 청년들의 사회 주변부화, 대단히 많은 수의 차량, 버스 안과 같이 위험한 장소에서 강도와 싸우는 곤란함 등이다. 한편 내부 장애물은 경찰의 부족, 특수경찰의 작전상 경직됨, 일반경찰의 최소 작전 배치, 두 경찰 조직 간의 의사소통 부족 등이다.

강도가 확산되는 우호적 환경이 불가피한 상황에서, 당국은 두 경찰 조직의 동원과 구조적 개혁에 초점을 두었다. 특수경찰이 이러한 상황을 감안하여 먼저 조정되었다. 1997년에 250명의 경찰들이 버스 노선을 따라 순환 근무하도록 설계되었다. 작전은 고정 수색과 이동 작전을 겸비했고, 2년 안에 버스 노선의 끝에서 벌어졌던 강도를 제거할 수 있었다. 그러나 42세 유색인 경찰관 마리오(Mario)에 따르면, 버스 노선 전체에 걸쳐 작업이 이루어지지 않았다고 한다. 강도들은 간단히 그들의 범행 지역을 옮기는 것으로 대응했지만, 일반경찰들이 범법자들에 대한 수사를 거의 하지 않았기 때문에 버스 강도를 단속하고자 했던 애초의 계획이 방해를 받았다. 1999년에 수사 건수가 낮은 것을 보면 이러한 사실을 분명하게 확인할 수 있다. 그해 전반기에 강도가 1,869건 발생했는데, 단지 26건의 수사만 시행되었다.

1998년에 거의 5,000건의 범죄가 발생했다는 놀라운 수치가 제시되면서 범죄에 대한 경찰 조치가 효과적이지 않다는 사실이 명백해지게 되었고, 그 후에 강도 진압에 목적을 둔 정책이 재조직되었다. 1999년 초에 당국은 버스 강도 진압을 위한 특수 대표단을 일반경찰 조직 내에 만들었다. 범죄에 대한 단호한 입장을 목표로 한 이 조직의 설립은 두 가지 중요한 의미를 갖는다. 첫째, 차량과 장비의 구입, 그리고 급여에 대한 재정적 자원이 버스 회사로부터 나왔다. 이것은 특수경찰에서 이미 시작된 경찰 서비스 민영화의 일반적 과정과 일치한다. 둘째, 이러한 경찰의 주도권 강화가 범법자에 대해 법의 테두리를 벗어난 조치들을 강화하는 것과 동시에 일어났다는 점이다(Paes-Machado, Noronha and Cardoso, 1997: 201~226). 그 방법이 경찰력을 과시하는 것으로 보일 수 있는 반면, 경찰에 의한 사망 또한 증가시켰다. 20명의 범법자가 1999년에 경찰에 의해 사망했다. 죽음은 흔히 재범에 대한 경고의 영향이었다. 왜냐하면 그들의 행위가 경찰의 권위를 전복하려는 것으로 보였기 때문이었는데, 1999년에 거의 1/3로 사건이 감소한 것은 경찰의 이러한 위험한 주도권과 연관되어 있다 (〈표 3-2〉 참조).

버스 강도가 지속적으로 감소할 만한 어떠한 요인도 제기되지 못하고 있는 상황에서 그 수는 좀 더 낮은 수준, 그러나 여전히 높은 수준에서 안정화될 가능성이 높아 보인다. 달리 말하면, 특히 가난한 실업자 청년들이 돈을 더 빨리 얻는 방법으로 택하게 되는 강도짓은 지속될 것이다. 그러나 한 명의 범법자가 하루에 서너 건의 강도 행각을 저지른다는 것을 몰랐을 때의 그 높은 수준보다는 범죄율이 감소할 것이다.

새로운 어려움에 직면하여 범죄자들은 그들의 행동을 재정립하고 아마 더 폭력의 강도가 강하고 신중한 범죄 전략을 선택할 것이다. 그들은 또한 여전히 강탈할 운송 수단에 집중하고, 도피 방법으로 택시, 밴, 트럭 등을 사용하면서 그들의 행동을 다각화할 것이다.

경찰이 그들의 치명적인 경향을 수정할 수 있을 것으로 보이지 않는 가운데, 더 폭력적인 사망이 대중교통의 맥락에서 발생할 것이다.

9. 결론

브라질의 대규모 도시 대중교통 체계의 폭력 발생률에 대한 조사에서 우리는 물질적 자원의 불법 탈취와 관련된 개인적·집단적 논란과 마주쳤다. 많은 버스 승객들이 요금 내기를 꺼려하고 있는 반면, 젊은 강도들은 승객의 개인 소지품뿐만 아니라 버스 회사 이윤의 일부를 차지하기 위해 폭력을 사용하고 있다.

이미 많은 관계자(소유주, 공공 행정기관, 피고용인, 버스 승객)를 포괄하고 있는 대중교통에 대해 경찰과 안전기술 인프라를 포함한 관리 방법들이 확대되었다.

사회적으로 악화된 환경에서 버스 노동자들은 집단적으로 높은 사망률이 초래되는 것과 더불어 직업상의 병리 현상과 정체성 갈등을 겪고 있다. 그들이 실제 희생자인 범죄에 대해서 그들에게 과실이 있고 경제적으로 법적 책임이 있는 당사자인 것처럼 인식하게 만드는 복합적인 고통에 직면해 있다.

버스 노동자와 노상강도가 흔히 같은 사회적·인종적 집단임에도 버스 노동자가 폭행범에 반발하는 것은 다 이유가 있다. 면접을 진행한 노동자들도 폭행범들의 사회적 동기를 이해하고 있었으나, 일상적인 긴장과 공포, 금전적인 법적 책임, 조사와 법정에서의 일련의 절차에서 보인 신뢰 부족 등에 지속적으로 노출되고 있기 때문에, 버스 노동자들은 '암살단(경찰이나 자경원)'이 공격자들을 제거하는 것에 흔히 동조한다.

이 방법이나 실제 언급된 다른 것들이 대중교통 범죄 추이를 종결시키는 데 성공하는 것은 불가능하겠지만, 대중의 논쟁과 정보의 전파에는 중요하다. 더 일반적인 사회 수준에서 가난한 젊은이들이 버스 노동자들과 무고한 버스 승객들에 대한 범죄에 가담하지 않도록 대안을 마련해야 할 것이다.

[정최경희 옮김]

옮긴이 보론

세계화와 노동자 건강*

임준(노동건강연대)

계륵 신세가 된 신자유주의 세계화!

미국발 금융위기를 시작으로 전 세계를 강타하고 있는 경제위기가 우리의 삶을 위태롭게 하고 있다. 일시적인 경기 후퇴로 끝날 것이라는 낙관적 전망도 있지만, 상당수의 학자와 언론은 현재의 위기가 쉽게 풀리지 않을 것이라는 어두운 전망을 내놓고 있다. 더욱이 현재 벌어지고 있는 위기적 상황이 30년 동안 전 세계를 풍미해온 신자유주의 체제의 구조적 위기와 밀접하게 관련되어 있다는 점에서 그 파장의 깊이와 범위를 가늠하기 매우 어렵게 만들고 있다. 세계 정상이 한자리에 모여 세계화라는 이름으로 방치되어온 투기자본에 대한 규제를 다시 강화해야 한다고 열을 올리고 있지만, 자기반성의 시기가 너무 늦어버린 것이 아닌가 하는 불안감이 전 지구를 뒤흔들고 있다.

IMF 위기 때 경험했듯이 경제위기 속에서 가장 고통 받는 집단은 저소득계층이고 취약한 조건에서 일하는 노동자일 수밖에 없다. IMF 이후 우리 사회의 담론 지형을 변화시킨 신자유주의 세계화는 결국 노동조건의 악화로 귀결되었고, 노동자의 불건강으로 이어졌음을 많은 연구가 증언하고 있다(김창엽, 2004).

이제 IMF 위기 때보다 훨씬 더 구조적이면서 전 세계적인 위기로 표출되고 있는 신자유주의 세계화의 부작용이 노동자 건강에 어떠한 영향을 미치는지를 살펴볼 것이다. 그 출발은 신자유주의 세계화가 안고 있는 구조적 위기에서부터 시작한다. 이 글을 통해 신자유주의 세계화의 문제는 어느 날 갑자기

---

* 이 글은 산업안전보건연구원에서 발간하는 ≪안전보건 연구동향≫(2009년 5월호)에 실린 글을 수정한 것이다.

발생한 것이 아니라 이미 위기 자체를 내재화하고 있음을 밝히고자 한다.

자본의 세계화와 노동의 후퇴

신자유주의 세계화는 다른 말로 하면 자본의 세계화를 의미한다. 초국적 자본에 의한 세계화는 생산 요소의 전 지구적 통합을 추진했다. 초국적 자본은 자유무역에 위배되거나 장애가 되는 요인을 제거해나갔다. 대표적인 조치가 관세 및 비관세 장벽의 철폐였다. 기존의 GATT체제가 신자유주의 세계화를 담아내기엔 매우 한계가 많은 것으로 여겨졌기 때문에 WTO체제가 그 자리를 대체했다.

신자유주의 세계화가 기존의 세계화와 차이가 나는 것은 금융서비스 부문의 세계화가 전면적으로 이루어졌다는 점이다. 자본시장이 전면 자유화되었고, 그 과정에서 투기적 금융자본이 급성장했다. 황금알을 낳는 거위처럼 고도성장의 가도를 달린 투기적 금융자본은 누구도 통제하기 어려운 수조 달러에 이르는 파생상품을 만들어내었고, 동유럽 등 많은 국가를 모라토리엄의 공포로 몰아넣는 흉측한 괴물로 변해버렸다.

그런데 이처럼 국경을 초월한 공격적인 자본의 이동은 금융 시스템의 위기만을 가져온 것이 아니다. 개도국에는 장시간의 노동과 위험한 작업 환경을, 선진국에는 고용의 불안정성과 노동의 이원화를 가져왔다. 신자유주의 세계화가 전면화될수록 경쟁적 환경이 강화되었고, 그 결과로 노동조건의 악화와 미조직 노동이 급증했으며, 위기적 상황이 가속화되었다. 또한 자본의 자유로운 이동은 선진국으로부터 개도국으로 유해물질 및 환경이 이전되는 계기로 작용했고, 그 과정에서 산재 및 직업병의 멍에도 함께 이전되었다.

이러한 자본시장의 세계화는 자본의 자유로운 이동에 방해되는 모든 규제를 철폐하는 것으로 나타났고, 안전보건 정책 및 제도도 예외가 아니었다. 일차적으로 안전보건에 대한 예산이 축소되었고, 감독이 축소되었다. 미국의 경우만 하더라도 부시 행정부에서 직업안전보건청 예산이 대폭 축소되었고, 감독관 수가 줄어들었다. 감독관의 축소에 따라 사업장 감독 기능이 약화되었고, 그 결과 원시사고가 빈번하게 발생했으며, 사고에 대한 은폐가 이루어졌다.

2001년 기준으로 직업안전보건청이 감독해야 할 800만 개의 사업장을 연방 감독관이 한 번씩 돌아보는 데 자그마치 119년이 소요되며, 그나마 이는 약 800만 명에 이르는 주 정부와 지방정부의 공공 부문 노동자들을 포괄하지 않은 수치라는 점에서 부시 행정부의 직업안전보건청에 대한 축소 조치는 사회적으로 용납하기 어려운 결정이었다. 부시 행정부는 직업안전보건청의 감독 기능과 인력 훈련 예산을 삭감함은 물론 안전보건에 대한 유일한 국립연구소였던 국립직업안전보건연구소의 예산과 인원도 감축했다. 또한 수십 가지의 새로운 안전보건 법규들을 무효화하는 조치도 강행했다.

한국은 IMF 위기 이후 규제 완화가 전면적으로 시행되었다고 볼 수 있다. 그 핵심에 규제개혁위원회가 있다. 규제개혁위원회는 경총 등 재계의 이해를 반영해주는 통로 구실을 했고, 규제 완화에 선봉장 역할을 했다. 당연하게도 안전보건체계의 후퇴에 주도적인 역할을 했다. 이러한 규제 완화의 결과로 1997년 이전까지 꾸준하게 줄어들고 있던 재해율의 감소가 둔화되었고, 직업성 질환이 증가하는 문제가 발생했다. 또한 「기업활동규제 완화에 관한 특별조치법」, 「행정규제기본법」이 제정된 이후 안전관리자와 보건관리자가 20~30% 줄어드는 상황이 발생했다.

신자유주의 세계화는 노동자 건강을 어떻게 악화시키는가?

먼저, 산업 및 고용 구조의 변화를 들 수 있다. 경제자유구역 등과 같이 자유무역지대에 대한 요구가 커질수록 안전보건에 대한 규제 완화 조치가 빠르게 진행되었다. 외주 용역화와 계약직 전환 등 비정규직이 증가했고, 사고성 재해 및 직업 관련성 질환이 증가했다. 정신적 스트레스도 증가했다. 일상적인 구조조정으로 실업 및 반실업 상태의 노동자가 증가했다(Quinlan et al., 2001). 이러한 노동의 불안정성 심화는 간경화, 심혈관계 질환, 자살 등에 의한 사망의 증가로 나타났다.

둘째, 유해기술과 유해물질의 유통이 증가했다. 선박 해체 작업의 경우 인건비가 싼 인도, 방글라데시, 파키스탄 등 제3세계로 집중되었는데, 인도의 경우 해체 작업 중 수백 명의 노동자가 화재 폭발로 사망하는 사건이 발생하는 등 유해기술의 이전에 따른 불건강 문제가 전 세계적인 문제가 되었다. 신자유주의 세계화는 수많은 노동자를 죽음으로 이끈 독성 화학물질을 사라지게 하지 않고 개발도상국 또는 저개발 국가로 옮기는 데 혁혁한 공을 세웠다. 한국에서 수많은 노동자를 죽음과 고통으로 몰고 간 원진레이온 공장이 산재추방운동 과정에서 없어졌지만, 그 기술과 장비는 온전하게 남아서 중국으로 이전되었다. 이 사건은 신자유주의 세계화의 의미가 무엇인지를 명징하게 설명해준다. 석면 또한 마찬가지다. 일본에서 오래전에 폐쇄된 석면 관련 공장은 한국을 거쳐 다시 중국 등 동남아 공장으로 옮겨 가고 있다. 1990년대 공장이 폐쇄된 후 지금 중피종이 증가하고 있는 한국의 문제는 조만간 다른 아시아 국가의 문제로 나타날 것이 확실하다.

셋째, 노동 강도 강화가 노동자의 건강을 악화시키고 있다. 신자유주의 세계화는 다양한 노무관리 기법의 등장을 부추겼고, 3D 작업이 비정규직 노동으로 빠르게 이전됨으로써 노동 과정을 중심부와 주변부로 빠르게 구별 정립시켰다. 고용의 불안정성이 심화되었고, 비정규직 노동자는 항시적 해고 위협에 시달리게 되었다. 그 과정에서 전례 없는 노동 강도의 강화를 경험하게 되었고, 근골격계 질환이 급격하게 증가하는 상황이 발생했다. 이러한 노동 강도 강화는 혈관 벽의 긴장을 강화하여 심근경색 및 뇌졸중 등 심뇌혈관계 질환을 증가시켰다. 노동에 대한 감시도 일상화되었고, 개인의 프라이버시를 침해할 정도의 정신적 스트레스를 유발시켰다.

공공 부문의 민영화도 노동 강도 강화에 한몫을 담당했다. 민영화가 이루어지면서 안전보건에 대한 투자가 소홀하게 되었고, 사고성 재해 및 직업 관련성 질환이 증가했다. 또한 예방 가능한 사고도 증가했는데, 대표적인 사례를 영국의 철도 민영화에서 찾을 수 있다. 대처 정부가 등장한 이후 가장 먼저 한 조치 중 하나가 영국의 국영철도를 매각한 것이었다. 이렇게 국영철도가 민영화되면서 비용 상승은 둘째 치고 영국 국민들은 각종 사고의 위험에 노출되었다. 실제 수많은 시민의 생명을 앗아간 대형 참사가 빚어지기까지 했다.

넷째, 안전보건체계 및 안전망 후퇴로 인한 불건강의 심화를 들 수 있다. 신자유주의 세계화는 안전보건의 문제를 자본 이동을 가로막는 껄끄러운 장애물쯤으로 이해하는 경향이 강했다. 안전보건의 후퇴는 자유로운 자본 이동의 전제로 여겨졌다. 미국만 하더라도 신자유주의 질서가 강력한 힘을 발휘한 부시 정부 때 각종 안전보건제도 및 정책이 후퇴했고 원시 사고가 급증했다. 예방적 조치뿐 아니라 사업주에 의한 산재보험의 재정 부담을 줄여주기 위한 안전망의 후퇴도 발생했다. 산재보험 급여가 축소되고 산재보험마저도 영리 추구의 대상으로 전환되는 시도가 전 세계적으로 확산되었다. 그 결과 산재환자의 치료 및 재활에 소요되는 비용이 축소되고 직업 복귀 및 사회 복귀가 지연되는 사태가 발생했다.

이렇듯 신자유주의 세계화는 노동자의 건강을 위협하는 최대의 적으로 등장했다. 그런데 이러한 위험은 모든 노동자에게 동질적으로 발현되는 것이 아니라 불균등하게 적용되었다. 비공식 부문의 노동자, 아동 및 여성 노동자, 노예 노동자, 이주 노동자 등 취약한 조건에 있는 노동자에게 집중적으로 고통

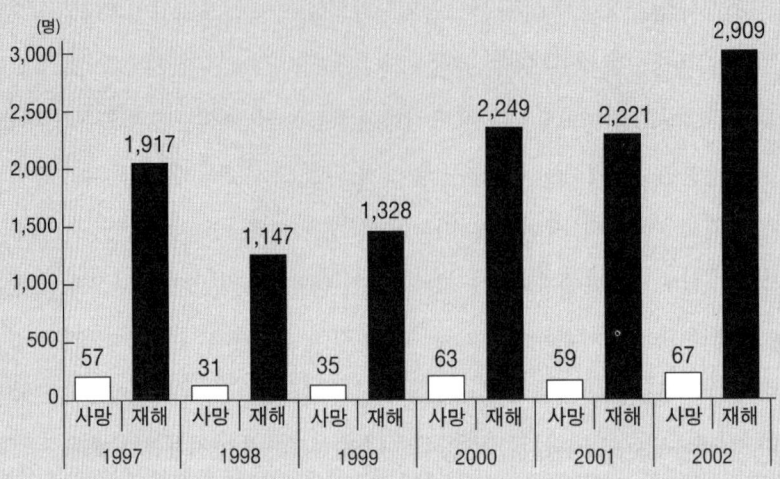

〈그림 1〉 유해·위험방지계획서 제출 대상 사업장의 재해발생 현황

자료: 김창엽, 『규제 완화 이후 산업보건정책의 변화와 노동자 건강권에 미치는 영향에 관한 기초조사』(국가인권위원회, 2004).

이 전가되었다. 먼저 개도국에서 비공식 부문의 노동을 주로 담당하고 있는 여성 및 아동에게서 위험 물질에 대한 노출수준이 위험한 수준에 이르렀다. 시장 개방 이후 농약 사용량이 증가하고 아동을 포함한 가족농업 구성원의 중독이 증가한 베트남 사례는 비공식 부문에 종사하는 노동자의 건강 문제가 얼마나 심각한지를 보여준 단적인 사례다(Quinlan et al., 2001).

저임금을 좇아 이루어지고 있는 자본의 이동은 아동 및 여성 노동의 증가를 가져온다는 것은 상식에 속한다. 2002년 국제노동기구는 3억 5,000만 명 이상의 아동 및 청소년이 경제활동에 참여하고 있고, 그중 50% 이상이 15세 이하의 아동임을 보고했다. 성장기에 있는 아동이 교육에서 배제되고 사회의 돌봄을 받지 못한 채 생존을 위해 공장의 작업대에 서야 하는 사실 자체가 비극적이지 않을 수 없다.

〈표 1〉 공정안전보고서 제출 대상 사업장 재해발생 추이

(단위: 명)

구분	1999		2000		2001	
	재해자	사망자	재해자	사망자	재해자	사망자
계	1328	35	2249	63	2221	59
화학업종	254	5	267	16	211	9
기타업종	1074	30	1982	47	2010	50

자료: 김창엽(2004).

또한 인구 및 노동인구의 고령화와 함께 신자유주의 세계화는 개도국에서 선진국으로 이주 노동을 빠르게 증가시켰다. 위험 물질 및 환경의 이전은 국외에서뿐 아니라 국내에서도 이루어졌다. 선진국 내에 3D 업종은 개도국에서 이주해 온 노동자가 담당하게 되었다. 그 결과 선진국에서 노동자의 건강 문제가 해결된 것이 아닌가 하는 착시효과가 발생하기도 했다.

IMF 위기 이후 규제 완화와 국내 노동자의 건강 문제

신자유주의 세계화가 노동자 건강에 어떻게 악영향을 미치는지는 이미 한국도 충분한 경험을 갖고 있다. 1997년 경제위기 때 일거에 글로벌 표준화를 밀어붙인 IMF는 노동자 건강 측면에서 씻을 수 없는 상처를 안겨주었다. IMF 위기 이후 신자유주의 세계화의 공식대로 각종 규제 완화 조치가 단행되었다. 그중에 노동자의 건강 문제와 직결되는 안전보건에 관한 규제 완화 조치도 포함되었다.

대표적인 조치 중 하나가 프레스, 리프트의 정기검사 면제였다. 그동안 줄곧 줄고 있었던 프레스 사고로 인한 재해자 수가 증가했다(김창엽, 2004). 유해위험 방지계획서를 제출해야 할 의무도 폐지되면서 대상 사업장의 재해가 증가했다.

30~49인 위험사업장의 안전관리자와 보건관리자의 선임 의무를 폐지하면서 1996년에 비해 2001년에 안전관리자를 선임한 사업장 수가 2만 4,251개에서 1만 5,739개로 35.1% 줄어들었다. 보건관리자도 9,486개에서 7,061개로 25.6% 감소했다. 1999년 공정안전보고서 재작성 의무가 폐지되면서 2000년에 사망자가 급증하기도 했다.

특히, 규제 완화 이후 산재의 위험은 미숙련 노동자와 소규모 사업장 노동자, 그리고 비정규직 노동자에게 집중되었다. 산재 사망도 추락사 등 재래형 사망이 증가하는 후진적 모습을 보였다. 최근 연구 결과에 의하면, 일용직 노동자가 상용직 노동자에게 비해 사고의 위험이 6.35배 크다는 연구 결과도 제시된 바 있다(임준, 2007).

보건의료 부문에서 신자유주의 세계화와 노동자 건강 문제

신자유주의 세계화는 생산관계뿐 아니라 재생산의 영역에서도 영향을 미쳐 노동자의 건강권을 침해하고 있다. 의료 민영화에 대한 신자유주의 공세가 바로 그것이다.

한국에서 본격적인 의료 민영화가 추진되기 시작한 것은 서비스 분야에 대한 세계무역기구 도하어젠다개발(WTO DDA) 협상부터라고 할 수 있다.[1] DDA 협상안 중 보건의료 서비스 분야와 관련된 시장개방의 쟁점으로 주요한 논의 사항은 '상업적 주재'에 대한 부분이었다. '상업적 주재'는 영리병원의 진출과 설립에 대한 시장개방을 의미하는 것으로서, 외국 의료기관의 진출과 자유로운 운영을 보장하고 그 이전에 이와 관련된 국내 규제를 완화하자는 것이다.

---

1 2001년 11월 카타르의 수도 도하에서 개최된 제4차 각료회의에서 WTO 회원국들은 WTO체제 출범 이후 최초의 포괄적인 다자간 무역협상인 DDA 협상을 2004년 말까지 3년 동안 진행하기로 합의했다. 그러나 각 국가 간 이견이 좁혀지지 않아 협상 타결이 요원한 상황이다.

즉, 영리를 목적으로 한 조직(주식회사)이 의료기관을 개설할 수 있도록 허용할 것인지가 주요한 쟁점이었다.

그렇지만 DDA 협상 과정에서 보건의료 서비스의 개방 문제는 전혀 논점이 형성되지 않았다. 그러나 정부는 외국에서 별다른 요구가 없었는데도 일련의 규제 완화 정책을 비롯한 국내 서비스 발전 방안을 공개적으로 밝혔다. 결국 DDA 협상 과정에서 전혀 논점이 형성되지 않았던 의료 서비스의 시장 개방 문제를 의료 민영화의 이유로 활용하고자 했다.

2004년 12월 「경제자유구역법」 개정은 실질적인 의료 민영화 조치가 등장한 첫 계기가 된 사건이다. 경제자유구역 내에 영리법인 형태의 외국계 의료기관을 설립하는 것이 가능하게 되었고, 외국계 의료기관도 내국인에 대한 진료가 가능하게 되었다. 그런데 외국계 영리법인 설립과 내국인 진료 허용은 단순히 경제자유구역에 국한되지 않는다는 데 문제의 심각성이 있다. 영리법인 형태의 국내 의료기관을 허용해야 한다는 주장이 훨씬 강화되고, 새로운 형태의 민간 의료보험이 도입되는 계기가 될 수 있다. 건강보험 낭연지성제노를 폐지해야 한다는 주장과 건강보험에서 탈퇴하려는 움직임도 커지게 만들 수 있다. 결국 이러한 일련의 과정은 의료보장성의 약화로 이어질 수밖에 없고, 의료 이용의 불형평성이 커지며, 국민의료비가 급상승하는 문제에 직면하게 될 가능성이 크다.

경제자유구역의 의료 민영화 조치는 2005년 5월에 제주도로 이어졌다. 최초 「제주특별자치도법」 원안은 외국 영리법인뿐만 아니라 국내 영리법인도 모두 인정하는 것으로 계획되었으나, 시민사회운동 진영의 반대투쟁과 여론에 밀려 외국계 영리병원만 인정하는 것으로 그쳤다. 2008년에 정부는 제주도를 앞세워 국내 영리병원 도입을 추진했으나 시민의 반대로 무위로 돌아갔다. 그러나 최근 다시 국내 의료기관도 영리법인을 개설할 수 있는 내용의 법률안을 준비 중인 상황이다. 이러한 측면만 보더라도 정부의 의료시장 개방 움직임은 외국계 자본의 투자 활성화에 국한되어 있는 것이 아니라 전반적인 의료민영화에 맞추어져 있음을 알 수 있다.

2007년 보건복지부는 「의료법」 전면개정안을 입법 추진했다. 2007년 입법안은 첫째, 구체적으로 환자에 대한 유인·알선을 할 수 있도록 하는 내용을 개정안에 포함시켰다. 둘째, 의료인이 여러 의료기관을 순회하면서 의료행위를 할 수 있도록 하는 비전속 진료를 허용하도록 규정했다. 셋째, 의료기관의 부대사업 범위를 법률로 정했던 것에서 보건복지부령으로 바꾸는 방안을 추진했다. 마지막으로 합병의 근거를 마련하고, 합병 절차·요건·효과에 대해 규정했다.

「의료법」 개정안은 시민사회운동 진영의 반대로 개정안이 통과되지 못했지만, 이명박 정부가 들어서면서 기획재정부 등 경제 부처가 중심이 되어 의료 민영화에 대한 더 강화된 형태의 입법안과 「의료법」 개정안이 다시 추진되었고, 시민사회와 갈등이 지속되었다. 「의료법」 개정안을 둘러싼 쟁점은 여전히 보건의료 분야에서 핵심적인 의제로 남아 있다.

이렇게 의료 민영화 정책의 결과물로서 비급여 부문에 대한 유인알선이 허용될 경우, 민간 의료보험의 시장은 활성화되고 건강보험의 위축과 해체를 가져올 수밖에 없다. 그리고 사회보험보다 높은 관리운영비에 대한 부담은 결국 노동자의 몫으로 돌아가 보험료 부담의 증가로 이어질 것이다. 또한 의료 민영화의 강화는 노동자 및 노동자 가족의 치료비 부담의 증가로 나타나 가계 부담이 커질 수밖에 없고, 적절한 서비스의 이용을 어렵게 만드는 요인이 될 수 있다.

인수합병의 허용, 부대사업의 확대 등이 이루어진다면, 국내외 대형 자본은 막강한 자본력과 첨단 경영기법을 바탕으로 의료기관을 인수·합병하거나, 지분참여 등 다양한 형태로 진출할 것이 예상된다. 이러한 의료기관의 통폐합

과정에서 지역사회 병원이 사라져 일부 지역의 경우 의료공백이 발생하고, 의료보장의 물리적 기반이 손상되는 부작용도 예상할 수 있다. 또한 필수적인 분야에 자원 배분이 우선적으로 이루어지기보다 수익성이 높은 분야에 자원의 집중이 이루어짐으로써, 정작 중요한 필수 서비스에 대한 질의 저하가 발생할 가능성이 크다. 결국 의료 민영화는 노동자에게 필수적으로 요구되는 서비스를 제공하기보다는 영리에 초점을 맞출 수밖에 없게 되어 적절한 질의 의료 서비스를 제공받기가 어려워질 수 있다.

의료 서비스의 질에 대한 일반 국민들의 불만족이 매우 큰 상황에서 정부는 의료 민영화가 되면 서비스의 질이 높아질 것이라고 주장한다. 일부 분야와 계층에서 서비스의 질이 높아질 수 있는 여지가 존재하는 것은 사실이지만, 평균적인 수준의 서비스 질은 떨어질 수밖에 없고 비용을 고려해볼 때 적정한 수준의 상승이라고 보기 어렵다. 결국 일부 계층의 부가적인 서비스 만족도를 높이기 위해 다수 노동자의 의료비 부담을 높이고 의료 서비스의 질을 낮추는 방향으로 정책을 추진하고 있는 것이다.

결론에 대신하여

이미 각국은 신자유주의 세계화가 가져온 폐해를 심각하게 받아들이고 시장이 모든 것을 해결해줄 것이라는 낡은 교조를 벗어버릴 준비를 하고 있다. 그러나 아직까지 우리 사회는 이러한 변화의 의미를 해석하고 받아들일 준비가 되어 있지 않다. 여전히 신자유주의 세계화의 진흙탕에서 허우적대고 있다. 신자유주의 세계화가 남긴 유산을 청산할 때가 되었다. 상처투성이로 남은 안전보건체계를 공공적 관점에서 재해석하고 재정비해야 한다. 노동자의 건강권을 강화하기 위한 새로운 혁신 전략이 필요하다. 미국조차도 벗어나고자 하는 의료 민영화의 굴레를 스스로 짊어지는 우를 범해서도 안 된다. 지금은 노동자의 안전보건과 건강에 대한 공공적 재편 전략을 긴 호흡을 갖고 준비할 때다.

참고문헌

김창엽. 2004. 『규제 완화 이후 산업보건정책의 변화와 노동자 건강권에 미치는 영향에 관한 기초조사』. 국가인권위원회.
임준. 2007. 『국가안전관리 전략 수립을 위한 직업안전 연구』. 한국산업안전공단.

Quinlan, M., C. Mayhew, P. Bohle. 2001. "The Global Expansion of Precarious Employment, Work Disorganization, and Consequences for Occupational Health: Placing the Debate in a Comparative Historical Context." *International Journal of Health Services 2001*, vol. 31(3), pp. 507~536.

| 제2부 환경과의 상호작용 |

제4장 농약 알라의 사용 금지 사례
정치적인 대립과 예기치 못한 결과들

제5장 안전보건 조직하기
석유화학원자력국제노조의 노동자 대 노동자 안전보건 훈련 프로그램

제6장 손쉽게 얻을 수 있는 열매
독성물질 사용 감소 정책의 사회적 가치와 기업의 결정권

제7장 직업성 및 환경성 오염에 대한 통합 예방 전략
1차 예방 모델

옮긴이 보론
후쿠시마, 녹색운동, 그리고 노동자

4

농약 알라의 사용 금지 사례
정치적인 대립과 예기치 못한 결과들

베스 로젠버그(Beth Rosenberg)

이 장은 농약 사용 금지가 노동자들에게 미치는 영향에 대한 사례를 연구한 것이다. 화학물질 규제 정책은 종종 그 화학물질을 사용하는 노동자들에게 미치는 영향을 고려하지 않고 이루어져왔는데, 이는 부분적으로 정치적 역학관계 때문이기도 하지만, 화학물질 사용을 금지하는 것이 작업 환경에 미치는 영향에 대해 고찰할 수 있는 체계적인 수단이 없기 때문이기도 하다.

현재 생산되어 사용 중인 화학물질을 금지하게 되면, 그 결과 여러 가지 사회적·경제적 문제가 발생할 수 있다. 이번 연구는 농업에서 많이 쓰였던 화학물질인 알라(Alra)에 대한 사용 금지 조치가 관련 산업, 제조자, 농업인, 그리고 농업 노동자에게 미친 영향에 대해 다루고 있다. 알라의 사례는 화학물질이 광고를 통해 알려진 용도 이외에도 여러 가지 다른 기능으로 쓰이고 있으며, 그 기능에는 긍정적인 것도 있고 부정적인 것도 있기 때문에 화학물질 금지의 영향은 매우 클 수밖에 없다는 것을 생생하게 보여준다.

알라의 사례에서 화학물질의 해로운 영향에 대한 중요한 정보가 정치적인 과정을 거치면서 어떠한 방식으로 은폐되는지도 알 수 있다. 이 장은 알라의 역사, 제조회사에 의한 자진 회수, 그리고 사용 금지가 화학 산업과 미국 매사추세츠 주의 사과 산업에 미친 영향 및 이 두 산업에 종사한 노동자와 공중보건에 미친 영향 등으로 구성되어 있다.

부탄도익산 모노(butanedoic acid mono, 2,2-dimethyl hydrazide)는 흔히 다미노자이드(daminozide)라고도 불리는데, 미국의 유니로열케미컬사(Uniroyal Chemical Company)에서 '알라'라는 상품명으로 개발한 화학물질이다. 이 화학물질은 식물의 성장호르몬이지만, 미국 연방 살충제·진균제·살서제 법령에 규제를 받는 농약으로 등록되어 있다(〈표 4-1〉 참조).[1] 유니로열사가 유통된 알라의 대부분을 생산했으며, 짧은 기간에 아세토케미컬사(Aceto Chemical Company)에서도 생산이 이루어졌다. 알라의 구성성분은 85%가 다미노자이드이고, 나머지 15%는 불활성 첨가물질이다. 알라는 1968년에 사과에 사용 가능한 식물 성장 조절물질로 최초 등록되었으며, 이후에 다른 농작물에도 사용이 가능하도록 등록되었다. 다미노자이드는 식물의 영양성장과 생식성장에 영향을 주며, 주로 꽃봉오리 생성, 과실의 성장, 수확 전 과실의 낙과 방지와 저장 기한 증가 등의 효과가 있다. 다미노자이드는 사과, 체리, 복숭아, 천도복숭아, 배와 같은 과수 작물과 토마토, 포도, 땅콩 등의 작물에도 널리 사용되었다.

알라를 사과에 사용할 때는 봄철과 여름철, 두 차례에 걸쳐 집중적으로 사용한다. 봄철에 사과나무에 알라를 뿌리면, 나무의 영양성장 속도는 감소되지만 대신 꽃봉오리가 맺히는 속도가 더 빨라지게 된다. 꽃봉오리가 사과로 채 자라기 전 봄철에 기온이 낮아져 서리가 내리면 추위로 인해 꽃봉오리가 사과로 자라지 못하고 땅에 떨어지게 되는데, 알라를 뿌리면 꽃봉오리가 자라는 속도를 빠르게 하는 효과가 있기 때문에 이런 현상을 방지할 수 있다.[2] 알라는 사과 농

---

[1] *Daminozide; Termination of Special Review of Food Uses*, Federal Register Vol. 54, No. 216(Tuesday, November 14, 1989), p. 47482.

[2] *Daminozide Special Review Technical Support Document-Preliminary Determination to Cancel the Food Uses of Daminozide*(May 1989), Office of Pesticide Programs, Office of Pesticides and Toxic Substances, United States Environmental Protection Agency D-10806 p. III-3.

〈표 4-1〉 알라의 역사

1963년	유니로열사에 의해 미국 연방법령의 규제를 받는 농약으로 등록됨.
1969년	사과에 사용할 수 있는 농약으로 등록됨.
1969년	매사추세츠 주의 영농 부대사업에서 알라가 "수확 과정에 드는 노동력을 경감시키고, 단위 시간당 수확량을 늘리는 데 도움이 될 가능성이 있다"는 권고를 함.
1973년	미국 국립암연구소에서 시행한 알라의 발암 가능성에 대한 토스 연구(Toth study) 결과, 알라의 분해산물이자 오염물질인 UDMH가 실험동물(마우스)에서 혈관, 폐, 콩팥의 종양 발생을 증가시킨다는 것이 알려짐.
1977년	알라에 대한 토스 연구 결과 실험동물인 마우스에서 혈관 및 폐 종양의 발생률을 증가시키고, 수컷 마우스에서는 콩팥 종양의 발생률이 증가한다는 것이 밝혀짐.
1980년	유니로열사가 미국 환경청에 알라를 사용한 사과를 가열처리하면, 다미노자이드가 UDMH로 변환된다는 연구 결과를 제출함.
1981~1983년	유니로열사와 미국 환경청 사이에 다미노자이드에 대한 특별 검토 절차 수행을 위한 여섯 차례의 회의가 개최됨.
1983년	미국 환경청이 상표등록자인 아세토와 유니로열사에 관련 자료 제출 요청을 공식적으로 통보함.
1984년	아세토는 자료 제출 요청에 응하지 않았으며, 그 결과 상표 등록이 취소됨. 유니로열은 서양자두, 양배추, 후추, 멜론 등 농작물에 신청했던 다미노자이드 사용 등록을 자진 철회함.
1984년 7월	미국 환경청은 다미노자이드에 대한 연구에서 나온 결과인 실험동물인 래트(rat)와 마우스에서의 발암성 정보와, 분해산물인 UDMH에 대한 연구에서 나온 결과인 실험동물인 마우스와 햄스터에서의 발암성 정보를 근거로 미국 연방 정부의 관보에 다미노자이드의 발암성에 대한 특별 검토를 시작했음을 공표함.
1984년 12월	웰치스 포도 주스(Welch's grapes)의 생산자인 전국포도협동조합에서 각 회원들에게 다미노자이드로 처리된 포도는 포도 주스 생산 원료로 사용하는 것을 금지한다는 공지를 함.
1985년 8월	비영리 라디오 방송인 내셔널 퍼블릭 라디오 방송국에서 "하루에 사과를 한 개씩 먹으면 암이 발생하는가?" 라는 제목의 프로그램을 방송함.
1985년 9월	미국 환경청은 일반인들에게 다미노자이드를 사용한 모든 음식물을 섭취하지 말 것을 권고함.
1985년 말	미국 환경청, 유니로열사와 국제사과협회가 여러 차례 회의를 개최하여 포도와 사과에 다미노자이드 사용을 줄이는 것과 땅콩, 포도, 체리에 다미노자이드

	의 사용을 금지하는 사안에 대해 논의함.
1986년 1월	미국 환경청은 다미노자이드에 대한 새로운 독성 연구 결과와 잔류 효과에 대한 결과가 나올 때까지의 기간만 한시적으로 다미노자이드의 사용을 허가함. 그 사이에 한시적으로 사과에 사용하는 다미노자이드의 허용 농도를 낮추었으며, 건포도를 만드는 데 사용하는 포도를 포함하여 가공식품에 사용할 목적의 다미노자이드 판매는 금지함.
1986년 4월	미국 환경청은 사과에 대한 다미노자이드의 허용 농도를 30ppm에서 20ppm으로 낮추는 법안을 제출함.
1986년 5월	매사추세츠 주에서는 (식품의 유해물질 함유량에 관해 정부가 판매 금지 결정을 내릴 수 있는) 한계 수준을 낮추었으며, 가열처리를 하여 생산되는 사과 제품과 모든 영유아용 식품에 다미노자이드의 사용을 금지함.
1986년 5월	메인 주에서는 1986년 10월 1일을 기한으로 모든 가열처리 식품과 유아 식품에 다미노자이드의 잔류를 금지하는 법안을 제출함.
1989년 2월	26일 알라에 대한 내용이 텔레비전의 뉴스 프로그램인 〈60분〉에 방영됨. 바로 다음 날 천연자원보호위원회가 "허용할 수 없는 위험성: 우리 아이들이 먹는 음식에 섞여 있는 농약"이라는 제목의 연구 결과를 발표함.
1989년 5월	미국 환경청이 모든 식품에 다미노자이드 사용을 취소하는 예비 결정을 내림.
1989년 11월	유니로열사가 알라의 등록을 자진 철회함.

사철의 중간 정도(꽃잎이 떨어진 21일 후부터 수확하기 70일 전까지) 또는 여름철(수확하기 60~70일 전)에 훨씬 더 많이 쓰인다.3 이때 알라를 뿌리면 열매가 갈라지거나 벌어지는 것을 줄이고, 사과 안에 생성되는 밀 증상(water core)을 지연시켜 사과가 안에서 썩는 것을 예방하고, 과일의 강도와 저장 기한을 증가시키며, 수확 전에 낙과를 방지하고, 사과의 붉은 색깔을 더욱 진하게 하는 효과가 있다.

---

3 *Daminozide Special Review Technical Support Document-Preliminary Determination to Cancel the Food Uses of Daminozide*(May 1989), Office of Pesticide Programs, Office of Pesticides and Toxic Substances, United States Environmental Protection Agency D-10806 p. III-3.

식용 작물 외에 다미노자이드는 원예작물에도 쓰이는데 대개 국화, 수국, 금잔화, 피튜니아, 백일홍, 과꽃, 진달래, 포인세티아, 치자나무 등에 사용이 가능한 것으로 등록되어 있다.4 비식용 목적으로 쓰이는 제형인 B-9은 알라와 유사한 화학물질이다.

1. 매사추세츠 주에서 미국 농무부의 농업지원 프로그램이 알라의 홍보에 미친 영향

알라의 가치는 1960년대 중반 시행된 미국 농무부의 농업지원 프로그램에 의해 매사추세츠 주 사과 재배 농업인들에게 알려졌다. 사과와 다른 과수작물에서 저장 기한을 증가시키고, 수확 전 낙과 방지를 위해 알라가 사용되었다. 사과가 떨어져서 상처가 나면, 사이다(cider, 사과즙 또는 사과술)의 원료로밖에 쓸 수 없게 되는데, 이 경우 사과 자체로 팔 때보다 훨씬 낮은 가격에 팔리게 된다. 그런데 알라를 사용하면 사과가 수확할 때까지 계속 나무에 달려 있게 하는 효과가 있기 때문에, 알라는 출시되자마자 사과 산업에서 중요한 농약의 위치를 차지하게 되었다. 알라로 인하여 사과의 수확기에 대한 조절력이 생긴다면, 그 효과로 사과 수확 과정의 기계화가 가능하게 될지 모른다는 것이 농업인들의 생각이었다. 만약 완전한 기계화가 이루어지면 수확기 동안 농업 노동자들의 파업을 걱정하지 않아도 되기 때문이다. 예상했던 것과 같이, 알라의 중요성의 핵심은 사과의 수확 기간을 늘려주는 효과였다. 과수 재배 학자

---

4 *Daminozide; Termination of Special Review of Food Uses*, Federal Register Vol.54, No.216(Tuesday, November 14, 1989), p.47482.

인 윌리엄 로드(William J. Lord)는 1969년 농업지원 프로그램의 공보에 다음과 같은 글을 작성했다.

> 현재 농업인들이 수확 과정에서 도움을 받으려면 영농 과정에서 어떤 부분의 변화가 필요한지 알아야 할 필요가 있다. 먼저, 현재로서는 사과의 수확 과정을 완전히 기계화해주는 장비는 없다는 점이 강조되어야 한다! …… 수년의 연구와 1년 동안의 시험재배를 거친 결과 식물의 성장 둔화제인 알라가 현재까지 개발된 다른 어떤 것보다도 사과 수확기의 노동력 문제를 경감시켜줄 가능성을 가지고 있다. 알라는 수확 전 낙과를 방지하며, 매킨토시 사과의 숙성 속도를 늦출 수 있다. 이 식물 성장 둔화제를 매킨토시 사과나무에 뿌리면, 사과의 수확기를 9월 10일에서 10월 중순까지 연장할 수 있다. 이전에는 사과의 수확기가 대략 3주 정도에 불과했지만, 이제는 5주까지 연장할 수 있게 된 것이다(Lord, 1969: 8~9).

바로 이 점이 농업지원 프로그램과 농업인들의 이해관계가 일치하는 지점이었다. 수확기의 농업인들은 많은 노동력을 필요로 하기 때문에 인건비를 조금이라도 줄일 수 있도록 농업의 기계화에 대한 동기 부여가 생기게 된다. 또한 농업인들은 농업 노동자를 쓰는 경우 발생할 수 있는 여러 가지 문제점 때문에 가능하면 사람을 고용하는 것보다는 기계의 도움을 받기를 선호하는 경향이 있다. 앞에 인용한 윌리엄 로드의 글에서도 유추할 수 있듯이 농업지원 프로그램의 주된 지원 대상은 농업 노동자가 아닌 농업인이다. 새로운 농약을 도입함으로써 발생 가능한 건강 영향에 대한 문제는 농업 노동자와 농업인에게 중요한 문제이지만, 아쉽게도 농업지원 프로그램의 주된 관심사는 아니었는데, 이는 알라의 제조사로부터 제공되는 정보가 불충분했기 때문에 발생한 문제로 볼 수 있다.

2. 알라가 의심받기 시작하다

다미노자이드의 발암성에 관한 증거는 1960년대 후반부터 나오기 시작했다. 다미노자이드는 비대칭 디메틸하이드라진(unsymmetrical dimethyl-hydrazine, 이하 UDMH)이라는 물질을 분해산물 또는 제조 과정상의 오염물질로 포함하고 있다. 로켓 연료의 구성 성분이기도 한 UDMH의 발암성은 1967년에 최초로 보고되었다(Druckrey et al.(1967); and Roe at al.(1967)에서 재인용]. 1970년대에 공군이 지원한 연구에서도 UDMH의 종양 발생 가능성을 보고했는데, 이 연구 결과가 미국 환경청이 알라에 대한 검토를 시작하게 만든 계기가 되었다(Toth, 1973: 181~187, 1977: 2427). UDMH는 알라에 비하여 발암성이 더욱 강한데, 다미노자이드의 가수분해산물로서, 알라를 사용한 과일을 가열하여 요리하는 경우 생성될 수 있는 물질이다. 1980년에 알라의 제조회사인 유니로열사는 미국 환경청에 알라를 사용한 사과류 과일을 끓이는 경우 다미노자이드가 UDMH로 변환된다는 연구 결과를 제출했다(Mott). 1981년부터 1983년 사이에 미국 환경청 직원과 유니로열사 대표단 사이에 다미노자이드에 대한 특별 검토 과정에 대한 논의를 위해 여섯 차례 회의가 개최되었다(Mott). "미국 환경청은 1980년대 초반부터 알라의 위험성에 대한 집중적인 검토 작업을 시작했으나, 유니로열사와 비공개 회의를 개최한 이후에 검토 작업의 진행을 보류했다"(Hathaway, 1993: 338). 미국 천연자원보호위원회에 따르면, 미국 환경청은 1980년 특별 검토 과정에 착수했으나, 1981년에서 1983년 사이 유니로열사와 여섯 차례에 걸쳐 회의록을 작성하지 않은 비공개회의를 개최했다고 한다(Mott).

천연자원보호위원회가 미국 환경청이 농약 제조자들과 비밀회의를 개최한 사실에 대해 법원에 소송을 내자 미국 환경청은 특별 검토 과정을 다시 가동했다(Mott). 천연자원보호위원회는 미국 환경청의 느린 대응에도 이의를 제기했는데, 실제 미국 환경청은 유니로열사가 음식물에서 UDMH가 형성된다는 사실을 보고한 시점으로부터 3년이 지난 후에야 특별 검토 과정에 들어갔다(Mott, 1990). 1983년에 미국 환경청은 알라의 상표등록자인 유니로열사와 아세토사에 대해 다양한 잔류물질에 대한 연구 결과와 알라의 UDMH로의 변환 가능성에 대한 연구 결과 등 관련 자료의 제출을 통보했다. 아세토사는 이 통보에 불응했기 때문에 상표 등록이 1984년에 정지되었다. 유니로열사는 서양자두, 양배추, 후추, 칸탈루프 멜론에 허용된 다미노자이드의 사용 등록을 자진 철회했다. 1984년 7월 18일에 미국 환경청은 발암성이 의심된다는 이유로 다미노자이드 관련 제품들의 모든 사용 용도와 관련한 특별 검토를 시작한다고 발표했다. 같은 해 12월에 웰치스 포도 주스의 생산자인 전국포도협동조합이 다미노자이드로 처리된 포도는 포도 주스의 원료로 사용하는 것을 금지한다고 발표했다(Mott, 1990). 1985년 8월에는 비영리 라디오 방송인 내셔널 퍼블릭 라디오 방송국에서 '하루에 사과를 한 개씩 먹으면 암이 걸리는가?'라는 제목의 프로그램을 방영했고, 그 결과 뉴잉글랜드 주의 사과 재배 농업인들에게 다미노자이드와 관련된 논쟁이 알려지게 되었다.5 1985년 9월에 미국 환경청은 알라와 UDMH를 인간에게 발암성을 일으킬 가능성이 있는 물질로 결론 내

---

5   스티븐 우드(Stephen Wood)가 작성한 메모에 따르면, 천연자원보호위원회의 보고서에는 붉은 사과에만 알라를 사용한다고 잘못 기재되어 있어서, 뉴햄프셔 주의 사과 재배 농업인인 우드는 천연자원보호위원회의 대니얼 즈위들링(Daniel Zwerdling)에게 전화를 걸어 해당되는 부분의 정정을 요청했다고 한다. 즈위들링은 정정 요청을 무시했으며, 계속하여 알라는 녹색 사과에는 사용하지 않았다는 주장을 반복했다고 한다. 즈위들링은 "알라로 오염되어 있는 사과를 계속해서 먹는 사람들은 알라를 섭취함으로 인해서 1,000명당 1명은 암에 걸릴 것이다"라고 말했다. 우드가 즈위들링에게 전화를 걸어 발암 위험도 추정치가 어디에 근거하고 있는지를 물었을 때 즈위들링은 "내가 수행한 연구 방법에 대해서 논의할 만한 시간이 없어요. 당신(스티븐 우드)에게는 알라가 매우 중요하겠지만, 나에게는 중요하지 않아요. 내 보고서에 대해 비판하기를 원한다면, 편지로 해주세요"라고 답변했다고 한다.

렸다. 미국 환경청은 농작물에 잔류한 알라를 식이 섭취하는 경우 노출 인구 100만 명당 약 1,000건의 암이 발생하는 것으로 추정했으며, 땅콩에 알라를 살포하는 노동자의 경우 많게는 100명의 노동자에서 4건의 암이 발생하는 것으로 추정했다(Hathaway, 1993: 338).

천연자원보호위원회의 재닛 해서웨이(Janet Hathaway)에 따르면, 미국 환경청은 이 시점에서 알라의 등록 취소를 심각하게 고려했으나, 미국 환경청 산하 과학자문위원회의 권고사항에 따라 알라의 사용을 즉각 금지하는 대신 유니로열사에 더 자세하고 포괄적인 발암성 연구의 수행을 요청했다. 미국 환경청이 요구한 연구는 마우스와 래트에 대해 UDMH를 경구 노출시키는 2년 동안의 발암성 연구, 돌연변이 가능성에 대한 연구, 식물과 동물에서 대사 연구, 가축에 대한 경구 섭취 연구, 식품에서 분해물질에 대한 연구, 저장 시 안정성에 관한 정보, 농작물 재배 시험, 장바구니 조사와 알라의 분석 방법 등에 대한 것이었다.6 나중에 상원 소위원회의 감사 결과 미국 환경청 산하 과학자문위원회 위원 8명 중 7명이 화학 산업에 고용되어 급여를 받는 컨설턴트이거나, 또는 화학 산업의 보조금을 받는 기관에 고용되어 급여를 받는 사람들이었던 것으로 드러났다.7

미국 환경청이 제안한 다양한 연구들 중에서 알라의 생산이나 조제 과정에

---

6 *Daminozide Special Review Technical Support Document-Preliminary Determination to Cancel the Food Uses of Daminozide*(May 1989), Office of Pesticide Programs, Office of Pesticides and Toxic Substances, United States Environmental Protection Agency D-10806 p.I-8.

7 "Government Regulation of Pesticides in Food: The Need for Administrative and Regulatory Reform," Report by the Subcommittee on Toxic Substances, Environmental Oversight, Research and Development to the Committee on Environment and Public Works, United States Senate(Oct. 1989), pp.33~34(Hathaway, 1993: 338에서 인용).

근무하는 노동자들에 대한 연구가 전혀 없다는 점은 충격적이다. 만약 다미노자이드 노출이 인체에 나쁜 영향을 준다면 알라의 생산이나 조제 과정에 근무하는 노동자들에게서 당연히 이러한 건강 영향이 나타날 가능성이 높기 때문에 노동자들에 대한 연구는 중요한 의미가 있다. 또한 다미노자이드가 인체에 해로운 영향이 없다고 하더라도, 마찬가지 이유로 알라의 생산에 관여하는 노동자들을 대상으로 하는 연구는 알라의 무해성을 입증해주는 자료로서 의미가 있다. 하지만 노동자들에 대한 연구는 이루어지지 않았다. 대신 미국 환경청은 식이섭취 이외의 위험성을 평가하기 위해 비닐하우스에서 근무하는 노동자를 연구 대상으로 선정했는데, 그 이유는 미국 환경청이 다른 어떤 노동자들보다 비닐하우스 노동자에서 알라에 대한 노출이 가장 높을 것으로 추정했기 때문이다.[8] 유니로열사는 1987년 비닐하우스 노동자들에 대한 노출평가 연구 결과를 제출했으나, 미국 환경청은 이 연구가 부적절하게 이루어졌다고 판단했고, 비닐하우스 노동자의 알라 노출수준은 다른 농약의 노출수준을 대리지표로 사용하여 추정했다.[9] 1989년 식품에 알라 사용이 금지된 이후 2년이 지난 1991년에 이르러서야 유니로열사가 노출평가 연구 결과를 제출했다.[10] 이 연구는 문자 그대로 노출평가만 이루어진 연구였다. 비닐하우스 노동자의 피부 노출과 호흡기를 통한 흡입 노출의 실제 수준이 얼마인지에 대한 연구만 이루어졌고, 건강 영향에 대한 연구는 전혀 이루어지지 않았다. 그 결과, 미국 환경청이나 국립직업안전보건연구소 어디에도 다미노자이드 또는 UDMH가 실제 인체의 건강에 미치는 영향에 대한 자료는 찾아볼 수 없다. 유니로열사

---

8 *Daminozide Special Review Technical Support Document*(Chick, 1993 참조), p.II-37.
9 *Daminozide Special Review Technical Support Document*(Chick, 1993 참조), p.II-37.
10 "B-Nine SP on Ornamentals-Greenhouse Mixer/Loader/Applicator Exposure Study," Uniroyal Study voluntarily submitted to EPA, completed May 6, 1991 MRID#418760-01, 02.

식물 성장 조절부서의 책임자인 론 에임즈(Ron Ames)는 비록 공개되지 않았지만 유니로열사가 제조 과정에 참여한 노동자에 대한 연구도 수행했으며, 그 결과 인체 건강에는 어떤 영향도 미치지 않았다고 발표했다(Ames, 1994).

1984년 미국 환경청의 과학자문위원회는 정량적인 위험도 평가를 수행하기에는 자료가 충분하지 않다고 결론 내렸으나, 미국 환경청의 발암물질 평가 부서는 이와는 다른 결론을 내렸다. 1987년, 발암물질 평가 부서는 UDMH를 인체에 발암 가능성이 있는 물질로 분류하는 데 충분한 정도의 자료가 있다고 결론 내렸다. 국제암연구소와 국립독성프로그램 역시 동일한 결론을 내렸다(Hathaway, 1993: 338). 유니로열사가 1986년 미국 환경청이 요청한 연구들을 수행하고 있는 동안, 사과에 대한 알라의 허용 농도가 낮춰졌으며, 포도에는 건포도의 원료로 사용하지 않는 콩코드 포도에만 알라를 사용할 수 있도록 제한했다.11 허용치는 낮아졌지만, 실제 별 효과는 없었다. 뉴잉글랜드 환경을 위한 과수원 농업인 회의의 대표이자 사과 재배 농업인인 스티븐 우드에 따르면, 허용치가 20ppm으로 낮아졌시만, 이 당시에도 뉴햄프서 주 사과나무에 알라의 실측된 잔류량은 1~4ppm 수준에 불과했다고 한다(각주 5 참조).

1986년 초반, 미국 환경청은 유니로열사와 가진 회의에서 상표에 붙어 있는 사용량, 즉 특정 농작물에서 단위 면적당 알라의 사용량을 낮추는 것과 잔류물질 허용치를 낮추는 두 가지 안건에 대해 논의했다. 이 회의 결과 다미노자이드로 처리된 식품은 가공용으로 판매할 수 없다는 사용 권고 사항이 상표에 추가되었다. 1986년 초반에 특별 검토 과정의 일환으로 미국 환경청은 전국식품가공업협회, 식료품제조업협회, 제너럴 푸드(General Foods), 사과 재배 농업인, 주 정부 및 농업 관련 부서의 대표자들, 천연자원보호위원회, 농약 오용

---

11 Daminozide Special Review Technical Support Document(Warren, 1992: 7 참조), p.ii.

반대 전국 운동단체 및 기타 여러 단체들과 회의를 가졌다(Mott).

뉴햄프셔 주의 사과 재배 농업인들과 뉴잉글랜드의 다른 농업인들은 정치적인 과정에 대해 관심을 갖게 되었다. 그들은 제조회사(유니로열사)와 알라의 사용이 필요한 농업인들이 알라 사용을 옹호하는 세력을 형성하고 있고, 그 반대편에는 유기농 농업인들과 식품의 안정성을 옹호하는 단체가 세력을 형성하고 있다고 판단했다(Mott: 5). 이들 뉴잉글랜드 농업인들은 어느 한쪽 편에 소속되기를 원하지는 않았으나, 자신들이 어느 한쪽 편에 서지 않는다면 알라의 위험성과 검토 과정에 대한 자세한 정보를 얻는 것이 불가능하다고 판단했다.

그들은 미국 환경청과 천연자원보호위원회가 병해충종합관리에 따라 알라의 적용 방법에 대한 정보를 제공해주기를 원했다. 농약 사용량의 감소를 위해서는 더욱 정확한 사용 목적, 가장 효율적인 사용 시점에 대한 정보, 병해충에 유전적인 저항성을 가진 사과나무 품종의 개발, 재배 품종의 다양화, 윤작제 등에 대한 다양한 정보가 필요하다는 것이 그들의 의견이었다(High, 1993: 4). 사과 재배 농업인인 우드는 이 문제에 대해 다음과 같이 주장했다.

알라를 사과 재배 초기에 뿌리면 사과가 수분함량이 많은 상태에서 급속 성장이 이루어지는 것을 제한하게 되어, 그 결과 다른 화학물질의 도움이 없이도 진딧물의 피해를 줄이는 것으로 보인다. 알라를 수확기에 뿌리면 사과의 조기 낙과를 방지하게 되어 농업인들의 재산 피해를 줄일 뿐더러, 다른 해충이나 진딧물을 없애기 위해 더 독성이 많은 농약을 뿌릴 필요가 없게 된다. 또한 알라를 뿌리면 더 많은 사과를 수확할 수 있어서 과수원에 수확되지 않은 사과가 남아 있는 것을 줄이게 된다. 남은 사과 열매는 겨울철 동안에 병해충의 서식지가 되기 때문에, 남아 있는 사과 열매의 수를 줄이면 사과나무가 다음 해에 해충으로부터 피해를 받을 가능성을 낮춘다. 알라의 이와 같은 효과는 우리 농업인들에게는 잘 알려진 사실이지만, 최근 알라 사용의 규제와 관련된 논란에서는 이러한 사항이 고려되고 있다는 정보를 들어본 적이 없다. …… 우리는 규제 결정에 아주 중요한 정보를 가지고 있다고 생각하지만, 우리가 규제 결정에 참석할 여지가 없다는 것이 문제이다(각주 5 참조).

3. 허용 기준치를 낮추다

1986년 4월 6일에 미국 환경청은 사과에 대한 다미노자이드의 허용 기준치를 30ppm에서 20ppm으로 낮추는 법률안을 제안했다(51 Fed. Register 12889). 1개월 후, 매사추세츠 주가 최초로 허용 기준치를 낮추었고, 열처리로 가공하는 사과 생산품과 모든 유아 및 영아용 식품에는 다미노자이드의 사용을 금지했다. 1987년 10월 1일부터는 열처리 가공 사과 생산품은 다미노자이드의 농도가 1ppm 미만이어야 하고, 영아용 식품에서 다미노자이드가 검출 한계 이상으로 나올 경우에는 해당 식품을 폐기처분한다는 내용의 법이 발효되었다. 2주 후에 매사추세츠 주에서는 엄격한 허용 기준치를 적용했고, 메인 주에서도 기준을 더 엄격하게 적용했는데, 1986년 10월 1일 부터 가열 처리한 음식물이나 영아 식품에는 다미노자이드가 검출한계 이상으로 잔류하는 경우 폐기처분하도록 했다(Mott).

그동안 뉴햄프셔 주의 농업인들은 다른 뉴잉글랜드 지역의 농업인들과 협력하여 규제 당국, 환경단체, 화학물질 제조회사, 언론 등과의 대화 통로를 열고, 병해충종합관리 방안을 옹호하기 위해 '환경을 위한 뉴잉글랜드 과수원 농업인 회의'를 결성했다. 이 단체는 천연자원보호위원회와 미국 환경청에 그들의 설립 목적이 농업 노동자에 대한 농약 노출과 농약의 식이 노출을 줄이기 위한 것이며, 알라의 사용을 금지시키면 그 결과로 다른 농약의 사용량이 늘어서 농약의 전체적인 사용량이 증가할 수 있다는 사실에 우려를 표명했다. 이 단체는 천연자원보호위원회가 주된 근거로 사용하고 있는 잔류 농약의 자료와 농약 상표에 붙어 있는 사용 용량은 현실적으로 전혀 의미가 없다고 했는데, 실제 농약을 살포할 때는 농약 상표에 붙어 있는 사용 용량보다도 훨씬 낮은 용량을 사용한다는 것이었다(Mott: 11). 그러나 이 주장에 대해서 누구도 호응을 하지 않았다.

공중보건과 환경 관련 의제의 경우 연방 정부는 각 주들의 활동으로부터 정책의 단서를 얻게 된다.[12] 1989년 2월 26일 텔레비전의 뉴스 프로그램인 〈60분〉에 알라에 대한 내용이 방영되었을 때, 이미 알라는 서서히 시장에서 퇴출되는 절차를 밟고 있었다. 이 프로그램은 텔레비전 프로그램이 방영된 다음 날 천연자원보호위원회에서 발간한 「허용할 수 없는 위험: 우리 아이들의 음식 속에 들어 있는 농약」이라는 보고서에 기초하고 있었다(Sewall, 1989). 천연자원보호위원회는 미국 환경청이 어린이와 영아의 식이 위험도를 추정하는 데 적절한 주의를 기울이지 않았다고 주장했다. 특히 1~5세 사이의 어린이는 성인 여성이 소비하는 양보다 12.2배 많은 양의 UDMH를 소비하며, 다미노자이드는 9.1배 많은 양을 소비한다고 보고했다(Sewall, 1989: 29). 이 보고서는 "강력한 발암물질인 UDMH는 농약인 다미노자이드의 분해산물이며, 천연자

---

12 보건과 환경정책 분야에서는 개별 주 정부 수준에서 정책이 발효된 이후에 연방 정부가 해당 정책을 발효하는 사례들이 많이 있다. 몇 개 주에서 시작된 알 권리에 대한 법률은 연방 정부 산업안전보건청의 위험 요인 의사소통 기준의 한 부분이 되었다. 에틸렌 디브로마이드(Ethylene Dibromide), DDT 등의 농업 화학물질들과 사염화탄소(Carbon Tetrachloride), PCB(Polychlorinated Biphenyls) 등의 산업 화학물질들, 그리고 요소 폼알데하이드 절연제(Urea Formaldehyde Foam Insulation)와 같은 많은 화학물질들이 개별 주 정부 수준에서 금지된 이후에야 비로소 연방 정부 차원에서 금지되었다.

원보호위원회가 검토한 물질 중 발암 위험도가 가장 높았다"(Sewall, 1989: 2)는 내용을 담고 있다. 또한 천연자원보호위원회는 그들의 보고서에서 "알라(다미노자이드와 UDMH)에 노출되는 취학 전 소아의 발암 위험도는 4,200명 중 1건의 암 발생이 예상되는 정도이고, 이는 미국 환경청이 일반적으로 적용하는 일생 동안 허용 가능한 위험도의 240배에 달할 정도로 매우 높은 수치"라는 사실을 밝혔다(Sewall, 1989). 보고서에는 "알라의 위험도는 현재 기준으로 미국의 취학 전 소아의 전체 인구 중 약 5,500명에서 6,200명 정도가 흔히 구할 수 있는 과일이나 채소 등의 식품 중에 잔류되어 있는 농약을 섭취하는 것으로 인하여 암에 걸릴 수 있는 수준이고, …… 이는 발암성 농약에 노출됨으로써 발생 가능한 평생 동안의 발암 위험도가 생애 초기 6년 동안에 발생한다는 것을 의미한다"는 내용이 언급되어 있다(Sewall, 1989: 2~3).

'환경을 위한 뉴잉글랜드 과수원 농업인 회의'는 이와 다른 측면을 제기하기 위해 〈60분〉의 데이비드 갤버(David Gelber)에게 알라의 병해충종합관리 연구의 대부분을 수행했던 매사추세츠 대학교의 곤충학자인 로널드 프로코피(Ronald Prokopy) 박사와 인터뷰를 할 것을 요청했다. 갤버는 "프로코피 박사와 농업인 우드가 알라가 아이들에게 암을 유발할 가능성을 명백하게 무시했다"는 내용의 답장을 보냈다(각주 5 참조).

천연자원보호위원회의 보고서는 광고 기업인 펜톤커뮤니케이션즈의 도움으로 매우 유명해졌다. 사장인 데이비드 펜턴(David Fenton)은 자신의 메모장에 다음과 같이 썼다.

우리의 목표는 천연자원보호위원회의 메시지를 단시간 동안에 많은 수의 다양한 매체를 동원하여 워싱턴의 정치 엘리트들뿐 아니라, 평범한 미국 소비자들에게 가능한 한 많이 반복하여 들려주는 것이었다. 이렇게 함으로써 이 내용이 쉽게 잊히지 않고 지속적으로 사람들의 기억 속에 떠오르게 하기 위한 것이었다. 천연자원 보호위원회의 메시지를 수주 내지 수개월 동안 지속하여 방영함으로써 정책 결정과 소비자의 습관에 영향을 주기 위한 것이었다(Egan, 1991).

이 방법은 주효했다. 이후 수개월 동안 뉴욕과 캘리포니아의 학교들이 사과 주스의 급식 공급을 취소했으며, 가게들은 진열대에서 사과를 치웠다(Egan, 1991). 알라가 초래하는 실제 위험도에 대한 많은 논란이 있었지만, 소비자 연맹 의장인 에드워드 그로스(Edward Groth)는 사이언스에 보낸 감동적인 기고문에서 다음과 같이 썼다.

…… 대부분의 사람들이 알라가 실제로 발암 위험성이 있는지를 알지 못하지만, 일부 전문가들이 알라가 발암성의 가능성이 있을 것이라고 추정한다는 사실은 잘 알고 있다. 사람들은 자신과 자신의 아이들의 건강을 담보로 도박을 하고 싶어 하지 않을 뿐이다. 사람들은 알라가 자신들의 동의 없이 부지불식간에 사과를 원료로 한 식품에 포함되어 있다는 사실에 분노하고 있을 뿐이며, 알라의 발암 위험도가 높은지 낮은지 하는 논쟁은 사람들에게 중요하지 않은 부차적인 문제일 뿐이다. …… 현 상황에서 발암 위험도의 절대적인 수치가 중요한 문제는 아니며, 알라의 사용과 관련된 윤리적인 문제가 사람들로 하여금 그렇게 강한 반응을 하게 만드는 것이다. 사람들은 그들이 믿었던 회사, 정부 그리고 유수의 과학 잡지인 ≪사이언스≫의 편집자조차 알라와 관련된 진실을 밝히지 않았다는 점에 대해 놀랐을 뿐 아니라 분노하고 있는 것이다.[13]

---

13 Letter in *Science* Vol.244(19 May 1989) from Edward Groth III, Consumers Union of the US, Inc.

4. 사용 금지 조치

이 사건으로 대중은 분노했고, 그에 영향을 받은 미국 환경청은 단호하게 대응했다. 다미노자이드를 가열하면 UDMH 농도가 증가하기 때문에 어린아이들이 많이 먹는 사과 주스, 사과 소스, 땅콩버터처럼 가공 과정에서 가열 처리를 필요로 하는 식품에 관심이 집중되었다. 식품에 대한 대중적인 관심을 반영하기 위해 사과가공식품연구소는 미국 환경청에 알라의 사용을 금지할 것을 촉구했다(Sugarman, 1989에서 재인용). 1989년 5월 24일 미국 환경청은 다미노자이드를 모든 식품에 사용하는 것을 금지했고, 식품 이외의 용도로 사용하는 것만 허가하는 예비 결정 사항을 발표했다. 이 결정은 미국 환경청이 내린, "다미노자이드의 식이 노출로 인한 발암 위험도가 다미노자이드를 사용함으로 발생하는 이득에 비하여 높다"는 결론에 기반을 두고 이루어진 것이다. 미국 환경청이 내린 사용 금지 조치는 당시 알라에 대해 형성된 부정적인 여론에 힘입은 결정이었다.

최근 인터뷰에서 천연자원보호위원회의 재닛 해서웨이는 미국 환경청이 사용 금지 조치를 하기 한 달 전에 '뉴잉글랜드 농업인 회의'와 대화를 가진 후 "미국 환경청에 사과를 재배하는 농업인들이 병해충종합관리를 목적으로 잔류 용량을 낮추면서 소량의 알라를 사용하는 것에 대해서는 반대하지 않는다"는 입장을 표명했다고 한다(Hathaway, 1995). 그러나 미국 환경청이 결정을 내린 시점에는 알라에 대한 부정적인 여론이 지배적이었다. 따라서 환경청의 사용 금지 조처에 대한 유니로열사와 국제사과연구소의 반대가 아무런 영향을 미치지 못하는 상황이었다. 농업인 스티븐 우드는 천연자원보호위원회의 해서웨이에게 가공하지 않은 과일에는 5ppm의 허용 기준을 적용하고, 가공 처리하는 경우에는 0ppm의 허용 기준을 적용하자는 안을 제안했으나, 해서웨이가 적극적인 태도를 보이지는 않았다고 주장했다. "그녀는 몇 주일 동안은 우리의 제안에 관심이 있었지만, 보고서가 대중에게 큰 관심을 얻자 거기에만 신경을 썼습니다"(Wood, 1995). 두 사람 모두 국제사과연구소는 허용기준치를 낮추는 데 관심을 보이지 않았다고 동일한 언급을 했다. 사과에 대한 여론은 이미 악화 일로를 치닫고 있었던 것이다.

비식용 목적의 알라 사용에 대해서 미국 환경청은 원예 식물에 알라를 사용할 때 얻을 수 있는 이익이 사용으로 인한 위험성보다 크다는 결론을 내렸다. 그런데 환경청이 이러한 위험성을 발표할 때 알라의 제조 과정에 참여한 노동자들에게 발생할 수 있는 위험성은 고려하지 않았다는 점을 주목할 필요가 있다. 비닐하우스 노동자, 수확 노동자, 화초 재배자, 농약 혼합·적재·살포자 등은 미국 환경청의 관할하에 있지만, 제조 과정에 참여하는 노동자는 미국 직업안전보건청이 관할하고 있다. 미국 환경청이 말하는 이익이 위험을 상회한다는 '비식이 노출'의 위험성은 전적으로 비닐하우스 노동자들에 국한된 것이었다. 1989년 미국 환경청 특별 검토 과정 보고서에는 국화를 재배하는 비닐하우스에서 알라를 혼합·적재·살포하는 노동자가 가장 위험도가 높았는데, 이때의 위험도는 100만 명의 노동자 중 1건의 암이 발생하는 정도였다.14 물론 이러한 발암 위험도 역시 비닐하우스에서 일을 할 때 동시에 노출될 수 있는 다른 여러 발암물질과의 상승작용을 고려하지 않은 수치에 불과하다. 또한 여러 가지 수많은 건강 영향 중에서도 오직 악성종양에 대해서만 평가한 위험도 수치에 불과하다는 한계점도 있다. 100만 명 중 1명이라는 수치는 미국 환경청이 1985년 알라 노출 땅콩 재배 노동자들을 대상으로 하여 위험도를 최초로 추정했을 때 제시된 추정치(100명의 노동자에서 4건의 악성종양이 발생한다고 추정)와 비교할

---

14 *Daminozide Special Review Technical Support Document*(Chick, 1993 참조), p.II-43.

때 터무니없이 낮은 수준임을 알 수 있다(Hathaway, 1993: 338에서 재인용).

5. 사용 금지 조치 이후

1) 사용 금지된 다미노자이드는 어디로 갔을까?

유니로열사는 1989년 11월에 자진하여 알라의 사용 등록을 철회했다. 이렇게 해서 남은 알라는 모두 회수되어 비식용 목적의 상품명인 B-9 또는 B-9 SP 상표를 붙이고 다시 판매되었다.

2) 사용 금지 조치가 생산에 미친 영향

1985년 알라의 판매가 절반으로 줄어들었지만, 유니로열사의 매출액에서 알라가 차지하는 비율은 매우 낮았기 때문에 회사에 별다른 영향을 주지는 않았다.[15] 1984년 케미컬 마케팅 잡지의 한 리포터가 취재한 기사에는 유니로열사의 농약이 미국 환경청의 검토를 받게 되었지만, 다미노자이드는 유니로열사 전체 매출의 1%만을 차지하고 있을 뿐이고, 1983년 알라의 매출액은 20억 달러 정도에 불과했다고 나와 있다.[16]

---

15 Daminozide Special Review Technical Support Document-Preliminary Determination to Cancel the Food Uses of Daminozide(May 1989), Office of Pesticide Programs, Office of Pesticides and Toxic Substances, United States Environmental Protection Agency D-10806.
16 "Uniroyal pesticide to be reviewed by EPA: Regulatory Action Prompted by its Toxicity," *Chemical Marketing Reporter*(July 23, 1983), pp. 226, 3.

다미노자이드의 생산량과 관련한 가장 신빙성 있는 자료는 *Baton Rouge Morning Advocate* 1989년 3월 15일자에 실린 기사인데, 이 기사에서 알라는 유니로열사의 가이스마 공장에서 주로 생산되었다고 쓰여 있다. 그 공장의 책임자인 허비 사이먼(Hovey Simon)에 따르면 알라가 회사에 많은 이익을 가져다준 것은 사실이지만, 사용 금지가 되었다고 해도 공장에 큰 손실을 주지는 않았다고 한다. 그는 "알라가 사용 금지되어 약간 손해가 난 것은 사실이지만, 그렇다고 회사가 문을 닫느냐 마느냐 하는 상황은 아니다. 또한 공장에서 일하는 사람들에게도 그리 큰 영향을 주지는 않을 것이다"라고 말했다. "알라는 가이스마 공장 전체 생산량의 3~4%를 차지할 뿐이라고 사이먼은 말했다. 알라는 주문량에 맞추어 1년에 한 차례 생산될 뿐이었고, 생산이 끝난 이후 공정에 사용된 기구를 세척하여 다른 화학물질의 생산에 사용한다. …… 유니로열의 가이스마 공장은 주로 고무 산업을 위한 고무와 화학물질을 주로 생산한다"(Anderson, 1989: 3-A).

3) 제조 노동자에 미친 영향

유니로열사의 식물 성장 조절 제품의 책임자인 에임즈는 사용 금지 조치가 노동자 고용에 미치는 효과는 없다고 했고, 공장을 폐쇄할 이유도 정리해고를 할 이유도 없다고 했다. 다미노자이드는 미국 내 한 개의 공장에서 그것도 일부 기간에만 제조되었기 때문에 그리 놀랄 만한 사실은 아니다. 또한 B-9이라는 이름으로 화훼식물에 사용할 용도로 계속 제조되고 있었고, 또한 수출도 계속되고 있었다. 유니로열사의 부사장에 따르면 전 세계 71개국에 수출되고 있는 것으로 나타났다(James, 1989). 에임즈는 다미노자이드가 유해한 건강 영향이 없고 역학자들이 생산 과정에 참여한 노동자들을 수년간 관찰했지만 특별한 사항에 대해 발견된 것이 없다고 했다. 그러나 이 연구는 일반에 공개되지 않았다.

4) 사과 과수원에 미친 영향

알라의 사용 금지 조치가 노동자에 미친 영향을 완벽하게 조사하기 위해서는 제조 과정에 참여한 노동자뿐 아니라 직접 사용했던 노동자에 미친 영향, 즉 사과 과수원 노동자에 미친 영향을 조사해야 한다. 알라는 사과 이외에도 배, 체리, 자두와 같은 다른 유실수에도 사용되었고, 땅콩, 토마토, 양상추, 칸탈루프 멜론과 기타 식용 작물에도 사용되었다. 그러나 주로 사용된 곳이 사과였기 때문에 논의의 초점이 사과에 맞춰졌을 뿐이었다. 사과의 재배는 매사추세츠 주에서도 일부 지역에만 국한된 문제였다.

6. 매사추세츠 주 사과 산업의 경제적 현황

가장 최근의 통계는 1992년의 통계인데, 매사추세츠 주에서는 연간 200만 2,400부셸(1부셸은 약 35리터)의 사과가 수확된다(〈표 4-2〉 참조).[17] 사과의 총 판매액은 약 1,300만 달러이고, 이는 1부셸당 6.86달러 정도에 해당하는 수치다. 매사추세츠 주는 사과를 재배하는 데 매우 좋은 기후조건을 가지고 있지만, 사과 저장 과정에서 발생하는 병충해 문제 등 다른 영향으로 인한 수확량의 변동 때문에 매년 사과 판매액에 변동을 보이고 있다. 1989년에는 100만 8,570부셸의 사과를 수확했으나 전체 판매액은 1992년보다 높아 전체 1,600만 달러였고, 1부셸당 9.16달러에 거래되었다. 1993년에는 1992년보다 판매액이 더 늘어나

---

17 George Porter, at the Massachusetts State Department of Food and Agriculture. 통계 자료는 New England Agricultural Statistics Service, USDA, Concord, NH 1992 참조

〈표 4-2〉 매사추세츠 주 사과 연간 생산량과 판매액

연도	생산량 (단위: 1,000부셸)	1부셸당 가격 (단위: 달러)	곡물가격 (단위: 1,000달러)
1983	2,310	7.10	16,403
1984	2,238	7.46	16,704
1985	1,976	7.74	14,558
1986	2,024	8.23	16,068
1987	2,048	8.66	17,322
1988	2,095	9.48	19,196
1989	1,857	9.16	16,133
1990	1,476	10.02	19,322
1991	1,417	10.66	13,962
1992	2,024	6.86	12,905
1993(추정)	1,600	10.86	17,376

자료: New England Agricultural Statistics(1992: 34).

1992년 가격에 비교하여 1부셸당 4달러 정도 더 비싼 가격으로 판매했지만, 전체 경작 면적은 약 18% 줄어들었다. 1985년 알라가 사용되고 있던 시점에도 모든 사과에 알라를 사용한 것은 아니었다. 이때 사과의 연간 생산량은 197만 7,000부셸이었고, 판매액은 1,450만 달러, 1부셸당 7.75달러에 거래되었다.

〈표 4-2〉의 통계에서 확인할 수 있는 것은 알라와 관련된 논란이 사과 산업에 미친 영향이 예측했던 것만큼 뚜렷하지 않다는 점이다. 유니로열사가 1989년 11월에 알라를 자진 철회했지만, 이미 몇 년 전부터 이 문제로 인한 논란이 있었다. 이러한 상황을 고려할 때, 1989년에 사과 생산량이 약간 감소했으나 그 전의 생산량을 고려해보면 일반적인 생산량의 변동보다 그리 크지 않은 규모라 할 수 있다. 1989년부터 1991년까지 3년 동안 생산량이 지속적으로 감소했으나, 이때

는 단위 부셸당 가격이 뛰어 전체 사과 가격에는 거의 영향을 미치지 못했다.

7. 노동자에 미친 영향

이를 위해 매사추세츠 주의 과수원 소유자와 농업인 수십 명을 인터뷰했으며, 실제 세 곳의 농장을 방문했다. 두 곳의 농장에는 자메이카인 농업 노동자가 일하고 있었고, 한 곳에는 미국인 농업 노동자가 있었다. 네 명의 농업 노동자와 면접조사를 했는데, 이 중 두 명은 수확 작업을 주로 했으며, 두 명은 사과 포장 작업을 주로 했다. 자메이카인 노동자는 불이익을 받을지 모른다는 두려움 때문에 면접조사를 거부했다.

8. 수확 작업 노동자에게 미친 영향

말수가 적은 한 83세 고령 노동자는 과수원 주인에게 사과 재배 방법에 대해 조언을 할 정도로 사과 재배에 경험이 많았다. 그는 알라에 대해서 "지금까지 발명된 농약 중에서 최고"라고 말했다. 알라의 사용 금지 조치가 "농업인들에게는 아주 나쁜 일"이라고 했다. 옆에 있던 다른 노동자도 "그래요, 소비자들에게는 좋지만 농업인들에게는 아주 나쁜 일이죠!"라고 맞장구를 쳤다. 그 이유를 물었을 때 알라를 뿌리면 수확기까지 사과가 나무에서 떨어지는 것을 막아주는데, 사과가 일단 땅에 떨어지면 상처가 생겨 사이다 만드는 원료 이외에는 사용할 수 없을 정도로 거의 가치가 없어지기 때문이라고 대답했다. 세계적으로 사과는 공급 과잉 상태이고 사이다 가격도 매우 낮기 때문에 땅에 떨어진 사과를 사이다를 만드는 용도로 따로 모으는 것도 채산이 맞지 않는다고 했다. 비록 미국 농무부의 통계로는 명확하게 드러나지 않았지만, 알라를 쓰지 못하면서 사과 수확량이 줄었기 때문에 수확 노동자나 재배자 모두 사과 농사를 통해 버는 수입도 줄었을 것이다.

알라를 쓰지 않은 상태에서 사과를 따는 것은 이전보다 훨씬 힘이 드는 일인데, 사과를 조금만 건드려도 쉽게 떨어져서 사과에 상처가 나기 때문이다. 한 노동자는 "사다리를 나무에 걸치는 횟수도 훨씬 많아졌고, 올라가면서도 혹시 사과를 떨어뜨릴까봐 숨도 제대로 쉴 수 없는 지경이다"라고 말했다.[18] 사과를 따는 작업은 사다리를 사용하기 때문에 사과나무의 가지를 작업자 쪽으로 끌어당겨서 사과를 딴 다음 다시 가지를 놓아야 하는데, 알라를 사용하지 않는 요즘에는 사과를 딴 후 놓은 가지가 아직 수확되지 않은 다른 사과를 쳐서 사과를 쉽게 떨어뜨릴 수 있다. 그렇기 때문에 이전에는 사다리를 한 번만 놓아도 되었는데, 사과의 낙과를 줄이면서 똑같은 양을 작업하기 위해서는 3~4회 이상 사다리를 옮겨야 했다. 사다리는 나무로 만들어져 있어서 무게가 무겁고, 사다리를 오르내리는 동안 미끄러져서 추락할 위험성이 있으며, 사다리를 오르내릴 때 수확한 사과를 모으기 위해 무거운 가방을 어깨에 맨 채 오르내려야 하기 때문에 농업 노동자들은 많은 불편을 감수해야 한다. 농업인이자 수확 및 재배 노동자인 릭 스미스(Rick Smith)는 사다리에 발을 다칠 수 있고, 가방 때문에 목이 뻣뻣해지거나 불편을 느낄 수 있으며, 사과가 찰 때는 꼭 손이 얼어붙는 것 같다고 사과 수확 과정의 어려움을 호소했다.

사과를 따는 과정도 이제는 더욱 조심스럽게 수행하게 되었다. 수확 노동자들은 대개 일한 시간보다는 수확한 부셸 단위로 임금을 지급받기 때문에, 같

---

18 Unidentified picker of Rich Smith's orchard, Ashfield, MA, Oct. 13, 1993.

은 시간 동안 가능한 한 많은 양의 사과를 수확하기 위해 서둘러서 일을 하는 경향이 있다. 이렇게 되면, 사과가 땅에 떨어져서 상처가 날 확률이 더 높아진다. 어떤 재배자는 자메이카인 수확 노동자들이 서둘러서 사과를 따지 못하도록 설득하는 것이 매우 어렵기 때문에 불가피한 경우에는 하루 이틀 정도는 시간제로 임금을 주기도 한다고 했다.[19] 이 경우 일반적으로 실질 임금은 더욱 줄어들게 된다고 한다.

미국인 농업 노동자와 매우 친밀한 관계를 유지하고 있었던 릭 스미스는 "농업 노동자들도 농업인들과 마찬가지로 요즘 상황이 별로 좋지 않아요. 수확 노동자들은 1년 내내 사과가 익기만 기다리는데, 어느 날 과수원에 왔을 때 바로 전날까지도 나무에 잘 달려 있던 사과가 땅에 떨어져 있는 것을 보면 정말 죽을 맛일 거예요."라고 말했다. 농업 노동자도 이 말에 동의의 표시로 고개를 끄덕였지만, 아마 농업 노동자에 비해 농업인의 상황이 더 어려워진 것으로 보인다.

9. 농업인에 대한 영향

4대째 사과 농사를 하고 있다는 데이나 클라크(Dana Clark)는 "알라를 사용하지 못하게 된 것은 매우 큰 충격입니다. 우리 같은 가족농에게는 오두막에서 기둥 하나가 뽑힌 격이에요"라고 말했다. 알라는 앞에서 여러 차례 언급했던 것처럼 두 가지 중요한 장점이 있었는데, 하나는 낙과를 방지하여 사과가 나무에 더 단단히 매달려 있게 하는 점이고, 또 하나는 더 단단한 사과 열매를 얻을 수 있다는 점이었다. 그런데 알라가 사용 금지됨에 따라 이러한 장점들

---

19 Dana Clark, grower. Ashfield, MA, interview, Oct. 13, 1993.

이 사라졌고, 많은 후유증을 남기고 있다. 알라를 사용했을 때는 수확기가 길어서 훨씬 여유롭게 작업할 수 있었다. 농업 노동자인 프레드 칙(Fred Chick)은 "알라가 많은 짐을 덜어줬죠. 같은 양의 사과를 따는 데 무려 3주나 시간을 더 벌 수 있어요"라고 말했다.[20] 이제 농업인들은 수확 기간이 짧아진 것 때문에 많은 스트레스를 호소하고 있다.

벨처타운에 있는 매사추세츠 주립대학교의 원예학연구소 소장은 수확 과정의 변화에 대해 다음과 같이 설명했다. 알라를 사용했을 때는 첫 주에 2,000부셸, 둘째 주에 2,000부셸, 셋째 주에 2,000부셸 식으로 수확 기간에 동일한 노동력을 투입하면 되었다.[21] 그러나 알라를 사용하지 못하게 된 지금은 수확 첫째 주에 낙과를 줄이고 더 많은 사과를 수확하기 위해 노동력을 집중적으로 투입해야 하기 때문에 더 많은 노동자를 고용해야 한다. 이제 낙과를 더 이상 조절할 수 없으므로 빨갛게 익은 사과는 떨어지기 전에 빨리 따야 한다는 불안감이 커지게 된 것이다. 불안감이 어느 정도인지는 *The Boston Globe*에 실린 매사추세츠 주 사과 중개인에 대한 인터뷰 기사를 보면 짐작할 수 있다. 이 기사에는 "과수원에서 몇 마일 떨어진 집에서 침대에 누워 있다가도 사과가 떨어지는 것 같은 소리에 깜짝 놀라 일어난다"라고 기록되어 있다(Sharon, 1989: 34에서 재인용).

수확 속도가 빨라진 것은 과수원의 모든 사람이 느끼고 있다. 농업인 딕 바거론(Dick Bargeron)은 "시간에 대한 압박이 엄청나서, 수확 노동자들은 정말 미친 듯이 빠른 속도로 일을 하게 됩니다. 조금이라도 늦으면 사과가 떨어질 것 같아 자연히 서두르게 됩니다"고 했다(Warren, 1992: 14). 사과를 빨리 따서 빨리 저장하는 것이 목표가 되었다. 한 농업인에 따르면 수확기가 짧아졌기 때문

---

20 Fred Chick, grower. Worthington, MA, interview, Oct. 14, 1993.

21 Joe Syncook, telephone interview, Nov. 16, 1993.

에 사과를 따서 저장하는 데 필요한 일손이나 장비가 40%까지 증가했다고 한다(Warren, 1992: 14). 바거론의 주장에 따르면, 작은 과수원일수록 새로운 장비를 살 수 있는 여유가 없기 때문에 이미 수명이 다해서 사고가 날 가능성이 높은 위험한 장비를 어쩔 수 없이 사용한다고 한다(Warren, 1992: 14). 비록 명확한 자료는 없지만, 일의 속도가 빨라지고 근무 시간이 증가하며 낡은 장비를 사용하는 등의 요인들 때문에 부상 발생률이 커질 가능성이 높아진 것으로 보인다.

노동 속도의 증가는 저장 시설로도 이어지고 있는데, 과거보다 더 증가한 사과 물량을 냉장 보관해야 하기 때문이다(Warren, 1992: 7). 알라를 사용하지 못하게 되면서 조그마한 충격에도 사과가 쉽게 멍들기 때문에 많은 물량의 사과를 더 주의 깊게 다루어야 했다. 그러나 그중에서도 농업인의 고통이 제일 크다. 왜냐하면 농업 노동자들이 사과를 조심스럽게 다루도록 항상 감시하고 있어야 하기 때문이다. 클라크는 "이전보다 노동자들이 일하는 것을 주의 깊게 보아야 합니다"라고 말했다.

10. 농업인에게 미친 심리적 영향

수확 기간이 짧아져서 생긴 스트레스와 사과의 크기가 더 작아져서 생긴 경제적 손실로 인한 스트레스 외에도 알라 사건은 농업인에게 또 다른 심리적 영향을 주었다. 클라크는 "때로 내가 나쁜 놈인 것 같다고 느낄 때가 있었습니다. 모든 사람들이 나를 보고 알라를 쓴 것에 대해 비난하는 것 같았죠"라고 말했다.[22] 워싱턴 주의 한 농업인은 ≪뉴욕타임스(The New York Times)≫와의 인터

---

22 Dana Clark, interview, Oct. 13, 1993.

뷰에서 "우리 농업인들은 사용하는 농약에 대해 뭐 고칠 것은 없나 하고 항상 살펴보고 있습니다. 물론 알라 사건으로 사람들이 분노를 표시한 것은 당연한 일이라고 생각합니다. 그러나 당신들은 그 사건이 우리에게 얼마나 큰 쓰라림을 안겨줬는지 모를 것입니다. 우리는 졸지에 아이들을 독살하려고 노력한 사람들이 된 셈이니까요"(Egan, 1991)라고 괴로움을 호소했다.

11. 경제적 손실

알라를 사용하지 않게 된 이후, 더 많은 사과가 낙과로 인해 유실되었다. 특히 매킨토시 사과의 경우 더욱 심했다. 한 농업인은 알라를 사용하지 않게 된 이후 전체 사과의 3분의 1 정도가 낙과로 유실되었다고 추정했다.[23] 원예연구소에 관련 정보를 제공하고 있는 조 신쿡(Joe Syncook)을 포함한 대부분의 농업인들도 수확량이 5~20% 정도 감소한 것으로 추정했다.[24]

알라를 사용할 때는 사과가 나무에 더 오래 달려 있었기 때문에 크기가 더 컸고 색깔이 더 붉었다. 크고 붉은빛이 나는 사과는 더 비싼 값에 시장에 팔 수 있었으나, 알라를 사용하지 않게 된 이후부터는 이런 사과를 재배하기가 훨씬 어렵게 된 것이다. 매킨토시 사과의 경우는 이러한 피해가 더욱 두드러지게 나타났는데, 매킨토시 사과는 다른 사과 품종과 비교할 때 초록빛이 나는 데 반해, 소비자들은 붉은빛의 사과를 더 선호하기 때문이다. 사과가 붉은빛을 내려면 낮에는 태양이 비치는 시간이 길고 밤에는 서늘한 날씨여야 한다. 고

---

23 Dana Clark, interview, Oct. 13, 1993.
24 Joe Syncook, telephone interview, Nov. 16, 1993.

지대는 이러한 기후 조건에 맞지만, 저지대인 계곡에서 재배하는 사과는 주변 기후의 특성상 알라를 사용하여 사과가 나무에 달려 있는 기간을 늘리지 않으면 크고 붉은 사과를 재배하기가 쉽지 않다. 소비자들이 붉은빛의 사과를 선호하는 이유에 대한 내용은 논의의 대상이 아니지만, 중요한 것은 사과 재배에 불리한 계곡에서 과수원을 운영하고 있는 농업인들은 알라를 사용하지 못하게 되면서 사과의 크기가 줄어들고 빛깔이 선명하지 않아 사과 판매액이 줄어들었다는 점이다. 그러나 앞서 표에서 제시한 미국 농무부의 사과 생산량과 판매량의 통계에 따르면 사과 생산량이나 판매액의 뚜렷한 감소가 나타나지 않고 있는데, 농업인들의 자발적 보고에 의존하여 통계가 작성되고 있다는 사실에 비추어볼 때 특이한 일이 아닐 수 없다. 통계가 맞다면 농업인들은 이와 같은 손실을 다른 방법으로 보충하고 있다고 추정할 수밖에 없다.

12. 사과 재배 과성에 미친 영향

농업인인 릭 스미스는 알라를 사용하면 사과의 재배 기간이 늘어나고 그 결과 사과의 크기가 커진다고 했으며 다른 농업인들도 그의 의견에 동의했다. 알라가 사용 금지된 현재 대규모 과수원의 경영 상태는 더욱 악화되었기 때문에, 어떤 농업인은 과수원의 일부에서만 수확을 하거나 과수원의 일부분을 매각하여 손실을 메우고 있다고 한다.

알라 금지가 가져온 또 다른 변화는 첫째, 여름에 사과나무 가지치기 작업이 늘어났고, 둘째, 열매의 성숙도가 일정하지 않은 45피트 이상의 늙은 나무는 베어내고 대신 크기가 작은 변종 사과나무를 심는 경우가 늘고 있으며, 셋째, 매킨토시 사과나무의 개수를 줄이고 다양한 품종의 사과나무를 키우는 농업인의 비율이 늘어났다는 점이다.

여름에 가지치기를 하는 작업이 늘어난 것은 사과나무에 햇빛이 더 잘 비치도록 하여 더 붉은빛의 사과를 얻을 가능성을 높이기 위함이다. 이전에는 사과의 손상을 최소화하기 위해 가지치기 작업을 주로 겨울에 했다. 여름 가지치기 작업은 가지와 잎을 한꺼번에 쳐내어 무성한 잎 때문에 생기는 그늘을 최소화하기 위한 것이다. 원예연구소의 신쿡은 여름 가지치기 작업을 하는 경우 나무 한 개당 약 4~5달러의 비용이 든다고 했다.25 그러나 여름 가지치기 작업이 늘어나더라도 반대로 겨울 가지치기 작업은 줄어들었기 때문에, 이로 인한 연간 노동량이 증가했는지 또는 감소했는지를 명확하게 판단하기가 쉽지 않다(Warren, 1992).26 여름 가지치기 작업이 수확량을 약간 감소시키기는 하지만, 소비자들이 붉은빛의 사과를 선호하기 때문에 사과의 가치는 실제 증가한다는 증거가 있다(Autio, 1992). 여름 가지치기 작업의 증가는 더 많은 자메이카 노동자 또는 이주 노동자가 그 작업을 수행한다는 의미이기도 하다. 이러한 노동자들을 쓰는 농업인들은 대개 수확기 직전인 8월에 한 달가량 그들을 고용하면 그만이다(Autio, 1992).

---

25 Joe Syncook, telephone interview, Nov. 16, 1993.
26 그린과 오티오(Greene and Autio, 1987)의 추정치에 따르면, 겨울철 가지치기 작업에만 드는 노동력은 에이커당 35시간 정도였고, 여기에 1년 동안 일어나는 모든 가지치기 작업을 환산하면, 에이커당 51시간 정도의 노동력이 필요했다. 그러나 여름철 가지치기 작업 시간은 1년 동안 일어나는 모든 가지치기 작업을 환산해도 에이커당 30시간에 불과하므로, 가지치기 노동력이 40% 정도 감소하는 효과가 있다고 했다. 좀 더 최근에 오티오(1992)가 다시 추정한 결과는 여름철 가지치기 작업에만 에이커당 23시간의 노동력이 들고, 1년 동안 에이커당 10~12시간의 노동력이 들어서, 연간으로 환산하면 에이커당 30~32시간의 노동력이 든다고 했다. 이 수치 또한 겨울철 가지치기 작업에만 드는 노동력인 에이커당 35시간에 비교할 때 작은 수치다. …… 그렇지만 대부분의 농업인들은 가지치기 작업이 여름철로 옮겨짐에 따라 필요한 노동력이 증가했다고 느끼고 있다.

모든 농업인들이 알라의 사용 금지 조치 이후에 45피트 이상의 오래되고 큰 사과나무를 잘라내고 대신 크기가 작은 다른 품종의 사과나무를 심는 비율이 늘어났다고 했다. 알라의 사용 금지 조치 직후 *The Boston Globe*에 다음과 같은 기사가 실렸다. "매사추세츠 주의 특징적인 농촌 풍경이었던 옹이투성이로 우아한 모습을 가진 오래된 매킨토시 나무들이 향후 10년 동안 모두 사라질 운명에 처해 있다. 알라의 사용 금지 조치 이후 사과 과수원에서는 크기가 큰 오래된 사과나무들을 베고 있다"(Britton, 1989: 29). 오래된 사과나무는 열매의 성숙도가 고르지 못하지만, 작은 크기의 나무는 열매의 성숙도가 고르고 가지치기나 수확 작업도 수월한 장점이 있다. 키가 작은 사과나무는 잎이 열매에 태양빛이 비치는 것을 차단하는 차양 효과가 적기 때문에 더 빨리 붉은빛이 나는 경향이 있다. 그러므로 성숙도는 떨어지지만, 더 단단한 사과를 일찍 수확하여 냉장시설에서 보관할 수 있게 된 것이다. 작은 크기의 사과나무는 큰 나무에 비해 수확량은 적지만, 상대적으로 낙과로 인한 손실이 적기 때문에 이러한 손실을 메울 수 있는 것이다.

여러 종류의 사과나무 중에서도 매킨토시 사과는 특히 알라에 대한 의존도가 높았다. 미국 환경청은 1985년에 매킨토시 사과나무 가운데 17% 정도에 알라가 사용되고 있다고 발표했으나, 뉴잉글랜드에서는 더 높은 비율의 매킨토시 사과나무에 알라를 사용했을 것으로 추정된다. 매킨토시 사과나무는 한때 전체 뉴잉글랜드 사과나무의 70%를 차지했으나, 1980년대를 지나면서 이 수치가 60%까지 감소했다(Warren, 1992: 7). 현재 농업인들은 사과나무의 품종을 다양화시키고 있는데, 이는 매킨토시 사과나무의 재배 면적을 줄이기 위한 목적에서 이루어지고 있다. 또한 이렇게 하면 사과나무마다 수확기가 약간 차이가 나서 사과 수확 작업이 용이해진다는 것도 하나의 이유로 작용하고 있다. 뉴잉글랜드 매킨토시 사과 산업의 실패에 대해 농업인 스티븐 우드는 "알라의 사용 금지로 인해 사과 농사가 매우 어려워진 것이 사실입니다. …… 그러나 사과 재배에 쓰이는 많은 도구들 중에서 알라는 농약 하나의 사용 금지로 인해 우리 사과 농사를 짓는 농업인들이 살아남지 못한다면, 이는 미국 농업이 얼마나 취약한 산업인지를 보여주는 사례라고 생각합니다. 예를 들어 존 디어 트랙터가 없어진다고 미국 농업이 무너질 것이라고 예상할 수는 없지 않겠습니까? 우리는 사업적 관점에서 본다면 알라에 대한 의존도를 너무 높여왔습니다. 알라는 사과 농사를 지을 때 우리 농업인들이 매킨토시 사과나무라는 한 종류의 사과나무에만 의존하는 것을 가능하게 했으니까요"27라고 말했다.

13. 농약의 사용

알라의 사용 금지 조치 이후 가장 두드러지는 현상은 살충제 사용량이 증가했다는 것이다. 앞에서 기술한 것과 같이, 뉴햄프셔 주의 농업인이자 과수원 농업인 회의 의장을 맡고 있는 우드는 사과에 대한 병해충종합관리 프로그램에서 알라가 매우 중요한 역할을 하고 있다고 말했다.

농업인인 프레드 칙은 "거미 진드기는 나뭇잎에서 영양분을 빨아먹기 때문에, 이것들을 구제하지 않으면 사과가 일찍 떨어지게 됩니다. 알라를 사용했을 때는 진드기가 많이 있더라도 사과가 잘 떨어지지 않았습니다"28라고 이에 대해 언급했다. 지금 그는 진드기 살충제를 매우 많이 사용하고 있다. 그는 특히 오마이트(Omite)를 사용하고 있는데, 이 농약은 매우 자극성이 강하다. 클

---

27 Stephen Wood, telephone interview, Feb. 28, 1995.
28 Fred Chick, interview, Oct. 14, 1993.

라크 역시 "농약을 더 많이 쓰게 되었죠. 알라를 사용했던 때만큼 나무들이 해충으로 인한 피해를 잘 견뎌내지 못하기 때문입니다"라고 밝혔다.29 그는 진드기 농약인 바이데이트(Vydate)를 주로 사용하고 있다. 농약 사용량의 증가는 재배자와 노동자 모두에게 문제를 일으키고 있다.

제조자 이외에 살충제 노출이 가장 많은 대상은 농약 살포자와 과수원에서 일하는 농업 노동자다. 매사추세츠 주에서는 농약 살포 작업이 매우 복잡하기 때문에, 대개 농업인이 직접 농약을 살포하고 있고, 기업형 농장의 경우는 높은 지위의 관리자가 직접 농약을 살포하고 있다.30 많은 종류의 농약을 살포하기 위해서는 취급 면허가 필요하다. 매사추세츠 주 벨처타운의 농업지원 프로그램 관리자인 신쿡에 따르면, 바이데이트가 특히 주의가 필요한 농약인데 이 농약에 노출된 사람들에게서 입술 감각이 둔화되는 증상이 보고되고 있다고 한다.31 바이데이트 또는 옥사밀(oxamyl)은 콜린에스테라제 길항제다. 뒤퐁사에서 제공한 바이데이트의 물질안전보건자료에 따르면, "옥사밀 중독은 항콜린에스테라제 작용과 관련이 있으며 근력 약화, 시야 흐려짐, 오심, 경련성 복통, 가슴 불편감, 눈 동공의 수축, 발한, 느린 맥박, 근육 경련 등의 증상을 호소할 수 있다."32 한 학술논문에는 1982년부터 1989년까지 캘리포니아의 농업 노동자와 농약 살포자의 중독 사례를 조사한 결과, 가장 흔한 증상은 두통, 근력 약화, 오심 증상이라고 보고되어 있다(Berberian, 1987: 409). 신쿡에게 심한 중독 사례가 있었는지 묻자 "만약 농약 살포자가 중독되면, 농업인은 그 사실을 숨기려고 하기 때문에 실제 사례를 들은 적은 없습니다"라고 답했다.33 오마이트 또는 프로파가이트

29　Dana Clark, interview, Oct. 13, 1993.
30　Joe Syncook, telephone interview, Dec. 16, 1993.
31　Joe Syncook, telephone interview, Dec. 16, 1993.
32　DuPont MSDS No. M0000057 p.2.

〈표 4-3〉 알라와 두 종류의 살충제의 독성 자료

	알라 다미노자이드[34]	바이데이트 옥사밀[35]	오마이트 프로파가이트[36]
경구 LD50 (래트) (mg/kg)[37]	8450	5.4(원액) 37(24%)	4029
급성 피부 노출 LD50(래빗)	>1600	2960(원액)	2940 "매우 자극적임"
급성 흡입노출 LC50(래트)	>147mg/l	0.14mg/l(24%)	0.05mg/l
독성 분류	III[38]	III[39], I[40]	I[41]
기타 정보	유니로열 물질안전보건자료: 발암성의 증거 없음[42]	발암물질인 메틸클로라이드를 2% 이상 함유함, 메틸알코올 35~45% 함유[43]	

(propargite)는 바이데이트보다 전신 독성은 덜하지만, 심한 피부염과 눈의 자극 증상을 유발할 수 있다(Saunders et al., 1987: 409~413). 곤충학자인 클라이브 에드워즈(Clive Edwards)에 따르면, 과일나무에 서식하는 붉은 거미 진드기는 DDT를 사용한 이후부터 문제가 되기 시작했는데, DDT가 붉은 거미 진드기의 천적인 포식자 진드기를 멸종시켰기 때문이라고 했다(Edwards, 1993: 291).

알라를 사용했을 때와 비교하면, 사용이 금지된 현재 농업인, 농업 노동자, 소비자 모두 더 많은 종류의 농약에 더 많이 노출되고 있다. 알라는 이른 봄에 한 차례, 수확기 2주일 전에 한 차례만 뿌리면 되었다. 살충제는 해충의 많고 적음에 따라 네 차례에서 여섯 차례까지 뿌려야 한다. 다양한 살충제와 알라의 상대적 독성을 비교하는 것은 이 연구의 범위를 벗어난 것이지만, 이 연구

---

33 Joe Syncook, telephone interview Dec. 16, 1993.

에서 언급한 농약들의 독성 정보를 〈표 4-3〉에 제시했다.

〈표 4-3〉에 나와 있는 농약의 이름은 먼저 나온 것이 제조회사에서 붙인 상품명으로 일반적으로 통용되는 이름이다. 두 번째 이름은 주된 성분의 이름이다. 바이데이트의 경우 대개 24% 용액의 형태로 팔리므로 독성 정보가 원액에 대한 것과 24% 용액에 대한 것으로 구분되어 표시될 수 있다.

표에 제시된 정보에 기초해볼 때 알라는 상대적으로 다른 두 개의 살충제에 비해 약한 독성을 가지고 있음을 알 수 있다. 그러나 알라가 금지된 현재 다른 두 개의 살충제가 훨씬 많이 사용되고 있다. 실험동물인 래트가 다른 두 살충제에 비교하여 더 많은 양의 알라를 경구 섭취하거나 흡입하여도 생명에 지장이 없음을 알 수 있다. 독성 분류에서 III군은 바이데이트나 오마이트에 비해 독성이 덜하다는 것을 의미한다. 그러나 이용 가능한 정보가 제한되어 있다. LD50과 LC50은 50%의 실험동물이 사망하는 정도의 용량을 의미한다. LD50의 숫자가 작을수록 급성 독성이 큰 것을 의미한다. 그러나 LD50 숫자로 만성 독

---

34 Farm Chemicals Handbook. 1985. Meister Publishing Co., Willoughby, Ohio 1985, p.C10.
35 Farm Chemicals Handbook. 1985. Meister Publishing Co., Willoughby, Ohio 1985 p.C175 and DuPont Material Safety Data Sheet #M0000057 for "Vydate" L Insecticide/Nematicide 5/90.
36 Farm Chemicals Handbook. 1993. Meister Publishing Co. 1993. p.C282, Willoughby, Ohio.
37 LD50과 LC50은 각각 치명 용량(Lethal Dose)과 치명 농도(Lethal Concentration)를 말하는데, 투여 시 실험동물의 50%가 사망하는 용량 또는 농도를 말한다.
38 National Institute for Occupational Safety and Health Classification of Pesticides p.360.
39 Dupont Material Safety Data Sheet #M0000057 for "Vydate" L Insecticide/Nematicide 5/90.
40 National Institute for Occupational Safety and Health Classification on Pesticides p.349.
41 National Institute for Occupational Safety and Health Classification on Pesticides, p.350.
42 Uniroyal Chemical MSDS No. A313002 for B-Nine(same formulation as Alar) 19 Dec. 1990.
43 미국 직업안전보건청이나 미국 산업위생학회 모두 바이데이트에 대한 노출 기준을 설정하지 않았다. 이에 비해 뒤퐁사는 뒤퐁물질안전보건자료인 #M0000057에 바이데이트의 8시간 시간가중평균 노출치를 0.5mg/m^{3}로 설정했다.

성이나 사망 이외의 건강 영향 – 예를 들어, 관절염, 인지기능의 장애 등 – 을 예측할 수는 없다. 독성 정보는 몇 가지 종류의 연구 결과만 제시하기 때문에 그 물질이 일으킬 수 있는 모든 독성에 대한 정보를 얻을 수 없는 한계가 있다. 거기에 덧붙여 독성 정보에 접근성도 제한되어 있다. 〈표 4-3〉에서 보듯이 유니로열사의 B-9 물질의 물질안전보건자료에 '발암성의 증거가 없음'이라고 적혀 있는 것은 매우 이상한 일이다. 만약 제조 과정의 노동자나 농약 살포자가 물질안전보건자료에만 의존하고 다른 정보원을 참고하지 않는다면, 발암성에 대해 잘못된 정보만 알고 있는 셈이 된다.

시간 경과에 따른 화학물질의 안정성도 유해성에 영향을 미친다. 바이데이트는 급성 독성이 크지만 빨리 분해가 되기 때문에, 주로 노동자에게 영향을 주는 데 비해 소비자는 독성에 영향을 받지 않는다. 오마이트는 바이데이트에 비해 잔류량이 많다.

살충제 사용이 실제 늘었는지에 대해서도 이견이 존재한다. 다수의 농업인들이 알라를 금지한 이후 살충제의 사용량이 늘었다고 주장하고 있지만, 다른 의견도 있다. 농업인 우드는 "알라의 사용 금지로 전체 살충제의 사용량이 늘었다는 주장은 인과관계가 명확하지 않습니다. 아직까지 이 두 사실 사이에 명확한 인과관계도 상관관계도 제시된 적이 없습니다. 알라는 개발된 수많은 농약 중 하나에 불과했을 뿐입니다. 알라가 금지된 이후 지난 10년 동안 훨씬 더 많은 농약이 개발되고 있습니다. 농업인들은 알라 사건 때문에 매우 화가 났지요. 졸지에 아이들 살해범이 되고 말았으니까요. 그래서 알라에 대해서는 꿀 먹은 벙어리처럼 아무런 얘기도 못했지요. 어떤 이야기를 꺼내든 별로 도움이 되지 않았으니까요. 그래서 대신 알라를 쓰지 못하게 된 이후로 더 많은 살충제를 쓰고 있다고 핑계를 대고 있는 것뿐입니다. 사실은 그렇지 않습니다"[44]라고 말한다. 그는 알라 사건이 일어나기 2년 전에도 유사한 사례가 있었는데, 이때도 어떤 농약이 취소되자 그에 대한 반작용으로 다른 살충제 사용량이 늘었다는 주장이 있었다고 말했다.

물론 유니로열사에 확인한 결과 1987년 사이헥스틴(Cyhextin)이 사용 금지되었을 때 오마이트의 판매량이 늘었다고 했다(Moore, 1995). 유니로열사의 리처드 무어(Richard Moore)는 알라의 사용 금지가 오마이트의 판매량에 영향을 주지 않았다고 생각한다(Moore, 1995). 그러나 곤충학자인 론 프로코피는 바이데이트와 라네이트(Lannate) 그리고 오마이트의 사용량이 확실히 증가했다고 설명했다.45 그는 진드기가 사과의 낙과를 유발하는지는 아직 확실하지 않지만, 농업인들은 그렇게 믿고 있기 때문에 알라를 사용하지 못하게 된 지금 농약 사용량이 많이 늘었다고 했다. 라네이트나 메소밀(Methomyl)은 독성 분류에서 독성이 강한 I군에 속하는 농약으로 수컷 래트에 대한 LD50도 17mg/kg으로 매우 낮아 급성 독성이 강한 농약이다.46 급성 독성이 강한 반면 반감기가 3~5일밖에 되지 않을 정도로 안정성이 낮아 곧 분해되기 때문에, 농업인이나 농업 노동사에게 주로 영향을 주고 소비자에게는 영향을 주지 않는 것으로 알려져 있다.

살충제의 사용은 차치하고라도, 알라 사용 금지 이후 농약에 대한 농업인들의 생각에 몇 가지 변화가 생겼다. 농업인들은 농약에 대한 의존 문제를 이전에 비해 더 신중하게 생각하게 되었는데, 농약에 많이 의존하면 알라와 유사한 사건이 발생했을 때 다시 궁지에 몰릴 가능성을 고려하지 않을 수 없기 때문이다. 따라서 농약의 사용 총량을 줄이기 위한 병해충종합관리 프로그램의 도입

---

44 Stephen Wood, telephone interview, March 29, 1995.
45 Ron Prokopy, telephone interview, March 31, 1995. 그는 스티븐 우드가 대부분의 농업인들보다 학술적인 전문 지식이 많다고 언급했다.
46 *Farm Chemicals Handbook*(Willoughby: Meister Publishing Co.), 1994.

에 대해 관심이 커졌다. 알라의 사용 금지로 인해 농업인들의 과수원 방문 횟수와 과수원 작업 내용에도 변화가 일어났는데, 병해충종합관리 프로그램을 시행하기 위해서는 과수원에 해충이 존재하는지를 더 면밀하게 자주 관찰해야 할 필요성이 생겼기 때문이다. 농업인 프레드 칙은 알라가 금지되기 이전에는 과수원에서 머무는 시간이 많지 않았다고 했다. 그때는 미국 농무부의 농업지원 프로그램에서 정해준 일정표대로 여러 가지 농약을 제때 뿌리기만 하면 되었기 때문이다.[47] 그는 요즘은 과수원에 자주 나가게 된다고 했다. 그는 자신이 재배 과정에 직접 참여할 기회가 많아져서 만족하고 있었고, 자신의 과일나무에 무슨 일이 일어나고 있는지 더 잘 알게 된 것 같아 만족스럽다고 했다. 모든 농업인들이 병해충종합관리 프로그램이 필요로 하는 업무에 만족하지는 않지만, 최소한 한 명의 농업인은 농약 사용이 줄어들어 자신과 소비자들과의 거리감을 좁히게 되었다는 사실에 만족하고 있는 것으로 판단된다.

14. 상한 과일에 미친 영향

알라가 사용 금지된 이후 사과가 더 쉽게 상할 수 있게 되었다. 무른 과일에 상처가 나지 않도록 하기 위해서는 더 주의를 기울여 다루어야 했기 때문에 수확 과정에서 처리 속도가 느려졌고, 이로 인해 수확 노동자의 임금이 줄어들었다. 처리 과정에서 상한 과일은 그대로 팔지 못하고 가공하여 팔 수밖에 없다. 가공식품의 원료로 쓰이는 사과는 대개 부셸당 1.8달러에 거래되는데, 이는 생산 원가의 절반 수준에 불과한 값이다. 이에 반해 상하지 않은 사과는 그

---

47 Fred Chick, telephone interview, Oct. 14, 1993.

대로 시장에 팔 경우 대개 부셸당 14달러에 거래된다.48

　과일을 조금이라도 더 단단하게 하기 위해서, 즉 처리 과정에서 과일이 상할 가능성을 줄이고 저장 기간을 조금이라도 연장하기 위해서 일부 농업인들은 염화칼슘을 과일에 뿌리고 있다. 염화칼슘은 과일에 의도적으로 흠집을 내게 되어 그 결과 과일의 육질이 더 단단해진다. 염화칼슘을 살포하는 사람들은 트랙터 안에서 살포를 하기 때문에 염화칼슘에 직접 노출될 가능성은 적다. 그러나 과수원에서 일하는 농업 노동자들은 염화칼슘에 노출되어 눈에 심한 자극 증상이 발생할 수 있다.49

　파툴린(patulin)으로 불리는 독소가 썩은 사과에서 자라는 곰팡이균에 의해 생기는 경우가 간혹 있다. 이는 썩은 땅콩에서 생성되는 아플라톡신(aflatoxin)과 유사한 종류의 진균 독소다. 파툴린은 사람에게 문제를 일으키는 대장균이나 포도상구균, 오이의 노균병, 뿌리혹병, 밀의 흑수균 등 식물에 문제를 일으키는 병원균을 포함하여 많은 미생물에 독성을 갖고 있었기 때문에, 1940년대에 최초 발견되었을 때는 항생제로 도입되었나(Stott and Bullerman, 1975: 695~705). 20ppm 정도의 약한 파툴린 용액은 다양한 묘목에 독성이 있다. 실험실에서 이루어진 연구에 의하면, 암세포의 성장도 억제하고, 마우스에게는 발암 가능성이 있는 물질로 분류되기도 한다(Stott and Bullerman, 1975: 695~705). "······ 사과를 원료로 한 제품은 파툴린에 오염될 수 있다"(Stott and Bullerman, 1975: 701). 파툴린의 작용 기전, 독성 정도, 사과 제품에서의 안정성 등에 대한 정보가 불확실하기는 하지만, 상하거나 썩은 사과에서 발견될 수 있는 독소이기 때문에 알라가 사용 금지된 이후 이 물질에 사람이 노출될 가능성이 더 높아졌다고 할 수 있다.

48　Rick Smith, telephone interview, Jan. 19, 1994.
49　Rick Smith, telephone interview, Jan. 19, 1994.

15. 결론

알라의 금지, 더 정확히 말하면 제조사에 의한 알라 등록의 자진 철회는 여러 가지 예기치 못한 영향을 미쳤다. 알라의 금지로 인하여 실제 독성물질 사용이 감소했는지는 불확실하다. 현재 미국에서는 알라를 식용작물에 농약으로 사용하고 있지 않지만, 1989년 이후 다미노자이드의 생산량이 줄어들었다는 증거는 찾을 수 없다. 소비자들은 이제 다미노자이드를 섭취하지 않고 농업인과 농약 살포자도 더 이상 다미노자이드를 사용하지 않지만, 생산 과정의 노동자와 비닐하우스 노동자들은 계속 다미노자이드에 노출되고 있다. 소비자들과 과수원에서 일하는 농업 노동자들은 알라 대신 더 많은 살충제에 노출되고 있다. 과수원에서의 노동 강도, 특히 수확 기간의 노동량이 굉장히 증가했고, 수확 및 출하 과정에서 과일이 쉽게 상하는 것과 '낙과'에 대한 농업인들의 두려움도 증가했다.

농업인들은 조금이라도 더 붉은빛을 내는 사과를 생산하기 위해 온갖 노력을 기울이고 있다. 소비자들이 붉은빛의 사과를 선호하지 않는다면, 다시 말해서 붉은 사과가 더 비싸게 팔리지 않는다면, 상황은 매우 달라졌을 것이다. 알라를 사용하는 목적은 사과가 조금이라도 더 오래 나무에 달려 있도록 하여 더 붉은빛이 나도록 하기 위한 것이었는데, 소비자들이 붉은 사과를 선호하지 않았다면 사과가 나무에 달려 있는 시간을 늘리기 위해 알라를 굳이 사용할 필요가 없었을 것이다. 또한 이렇게 되면 사과를 조금 더 일찍 따도 상관없기 때문에 알라를 사용하지 않아도 자연스럽게 수확 기간을 늘릴 수 있었을 것이다. 수확 노동자들도 수확 기간에 사과를 실수로 떨어뜨리지 않을까 노심초사 걱정할 필요가 없었을 것이고, 농업인들도 낙과로 인한 손실의 염려를 덜 수 있었을 것이다. 또한 사과도 잘 상하지 않으며, 저장하기도 쉬웠을 것이다.

알라에 얽힌 이야기를 통해 우리는 농약이 미국에서 어떤 방식으로 규제되고 있는지를 잘 알 수 있다. 원래 알라의 주된 개발 목적은 사과의 빛깔을 더 붉게 하거나 수확 과정을 쉽게 하기 위한 것은 아니었다. 알라는 사과 재배에서 살충제의 사용을 조금이라도 줄이기 위한 수단으로 개발되었다. 그러나 원래의 개발 목적은 대중에게 알려지지 않았고, 규제 과정에도 전혀 영향을 미치지 못했다. 알라가 사용 금지된 이후 농업인들은 살충제를 더 많이 사용하고 있기 때문에, 그 결과 소비자들도 살충제에 더 많이 노출되고 있다. 알라의 유용성이 좋다고 하더라도, 알라가 인체에 미치는 건강 영향에 대한 지식이 충분하지 못했던 것은 자명한 사실이다. 인체의 건강에 아무런 해로운 영향이 없다는 것을 증명하지도 않은 상태에서 회사에게 농약을 판매하도록 허용한 것은 공중보건에서 사전 주의의 원칙을 명백히 위반한 것이다. 미국 환경청이나 직업안전보건청 모두 농약을 검토할 때 이러한 정보를 요구하지 않고 있는 것은 매우 우려스러운 일이다.

알라는 유니로얄사 전체 매출액의 1% 미만을 차지할 뿐이었다. 그럼에도 유니로얄사가 알라를 시장에 계속 판매하려고 했던 것은 재정적인 이유보다는 다른 이유가 개입되어 있는 것으로 보인다. 알라의 금지 그 자체는 주 정부의 독성물질 감소연구소에서 발행하는 일반적인 「화학물질 제한 보고서」와 전혀 다를 것 없는 흔한 경로를 밟았다(Rossi and Ken, 1992). 화학물질이 수년 동안 사용되다가 이 물질에 대해 부작용이 있다는 과학적 보고가 있으면, 일반 대중이 항의를 하게 되고 그러면 해당 물질을 사용 금지하는 방식이다. 일반 대중의 항의가 사용 금지에 필수적인 구성요소가 된 것이다. 수많은 산업 화학물질이 인체의 건강에 부작용이 있다는 사실이 명백하게 알려졌음에도 금지되지 않고 사용되고 있는 것은 정부가 사용 금지에 나서도록 압력을 가하는 일반 대중의 항의가 부족하거나 없기 때문이다.

미국 환경청은 알라에 대한 유해성을 수년 동안 조사하면서도 아무런 조치도 취하지 않고 있다가, 천연자원보호위원회가 압력을 가하자 그때서야 유니로열사 제품의 사용 등록을 자진 철회하는 형태로 마무리했다. 유해한 화학물질에 대해 이와 같은 땜질 처방, 임시변통 식으로 처리하는 것은 문제가 많다. 우선 시간이 너무 많이 걸린다는 점이 문제다. 유해한 영향에 대한 과학적 증거는 천천히 쌓이는데, 그동안에도 화학물질로 인한 피해는 누적되고 있기 때문이다. 또한 정부나 소비자들이 실제 행동에 나서게 하는데도 많은 시간과 노력이 필요하며, 이 시간 동안 피해는 더 누적된다. 또한 이러한 규제시스템이 제대로 작동하기 위해서는 각각의 화학물질에 대해 인적·물적 자원의 사회적인 동원이 필요한데, 유통되는 화학물질들의 안전성을 보장하기에는 자원이 터무니없이 부족하다는 점이 문제다. 살충제는 그 목적상 생명체에 치명적인 영향을 미치기 때문에 안전한 제조 및 사용 과정을 보장하는 것이 다른 어떤 화학물질보다 중요하다. 그런데도 이 분야에서조차 규제 시스템이 효과적으로 작동하지 않고 있다.

알라의 사례는 현재 농업이 농약에 과도하게 의존하고 있다는 문제점도 보여준다. 알라가 금지된 이후 신경독성 성분의 농약이나 다른 농약의 사용량이 늘어났고, 이로 인해 노동자들이 자극 증상이나 부작용을 경험할 확률이 늘어난 상태를 과거에 비교하여 발전한 것이라고 보기는 어렵다. 그러므로 알라 문제를 근본적으로 해결하기 위해서는 농업 분야에서 독성물질의 사용을 전반적으로 줄여야 한다.

이 연구는 현재 생산 및 사용되고 있는 화학물질을 금지시키는 데 화학물질의 효능뿐만 아니라 화학물질을 둘러싼 정치력이라는 또 다른 중요한 결정요소가 있다는 것을 잘 보여준다. 해로운 화학물질을 하나씩 금지시키는 것은 효과가 제한적인 방법이다. 먼저 해당 화학물질의 완전한 제거, 즉 생산과 사용이 완전하게 사라지는 경우를 보기가 쉽지 않다. 알라의 경우에도 음식물에 알라를 사용하는 것은 금지되었지만, 비식용 목적의 사용을 이유로 다미노자이드의 생산이 현재도 계속되고 있다.

알라의 사용 금지는 이를 생산하는 업체에 거의 영향을 미치지 못했다. 이 회사는 매우 다양한 화학물질을 생산하고 있기 때문에, 한 가지 제품의 손실이 회사의 재정이나 고용에 거의 영향을 미치지 않는다. 그러나 농업인은 익숙하게 사용하던 농약이 금지되는 경우 큰 영향을 받을 수 있다. 이로 인해 농업인들은 미국 농무부의 농업지원 프로그램에 농약을 사용하지 않고 여러 문제들을 해결할 수 있는 대책을 제시해달라고 요구하고 있는데, 이러한 변화는 장기적으로 볼 때 이점이 많을 것으로 판단된다.

알라의 사용 금지 사례로 인해 일반인들은 정부의 주된 역할이 국민을 보호하는 것이라는 사실을 다시 한 번 깨닫게 되었다. 천연자원보호위원회의 해서웨이는 알라의 사용 금지는 문제의 완전한 해결책은 아니며 임시변통 식의 해결책이라고 했다(Hathaway, 1995). 그녀를 포함하여 이 문제의 진정한 해결을 바랐던 많은 사람들은 알라를 둘러싼 수많은 노력의 결과물이 매우 실망스럽다고 느끼고 있었다. 왜냐하면 사람들이 알라뿐만 아니라 식품에 존재하는 다양한 농약의 문제점에 주목하여 좀 더 근본적인 해결책을 강력히 촉구하기를 바랐지만, 알라의 사용 금지만 빼면 이전의 방식 그대로 돌아갔기 때문이다.

알라의 사용 금지가 그리 큰 영향을 주지 못한 것은 문제를 너무 협소하게 정의했기 때문이다. 일반적으로 문제를 어떻게 정의하느냐에 따라 해결 방안이 달라질 수 있고, 이러한 문제의 정의들은 정치사회적 맥락에서 고려되어야 한다. 현재 화학물질에 대한 규제 정책을 보면, 개개 화학물질을 개별적으로 구분하여 문제로 정의하고 있다. '문제'의 정의가 개별 화학물질이기 때문에 해결책도 개별 화학물질을 금지시키는 차원으로 이루어지고 있다. 현재의 화학물질 규제 정책은 생산 과정 전반에 초점을 맞추지 않고 개별 화학물질에 초점을 맞추기 때문에, 생산과 사용에 얽혀 있는 문제점들, 특히 농업 시스템의 문제점들은 해결 과정에서 무시되고 있는 것이다. 이러한 과정에서 개별 화학물질은 원래 본질적으로 가지고 있지 않은 가치를 가지고 있는 것처럼 치장된다. 화학물질을 파는 회사는 수확량을 증가시켜주는 보조수단으로서 농약의 긍정적인 면만을 부각시켜 선전을 한다. 반면에 환경보호주의자들은 특정 화학물질의 부정적인 면만을 부각시켜서 그 물질을 악마같이 만들려고 한다. 이렇게 특정 화학물질을 미화하거나 부정하는 것에 도사리고 있는 함정은 문제 해결을 위해 시스템에 주목하지 않고 개별 화학물질에만 주목하게 만든다는 점이다. 그러므로 문제가 된 화학물질만 사라지고 문제를 발생시키는 구조의 모순은 전혀 변화하지 않게 되는 것이다.

농업, 환경, 음식물 안전과 노동자의 안전을 현재처럼 개별적으로 관리하는 접근 방식으로는 한계가 있기 때문에, 이러한 의제들을 통합하여 관리할 수 있는 방안을 마련하는 것이 필요하다. 한 개의 농약을 네 부처가 각각 개별적으로 관리하는 것은 문제를 올바르게 해결할 수 있는 방식이 아닌데, 각 부처는 자신이 관할하고 있는 분야만을 근시안적으로 바라보고 문제를 해결하려 하기 때문이다. 개별 유해 화학물질의 사용 금지와 관련된 업무는 정부 업무 중에서 좀 더 정치적 힘이 약한 다른 부분으로 이관되고 있는데, 이는 매우 유감스러운 일이다. 문제를 근본적으로 해결하기 위해서는 화학물질의 가식적인 치장을 없애야 하기 때문에, 앞으로 화학물질의 생산과 사용에 얽혀 있는 복잡한 관계에 대한 이해가 필요하고, 생태적으로 많은 지식을 가지고 있는 시민이 화학 산업에 대한 정교한 비판을 수행할 필요가 있다.

알라의 사례는 다양한 의견을 종합하여 수용하지 못하는 현 규제 정책의 문제점을 보여주는 사례다. 농업은 여러 이해관계가 매우 복잡하게 얽혀 있는 산업이기 때문에 한 가지 화학물질만 사용 금지하는 것은 문제를 너무 단순화시키는 잘못된 판단을 하게 만든다. 스티븐 우드는 이러한 방식의 문제점에 대해 다음과 같이 말했다. "어떤 인센티브를 제공하기 전에 이로 인해 어떤 영향이 일어날지에 대한 내용을 사전에 충분히 생각해보아야 합니다. 만약 당신이 '이 사과를 키울 때 캅탄(captan, 농약의 일종)을 사용했습니까?'라고 묻는다면, 이는 문제의 본질을 잘 모르는 질문입니다. 또한 당신이 '이 사과는 유기농 방식으로 재배되었나요?'라고 묻는다 해도 이는 잘못된 질문입니다. 유기농법에서 사용하는 많은 화학물질들이 화학공장에서 제조된 후 바지선으로 수송되어 농업에 공급되고 있기 때문입니다. 올바른 질문은 '사과를 어떤 방식으로 기르시나요?'라고 묻는 것인데, 이것은 정말 대답하기 어려운 질문이지요"(Wood, 1995).

16. 감사의 글

자신이 가지고 있는 생각과 자신의 삶과 일에 대한 이야기를 낯선 사람인 저자에게 흔쾌히 털어놓고 공유해주신 농업인과 과수원 농업 노동자들께 감사하다는 말씀을 드리고 싶다. 또한 박사 논문 작성과 논문 내용을 발췌하여 이 글을 작성할 때까지 많은 조언을 주신 훌륭한 스승이자 동료인 찰스 레벤스타인 박사께 감사의 말씀을 드리고 싶다.

[임형준 옮김]

5

안전보건 조직하기
석유화학원자력국제노조의 노동자 대 노동자 안전보건 훈련 프로그램

크레이그 슬래틴(Craig Slatin)

1987년 석유화학원자력국제노조(Oil, Chemical, and Atomic Workers International Union: OCAW)는 미국 국립환경보건과학원(National Institute of Environmental Health Sciences: NIEHS)에서 조성한 국립노동자훈련프로그램기금의 11개 수상자 중 하나로 선정되어 지원금을 받았다. 석유화학원자력국제노조는 노동연구소와 함께 해당 산업의 노조원들에게 적용 가능한 유해폐기물 처리 노동자 및 유해물질 응급 대처자를 위한 안전보건 훈련 프로그램을 개발했다. 노동조합 주도의 노동자보건교육 중재 프로그램은 일련의 역사적 전개 과정 속에서 개발된 것이다. 소그룹 활동 방법을 통해 교육 훈련을 수행하고, 커리큘럼 개발에 참여하며, 궁극적으로 안전보건 활동가를 확인·양성·동원하기 위한 매개체로서 안전보건 훈련을 활용할 줄 아는 현장교육자(worker-trainers)를 현장 조합원 중에서 발굴했다. 이러한 노력은 진보적 리더십에서 비롯된 것이라 할 수 있지만, 특정 산업 부문에서 노사 관계의 정치경제학에 기인한 바가 크다.

석유화학원자력국제노조(이하 석유화학노조)는 미국 국립환경보건과학원이 관장하는 국립노동자훈련프로그램기금(이하 기금)의 수상자로 선정되었다. 기금은 안전보건 훈련 프로그램을 개발하여 특정 업무에 종사하고 있는 노동자에게 제공할 목적으로 만들어졌다. 또한 기금은 '유해폐기물 관리 및 응급

대처(hazardous waste operations and emergency response,: HAZWOPER)' 과정이 제대로 작동될 수 있도록 하기 위해 만들어졌는데, 1986년 제정된 「기금 개정 및 재권한 법」에 근거하고 있다(Slatin and Siqueira, 1998: 205~219; Slatin, 1999; Moran and Dobbin, 1991: 107~113; Hughes, 1991: 114~118).[1] 기금이 만들어진 이후 석유화학노조의 노동자 안전보건 훈련 프로그램은 안전보건 훈련에 현장 노동자가 교육자로 직접 참여하여 강력한 리더십을 발휘하는 방식으로 정착되었다. 석유화학노조는 노동자에 의한 교육과 동원 모형을 개발했다. 이 장은 석유화학노조 훈련 프로그램의 첫 5년에 대한 사례 연구에서 도출된 것이다.

1999년 석유화학노조는 제지노동자연합국제노조(United Paperworkers International Union: UPIU)와 함께 제지화학에너지노동자국제노조(Paper, Allied Industrial, Chemical and Energy Workers International Union: PACE)를 창립했다. 석유화학노조의 안전보건국은 국립환경보건과학원의 기금으로 조성된 노동자훈련 프로그램과 함께 제지화학에너지노동자국제노조(이하 제지화학노조)의 안전보건국으로 편입되었다. 최근에 제지화학노조는 미국철강노조(United Steelworkers: USW)와 통합되었다. 이 장에서 다루고 있는 훈련 프로그램의 첫 5년은 제지화학노조 또는 미국철강노조와 통합되기 전에 존재했던 석유화학노조의 사례에 해당한다.

여기에서 석유화학노조의 안전보건 훈련 프로그램이 현 상태로 어떻게 변화되었는지를 설명하지는 않겠다. 그러나 이 프로그램이 어떻게 해서 안전보건 훈련으로 독자적인 설립이 가능했고, 그 이유가 무엇인지를 사회역사적 맥락에서 설명할 것이다. 사례 연구는 세 개의 주요 목표에 맞추어져 있다. 첫 번

---

1 미국 국립환경보건과학연구소의 노동자훈련프로그램기금은 노동자교육 훈련 프로그램(Worker Education and Training Program: WETP)으로 확대되었다. 그렇지만 첫 5년은 노동자 훈련 프로그램으로 남아 있었기 때문에 이 장에서 최초 명칭으로 사용했다.

째 목표는 사업주 중심 안전보건체계의 실패에 대한 분석에 맞추어졌는데, 이것은 현장교육자 양성을 위한 석유화학노조의 목표에 해당한 것이다. 석유화학노조의 어떠한 전략이 산업 부문의 이해와 일치했는지, 그리고 핵심 노조지도부와 그들의 동맹자들이 지향하는 이념과 일치했는지를 이해하기 위한 연구로 구성되어 있다.

두 번째 목표는 안전보건 교육 및 선전 활동에 대한 석유화학노조의 초기 전략을 수립하는 데 훈련 프로그램의 두 가지 의도와 관련되어 있다. 하나는 안전보건 교육 코디네이터와 교육을 받고 현장에서 지식 전달자의 역할을 수행할 노동자, 그리고 지역사회 간에 지원 네트워크를 구축하는 것이다. 다른 하나는 노동조합에서 조직 노동자 및 전체 노동자 대상의 안전보건 활동을 지원하기 위해 채용된 안전보건 전문가와 학자들 간의 네트워크 구축에 관한 것이다. 사례 연구는 석유화학노조의 훈련 프로그램이 의도한 두 개의 전략과 이의 성공을 이해하는 데 맞추어져 있다.

세 번째 목표는 석유화학, 석유, 화학, 원자력 산업들에서 노동자의 안전보건 교육과 훈련에 대한 모범적인 모형을 만들기 위함인데, 이를 위해 석유화학노조 훈련 프로그램의 목표에 대해 다루고 있다. 노동조합은 커리큘럼, 교육자 훈련, 현장교육자 양성, 그리고 훈련과 평가의 탁월한 모형을 만들기 위해 노력했다. '기업의 비판을 무장해제 시켜야 할' 필요성이 탁월한 수준의 프로그램을 개발하도록 만들었다(Merrill, 1994: 341~354). 석유화학노조는 구성원의 민주적 참여를 강조했다. 사례 연구는 프로그램의 지도력과 조합원 그리고 민주적 참여를 독려하고 지지해온 방법들의 관계에 대해서 살펴보았다.[2]

---

2 사례 연구 방법에 대한 논의에 대해선 슬래틴(Slatin, 1999)을 참조. 부가적으로 이 장에서 제시된 출처 없는 모든 인용구는 1996년부터 1998년 사이에 저자에 의해 이루어진 핵심 정보자 면접조사에서 나온 것이다.

석유화학노조는 석유, 석유화학/화학, 원자력(무기 및 연구시설) 등 세 개의 산업 부문의 노동자를 대표했다. 프로그램의 첫 5년 동안 석유화학노조의 초점은 석유와 석유화학/화학 산업의 노동자에 맞추어져 있었다. 1980년대 중반의 산업에 대한 간단한 요약은 석유화학노조가 작동되는 맥락과 노동의 성격을 설명해줄 것이다. 그리고 이것은 노동조합 안전보건 훈련 프로그램의 뿌리에 대한 기술로 이어질 것이다.

1. 석유와 석유화학 산업들

1) 석유 생산과 정제

석유 산업은 생산, 정제, 판매, 수송 등 네 부문으로 나눌 수 있다(Measday and Martin, 1986). 미국은 1947년 기준으로 전 세계 원유 생산의 약 60%를 차지했다. 1977년엔 13.7% 이하로 떨어졌고, 1984년에 이르러 16.1% 수준을 유지하고 있다(Measday and Martin, 1986: 40). 이러한 원유 생산량의 변화는 다른 산업 부문에 상당한 영향을 미치고 있다.

1970년대에 두 개의 큰 사건이 발생했다. 첫째는 1973년 10월 이집트와 이스라엘 전쟁을 계기로 서구 산업국가에 맞서 단행된 아랍 국가들의 원유 금수 조치였다. 둘째는 1979년 이란 국왕이 권좌에서 물러난 이후 석유 가격이 급격하게 상승한 사건이었다. 1980년대에 미국의 석유 회사들은 석유 가격의 탈규제, 환경 규제, 경제 후퇴 등 변화된 국제 및 국내 환경에 처하게 되었다. 몇몇 주요 시설의 폐쇄와 합병의 파고가 휘몰아쳤다. '과잉 생산과 재고량 증가' 때문에 작은 회사들은 생존의 위기에 직면했다(Mazzocchi, 1982). 메이저 회사들 또한 우라늄, 석탄 등과 같은 다른 에너지원으로 사업을 다각화하기 시작했다.

2) 화학제품 및 관련 제품

화학 산업은 석유 산업과 매우 밀접하게 관련되어 있는 연관 산업 분야라 할 수 있는데, 일반적으로 기업들은 두 산업에 동시에 진출해 있는 경우가 많다. 미국 통계청은 이들 부문을 '화학제품 및 관련 제품'이라는 단일 항목으로 분류하고 있다. 화학 산업은 매우 경쟁적인 환경에 노출되어 있을 뿐 아니라 많은 정보를 서로 공유하고 있다. 기본적으로 산업의 대다수를 차지하고 있는 대기업들은 연구개발에 많은 비용을 투자하고 있다. 일부는 기본적인 화학제품의 생산을 포기하고 전문 생산 분야나 제약 부문으로 이동하고 있다(Backman, 1970; Chapman, 1991; Bower, 1986).

석유화학 산업은 노동집약적이지 않은 분야다. 생산은 일반적으로 연속흐름과정을 통해 이루어진다. 연속흐름과정 생산은 고도로 자동화되어 있고 상대적으로 필요한 노동자의 수가 적다. 그런데 그들은 전문화된 기술을 사용하고 있고, 보통의 제조업 노동자들보다 높은 교육수준을 보이는 경향이 있다. 그럼에도 노동 비용은 총비용의 10% 이하에 머물러 있다. 노동자당 생산성은 상대적으로 높다. 즉, 매우 이윤율이 높은 산업인 것이다.[3]

'화학제품 및 관련 제품' 산업에 종사하는 노동자들은 단일 노조에 가입하고 있지 않다. 역사적으로 보면, 노동자들은 다섯 개의 AFL-CIO 노조 중 하나

---

3 산업 및 석유화학원자력국제노조와 관계에 관한 자세한 설명은 우딩·레벤스타인·로젠버그 (Wooding, Levenstein and Rosenberg, 1997: 124~139) 참조. 산업의 안전보건 유해성에 대한 논의는 메릴(Merrill, 1994: 341~354) 참조.

또는 규모가 작은 독립 노조에 가입해 있었다. 1960년대 말 기준으로 주요 화학 산업노조는 국제화학노조(International Chemical Workers Union: ICWU)와 석유화학노조였다. 석유화학노조가 좀 더 컸지만 두드러지게 크지는 않았다. 미국철강노조와 팀스터국제친선협회(International Brotherhood of Teamsters) 등도 화학 산업 노동자를 대표하고 있었다. 또 다른 경향으로 특정 시설에 독립적인 지역노조가 존재했다. 이처럼 자동화에 기인하여 생산직 노동자의 숫자가 지속적으로 줄어드는 경향과 함께 노조의 분산은 AFL-CIO 조합원 숫자를 제한하는 방향으로 작동했다.

1980년대 초 석유화학 산업에 대규모 구조조정이 일어났다. 보어(J. L. Bower)는 석유화학 산업의 불안정성을 유발하는 네 가지 원인으로서 원자재 가격의 상승, 기술개발에 따른 생산성 향상, 세계 경제의 지속적인 경기 후퇴, 그리고 원유 및 가스 산유국의 경쟁적인 공급 확대 등을 꼽았다(Bower, 1986: 19). 원자재 가격의 상승은 이윤율을 감소시켰다. 또 다른 이유로는 독성물질의 생산과 독성폐기물의 처리에 대한 환경규제법률을 들 수 있다.

1980년대 초반의 석유화학 부문이 직면한 위기는 석유화학노조와 해당 산업 및 AFL-CIO 그리고 안전보건운동 간의 관계에서 중대한 영향을 미쳤다.

2. 석유화학노조의 연원

석유화학노조는 석유국제노조(Oil Workers International)와 미국가스석유화학노조(United Gas, Coke, and Chemical Workers)가 1955년에 통합하여 설립되었다(Wooding, Levenstein and Rosenberg, 1997: 124~139). 두 노조는 1930년대 CIO 노조의 조직화 과정에서 설립되었다. 두 노조는 정치적으로 진보적이었

고 대부분의 CIO 노조들보다 고임금 조합원을 보유하고 있었다. 석유화학노조는 석유, 화학, 에너지, 제약, 그리고 관련 산업에 종사한 조합원을 대표하는 AFL-CIO 산하의 산별노조가 되었다. 석유 부문에서 석유화학노조는 정제 및 송유관 노동자의 대부분과 수송 노동자 일부를 대표하고 있었다.

3. 석유화학노조와 안전보건

석유화학노조는 안전보건에서 오랜 역사를 가지고 있었다. 1960년대 이후 핵심 노동 이슈로서 안전보건 문제를 끌어올리는 데 중요한 역할을 담당했고, 안전보건 문제에서 AFL-CIO를 주도했다. 이러한 결과물의 대부분은 토니 마초키(Tony Mazzocchi)의 노력에 기인한 것이었는데, 역사적으로 그가 핵무기 실험 반대운동에 결합했던 1956년 뉴욕지부 8-149인 롱아일랜드의 젊은 지부장 시절까지 올라간다. 핵무기 실험 반대운동 과정에서 그는 정치적으로 진보적인 학자들과 학생들을 만났다. 환경 활동가인 배리 커머너(Barry Commoner), 록펠러 대학교의 렌 듀보스(Rene Dubos)의 학생이었던 글랜 폴슨(Glen Paulson)이 대표적인 인물이었다. 마초키는 새로운 활동가들로부터 많은 것을 배웠고, 석유화학노조의 활동에 활용하기 시작했는데, 스트론튬 90(Strontium 90)의 섭취율을 분석하기 위해 조합원 아이들의 젖니를 모으는 등 다양한 활동을 벌여 나갔다(Mazzocchi, 1998: 27~32).

그로스피런(A. F. Grospiron)이 노조를 이끌던 시절 석유화학노조는 안전보건운동을 활성화하는 데 주도적인 역할을 담당했다. 1967년 노동조합의 9차 전국대회에서 마초키 등은 "(1) 교육, 단체교섭, 그리고 정치행동 등에 의해 달성할 수 있는 안전보건프로그램을 개발하고, (2) 작업장 환경을 감독하기 위한 노사 합동의 안전보건위원회 설치를 협상하도록 각 교섭단체를 지원하고, (3) 각 지역에서 대중이 안전보건의 심각성을 인지할 수 있도록 언론과 지역사회 지도자와 관계를 형성하며, (4) 안전보건을 강화하고 '재산의 가치 위에 인간의 가치가 존재'할 수 있도록 연방, 주, 지방의 법령과 규제를 지원하는 활동에 노동운동 및 관련 조직이 함께 활동한다"는 내용의 결의안을 제출했다 (Mazzocchi, 1998). 그리고 그 결의안이 통과되었다.

마초키는 이어서 다른 노동조합 안전보건 활동가들과 함께 「직업안전보건법」 제정 활동을 전개했고, 「직업안전보건법」이 제정된 지 며칠이 지나지 않은 상황에서 새로운 연방 정부기구에 가장 먼저 안전보건 감독을 요청했다. 웨스트버지니아 주의 마운즈빌에 있는 화학공장에 대한 안전보건 감독 요청이 그것이었다(Mazzocchi, 1998). 몇 년이 지난 후 석유화학노조는 학자 및 다른 노조와 연대하여 안전보건 문제를 둘러싼 쉘(Shell) 석유회사와의 분쟁에서 승리했다. 오클라호마 주에서 노조는 핵 산업의 유해성에 대한 사례를 언론에 알렸고, 그러한 투쟁 과정에서 노조활동가인 카렌 실크우드(Karen Silkwood)가 목숨을 잃기도 했다.

노조는 또한 안전보건 사무실을 설치하고 산업위생사를 고용했으며, 의과대학 학생 대상의 인턴십 프로그램을 개발하는 등 내부 조직체계를 구축해나갔다. 마초키는 1977년 안전보건의 책임을 맡는 석유화학노조의 부의장이 되었다. 그해에 '석유화학 산업의 유해성'이라 불린 교육 과정을 개설하기 위해 노동조합의 '석유 학교'가 출범했다. 그리고 율라 빙엄(Eula Bingham)이 직업안전보건청의 대표가 되면서 직업안전보건청의 신노선으로 불린 안전보건훈련기금프로그램을 설치하도록 독려했다.

1979년 석유화학노조는 11명의 현장 노동자들이 직업안전보건 교육 조정관(이하 조정관)이 될 수 있도록 2주간의 교육 과정을 제공하기 위한 기금을 받았다. 글렌 어윈(Glen Erwin)은 이러한 조정관 중 한 명이었는데, 그는 "우리가 일종의 순회 안전보건 전문가들이었다"라고 말했다.4 그들은 전문가의 지원과 함께 노동자 훈련을 조율했다. 이것은 나중에 석유화학노조의 유해폐기물 노동자 훈련 프로그램으로 통합되었다. 또한 석유화학노조는 산업의학 의사에 대한 훈련을 지속적으로 전개했는데, 이 훈련에 참가한 인턴들과 의사들이 사업장에서 유해성 평가와 의학적 감시, 그리고 노동자 교육을 수행했다.

4. 노동연구소

마초키는 1974년에 노동운동의 연구 및 교육 지원을 위해 노동연구소를 만들었다. 노동연구소는 석유화학노조의 유해폐기물 노동자 훈련 프로그램에서 핵심적인 역할을 담당했다.

노동연구소는 안전보건 문제를 포함한 다양한 노동 이슈를 다루었다. 노동연구소는 석유화학노조에 직접적으로 소속된 기관은 아니었다. 1976년의 훈련 프로그램을 제외하면 노조와의 관련성은 뉴저지 주에 있는 메르크(Merck) 공장에서 이루어진 지역 차원의 연계가 유일한 것이었다. 그런데 석유화학노조에서 인턴으로 일했던 레오폴드(Les Leopold)가 프린스턴 대학교를 졸업하고 연구소의 훈련 업무를 책임지게 되면서 실질적인 연계가 이루어졌다.

노동연구소는 1976년에 훈련 내용에 경제학 강의를 포함시켰다. 레오폴드는 노동자들이 그들의 삶을 위해 보수적 경제학자가 아닌 진보적 경제학자가 필요하다는 메시지를 전달하는 데 '교수법이 문제가 있음'을 인식했다.5 레오

4　G. Erwin, Telephone interview by author, tape recording, August 7, 1998.

레오폴드는 노동자가 더 많은 통제권을 갖도록 노동자의 능력을 강화할 필요가 있는데, 이것이 노동조합의 민주화에 도움이 될 것이라고 생각했다. 그것은 노동자들이 진보적인 전문가들의 생각을 이해할 수 있도록 도움을 주는 것 이상의 의미를 갖는 것이었다. 레오폴드는 참여교육방법론을 검토하기 시작했다. 그는 몇 개의 큰 기금을 받으면서 역할극, 그룹 토의, 프로젝트, 게임, 비디오, 음악 등 다양한 훈련 방법을 포함된 커리큘럼을 개발했다. 그러나 그는 그러한 방법들이 교육자를 지치게 만들고 교육대상자에게 제한적인 성과만 남긴다는 것을 알게 되었다. 교육자들은 경제학, 노동문제, 참여훈련 등 다양한 주제에 대해서 전문가적 소양을 갖추고 있어야 했고, 진보적 관점을 굳건하게 견지하고 있어야 했다. 그것이 교육자의 채용을 어렵게 만들었다. 연구소의 훈련 과정들은 교육자의 지식 및 성과에 초점을 맞춘 '강사 중심'의 단계였다. 그러나 레오폴드는 훈련 과정이 '학생 중심'이 되기를 원했고, 참가자들 사이의 소통에 초점이 맞추어지기를 원했다.

1) 소그룹 방법

레오폴드는 1980년 테네시 주의 하이랜더연구교육센터에서 개최한 참여훈련 컨퍼런스에 참석했다. 그곳에서 그는 조선소 노조의 매뉴얼 개발 지원을 위해 미국을 방문 중이었던 영국노조평의회(British Trade Union Council: TUC) 소속 활동가인 데이비드 클레멘스(David Clemens)를 만났다. 클레멘스는 그가 이용하고 있었던 소그룹 훈련 활동에 대해 발표했는데, 레오폴드에 따르면 그의 훈련방법이 이후 프레이리안(Freirian) 방법의 기원이 되었다. 클레멘스는 영국

---

5   L. Leopold, Interview by author, tape recording, New York, July 9, 1998.

노조평의회의 접근 방법을 더 공부할 수 있도록 레오폴드를 영국 브래드포드로 초청했다. 레오폴드는 한 달가량 영국노조평의회를 방문했고, "교육 과정 및 훈련이 교육자 중심과 반대되는 소그룹 중심이었고, 훈련 시간 대부분이 교육자의 강의를 듣는 것이 아니라 소그룹 단위 활동이었다"라는 사실을 확인했다.[6]

2) 교육자 훈련

노동연구소는 미네소타 주의 와일더(Wilder) 훈련소에서 주거조직전국회의를 위한 교육자 훈련을 제안했다. 레오폴드는 사람들에게 '실천적 배움'의 기회를 제공하기 위한 훈련을 설계했다. 훈련에 며칠간의 집합교육 커리큘럼 개발 과정이 포함되었다. 그때 미니애폴리스의 한 주거 그룹을 만나게 되었고, 교육자로서 그들 자신이 훈련의 한 부분으로 훈련을 받도록 했다. 레오폴드는 일찍이 주거에 관해 어떠한 사전 지식도 없었음에도 기술적 측면에서 커리큘럼을 개발할 수 있다는 사실을 통해 이러한 방법의 의의를 확신하게 되었다. 레오폴드는 기술적 측면에서 안전보건에 관한 전문성이 충분하지는 않았지만, 훈련된 노동자만큼 그 주제에 관한 전문성이 덜하지는 않았다. 그는 이러한 접근 방법이 교육자 중심에서 학습자 중심으로 교육 과정의 전환을 촉진하게 될 것이라고 믿었다. 레오폴드는 그의 새로운 접근 방법인 '소그룹 활동 방법'을 전면화했다.

3) 노동자와 함께 방법 사용하기

노동연구소는 단체협상의 타협에 직면한 미국자동차노조 지부인 뉴저지

---

6   L. Leopold, Interview by author, tape recording, New York, July 9, 1998.

주 린덴의 GM 공장에서 소그룹 활동 방법을 성공적으로 이용했다. 지부는 협상대표들이 협상에 굴복하지 않도록 노동자들이 실직의 공포를 이겨낼 수 있는 훈련을 요구했다. 이러한 주제를 다룬 커리큘럼이 현장교육자가 될 30명의 노동자를 대상으로 적용되었다. 레오폴드의 지원 속에서 교육을 받은 30명의 현장교육자들은 10개 클래스에서 350명의 노동자를 훈련시켰다. 레오폴드에 따르면 회사에서 아직 훈련을 받지 않은 노동자에게 더 이상의 교육 시간을 할애하지 않을 정도로 훈련이 매우 대중적이고 효과적으로 진행되었다.

커리큘럼은 『타협 반대』라는 소책자로 출간되었다. 지부는 사 측에게 타협이 이루어진 단체협약에 대한 투표에 앞서서 '전국타협반대회의'를 주재했다. 타협안은 소수의 다수파에 의해 통과되었지만, 린덴 지부는 거의 4대 1에 해당하는 지부의 동의를 얻어 그러한 협상 결과를 거부하도록 했다. 레오폴드는 훈련을 통해 노동자들이 실직의 위협으로부터 고립된 공포감에 휩싸이지 않고 서로와 소통할 수 있게 되었다고 믿었다. 또한 그는 지부에서 개혁그룹이 신출될 수 있도록 하는 데 훈련이 영향을 미쳤다고 믿었다. "그래서 지금 우리는 노동자들이 비공식 그룹에 의해 작동되는 생동감 넘치는 도구를 가지게 되었다. 그것은 개별적이면서 경쟁적으로 이루어지는 수업이나 강의, 그리고 무감각의 공포로부터 노동자를 벗어나게 해주었다."7

5. 석유화학노조의 내부 정치 투쟁

산업의 구조조정 수단과 그것의 작업장 및 산업에서의 통제 위험에 대해 주

---

7   L. Leopold, Interview by author, tape recording, New York, July 9, 1998.

창해왔던 마초키는 1979년과 1981년 석유화학노조 위원장 선거에 나섰다. 그는 사업주와 더 많은 타협을 하고자 했던 위원장 후보인 로버트 고스(Robert Goss)에게 매번 고배를 마셔야 했다. 1981년 노조 변호사인 로버트 웨이지즈(Robert Wages)가 위원장 비서로 임명되었다. 1981년 캠페인을 통해 갈등이 증폭되면서 노조가 단결할 수 없다고 믿었던 고스가 노조를 떠났다. 석유화학노조 집행이사회는 조지프 미스브레너(Joseph Misbrener)를 새로운 위원장으로 선출했고, 웨이지즈를 부위원장으로 선출했다. 둘은 1985년 재선에 성공했다.

힘의 균형이 마초키의 지도력을 지지하는 쪽에서 사업주에게 협조적 태도를 가진 쪽으로 이동했다. 석유 및 석유화학 산업의 위기로 인하여 사업주에게 타협을 하지 않는 한 일자리를 잃을지 모른다는 위기감이 조합원들에게 확산되었다.

이 기간에 노동연구소는 석유화학노조의 뉴저지 주 메르크 공장 지부장이었던 조지프 앤더슨(Joseph Anderson)과 사무장이었던 폴 레너(Paul Renner)에게서 다가올 사 측과의 투쟁에 대비할 수 있도록 노조원들을 위한 경제학 교육 프로그램의 개발을 요청받았다. 연구소는 '메르크 경제학'이라는 프로그램과 책자를 개발했다. 1984년 5월, 메르크는 6개월 동안 공장이 폐쇄된 상태였다. 1984년 6월, 노동조합메르크지역평의회는 메르크를 상대로 전면적인 파업을 단행했다.

미스브레너 지도부는 메르크평의회의 파업에 대한 지원에 소극적이었다. 파업 지역은 마초키 지지자가 더 많았다. 일부 마초키 지지자들은 미스브레너가 파업의 성공이 마초키의 선거운동에 도움이 될 것이라는 점을 두려워했다고 믿었다. 파업은 10년에 걸쳐 점진적으로 적용될 이중 임금체계에 대한 양보로 끝났다. 뉴저지 지부에서 앤더슨이 다시 지부장 선거에서 승리한 반면에 레너는 재선에서 패배했다. 그러나 앤더슨은 분열된 지부에서 일하기를 거절하고 사퇴했다. 둘은 현장으로 복귀했다.

6. 훈련 기금-노조 배경

안전보건정책의 개발은 석유화학노조 부위원장인 웨이지즈가 책임을 지고 있었다. 그 당시 노동조합의 분열은 마초키에 의해 구축되었던 안전보건 활동가 위상의 후퇴를 가져왔다. 1980년과 1986년 사이에 노동조합의 안전보건 활동이 감소되었고, 1970년대에 보여주었던 전국적인 지도력이 발휘되지 못했다. 신노선으로 조성된 기금으로 노동조합에서 일하고 있었던 수련의와의 관계가 중단되었다. 노동조합의 산업위생사가 압력을 받고 떠났다. 여러모로 1986까지 안전보건 활동가가 최소 수준에 머무르게 되었다. 이러한 요인들로 인하여 (1) 직업안전보건청의 신노선 프로그램의 약화와 기금 축소, (2) 큰 폭의 석유화학노조 조직률 하락과 그와 관련한 석유 및 석유화학 산업의 재편, (3) 노동조합 통제 목적의 분열적 정치투쟁 등을 포함한 석유화학노조 프로그램의 약화 등이 일어났다.

미스브레너 지도부가 산업계의 요구에 타협을 거듭하면서 웨이지즈는 노동조합 안에서 그의 정치적 협력을 강화했다. "우리는 이제 양보에 싫증났다. 너 많은 연대와 투쟁을 요구받고 있다."[8] 웨이지즈와 마초키는 노동조합의 역할 재설정을 위한 소통을 유도했다. 그중에서 웨이지즈는 안전보건의 강화를 강조했다.[9]

석유화학노조는 석유 산업 경영계가 선택한 훈련 과정의 비디오테이프를 분석하고 평가해줄 것을 학자들과 공중보건 전문가들에게 요청했다. 전문가들은 훈련이 '전반적으로 석유 산업의 위험성에 적합하지 않고, 심하게 친경영

---

8 R. Wages, Telephone interview with author, tape recording, August 11, 1998.
9 R. Wages, Telephone interview with author, tape recording, August 11, 1998; R. Wages, Telephone interview with author, tape recording, August 11, 1998; M. Merrill, Interview by author, tape recording, Princeton, New Jersey, July 9, 1998; S. Kieding, Interview by author, tape recording, Denver, Colorado, July 18, 1997.

계의 입장을 견지하고 있으며, 직업안전보건청의 정책에 반할 뿐 아니라 종종 기술적으로도 부정확하다'는 점을 발견했다.10 웨이지즈는 사업주들이 일반적으로 조합에서 지원하는 훈련 과정을 보이콧한다는 사실을 입증했다. 그는 '합동위원회의 노력을 핵심적 역할'로 설정하고 있는 직업안전보건청의 자율 안전보건 활동에 대해 비판적이었다. "우리의 경험상 '합동'이라는 개념의 사업주 정의는 '내가 하고자 하는 것을 네가 동의하라'는 것과 다름없었다."11

웨이지즈는 1987년 초에 국립환경보건과학원의 기금을 신청했다. 그는 유해폐기물 문제를 다룬 훈련 프로그램이 '일반적으로 훈련 과정을 더 복잡하게 만드는 전조'가 될 수 있다는 믿음을 갖고 기금을 신청했다.12 마초키의 권고에 따라 노동연구소는 사업계획서를 작성했고, 기금을 받을 경우 프로그램 개발에 참여하기로 했다. 현장교육자가 훈련을 담당하고 연구소에서 개발한 소그룹 활동 방법을 통해 훈련이 이루어진다는 점에 대해서 모두 동의했다.

7. 국립환경보건과학원에 사업계획서를 제출한 석유화학노조

마이클 메릴(Michael Merrill)은 1970년대 후반부터 노동연구소에서 레오폴드와 함께 일했다. 메릴은 1973년부터 석유화학노조 안전보건국에서 일하고

---

10 "Worker Health and Safety in the Manufacture and Use of Toxic and Hazardous Substances," in *Committee on Education and Labor, Subcommittee on Health and Safety*(1st Edition), Representatives USCtHo(ed.)(Washington, D.C.: U.S. Government Printing Office, 1985).

11 "Worker Health and Safety in the Manufacture and Use of Toxic and Hazardous Substances," in *Committee on Education and Labor, Subcommittee on Health and Safety*(1st Edition), Representatives USCtHo(ed.)(Washington, D.C.: U.S. Government Printing Office, 1985).

12 R. Wages, Telephone interview with author, tape recording, August 11, 1998.

있었던 직업보건 전문가인 실비아 크레켈(Sylvia Krekel)의 도움을 받아 국립환경보건과학원에 제출할 제안서를 작성했다.13 약 3만 명의 조합원들이 「자원, 보호, 재활용에 관한 법」에 근거하여 규제를 받고 있는 유해폐기물 처리, 저장, 폐기 시설에서 일하고 있었다. 8시간의 재교육 과정이 개발되었고, 개발된 프로그램은 안전보건 교육 조정관의 큰 그룹이었던 현장교육자에 의해 수행되었다. 현장교육자들은 먼저 훈련자 교육 과정을 통해 강도 높은 교육 훈련을 받았고, 팀 내에서 유해폐기물과정을 가르쳤다. 안전보건 교육 조정관들은 공장에서 일을 계속하면서 근무시간의 4분의 1을 강사로 일했다. 노동연구소는 현장교육자들을 위한 훈련 교육커리큘럼을 개발하고 유해폐기물 과정에 대한 교육커리큘럼을 개발했다(OCAW, 1987: 5~6).14

재교육 훈련 과정에 대한 관점은 사업주가 제공한 훈련이 일반적으로 불충분하다는 노동조합의 가정으로부터 연유했다. 석유화학노조는 대부분의 산별노조가 그랬던 것처럼 사업주는 유해 작업에 배치되어 있는 노동자에 대한 안전보건 훈련을 제공할 책임이 있다고 믿었다. 그러므로 재교육 훈련은 노동자가 받았던 교육에 덧붙여서 이루어지는 교육이었고, 사업주의 의무 이행에 대비되는 개념이었다.

---

13 실비아 크레켈은 '유해폐기물 노동자 안전보건 훈련 프로젝트'의 책임자가 되었다. 그녀는 후에 결혼해서 성이 'Kieding'으로 바뀌었다.
14 석유화학노조가 「자원, 보호, 재활용에 관한 법」에 규정을 받는 작업장에서 일하는 노동에 초점을 맞추는 것은 유해폐기물 작업과 응급 대처에 대한 직업안전보건청의 임시 규칙에 근거하고 있다. 규칙은 국립환경보건과학원 제안서 마감 6개월 전인 1986년 12월에 발효되었다. 직업안전보건청은 SARA 126장이 CERCLA의 수정안 보다 독립적인 법률 조항이라는 점에서 의회가 유해폐기물을 다루는 모든 노동자에게 보호를 제공할 수 있도록 만들었다. 특히 직업안전보건청은 「자원, 보호, 재활용에 관한 법」에 규정을 받는 사업장에서 근무하는 노동자의 목록을 만들었다. 대상 노동자들은 유해폐기물 작업 업무를 하고 있거나 유해물질 사고에 대한 응급 대처에 관련되어 있는 사람들이었다.

1) 소그룹 활동 방법을 사용한 노동자 대 노동자 훈련 프로그램

석유화학노조는 이미 신노선 프로그램에서 국립환경보건과학원과 함께 현장교육자 모형을 개발한 바 있었다. 연구소는 우선적으로 현장교육자 훈련 커리큘럼의 개발과 현장교육자에 의해 이루어질 소그룹 활동 방법 기반 커리큘럼의 개발을 위한 체계를 구축했다. 두 모형의 통합이 제안되었다. 훈련은 그동안 사업주에게서 조합원이 받았던 교육과 상당히 달랐다. 사업주가 제공해온 훈련에는 노동자가 그들의 작업 환경을 개선하는 데 필요한 정보가 빠져 있었고, 일반적으로 노동자가 이해할 수 있거나 노동자에게 적합한 방식으로 교육하지 않는 전문가 중심으로 이루어졌다. 훈련 형태도 작업 환경 개선에 관해서 노동자가 참여할 수 있는 기회를 제공하지 않는 강의 방식으로 이루어졌다. 마지막으로 사업주가 제공하는 훈련은 노동자가 부주의하기 때문에 안전보건의 위험이 존재하는 것처럼 주장하는 '노동자 책임 전가'의 관점이 지배적이었다. 일부 가장 유해한 산업 부문에서 그러한 시각은 폭력이 아니면 최소한 냉소를 유발하곤 했다.[15] 석유화학노조는 이러한 시각과 다른 모형을 제안했다.

노동연구소는 노동자에게 적합하고 이해 가능한 방법으로 안전보건 문제를 설명할 수 있도록 양질의 교육 콘텐츠인 학습장을 개발했다. 학습장은 의사, 산업위생사와 같은 교육 및 기술 전문가에 의해 개발되었다. (그들은 소그룹 활동 방법이 포함된 훈련의 촉진 방법을 배우도록 포괄적인 교육자 훈련 과정에 참가하도록 했다.) 현장교육자들에게 학습장이 배분되었고, 그들이 학습장을 통

---

15 G. Erwin, Telephone interview by author, tape recording, August 7, 1998; L. Leopold, Interview by author, tape recording, New York, July 9, 1998; B. Dodge, Interview by author, tape recording, Raleigh, North Carolina, August 1, 1998; J. Anderson, Interview by author, tape recording, Raleigh, North Carolina, August 1, 1998.

해 기술적인 정보를 배우고 토의하도록 함으로써 훈련 과정을 촉진하고자 했다. 현장교육자들이 기술 전문가가 될 필요는 없었다. 대신 그들은 학습장에서 제안된 기술적인 전문기술을 신뢰하고 학습장 활동을 통해 다른 노동자에게 이를 전파하도록 했다. 한 반에서 질문이 제안될 때 현장교육자들은 이를 기록하고, 관련 기술 전문가에게 이러한 내용을 전달하도록 했다.

"교육에서 이러한 참여접근 방법은 훈련자가 꼭 전문가가 되어야 할 필요성을 감소시켰다. 교육 훈련 시점에서 피교육자가 토론 주제에 적합한 가장 정확한 정보를 이용할 수 있도록 했다"(Merrill, 1991).

2) 기금의 목표

석유화학노조 프로그램의 목표는 (1) 대표적인 산업에서 안전보건 훈련의 표준을 높이고, (2) 석유화학노조 조합원들이 실현 가능한 최고 수준의 훈련을 받도록 하며, (3) 학습자 중심, 참여적 강의법으로 훈련된 현장교육자를 통해 작업장에서 실제적인 '안전 문화'를 강화하기 위함이었다(OCAW, 1992).

석유화학노조는 프로그램의 또 다른 목표를 가지고 있었다. 계획서에서 참가자들의 인터뷰에 대한 기술을 통해 연구의 목표를 제시했다. 목표는 (1) 독성물질의 불안전한 노출로부터 노동자를 보호하고 (2) 훈련 받은 노동자가 회사의 안전프로그램에 대한 '감시자'이자 문제를 분석하는 '시스템 분석가'가 될 수 있는 능력을 개발하고 (3) 모든 공장에서 안전보건 문제가 발생하는 그 시점에 문제를 공유하고 알리고 전파시켜 나갈 수 있는 핵심노동자 그룹의 능력을 지원하고 (4) '자본주의 경제에서 가장 기본적인 작업조직의 특성 중 하나인 구상과 실행의 분리에 대해 문제를 제기'하며(Merrill, 1995: 39~50), (5) 훈련 과정에 대한 자급자족적인 프로그램을 촉진하기 위해서 노동조합이 주도

한 교육의 가치를 사 측에 설명하고 사 측이 구입할 수 있는 훌륭한 프로그램을 개발하기 위함이었다(Merrill, 1995: 39~50).

8. 프로그램 구축

마초키는 레오폴드와 노동연구소, 그리고 크레켈에게 프로그램의 개발과 조직을 맡겼다. 24명의 노조원을 직업안전보건 교육 조정관으로 선정했다(OCAW, 1988: 11~12). (나중에는 현장교육자로 일반적으로 불렸다.) 레오폴드는 이전에 교육 훈련을 활동적으로 받았던 일부 직업안전보건 교육 조정관을 만났다. 그와 컨설턴트는 노동조합에서 교육자로서의 노동자 역할에 대해 그들과 대화를 나누었다. 지역적 요인과 정치적 요인, 그리고 성·인종·민족 등을 포함한 여러 요인을 고려하여 모집이 이루어졌다. 현장교육자는 공장에서 그들의 위치를 유지하면서 교육 훈련이 가능하도록 휴가기간을 확보했고, 이에 해당하는 임금손실분을 노동조합에서 보전해주었다. 현장교육자의 대다수는 지역에서 사무직 종사자, 간사, 안전보건 활동가들이었다. 그들 중 최소 25%는 대학이상의 학위를 갖고 있었다. 그리고 3분의 1정도가 여성이었다(OCAW, 1992).

1) 커리큘럼 개발

레오폴드는 직업안전보건 교육 조정관을 인터뷰하면서 유해폐기물 문제에 대해 토론하고, 노동자가 유해폐기물의 위험에 노출되는 생산 과정을 확인하기 위해 주변의 다른 노조원들을 만났다. 그는 커리큘럼 개발을 위해 전문가가 필요했다. 시나이(Mt. Sinai) 의과대학의 스티븐 마코비츠(Steven Markowitz) 박사가 독성학과 유해 화학물질의 건강 효과에 관한 정보에 대해 레오폴드와 긴밀하게 작업했다. 그들은 '독성 신화'라는 주제의 커리큘럼을 개발했다. 그것은 독성 화학물질, 인체 노출, 그리고 과학자들이 건강 위험을 평가하는 방법에서의 잘못된 개념이나 신화 등을 다루었다.

레오폴드와 마코비츠는 현장교육자의 훈련 과정에 사용할 커리큘럼을 개발했다. 커리큘럼에는 훈련 과정의 모듈과 활동내용 등으로 구성된 학습장이 포함되었다. 커리큘럼의 검토를 위해 완전한 형태의 초안이 뉴욕안전보건위원회에 제안되었고 레오폴드는 유용한 피드백을 받았다. 커리큘럼은 두 개의 목적으로 개발되었다. 첫째, 현장교육자에게 제공한 학습 자료와 그것의 발표 방법을 가르치기 위함이었다. 둘째, 이후 현장교육자들이 제공해야 할 80시간 과정의 기초를 다지기 위함이었다. 커리큘럼은 발표를 위해 24시간까지 수행해야 할 활동내용을 포함하고 있다. 특별 훈련 과정을 위해 현장교육자들은 이용할 수 있는 모듈 중에서 선택하도록 했다.

각각의 활동내용은 현장교육자에 의해 채택되었다. 그때 그룹 구성원들은 각각의 활동내용을 이해하기 위해 학습장에서 관련 자료를 읽었다. 그다음 그들은 문제 해결에 집합적으로 참여했다. 각 그룹의 한 명이 그룹의 의견, 결정, 전략 등을 기록했다. 모든 그룹의 활동이 완수되면 현장교육자들은 각 그룹의 활동과정에서 논의된 그들의 생각을 더 많은 사람들에게 '보고'했다. 각 그룹에서 제안된 생각이 토의된 후 현장교육자들은 토의 결과를 요약하고 핵심요점을 정리했다.

2) 러트거스에서의 첫 교육자 훈련

1988년 봄, 24명의 현장교육자가 첫 훈련을 위해 레오폴드, 메릴, 그리고 석유화학노조 관계자와 함께 모였다. 목표는 24시간 기본 커리큘럼으로부터 노동자들이 8시간 정도의 프로그램을 선정할 수 있는 능력을 개발하는 것이었다. 실제 전체 학습장이 24시간 과정을 위해 이용되었다. 레오폴드와 메릴은 8시간을 초과하는 프로그램은 현장교육자를 질리게 할 것이라고 생각했다. 그것은 그들 모두에게 새로운 형태였다.

레오폴드는 교육자 훈련의 목표는 가르치는 방법을 교육하는 것임을 설명했다. 그는 첫 두 시간 교육 이후 그들이 한 주 동안 교육받을 분량의 대부분을 교육받았다고 말했다. 레오폴드는 현장교육자들을 위해 전문가 교육을 준비시키지 않았다. 초기에 현장교육자들은 흥분했고 혼란스러워했다. 이러한 형태의 교육은 그들이 전에 경험했던 교육 형식과 다른 것이었다. "그러나 둘째 날 끝 무렵부터 그들은 자신감이 붙기 시작했다. 그들은 자기 자신의 목소리를 이용하고 듣는다는 사실에 들떠 있었다."16

현장교육자들은 소그룹 활동 방법을 촉진하기 위한 방법을 배웠다. 이것은 일종의 행위 학습(learn-by-doing) 모형이라 할 수 있는데, 이 경우에 '행위'란 안전보건 문제의 학습과 토론, 그리고 집합적인 문제 해결에의 활동적인 참여를 의미한다. 현장교육자들은 동료 노동자들이 그들 스스로 안전보건의 유해성과 그들이 직면한 위험을 분석하고 위험을 예방하기 위한 전략을 개발할 수 있는 기술을 연마할 수 있도록 도와주는 방법을 학습했다.

석유화학노조의 중앙조직과 안전보건조직, 그리고 기타 노조들이 러트거스 훈련에 참관했다. 그들의 관심사는 현장교육자들이 각자 알고자 했던 것들을 제대로 습득했는지와 레오폴드와 메릴이 어떻게 이를 평가할 수 있는지에 관한 것이었다. 그들은 일정한 형태의 시험이 있을 것이라고 생각했다. 레오

---

16 M. Merrill, Interview by author, tape recording, Princeton, New Jersey, July 9, 1998.

폴드와 메릴은 노동자들에게 시험을 치르게 할 생각이 없었다. 훈련의 목적은 노동자가 그들 현장에서 안전보건체계를 분석할 수 있는 방법을 교육하는 것에 있지 그들을 안전보건 전문가로 만드는 것에 있지 않음을 명확히 했다. 시험에 대한 이슈는 후에 국립환경보건과학원 프로그램에서 석유화학노조의 갈등으로 나타났다.

현장교육자들은 러트거스를 떠나 점차 그들 자신의 교육 과정을 가졌다. 훈련자 교육 과정의 한 부분으로서 현장교육자들을 수업 중에 한 번 또는 두 번 정도 모니터링했다. 레오폴드와 메릴은 현장교육자들에 대한 '교육'을 계속해 나가기 위해 전국을 돌았다.17 그들은 현장교육자들을 지켜보았고, 뒤편에서 그들을 '지도'했다. 나중에 다시 볼 목적으로 첫 수업을 비디오로 담았던 현장교육자 어윈은 "비디오를 정면으로 마주하면서, 많은 실수가 있었다. 그러나 그것에 있었던 레스(Les)와 마이크(Mike)는 우리를 그 상황에서 끌어내리려고 하지 않았다"고 말했다.18 그 과정을 통해 현장교육자로서 그들의 능력에 대한 신뢰를 갖게 되었다.

3) 교육 훈련 전달을 위한 석유화학노조의 접근

석유화학노조는 대다수 주류 노동자의 교육 훈련과 다른 안전보건에 관한 특별한 관점을 견지하고 있다. 산업에서 훈련의 주도적 형태는 안전보건의 보장을 위해 노동자에게 작업 관행과 행태를 제공해주는 것이었다. 그것은 손상과 질병의 1차적 원인이 부적절한 노동자의 행태에 기인한 것이고 작업장은

---

17 L. Leopold, Interview by author, tape recording, New York, July 9, 1998.
18 G. Erwin, Telephone interview by author, tape recording, August 7, 1998.

원래 안전하다는 가정에 기초하고 있다. 석유화학노조는 작업장이 원래 위험하고, 대부분의 사업주가 안전하면서 건강한 작업장을 보장하지 않고 있으며, 안전보건 교육 훈련의 목적이 노동자들이 특정 안전보건체계의 약점과 잘못된 점을 인식하고 개선할 수 있도록 도와주는 데 있다고 생각했다.

4) 독성물질의 통제

석유화학노조의 교육 훈련은 작업장의 위험에 대한 서로 다른 통제 방법을 단순히 설명하는 것에서 그치지 않았다. 통제 방법이 '심각한 독성물질에 노출'된 상태를 예방할 수 있는 적절한 방법인지 평가할 수 있는 능력을 노동자 스스로 개발할 수 있도록 도왔다(Labor Institute, 1992: 157). 유해폐기물 관리에 대한 사례가 주어졌고, 세부적인 업무 내용과 이에 해당하는 통제 방법이 제시되었다. 교육 과정 참가자들은 다음 질문에 답하도록 했다.

① 이러한 통제 방법이 적절하다고 생각합니까? 왜 그런가요?
② 불충분하다고 생각합니까? 왜 그런가요?
③ 당신이라면 이 상황에서 어떠한 방법을 사용하겠습니까?
④ 당신의 일터를 생각해볼 때 가장 중요한 위해요인은 무엇이고 다른 통제 방법이 필요하다고 생각합니까? 당신은 어떠한 방법을 사용하겠습니까?(Labor Institute, 1992: 159)

다시 작업 환경 통제에 관한 내용을 담은 정보지가 제공되었다. 질문과 정보지는 노동자들이 현장에서 이루어지는 통제에 대해서 비판적으로 생각하고 충분하게 고민할 수 있도록 도왔다. 노동자들이 적용할 수 있는 통제 방법에 대해 생각할 수 있도록 독려했다. 그다음 주어진 사례에 대한 생각에서 자기 자신의 사업장에 대한 고민으로 초점이 옮겨졌고, 그들이 학습했던 방법을 그들 작업장의 작업 조건 개선에 적용했다.

5) 프로그램 실행

핵심 요소가 개발되고 현장교육자가 배출되기 시작하면서 프로그램은 새로운 도전에 직면했다. 노동조합은 처음에는 사업주가 이러한 교육 훈련을 받아들이길 꺼려할 것이라고 예상했다. 석유화학노조의 계획은 교대근무 후 또는 주말에 노조 회의실에서 교육 훈련을 제공하고, 이러한 교육 훈련의 가치와 성과가 확산될 때 프로그램의 진입을 경영계가 받아들이고 프로그램을 구입하도록 만드는 것이었다. 석유화학노조의 조합원들은 처음에는 교육 훈련에 대해 절실하게 받아들이려 하지 않았다. 교육 훈련은 소규모로 이루어졌나. 노동사들은 교육 훈련 프로그램 때문에 그들의 여가를 포기하려 하지 않았고, 그러한 훈련이 사업주가 제공하는 교육과 별반 차이가 없을 것이라고 생각했다. 또한 구조조정으로 사업장에서 고용이 감소하고 현장에 남게 된 노동자의 노동 시간과 노동 강도가 더 커지면서 여가 시간이 점차 줄어들었다.[19] 그렇지만 점차 교육 훈련에 참가한 노동자들이 다른 노동자들의 참가를 독려하게 되었다.

---

19 M. Merrill, Interview by author, tape recording, Princeton, New Jersey, July 9, 1998; B. Dodge, Interview by author, tape recording, Raleigh, North Carolina, August 1, 1998.

9. 석유화학노조가 직면한 문제들

1) 지속적인 커리큘럼 개발

석유화학노조가 교육 훈련 과정을 공표하는 과정에서 그들은 설비에서 발생하는 유해폐기물의 문제에 대해 더 많이 알게 되었다. 교육 훈련에 참가한 노동자들은 현장교육자들이 인식한 기술적인 문제를 커리큘럼에 포함시켜줄 것을 요구했다. 석유화학노조는 교육 훈련 프로그램의 개발을 위해 노동연구소 활동가이자 산업위생사인 조엘 카(Joel Carr)를 고용했다. 그는 여러 노조의 안전보건운동을 지도하면서 10년 동안 노동운동에 종사하고 있었다.

카의 지원 속에서 석유화학노조는 커리큘럼 개발의 다음 단계를 진행할 수 있었다. 몇몇 현장교육자는 유해물질 응급대처 문제에 대해 높은 식견을 갖고 있었다. 특히 윌리엄 호일(William Hoyle)은 학습장에 포함되어 있는 응급대처 활동에 대해 비판적인 입장을 갖고 있었다. 호일과 몇몇은 응급대처와 관련한 법조문과 적용 가능한 자료를 읽은 후 종합 응급대처과정의 필요성을 제기했다. 레오폴드와 카는 몇몇 현장교육자와 함께 커리큘럼 개발을 위해 일했다. 석유화학노조는 8시간의 기초 과정 이상의 프로그램을 준비했다. 또한 커리큘럼 개발에 현장교육자가 참여하도록 했다.

2) 개인보호장비와 체험 훈련

응급대처 훈련 과정을 통해 개인보호장비 사용 방법의 문제가 제기되었다. 레오폴드와 메릴은 마초키에게서 안전보건에 관해 알아야 할 대부분을 학습했다. 수년 동안 마초키는 완전하게 보호되는 장비란 존재하지 않는다고 말해왔고, 어떤 위험물질은 개인보호장비로 보호조차 되지 않는다고 주장했다. 개인보호장비란 다른 설비에 의한 통제가 적용할 수 없을 때 마지막으로 사용할 수 있는 수단이라고 할 수 있다. 이것은 다른 통제수단이 없는 상황에서 응급대처 활동을 할 때 안전보건의 초점이, 위태로운 상태에 있는 노동자에게 가장 최선의 장비가 무엇인가를 찾는 것이 아니라, 응급상황 유발 환경을 예방하기 위한 방법이 무엇인지를 찾는 것에 맞추어져야 함을 의미했다.

노동자의 동의에 기초한 이 프로그램의 메시지는 노동자가 유해물질에 반응해야 하는 상황에 처해지기 전에 수백 시간의 응급대처 훈련을 받아야 한다는 것을 의미한다.[20] 따라서 석유화학노조의 학습장에는 유해폐기물 조절 및 응급대처 작업의 해결책으로서 개인보호장비에 대한 내용이 포함되지 않았다. 대신에 사업주가 적절하고 충분한 개인보호장비를 제공하고 호흡장비 프로그램을 적용하도록 노동자들이 결정할 수 있는 방법 측면에서 다루고 있다. 이러한 방법으로 석유화학노조의 조합원은 사업주의 프로그램이 직업안전보건청의 요구를 따르고 있는지와 개인보호장비가 원래 목적에 맞게 충분히 훈련된 노동자에게 제공되었는지를 분석할 수 있도록 배운다.

3) 재해의 추적과 조사

석유화학노조는 다른 산업에 비해 석유화학 산업이 재해율은 낮지만 치사율은 더 높다고 국립환경보건과학원에 보고했다(OCAW, 1992). 1980년대 중반

---

[20] 석유화학원자력국제노조는 응급대처훈련의 측면에서 직업안전보건청, 국립소방협회, 그리고 다른 응급대처조직들과 일치했다. 직업안전보건청은 최소 140~160시간 정도의 훈련에 해당하는 적극적인 응급대처활동(유해물질을 줄이고 손실을 줄이기 위한 활동)을 위한 권장 훈련 조건을 검토했다.

부터 1990년대 초까지 진행된 석유화학 산업의 구조조정은 폭발 등과 같은 중대 재해의 증가를 가져왔다. 39개 단위 사업장과 2,500명의 조합원을 보유하고 있는 석유화학노조 텍사스지부는 중대 재해에 대한 예방대책을 개발하도록 노조 중앙에 요청했다. 사업장의 과실을 기록하고 평가하기 위한 계획이 수립되었다. 계획서는 석유 학교 분과에 참석한 현장교육자들과 노사 양측에 의해 검토되었다. 계획서의 목적은 "중대 재해와 관련 있는 공정이 무엇인지를 발견하는 것이었다"(OCAW, 1992). 석유화학노조는 예방대책을 기획하기 위해 관련 정보를 이용했다. 공장에서 체계가 어떻게 적용되는지에 관한 내용이 응급대책 학습장에 포함되었다.

1992년 재해 추적과 조사체계에 관한 연구가 국립보건환경과학원 기금으로 제안되었다. 석유화학노조는 계획서를 완전하게 적용하기 위해 한 명의 상근 코디네이터를 선발했다. 오류를 추적하기 위해 산업 모델로 제공될 3년 기간의 예비 프로젝트가 제안되었다. 36개 지부가 참여했다. 그러나 프로그램은 기금 부족 문제 때문에 국립보건환경과학원으로부터 지원을 받지 못했다.[21]

4) 평가

석유화학노조는 이러한 노력의 효과성과 유용성을 평가하기 위해 평가 척도를 적용했다. 현장교육자는 교육자 훈련 과정에서 커리큘럼에 대해 평가하고 피드백을 하도록 요청받았다. 메릴은 레오폴드와 함께 일부 비효과적인 활동 내용을 개선했다. 첫해에 메릴은 24명의 현장교육자를 인터뷰했다. 인터뷰 내

---

21 국립보건환경과학원은 더 초기에 제안한 재해추적조사체계를 포함한 예방 프로그램 트라이앵글을 수행하고자 했던 제지화학에너지노동자국제노조를 기금 수상자로 정했다.

용을 테이프에 녹음했고, 그들의 목소리를 최대한 반영하기 위해 녹음한 테이프를 기록으로 옮겼다. 현장교육자들은 프로그램의 효과성에 대해 말했다.

평가는 "학위가 없는 사람이 교육하는 것에 대한 안전보건 전문가들의 회의적 시각" 때문에 석유화학노조에서 중요한 쟁점이 되었다(Merrill, 1994: 341~354). 메릴은 "진행되고 있는 성과를 얻기도 전에 프로그램을 교육자 중심 모형으로 밀어붙이려고 하는" 보건교육 전문가에 의해 평가가 이루어지지 않도록 평가 과정의 조정 업무를 자원했다.[22]

메릴은 이러한 훈련 과정이 새로운 모형에 기초한 것이기 때문에, 프로그램의 강점과 약점을 파악하기 위해서는 혁신적인 평가 방법이 필요하다는 것을 깨달았다. "우리는 전형적인 학술 관점으로 교육 훈련의 진행을 요구하는 기관 평가 방법에 기초한 평가 전문가들의 압력을 받았다."[23] 석유화학노조는 참가자 평가, 현장교육자 평가와 반응, 회사 평가, 그리고 영향 평가라는 평가의 네 가지 측면을 통합적으로 다루었다.

석유화학노조의 프로그램은 매년 현상 노동자를 위한 재교육 프로그램을 포함하고 있고, 휴식 시간 동안 인터뷰에 참가했던 현장교육자에게서 정보를 수집하기 위해 커리큘럼과 프로그램의 평가를 포함하고 있다. 정보는 프로그램이 "단지 노동조합의 멤버십을 위해 안전보건 교육을 제공할 뿐 아니라 현장교육자의 삶을 더 풍부하게 한다"는 점을 증명했다(Merrill, 1994: 341~354).

첫 2년 동안 17명의 회사 관리자가 최소한 8시간 과정에 참석했다. 메릴은 두 가지 이유로 가능한 한 많은 사람을 인터뷰했다. 첫째, 석유화학노조가 훈련 프로그램에 대한 안전보건 전문가와 관리자의 생각이 어떠한지를 알 필요

---

22 M. Merrill, Interview by author, tape recording, Princeton, New Jersey, July 9, 1998.
23 M. Merrill, Interview by author, tape recording, Princeton, New Jersey, July 9, 1998.

성이 있었기 때문이었다. 둘째, 만약 그들이 이러한 훈련이 적용 가능하다는 점을 확인하게 된다면, 노동조합이 이러한 프로그램을 사 측에 구매하도록 만드는 과정에서 그들의 피드백을 사용할 수 있기 때문이었다. 메릴은 그의 저작에서 반복적으로 노조 건설에서부터 사업주가 노동자 훈련을 받아들이도록 만들기 위한 조합의 의지에 대해 지적했고, 석유화학노조도 석유화학 사업주가 그렇게 하도록 독려하기를 희망했다고 말했다.

레오폴드와 메릴은 현장교육자와 함께 교육 훈련의 영향을 평가하기 위한 메커니즘을 개발하기 위해 노력했다. 그들은 현장교육자에게서 자료를 수집하는 일과 일반적인 설문도구를 설계하는 일에 자원했다. 두 사람의 노력을 통해 교육 과정이 "안전보건에 더 효과적인 옹호자로 기능했고, 작업장에 직접적으로 더 긍정적인 변화를 가져왔다"는 점에서 현장교육자들에게 실질적인 도움을 주었고 교육 과정을 좋아하게 되었다는 사실이 확인되었다(Merrill, 1994: 341~354). 몇 년 후에 석유화학노조는 작업 조건에 관한 교육 훈련의 영향을 평가하는 등 평가 업무를 확장하기 위해 평가 전문가를 고용했다.

5) 프로그램 관리

1991년 전체 훈련 프로그램을 책임지는 총괄 책임자로 조지프 앤더슨이 선발되었다. 앤더슨은 노동연구소와 공동 작업을 했던 뉴저지 주 메르크 지부의 위원장이었다. 그는 1979년 이후 이러한 훈련 방법을 강하게 옹호해온 지지자였다. 앤더슨은 약 30명까지 현장교육자가 늘어나는 것을 보았다.

프로그램은 빠르게 그리고 성공적으로 개발되었지만, 여타의 국립환경보건과학원 기금 프로그램에서 발견된 것처럼 빠른 개발로 일정한 관리비용이 발생했다. 1991년까지 주요 커리큘럼 개발 프로젝트가 지연되었고, 재정이 불충분하게 되었다. 이에 석유화학노조는 프로그램 관리 능력을 향상시키기 위해 노력했다.

현장교육자 기반 프로그램에 대한 석유화학노조의 강조는 강력한 관리체계가 노동자의 책임을 강화하는 것을 반대하게 되는 모순을 발생시켰다. 앤더슨은 곧 현장교육자의 통제를 달성하기 위해서는 강력한 관리체계가 요구될지 모른다는 점을 깨달았다. 그는 "일이 되도록 하기 위해서는 매우 수공업적으로 이루어지는 상황을 관리해야만 한다"고 말했다.[24] 그는 꾸준하게 다음 커리큘럼을 개발하고 적절한 재정 회계의 완성을 요구하는 일에 대해서 책임을 맡았다.

커리큘럼의 개발은 간단한 것이 아니다. 몇몇 참가자들은 레오폴드가 그 부분에서 훌륭하게 일을 했지만, 동시에 다른 사람, 특히 노동자에게 으름장을 놓아야 하는 어려운 일이었다고 말했다. 소수의 현장 노동자만이 지원자로 참가했고 그들조차도 작업에 적합한 사람이 아니었다. 현장교육자로 구성된 강력하고 능력을 갖추고 있으며 신뢰할 만한 팀이 구성되었던 프로그램 시행 8년째인 1995년 전까지는 이러한 상황이 계속되었다.

6) 새로운 채용과 첫 현장교육자의 역할 변화

새로운 현장교육자가 채용되자 더 많은 교육 및 실습 과정의 개발 필요성이 제기되었다. 두 번째 현장교육자를 대상으로 하는 훈련이 메릴이 교원으로 있었던 러트거스에서 계획되었다. 레오폴드는 최초 커리큘럼의 업데이트 버전을 사용하여 훈련을 이끌어나갈 현장교육자 창립 멤버 중 네 명을 채용했다. 어윈은 그들 중 한 명이었는데, "기술 개발을 위해 쓰여야 할 것 중 최고의 것

---

24 J. Anderson, Interview by author, tape recording, Raleigh, North Carolina, August 1, 1998.

은 현장교육자가 다른 현장교육자 및 다른 그룹을 교육하기 위해 쓰였던 것이다"라고 말했다.25

브래들리 도지(Bradley Dodge)가 새롭게 채용되었다. 그는 샌프란시스코 근처 셰브런(Chevron) 공장의 배관공/용접공이었다. 도지는 그의 지부에서 안전보건노사위원회에서 일하는 활동가이자 사무국장으로 활동하고 있었다. 사람들은 그가 현장교육자 훈련에 참여하는 것을 환영하지 않았고, 제대로 할 수 있을지 불안해했다. 그러나 그는 즉각 환영을 받았고, 그가 프로그램에서 가치 있는 역할을 하고 있다고 느끼게 만들었다. 현장교육자 훈련은 그에게 "자료를 이해하고 우리가 얻기 위해 시도해야 할 더 큰 주제의 일부를 이해하는 데에 도움을 주었을 뿐 아니라 방법론에 참여할 기회"를 제공했다.26 그동안 도지는 대학에 다녔고, 교육자 중심의 교육 훈련 방식으로 이루어지는 사업주 제공 훈련을 받았다. 비로소 그는 현장교육자 훈련을 통해 노동자 중심성에 대해 배울 수 있었다. "이것은 결국 메시지가 정말로 전달될 수 있는 유일한 방법이다."27

그 수업 이후 경험이 많은 현장교육자가 새로운 현장교육자의 멘토가 되기 시작했다. 교육 훈련 과정이 새로운 현장교육자에 의해 이루어지는 동안 경험 많은 현장교육자들은 신입 현장교육자들이 어려운 상황에 빠지게 될 경우 '교육 조언'을 제공하여 도움을 주었다. 이것은 작업 중에 일어나는 학습 방법과 유사한 것이었다. "전통적으로 일터에서 노동자들은 노동자에게 배운다. 우리는 그것을 공장에서 '근접 교육(tag-along training)'이라고 불렀다. 당신은 일을 아는 누군가로부터 근접 교육을 수주 동안 받게 되는 것이다."28

25　G. Erwin, Telephone interview by author, tape recording, August 7, 1998.
26　B. Dodge, Interview by author, tape recording, Raleigh, North Carolina, August 1, 1998.
27　B. Dodge, Interview by author, tape recording, Raleigh, North Carolina, August 1, 1998.
28　G. Erwin, Telephone interview by author, tape recording, August 7, 1998.

7) 커리큘럼 실행 팀

1990년까지 새로운 모든 커리큘럼에 실행 팀이 구성되었다. 작성자들을 위한 수업이 팀 개발 지원을 위해 개최되었다. 커리큘럼 실행 팀은 석유 학교 수업 준비를 위해 일하게 되었고, 소그룹 활동 방법 형태로 변모되었다. 그들은 또한 직업안전보건청의 과정안전관리 표준에서 요구하고 있는 과정위험도 분석과 같은 새로운 안전보건 개발을 다루는 일에는 더 적은 역량을 투여했다.

몇몇 전문가들은 커리큘럼 개발에서 현장교육자와 함께 지속적으로 일했다. 1994년 경, 메르크 지부의 전임 임원이었던 레너가 커리큘럼 개발 조정관의 자격으로 채용되었다. 레너는 공장에서 일하는 동안 대학과 법률전문대학원에 다녔다. 방사선보건물리학자이자 산업위생사였던 마크 그리폰(Mark Griffon)은 석유화학노조에서 컨설턴트로 일하고 있었다. 그리폰은 커리큘럼 실행 팀이 핵 산업에서 커리큘럼을 개발할 수 있도록 지원했다. 커리큘럼 개발은 커리큘럼 실행 팀이 중심이 된 집합적인 과정으로 이루어졌다.

8) 확산, 마케팅, 그리고 자기 충족

대부분의 사업주들은 안전보건 교육에서 석유화학노조와 계약을 맺지 않으려고 했다. 결과적으로 교육 훈련을 원하는 조합원에게 접근하는 것이 어려웠다. 석유화학노조 프로그램은 훈련 과정 참가자에게 50달러에 불과한 제한된 인센티브밖에 제공하지 못했다. 석유화학노조는 사업주가 노조로부터 훈련을 구매하도록 하기 위해 노력했는데, 이것은 사업장의 작업 환경을 개선하기 위해 노사 간 대화 창구를 개설하려는 방법의 일환이었다.

현재 많은 회사들이 석유화학노조로부터 교육 훈련 프로그램을 구매하고 있다. 브리티시석유, 모빌오일, 에텔사, 굿이어 등이 이에 해당한다. 그런데 이러한 기업의 구매 행위가 필수적으로 안전보건 문제에 대해서 노동조합과 일할 의지가 있다는 것을 의미하지는 않았다. 종종 계약이 회사가 직업안전보건청으로부터 인증을 받고자 할 때 이루어지곤 한다. 반면 몇몇 회사는 석유화학노조의 교육 훈련이 작업 환경의 개선에서 노사 공동 실행을 위한 창구로서 작용하기 때문에 가치 있고 다른 훈련보다 더 가치 있다고 믿는 안전보건관리자의 결정을 용인하기도 한다.

9) 노동자의 훈련 후 시험

국립환경보건과학원의 노동자 훈련 프로그램기금에서는 유해폐기물 처리 및 응급대처 노동자를 위한 교육 훈련의 개발과 전달의 최소 기준이 만족할 수 있도록 피교육생 시험 목적의 토론을 강제하고 있다. 메릴은 이러한 노동자 대상의 시험을 반대했다. 훈련 과정이 끝날 때 노동자를 대상으로 시험을 보아야 한다는 사업주의 압력에 대항하여 메릴은 석유화학노조의 이름으로 발표문을 작성했다.

메릴의 비판은 유해폐기물 처리 훈련 프로그램의 인증에 대해 석유화학노조가 공포한 규칙의 유래가 되었다. 직업안전보건청은 기본적으로 피교육자가 50개의 질문을 통과해야 일정한 능력을 보증할 수 있도록 요구하고 있다. 메릴과 석유화학노조 프로그램은 강조점이 노동자들이 어떻게 안전하게 일하는지를 배웠는가에 있는 것이 아니라, 사업주에 의해 가정된 책임성의 정도에 관한 것에 있어야 한다고 주장했다. 그들은 국립환경보건과학원 프로그램과 수상자들이 프로그램에 의해 만들어진 모형을 손상시키고 있다고 주장했다. 그는 사업주들이 전국적으로 인식되고 완전히 인증된 교육 훈련 프로그램을 노동자에게 제공했다는 것을 설명해야 한다고 주장했다. 그리고 그것이 인증되기 전에 연방 정부 기금 경쟁 부분 평가에서 사용된 것보다 포괄성과 엄격성 정도에서 덜하지 않고 보건 전문가 및 교육 훈련 전문가의 독립 패널에 의한 교육 훈련 프로그램에 대한 광범위한 동료심사가 이루어져야 한다고 말했다(Merrill, 1991).

석유 및 석유화학 산업에서 사고와 과다 노출의 문제는 작업에서 일반적인 문제다. 메릴과 석유화학노조는 이러한 유해성이 '정상적인' 처리 과정의 필연적 산물임을 주장했다. 사고 기록을 볼 때 사고가 일련의 산업 과정에서 특정 작업조직으로부터 연유한 것이라고 주장했다. 메릴은 작업조직의 변화를 위해서는 노동자들이 교육을 통해 권한이 강화되어야 하고, 그들의 관심사를 표현하고 강화시켜 나갈 권리가 그러한 메커니즘에 의해 지원되어야 한다고 주장했다(Merrill, 1991: 47~58).

메릴과 석유화학노조는 적절한 작업 행태에 대해 노동자를 교육하는 것에 대해서 결코 문제를 제기하지 않았다. 그러나 그들은 노동자들이 얼마나 잘 배웠는지를 평가하기 위해 노동자들에게 시험을 요구하는 행위는 노사 관계에서 힘의 불균형을 더 강화하여, 석유 및 석유화학 노동자들의 작업 관련 손상, 질병, 사망의 위험을 증가하게 만든다고 주장했다(Merrill, 1991: 47~58).

석유화학노조는 논의가 실종되었다고 믿고 있다. 국립환경보건과학원의 합의 과정을 통해 최소 기준안이 개발되었지만, 그것에 노동자 대상의 시험을 배타적으로 요구하는 조건이 포함되어 있지는 않다. 거기에는 '실력 평가'에 관한 상세한 부문이 있다(NIEHS, 1991). 문서로 된 시험지가 이용되면서 문서화된 시험지의 기준을 정하기 위해 절충안이 마련되었고, 석유화학노조에 의해 받아들여졌다. 석유화학노조는 프로그램에 대한 논의와 관심을 강화하는 지표로서 절충안을 보증하기 위해, 충분하게 고려되었던 노동자 시험의 대안에 대해 토론하게 되었다.

10. 일과 환경

1992년, 석유화학노조는 노동자와 지역사회주민이 참여한 두 개의 교육 훈련 과정을 시카고에서 수행했다. 교육 훈련은 국립독성캠페인과 함께 이루어졌다. 지역의 유해폐기물 문제를 논의하기 위해 노동자와 지역주민을 위한 포럼이 준비되었다. 두 집단에서 몇몇 개인들이 소그룹활동에 참여했다. 시카고 직업안전보건위원회의 메리 엘스너(Mary Elsner)가 참석해서 국립독성캠페인의 스탠 홀트(Stan Holt)에게 소그룹 활동에 대해 보고했다. "노동자와 지역 활동가들이 서로를 알게 되었고, 그들이 다른 집단에 대해 가졌던 고정관념을 벗어던지게 되었으며, 공통된 입장을 찾아냈다"(Elsner, 1992).

결과를 요약하면, (1) 지역 회사를 상대로 소송했던 지역 주민은 그 회사에 고용된 노동자와 일반적인 관심사를 논의하기 위해 만났다. (2) 시카고 환경컨퍼런스에서 지역 활동가들은 그들이 훈련 과정에서 배웠던 것들을 공유했다. 독성물질의 사용 감소 전략에 관한 논의는 노동자의 시각을 포함하고 있었다. (3) 일부 활동가들과 노동자들은 환경 문제와 전략에 관해 함께 일하게 되었다.

1993년 10월 교육 훈련 프로그램의 자문위원회의에서 석유화학노조는 국립환경보건과학원이 노동자와 지역주민 모두에게 영향을 미치는 문제에 대한 교육 훈련에서 지역 활동가와 환경주의자의 통합을 지지하도록 요청했다. '일과 환경' 커리큘럼은 공중보건연구소와 석유화학노조가 개발했다.[29] 자문

---

29 공중보건연구소는 노동연구원의 산하 기관이다.

위원 중 한 명인 유해폐기물시민정보센터의 스티브 레스터(Steve Lester)는 강력하게 이러한 접근법을 주창했고, 석유화학노조의 석유 학교에 참석할 수 있도록 환경활동가들을 초대했다.

국립환경보건과학원은 석유화학노조의 제안서를 지지했다. 이 제안서의 내용은 지역노조 홀에서 토요일 8시간 과정으로 이루어지는, 지역 환경활동가와 노조원을 대상으로 하는 교육 훈련에 관한 것이었다. 이러한 노력이 환경 정의의 문제를 다루기 위한 도약판이 될 수 있도록 '과도기' 커리큘럼의 실행 팀 구성으로 이어졌다.

11. 시스템 분석을 위한 노동자 준비

석유화학노조는 구조적으로 위험 산업에 종사하는 노동자들이 유해한 환경과 관련되어 있는 위험을 최대한 예방하기 위해서는 안전보건 시스템 분석에 숙련될 필요가 있다고 생각했다. 노조의 프로그램은 노동자의 안전보건을 위해 안전한 작업 관행의 중요성을 결코 부정하지 않았다. 그러나 하청 사업주와 노동자 간의 근로계약이 일반적으로 시설의 안전 시스템과 절차에 익숙하지 않은 미숙련 노동자들의 안전에 위협으로 작용한다. 이러한 상황에서 미숙련 노동자의 적절한 작업 관행은 원청과 관련된 중대 재해에서 거의 예방효과가 없다. 그래서 석유화학노조는 노사 합동의 안전보건위원회에서 활동적인 참가자가 되도록 조합원의 능력을 개발하기를 원했다. 교육 훈련은 문제를 확인할 수 있는 시스템 분석가로서 그들의 전문성을 개발하고 기술적 측면에서 문제의 해결 방안을 도출할 수 있도록 도움을 주었다.

12. 프로그램의 영향

　노동조합에서 석유화학노조 프로그램의 가장 큰 영향은 유능한 현장교육자들의 네트워크가 구축되었다는 점일 것이다. 그들은 직업 관련 손상, 질병, 사망을 예방하기 위해 노력하는 노동조합과 함께 일할 훈련된 안전보건 활동가들이다. 그들은 해당 산업뿐만 아니라 미국 사회에서 노동자의 권한을 높이기 위해 일하고 있다.

　프로그램은 노동조합의 구축을 위해 지원하고 있다. 노동조합이 그들의 편에서 일하고 있다는 점이 회원들에게 알려졌다. 현장교육자에 근거한 프로그램 형성은 현장에 입각하고 현장에서 발현될 노동조합 안전보건 프로그램의 개발을 촉진했다. 프로그램은 지도자를 양산했다. 첫 현장교육자의 대부분은 노조 중앙 대의원이나 지도자 또는 지부의 사무장이 되었다. 프로그램은 조합원을 위한 노동조합 경력 과정이 되었다.

　프로그램은 노동자들이 자유롭게 이야기하기 어려운 주제에 대해 서로 논의할 수 있는 공간이 되기도 했다. 노동자들은 심각한 안전보건 문제를 의제화할 경우 그들의 일자리를 잃을 수 있다는 것을 안다. 그들은 또한 그들의 화학적 노출이 암이나 다른 치명적인 만성질환을 일으키는 원인이 될지도 모른다는 점을 알고 있다. "당신은 통증 때문에 의사에게 진찰을 받을 때마다 20년 전에 신체의 일부를 벤젠으로 씻었던 것이 지금 암으로 발병할지도 모른다는 두려움을 갖게 된다."30

　교육 훈련은 노동자들에게 위해요인을 제거하기 위한 해답을 공유할 수 있도록 방법을 제공한다. 한 명의 노동자가 현재 하고 있는 일에 대해 이야기할

30　G. Erwin, Telephone interview by author, tape recording, August 7, 1998.

때 다른 노동자는 위해요인을 예방하기 위한 작업 방법에 대해 이야기한다. 프로그램은 근접교육(tag-along) 훈련 등과 같은 교육 훈련을 통해 비공식인 조직 내에서 정보를 서로 공유하는 전통을 세우고 있고, 이를 확장시킬 수 있는 논의 공간을 제공한다.[31]

또한 노동자들은 교육 훈련에 의해 지지를 받으면서 산업에 내재된 위험을 수용하지 않도록 하고 있다. "그것은 체계 전체적인 실천주의다."[32] 훈련을 받은 많은 노동자들은 사업주와의 관계에 관해서 서로 다른 기대치를 가지고 있다고 보고하고 있다. 노동자들은 해답을 제안하면서 때때로 긍정적 변화를 성취하곤 한다.[33]

프로그램은 1980년대 중반부터 감소되었던 석유화학노조의 안전보건 실천주의를 부활시켰다. 지도력에 의해 실천 활동에 대한 지원이 강화되었다.[34] 현장의 문제를 끌어올려 문제를 추적할 수 있는 활동가들의 네트워크가 이루어졌다. "나는 수년 전까지 우리가 개발한 기술 수준으로 훈련을 받을 만큼 많은 사람에게 훈련이 이투어실 것이라고 생각하지 못했다."[35]

교육 훈련은 조합원, 간부, 지도부에게 그들이 세운 전략과 목표를 분석할 수 있도록 도움을 주었다. 현장교육자들은 새로운 지도부를 발굴하고 세우기 위한 관심을 표출했다. 지도부들은 다른 사람을 훈련하고 채용하는 것보다 그

---

31 G. Erwin, Telephone interview by author, tape recording, August 7, 1998; B. Dodge, Interview by author, tape recording, Raleigh, North Carolina, August 1, 1998.
32 B. Dodge, Interview by author, tape recording, Raleigh, North Carolina, August 1, 1998.
33 M. Merrill, Interview by author, tape recording, Princeton, New Jersey, July 9, 1998.
34 L. Leopold, Interview by author, tape recording, New York, July 9, 1998; R. Wages, Telephone interview with author, tape recording, August 11, 1998; M. Merrill, Interview by author, tape recording, Princeton, New Jersey, July 9, 1998.
35 T. Mazzocchi, Telephone interview by author, tape recording, August 8, 1998.

들에게 새로운 기회를 주는 것이 더 낫다는 것을 알게 되었다.

13. 결론

노동연구소의 협력하에 석유화학원자력국제노조는 국립환경보건과학원의 국립노동자훈련프로그램기금을 이용하여 조합원에게 혁신적인 안전보건 교육 및 훈련 프로그램을 개발했다. 프로그램은 1970년대에 노동조합이 세운 일련의 안전보건 전략에 기초하여 만들어졌다. 이러한 전략의 목표는 지역의 안전보건 문제를 인식하고, 생산의 지점에서 안전보건 실천 활동을 활성화하는 데 필요한 지원을 제공하는 것이었다. 목표와 전략이 석유화학노조 교육 훈련의 중심이었다.

기금의 지원으로 이루어진 교육 훈련은 초기 전략을 수정하면서 부가적인 목적과 목표를 갖게 되었다. 프로그램은 전문가에 대한 노동조합의 의존을 최소화하는 방안을 찾고, 대신 조합원들에게 기술적이고 법률적인 문제를 이해시키고 접근을 용이하게 하는 데 도움을 줄 현장교육자의 네트워크를 확대해 나가고자 했다. 더 나아가 이러한 이해 속에서 노동자들 스스로 지역 현장에서 '그들이 직면하고 있는 안전보건 문제에 대해 소통, 선전, 조직할' 수 있도록 만들기 위한 목적을 갖고 있었다(Merrill, 1995: 39~50). 석유화학노조는 생산라인의 노동자들이 현 체계의 오류에 대해 문제를 제기하고 개선의 전략을 제시할 수 있는 안전체계 분석가가 되기를 원했다. 이것은 플랜트 작업의 의사결정과 통제에서 작업장 민주주의를 증가시키기 위해 생산라인 노동자와 지역 노조의 결합을 요구했다. 석유화학노조 프로그램은 작업장 부상, 질병, 사망을 예방하기 위한 필수 전략으로서 생산 기획과정에 노동자의 참여를 강화하고자 했다.

대표적인 산업에서 이러한 전략이 성공하는 데 구조적으로 큰 장벽이 가로막혀 있다. 정교한 관료 및 수직 계열화된 조직 구조로 인하여 노동조합 프로그램에 대한 경영계 쪽 지지자들이 종종 권위에 눌려 지지를 철회하곤 했다. 부상, 질병, 사고, 사망의 책임을 노동자의 행태로 돌리려는 지배적 담론 때문에 경영계의 대다수는 석유화학노조 교육 훈련의 장점을 모른 체했다. 석유화학노조는 "노동자들이 사고 예방에 직접적으로 그리고 지속적으로 관계할 때만 노동자들이 안전할 수 있다"는 관점에 기초하여 구조적 위험에 직면한 산업 부문에 주의를 기울이고 있다(Merrill, 1991: 47~58).

이번 사례 연구에서 이루어진 인터뷰에서, 석유화학노조의 모형이 대표적인 산업의 작업 조직과 노사 관계에서부터 기인한다고 생각하는지를 프로그램 참가자에게 물어보았다. 그들은 일관되게 모형이 최초의 생각에서 기인한 것이었다고 말했다. 이러한 인터뷰 결과는 사례가 되기에 충분했다. 아직 사례 연구는 경제 및 정치적 산업 위기의 지점에서 이러한 산업들의 조직과 노동조합의 정치적 전략 사이에 밀접한 관계가 존재한 것처럼 보인다. 석유화학노조는 해당 산업의 구조적·정치적 동학이 특이하게 적용되는 프로그램을 개발한 것처럼 보인다. 이러한 전략과 대표적인 산업에서 특정 노사 관계를 더 명확하게 이해하기 위해서는 법인과 안전보건 관리자, 법인의 피신탁인을 대상으로 한 인터뷰 등 부가적인 연구가 필요할 것이다.

석유화학노조 프로그램은 국립환경보건과학원의 기금에서 주도적인 역할을 담당했다. 지도력을 통해 노동과 안전보건운동이 노동자 보건교육에 적용될 수 있다는 광범위한 전략적 이해를 가져왔다. 장점과 평가에 관한 석유화학노조의 강조는 직업안전보건 중재 프로그램의 가치를 알리는 데 도움을 주었다. 공중보건 문제의 특성과 성공적인 중재 전략의 기초를 이해하기 위해 노동자에게 목소리를 제공하는 것의 중요성에 대해서도 반복적으로 강조했다. 석유화학노조 프로그램은 단지 직업안전보건 프로그램의 측면에서만 노동자 보건교육을 이해하는 것이 제한적이라는 인식에 기초하고 있다. 그것은 직업안전보건 프로그램에 영향을 미치는 노동자의 능력 개발에 강조점을 두기 위한 전략에 기초하여 실행된 것이다.

14. 감사의 말

이 장을 작성하는 데 도움을 준 매리 리 던(Mary Lee Dunn)과 그레그 드러리어(Greg DeLaurier)의 노고에 감사를 표한다. 또한 석유화학노조, 노동연구소, 그리고 인터뷰에 응해준 분들에게서 받은 지지와 협조에 대해 감사를 표한다.

[임준 옮김]

6

손쉽게 얻을 수 있는 열매[1]
독성물질 사용 감소 정책의 사회적 가치와 기업의 결정권

리처드 캠벨(Richard Cambell), 찰스 레벤스타인(Charles Levenstein)

이 장에서는 혁신적인 환경정책이라는 평가를 받고 있는 「매사추세츠 독성물질사용 감소법(Massachusetts Toxics Use Reduction Act: TURA, 이하「독성물질감소법」)」의 시행에 대해 고찰했다. 이 법은 독성물질의 사용 감소를 통해 생산에 변화를 주고자 하여 시행된 환경적인 중재 조치다. 「독성물질감소법」에 따르면, 독성물질 사용 감소라는 목적을 달성하기 위해 각 기관이 자체적으로 독성물질 사용 감소 계획을 수립, 시행하도록 하고 있다. 또한 이 법은 '독성물질 사용 감소 계획 입안자'라는 제3의 정책 관계자를 도입했다. 우리는 독성물질 사용 감소 계획 입안자들과 면접조사를 수행했는데, 면접조사의 주된 목적은 독성물질 사용 감소 계획의 제한점에 대해 알아보기 위한 것이었다. 조사 결과, 일부 분야에서 변화가 없었던 것은 아니었지만, 회사 측의 입장에 따라 대부분의 정책 수행 방향이 결정되는 것으로 나타났다.

---

1   제목에 사용된 '손쉽게 얻을 수 있는 열매'는 'Low-hanging fruit'라는 영어 표현을 의역한 것인데, 직역하면, '낮게 매달려 있는 과일'이라는 뜻이다. 나무에 '낮게 매달려 있는 과일'은 햇빛을 받지 못해 성숙도가 낮아 맛은 덜하지만 쉽게 딸 수 있다는 이점이 있다는 뜻에서, 어떤 문제를 해결할 때 실행하기에는 어려움이 따르지만 근본적인 해결책을 쓰지 않고 손쉽게 실행이 가능한 임시변통 식의 해결책을 쓰는 경우를 비유적으로 표현할 때 쓰인다. _ 옮긴이

1989년 매사추세츠 주 의회가 「독성물질감소법」을 만장일치로 통과시키면서 매사추세츠 주의 환경보호정책이 확고한 정책적 기반을 가지게 되었다. 「독성물질감소법」이 앞으로 환경보호정책 분야에서 주목할 만한 새로운 시대를 열게 될 것이라는 전망이 나왔다(Massachusetts General Court, 1989). 「독성물질감소법」은 현재 기능하고 있는 사후관리 위주의 환경보호정책 구조에서, 지금까지 시도되지 않았던 사전 예방이라는 공해 방지 원칙을 최초로 도입함으로써 환경 정책 분야의 획기적 발전이라는 평가를 받고 있다. 과거의 환경 정책은 공장 배수구에서 나오는 오염물질이나 환경에 배출되는 폐기물에 대해 제한 기준을 도입하는 방식이었는데, 이는 환경오염을 예방하기보다는 관리하는 데 역점을 둔 정책이었다. 그에 비해 「독성물질감소법」은 우선적으로 생산 과정에서 사용되는 화학물질의 총량과 독성을 감소시키는 것에 주안점을 두었다. 새롭게 제안된 정책적 접근 방법은 제조 과정의 초기부터 오염의 가능성이 적은 방법을 쓰게 해서, 결과적으로 환경에 배출되어 인간에게 피해를 주는 오염물질의 사용량을 상당한 정도로 감소시키는 효과를 예상할 수 있다. 따라서 배출구에서 오염물질의 농도를 규제하는 전통적인 방법에 비해 훨씬 효율적인 정책이라고 예측할 수 있었다.

매사추세츠 주 「독성물질감소법」의 최초 정책 목표는 향후 10년 내에 유해 폐기물의 발생량을 절반으로 감소시키는 것이었다. 이 법률에서 흥미로운 점은 독성물질의 사용 감소라는 궁극적인 목표를 달성하기 위해, 생산 과정에 사회적 가치를 고려하도록 했다는 점과 기존에 없던 전혀 새로운 정책 수단을 도입했다는 점이다. 「독성물질감소법」은 산업 현장에서 핵심적인 경영 정책 결정 과정, 다시 말하면 무엇을 어떻게 생산할 것인가를 결정하는 과정에서 환경적 원칙이 주된 고려 사항이 되도록 고안된 법률이라고 할 수 있다. 그러나 이 법률은 지역사회가 스스로 독성물질 사용 감소 계획을 수행하여 기존의 잘못된 화학물질 사용 습관을 변화시키도록 하지 않았다. 그 대신 산업 현장에서 기술 혁신과 기술 응용에 자극을 주기 위한 정책 수단에 주로 의존하고 있다. 「독성물질감소법」의 핵심은 이 법의 적용을 받는 모든 기업이 의무적으로 독성물질 사용 감소 계획을 수립하도록 하고 있다는 점이다. 이 사용 감소 계획에 따라서 각 기업은 스스로 운영 상태에 대한 조사를 수행하고, 화학물질 사용을 감소시키기 위한 대안적인 생산 방식을 찾도록 하고 있다. 이 법률은 법의 적용을 받는 기업이 독성물질 사용 감소 계획을 수립, 시행하는 과정에서 유해 화학물질의 위험성에 대한 이해도를 높일 수 있고, 화학물질에 대한 의존도가 낮은 특정 기술을 취득한다면 기업이 자발적으로 좀 더 오염이 적은 방향으로 생산 과정을 변화시킬 것이라는 가정에 근거하고 있다.

규제를 받는 기업에 대해 새로운 계획 수립의 의무를 부과함과 동시에 새로운 정책 관계자인 '독성물질 사용 감소 계획 입안자'를 도입했는데, 이들은 기관에서 수립한 계획을 제3자의 입장에서 평가하는 업무를 주로 수행하게 된다. 계획 입안자는 공무원이 아니며, 독성물질 사용 감소 계획을 평가하는 데 필요한 법령에 근거한 자격을 갖춘 독립적인 전문가다. 「독성물질감소법」에 따르면, 규제를 받는 기업은 자격을 갖춘 계획 입안자에게 자신의 회사가 수립한 계획을 승인받아야 한다. 이러한 방식은 이론적으로는 주 정부가 회사에서 수립한 계획서를 직접 검토하지 않으면서, 다시 말하면 전통적으로 정부의 규제를 받지 않던 경영 활동에 정부가 직접 관여하지 않으면서도 각각의 기업이 법률에 따를 수 있도록 하는 장점이 있다. 계획 입안자들은 해당 지역사회 내에서 「독성물질감소법」의 공공적인 목적을 대표하여 독성물질 사용 감소 계획의 수립을 관리 감독하는 중요한 역할을 수행한다.

이론적으로는, 기업들에게 독성물질 사용 감소 계획을 준비하게 하는 것과 그 과정에 독성물질 감소 분야의 전문가들을 의무적으로 참여시키도록 강제하는 것은 생산 과정에 사회적 가치가 담긴 조치들을 도입하도록 하는 데 어느 정도 효과적인 방법이라고 할 수 있었다. 그러나 기업들이 이 법률이 정하는 사항을 잘 따라서 성실하게 계획을 수립하고, 계획의 범위를 넓히고, 강도를 높이며, 신속하게 자신의 생산 과정을 변화시킬지에 대해서는 불확실한 면이 많았다. 1990년 New Solutions Journal of Occupational and Environmental Health Policy에 공해 예방 정책에 대한 논문을 투고한 로버트 긴즈버그(Robert Ginsburg)는 기업들이 실제 기술을 변화시키는 데 늑장을 부릴 가능성이 있다고 경고했다. 그는 "기업들은 지난 100년 동안 자신들이 직접 제조 과정의 평가와 조절을 할 수 있도록 고집스럽게 투쟁해왔다"고 주장했다(Ginsburg, 1990: 54~65). 사회적인 중재 조치에 대해 기업이 변화의 속도를 조절하는 권한을 자신의 손에서 놓지 않으려고 하면서 발생하는 긴장 관계는 이전에도 존재했는데, 이러한 상황이 매사추세츠 주의 「독성물질감소법」의 사례에서도 나타날 가능성이 높았다. 이 장의 내용은 저자들 중 한 명이 독성물질 감소 계획이 실제 수행되는 과정을 평가할 목적으로 수행한 연구에서 발췌한 내용이다(Campbell, 2000).

1. 독성물질 사용 감소 정책에 대한 고찰

환경적 중재 조치는 환경 정책이 제 모습을 갖추기 시작한 1970년대 초반부터 '공해 방지(pollution control)' 형식의 규제 조치에 많은 영향을 받아왔다. 1970년대 초반 이후 공해 방지 형식의 정책적 접근은 끊임없이 개선되어왔다. 공해 방지 정책의 핵심은 생산의 결과물로 나오는 다양한 유형의 폐기물과 배출물이 환경에 미치는 영향을 조절하기 위해 사후 대책을 주로 이용한다는 점이다. 예를 들어, 특정 폐기물의 문제점이 밝혀져서 일반 대중이 관심을 갖게 되면, 정책 입안자들은 특정 폐기물이 환경에 주는 영향을 줄이기 위해 해당 폐기물에 대한 통제 방법을 입안하고 수행했다. 이러한 사후관리 방식은 기업들이 오염물질을 발생 시점에서부터 근본적으로 없애도록 하는 포괄적 방법의 적용을 장려하지 못한다는 단점이 있다.

1987년에 미국의 전국독성물질예방캠페인(National Toxics Campaign) 조직과 전국 공익연구단체(Public Interest Research Groups: PIRGs)가 공동으로 「독성물질감소법」의 초안을 마련했는데, 당시 법의 목적은 생산 과정에서 더욱 완벽한 환경 중재 조치를 도입할 수 있도록 관심을 촉발시키기 위한 것이었다. 전국 공익연구단체의 지부인 매사추세츠 공익연구단체의 주도하에 매사추세츠 주 활동가들은 매사추세츠 주 상하원에 이 법률에 대한 입법 청원을 냈다. 전국 독성물질 캠페인의 데이비드 알렌(David Allen)에 따르면, 이 법의 목적은 "정부가 기업들이 독성물질의 사용량을 줄이는 데 도움을 주고, 동기를 부여하기 위함"이었고, "기술적으로 적용 가능하고, 경제적으로도 실용적이며, 건강에도 유용한 방법을 사용하여 독성물질의 사용을 감소시키는 것"이었다(Allen, 1987). 이 법의 조항에는 특히 독성이 강한 유해 화학물질을 단계적으로 또는 전면적으로 사용 금지하는 것과 독성물질 사용 감소 계획의 입안에 시민과 노동자들이 참여하도록 하는 내용이 포함되어 있었다. 바로 이 부분이 이 법에서 가장 중요한 부분인데, 산업 환경에 정책적인 기전을 통해 사회적 가치를 도입시키려고 했던 점이 이 법의 중요한 특징이었다.

매사추세츠 공익연구단체가 청원한 이 법률에 대해 기업들은 강력하게 반발했다. 매사추세츠 기업연합회는 1987년 8월에 회원 기업들에게 보낸 '입법 고시'에서 "이 법은 정부가 기업들에게 특정 화학물질의 사용량을 감소하도록 하거나, 사용 금지조치를 취할 수 있는 권한을 부여하는 내용으로 자유롭게 사업을 할 수 있는 기업의 기본적인 권리를 침해할 가능성이 있다"고 주장했다(Associated Industries of Massachusetts, 1987: 17). 기업들이 가장 강력하게 반대한 것은 화학물질의 사용 금지, 지역주민들이 기관에 대해 감사를 시행할 수 있는 권리, 독성물질 사용 감소 계획에 노동자의 동의가 필요다하는 내용 등의 조항이었다. 기업연합회는 또한 이런 방안을 시행하기 위해서 엄청난 비용이 필요하다고 주장했고, 만약 폐기물 최소화 방안에 유해폐기물 처리장 부지를 확보하는 조항이 추가되지 않는다면 「독성물질감소법」의 통과에 반대한다는 입장을 밝혔다. 기업들이 강력하게 반대하자, 공해 방지가 주된 임무인 환경 관련 부처마저도 매사추세츠 공익연구단체가 제안한 법안에 대해 비판적인 의견을 표명했는데, 독성물질의 사용 감소를 위해서는 법의 목표를 좀 더 구체적으로 설정해야 하고, 지역주민들이 계획 수립에 참여하는 것은 기업의 고유 영역에 대한 과도한 간섭이며, 특정 화학물질에 대한 사용 금지는 비현실적인 정책이라는 것이 비판의 주된 내용이었다.

환경운동가들은 만약 1988년 의회 회기 동안에 「독성물질감소법」이 통과되지 못한다면, 시민 의안 발의권(popular ballot initiative)을 통해 법안을 통과시키도록 노력하겠다고 밝혔다. 1988년 회기에 매사추세츠 공익연구단체가 마련한 법안에 대한 논의의 진전이 없자, 매사추세츠 기업연합회는 1989년 회기를 대비하여 독자적으로 「유해폐기물 감소 및 관리 법안(Hazardous Materials Waste Elimination and Management Act)」을 제출했다. 매사추세츠 기업연합회의 법안은 독성물질의 사용 감소에 대한 내용은 회피하면서 「연방 자원 보존 및 재생 법」의 규제를 받는 폐기물 감소 부분에만 초점을 맞추었다. 자원 절감 계획과 동시에 준비한 이 법안은 유해폐기물 처리장 지정에 대한 조항이 포함되어 있는 등 유해폐기물의 관리에만 치중하는 매사추세츠 기업연합회의 기존 입장을 되풀이하고 있었다.

서로 충돌하는 두 개의 법안 중에서 입법부가 기업연합회의 법안 쪽을 옹호하는 입장을 취하자, 환경단체들은 상호 수용할 수 있는 절충안에 대한 논의를 시도했다. 의회가 기업연합회와 환경단체 양쪽에 협상을 타결하도록 압력을 가하자, 양측은 서로의 입장차를 좁힌 합의안을 제출했다. 합의안에서 환경운동가들은 법안에서 폐기물 감소와 관련된 조항을 빼고, 독성물질의 사용 감소에 초점을 맞추는 데 성공했다. 반면 기업연합회는 화학물질 사용에 대한 보고와 독성물질 사용 감소 계획을 수립하는 데 동의했으나, 독성물질 사용 감소 계획의 수립 과정에 시민과 노동자의 참여를 보장하는 조항, 그리고 화학물질의 단계적 사용 정지와 화학물질 사용 금지와 관련된 조항들을 삭제하는 데 성공했다.

또한 기업연합회는 이 법안으로 새로이 탄생하는 '독성물질 사용 감소 계획 입안자'의 역할에 대해서도 환경단체로부터 몇 가지 중요한 양보를 얻어내는 데 성공했다. 기업들이 기업 외부의 컨설턴트를 의무적으로 계획 입안자로 임명하는 것에 대한 반감을 강력히 표명했기 때문에, 사업주들이 자신의 피고용인 중에서 자신의 기관을 위한 독성물질 사용 감소 계획 입안자를 직접 임명할 수 있는 권한을 갖게 된 것이다. 사업주가 자신의 피고용인 중에서 임명한 계획 입안자는, '제한 면허' 계획 입안자(limited practice planner)라고 했는데, 이들은 과거에 관련 분야의 실질적인 경험이 있는 사람에게만 면허가 주어지고, 자신이 고용되어 있는 기업에서 수립한 감소 계획만 승인할 수 있었다. 이와는 달리, '일반 면허' 입안자(general practice planner)는 독성물질 사용 감소 계획에 대한 교육 과정을 이수한 후 주 정부에서 관할하는 면허 시험을 통과한 입안자들이며, 기업 외부의 제3자인 전문가로서 기업이 수립한 계획을 승인할 수 있었다.

2. 계획 과정의 문제점

「독성물질감소법」의 발효로 독성물질 사용 감소 계획의 수립이라는 새로운 정책적 접근법이 도입되었고, 이는 각 기업체가 좀 더 깨끗한 생산 방법을 찾아서 이를 수행해야 한다는 것을 의미했다. 그러나 감소 계획을 수립하는 것 자체는 아무런 의미가 없으며, 기업이 실제로 계획 시행에 적극적으로 나설 때만 비로소 의미가 있다. 기업 운영의 다른 분야에서와 마찬가지로 이 감소 계획의 실효성도 경영진의 지원, 전문가들의 참여, 계획 수행의 신뢰성과 가치를 보장할 수 있을 정도의 충분한 자원 및 인력 투입 등 일반적인 사업 수행상의 필수요건이 존재하는지에 달려 있다고 볼 수 있다. 그러나 아쉽게도 「독성물질감소법」은 기업들이 계획을 수립하는 데 필요한 내용에 대해서는 자세히 규정되어 있었지만, 이러한 계획을 회사가 어떻게 수행해야 하는지에 대한 구체적인 규정은 부족했다. 이 법에는 계획이 계획으로만 남지 않고 실제 수행될 수 있도록 추진하는 원동력에 대한 내용, 계획의 실행 과정에 참여할 때 독성물질 사용 감소 계획 입안자들에게 주어지는 역할과 권한에 대한 내용 등이 매우 불확실하게 기술되어 있었다.

이러한 내용들은 모두 법의 실효성을 위해서 필수적으로 요구되는 문제들이었다. 환경운동가들이 최초에 제시한 「독성물질감소법」의 청사진에 들어 있었던 독성물질의 사용 금지, 단계적 사용 금지 조항, 그리고 계획 수립에 시민과 노동자가 참여하는 조항 등은 기업체들이 독성물질 사용 감소 계획을 실행에 옮기도록 강제함과 동시에 기업들의 사회적 책임을 강화하기 위한 대표적인 조항들이었다. 법안의 협상단계에서 이러한 정책 강제 수단이 제거되었기 때문에 「독성물질감소법」의 원래 목적을 달성하기 위해서는 독성물질 사용 감소 계획의 시행을 강조하거나 또는 독성물질 사용 감소 계획 입안자들이 생산 개선 과정에 참여하도록 하는 등의 정책 보완 수단이 강구되어야만 했다.

수립된 사용 감소 계획이 실제 시행에 옮겨지기까지는 대략 세 가지 요소가 필요하다. 수립된 계획의 현실화를 위해서는 첫 번째로 계획 입안자들의 전문적 능력과 열의, 그리고 실행력이 필요하다. 계획 입안자들이 어떤 사람들이며, 어떤 방식으로 업무를 수행하느냐에 따라 기업들이 계획 수립에 투여하는 노력과 합법적인 계획 수립을 위해 요구되는 사항들을 결정하는 데 영향을 줄 수 있다. 두 번째는 실제 규제를 받는 기관의 역할이 중요한데, 기관에서 감소 계획을 기관의 수많은 업무들 중에 어느 정도의 우선권으로 취급하고 있는지가 계획의 실제 시행에 중대한 영향을 줄 수 있다. 규제 대상인 기업이 법률에서 요구하는 최소한의 요건만을 수행하려고 하는지, 아니면 중요한 사항으로 처리하는지에 따라 새로운 법률의 실효성, 다시 말하면 그 법률이 애초에 추구했던 사회적 가치의 달성 여부에 영향을 미칠 수 있다. 세 번째로 중요한 요인은 「독성물질감소법」의 조항이 비규제적 공공정책의 형태를 띠고 있어서 규제적 공공정책에 비해 주 정부의 역할이 모호하긴 하지만, 주 정부가 독성물질 사용 감소 계획과 관련하여 규제를 받는 기업과 계획 입안자 모두를 만족시킬 수 있는 구체적 정책을 입안하는 것이다. 여기에서 가장 중요한 것은 주 정부가 기업이 수립한 독성물질 사용 감소 계획의 적절성을 평가할 수 있는 기준을 명확하게 정의하여 계획의 적절성을 감독함과 동시에 계획 입안자들이 적절한 역할을 수행하고 있는지에 대해서도 감독해야 한다는 점이다. 현재는 수립된 계획의 적절성과 계획 입안자들의 업무 수행 적절성에 대해 전문적으로 검토할 수 있는 체계가 없다. 현재 정책 상황에서 기업이 수립한 계획이 「독성물질감소법」에서 요구하는 사항들을 충족하고 있는지 그리고 수립된 계획이 일관성이 있는지를 평가하는 업무는 개별 계획 입안자가 할 수는 없으며, 주 정부만이 할 수 있다.

3. 연구 방법

이 연구에서는 독성물질 사용 감소 계획이 실제로 수립되는 과정을 조사하기 위해 독성물질 사용 감소 계획 입안자 20명, 그리고 「독성물질감소법」을 집행하는 규제 당국인 주 정부의 환경보호과 소속 전문가 2명을 대상으로 면접 인터뷰를 시행했다. 계획 입안자들에 대한 면접조사에서는 응답자의 특성, 계획 입안을 수행한 기관의 특성, 계획 입안 경험, 독성물질 사용 감소 계획의 실행 등에 대한 내용이 포함되었다. 면접조사에는 회사에 소속된 계획 입안자와 독립적으로 컨설팅을 수행하는 계획 입안자가 모두 응답에 참여했다. 환경보호과 소속 전문가 면접조사는 감독에 초점을 맞추어 진행되었는데, 구체적으로 계획수립 과정과 내용을 검토했거나 감독하는 절차가 있었는지, 부적절한 계획을 수립하여 벌금을 부과 받은 기업이 있었는지, 사용 감소 계획에 대한 표준이 있었는지, 감독 결과 계획 입안자들 중에서 면허가 취소된 사례가 있었는지에 대한 내용이 포함되었다. 면접조사를 통해 얻은 정보는 관련된 문헌 검색을 통해 부족한 부분이 보강되었다. 구체적으로 살펴보면, 독성물질 사용 감소 계획에 대한 검토 결과, 계획 수립에 대한 공식적인 지침, 「독성물질감소법」의 준수 정도와 다른 환경 관련 규정들에 대한 내용이 보강되었다.

4. 현장조사에서 얻은 관찰 결과

독성물질 사용 감소 계획 입안자들에 대한 조사에서 먼저 언급하고 싶은 점은 대부분의 규제 대상 기업들이 독립적인 계획 입안자보다는 자기 기업의 피고용인 중에서 선발된 계획 입안자를 선호하는 경향을 보였다는 점이다. 1995

년 통계에 따르면, 면허를 받은 계획 입안자의 82%가 기업에 소속된 피고용인이었다(Massachusetts Department of Environmental Protection, 1995). 계획 입안자들 중에 일부만 주 정부가 운영하는 계획 입안자 교육 프로그램을 이수한 사람에게 주어지는 '일반 면허(general practice)'를 소유하고 있었다. 면허가 있는 계획 입안자의 약 3분의 2는 기업에 소속된 피고용인으로서 '제한 면허(limited practice)'를 가지고 있었고, 독성물질 사용 감소 계획과 법안의 목적에 대한 내용을 교육받지 못한 사람들이었다. 주 정부의 교육 과정을 이수한 사람들만 놓고 보면, 절반은 독립적인 컨설턴트이고 절반은 회사의 피고용인이었다. 교육 기회가 부족한 점이나 계획 입안자로서의 독립성이 부족한 점이 계획 입안자들에 대한 감사에서 매우 중요하게 고려되는 사항임에도, 회사에 소속된 피고용인으로서 '제한 면허'를 소지하고 있는 계획 입안자들에 대한 문제가 전혀 고려되지 않았다. 더욱이 이런 '제한 면허'를 소지한 계획 입안자들이 정책에서 부여받은 역할을 효율적으로 수행하기 위해서 필수적인 요구사항인, 계획 입안자로서 요구되는 기본적인 지식을 습득할 수 있도록 교육을 받으려는 규제 당국의 요구를 규제 당국의 횡포로 치부하면서 거부했다.

현장조사를 통해 얻은 명확한 결론은 "기업이 노력을 기울여 감소 계획을 수립하고, 계획 입안자들이 기업이 수립한 감소 계획에 대해 평가하는 이상적인 상황"은 매우 드물다는 점이다. 계획 입안자들은 거의 모두 한결같이 회사의 계획 수립 과정에 직접 관여하고 있었다. 계획 입안자들의 노력 여하에 따라 기업의 지원을 더 많이 받거나 좀 더 효율적인 계획을 수립할 수 있었는데, 그 차이가 매우 컸다. 계획 수립 과정의 적절성이나 수립된 계획의 실효성은 피고용인인 '제한 면허' 계획 입안자의 유형에 따라 명백한 차이가 있었는데, 회사 피고용인인 계획 입안자의 유형은 다음에 설명하는 것과 같이 세 종류로 나눌 수 있다.

5. 기업 소속 계획 입안자

1) 능동적인 유형의 기업 소속 계획 입안자

현장조사 시 전혀 예측하지 못했던 사항은 기업 소속 계획 입안자라도 경우에 따라서는 기업 외부의 컨설턴트 계획 입안자에 비하여 독성물질 사용 감소 계획의 수립에 기업의 관심을 유발시키거나, 개선 수행에 대한 기회를 포착하는 데 더 유리한 경우도 있었다는 점이다. 긍정적인 측면을 보면, 기업 소속 계획 입안자는 독성물질 사용 감소 계획을 수립하는 동안 기업의 공식적인 체계, 기업 운영 과정에 대한 폭넓은 이해, 기업 내부의 동료 관계와 같은 중요한 자원을 동원할 수 있는 이점이 있었다. 독성물질 사용 감소 계획은 수많은 방법 중에서 그 기업에 적합한 방법을 발견해내야 하며, 또한 그 기업만의 고유한 생산 과정에 적합하게 변형되어야 하기 때문에 기업의 생산 과정에 대한 실질적인 지식이 있는 기업 소속 계획 입안자가 유용한 방법을 개발해낼 가능성이 있고, 개발에 성공한다면 생산 과정에 참여하는 기술자와 경영진에게 개발해낸 방법이 시도할 가치가 있음을 더 쉽게 설득할 수도 있다. 경영에 대한 영향력, 공식적인 조치를 취할 수 있는 권한, 기업 내 주요 인사들과의 개인적 친분 관계, 기술적인 신뢰성, 그리고 독성물질을 더욱 안전한 물질로 대체하고자 하는 의지가 있으면서 계획 수립에 충분한 시간이 있는 기업 소속 계획 입안자는 개선 과정을 성공적으로 이끌 수 있다.

면접조사 대상자 중에 환경 공학 관리자인 기업 소속 계획 입안자는 공장에서 매일 한 시간씩 생산현장 노동자들과 의견을 교환한 결과, 생산 과정에서 황산, 1,1,1-트리클로로에탄, 트리클로로에틸렌, 시안화나트륨 등의 독성물질 제거 방법을 찾아낸 매우 성공적인 독성물질 사용 감소 계획 수립 팀을 운영할 수 있었다고 응답했다. 그는 독성물질 사용 감소 계획의 수립 과정을 "우리가 왜 이 일을 하고 있는가?"라는 의문에서 시작되는 학습의 기회이자 문제의 해결을 이루어나가는 과정이라고 했다. 성공적인 계획 입안자가 되기 위해 필요한 조건에 대해 그는 다음과 같이 언급했다.

성공적인 계획 입안자가 되기 위해서는 여러 사람들의 의견에 대해 편견을 갖지 않고 공정하게 중재를 할 수 있어야 하고, 새로운 아이디어나 개념에 대해 열린 마음으로 대처해야만 합니다. 계획 입안자가 꼭 기술자일 필요는 없습니다. 그보다는 다른 사람들과 의견 교환을 하는 능력이 좋은 보통 일반인이 더 적합해요. 하지만 계획 입안을 성공적으로 수행하기 위해서는 많은 전문가들의 도움이 필수적입니다.

유사하게 화학 분야에서 고급 학위를 보유하고 있으면서 독성물질 사용 감소에 대해 열의를 가지고 있었던 계획 입안자는 독성물질 사용 감소 계획 수립팀과 자신의 창조적인 에너지를 통해 공장 내 선 부서에서 화학물질 사용을 감소시킬 수 있었다고 했다. 그가 계획 입안자로서 주로 한 일은 경영진을 설득하기 위해 원가 절감 방안에 대한 문서작업을 한 것이라고 응답했다. 그는 다음과 같이 말했다.

단순히 폐기물 처리 비용을 감소시키는 것에만 착안해서 계획을 수립하면 안 됩니다. 왜냐하면 노력에 비하여 별로 얻는 게 없어요. 그러나 「독성물질감소법」에 나와 있는 대로 모든 것들을 감안해서 계획을 수립하면 — 다시 말해서, 독성물질을 사용함으로 인해 발생하는 원료비, 인건비, 안전과 보건 비용 등을 모두 고려하면 — 원래 소요되던 150만 달러 정도의 비용을 절반 또는 그 이상으로 절감할 수 있다고 말할 수 있습니다. 그러면 사람들이 계획을 다시 보게 되죠. 독성물질을 가열하고 또 냉각하는 데 왜 그렇게 많은 비용을 들여야 하느냐? 가열해 봐야 건강에 좋지 않은 기체만 많이 발생할 뿐인데. 그러니까, 수증기 발생 장치에 들어가는 비용을 줄입시다. 그러면, 환기장치를 돌리는 데 필요한 비용도 줄일 수 있습니다. 가열장치를 없앴으니까 냉각장치 가동 비용도 줄일 수 있습니다. 이런 식의 포괄적 방법으로 접근하면 독성물질 사용 감소 계획을 실행에 옮김으로써 나타나는 비용 절감 효과에 대해 유리하게 설명할 수 있습니다.

이 계획 입안자는 독성물질 사용 감소 계획에 참여하면서 수립된 계획의 질을 높이기 위해 계획 수립 팀과 생산 과정에 근무하는 기술자들 사이의 의사소통을 하는 역할을 했는데, 이 과정에서 자신이 가지고 있는 기술적 지식이 매우 유용했다고 했다.

계획 수립 팀이 '내가 왜 이 일을 하고 있을까?'라고 생각하고 있는 동안 저는 발품을 많이 팔면서 이곳저곳 돌아다녀야 했습니다. 과학적인 지식에 대해서도 매우 많은 공부를 해야 했죠. 그리고 나서 생산 공정의 기술자들과 만나서 "공정 설계서를 이렇게 만드신 이유가 뭡니까?" 하고 여기저기 물으면서 다녔습니다. 그 이유를 알고 나서 다시 내 자리로 돌아와서 기술적인 난제들에 대해 공부를 해야 했죠. 화학자로서 나는 우리가 이 화학물질의 어떤 성질 때문에 이것을 사용하고 있는지를 알기 원했습니다. 예를 들어 프레온은 불에 타지 않고 공기보다 무거운 성질 때문에 쓰고 있죠. 그것을 이해하면, '꼭 프레온을 사용하지 않아도 되겠는데'라는 생각이 떠오르는 것이죠.

독성물질 사용 감소 계획의 수립과 관련된 이러한 긍정적인 사례는 기업 소속 계획 입안자도 그들이 소속된 기업 내에서 독성물질의 사용 감소에 아주 효율적인 지지자가 될 수 있다는 점을 보여준다. 그러나 다음에 소개할 다른 유형의 기업 소속 계획 입안자의 사례를 보면, 「독성물질감소법」에 대한 기업의 대응이 그다지 호의적이지 않음을 알 수 있다.

2) 수동적인 유형의 기업 소속 계획 입안자

두 번째 유형의 기업 소속 계획 입안자는 기업이 법적인 요구사항을 준수하기 위해 임명했지만, 기업의 별다른 지원이 없는 상태에서 그들 자신의 능력만으로 기업의 독성물질 사용 감소 계획을 마련해야 하는 상황에 처한 계획 입안자 유형이었다. 계획 입안자들이 효율적인 계획 입안자가 될 자질이 부족하거나 또는 자질이 있고 노력을 함에도 경영진이 계획 수립을 공식적으로 인정해주지 않는 경우에는 계획 입안자가 사용 감소 계획의 수행을 촉진하는 촉매 역할을 하지 못하고, 단순히 사용 감소 계획 문서를 작성하는 역할에 그치고 만다. 이런 경우 기업의 독성물질 사용 감소 계획은 개인 수준의 업무 결과물 밖에 얻지 못하게 된다.

이 유형에 속하는 계획 입안자는 계획 수립에 대해 기업에 지원을 요청하지만, 기업 내에서 그들이 차지하는 지위가 확고하지 못하거나, 독성물질 사용 감소 계획을 기업 내에서 중요한 전략으로 채택하도록 기술적인 하는 능력이 부족한 경우다. 조사에 응답한 한 계획 입안자는 기업 내에서 주로 홍보 업무를 담당하던 사람이었는데, 계획 입안자로서의 자신의 책임에 대해 다음과 같이 응답했다.

내 업무는 지침의 내용에 대해 알리고 교육하는 것이고, 회의에서 여러 사람의 생각을 모으는 중재자 역할을 하는 것입니다. 회의에서 논의된 요구사항들을 기술

부서 간부들에게 전달하면, 기술자들이 연구 및 조사를 수행하여 가능한 해결책들을 저에게 가지고 와서 "그래요, 그렇다면 이 화학물질을 다른 것으로 교체합시다"라고 말하죠.

그 기업의 기술부서 간부가 계획 입안자인 그에게 실제 말한 내용은 단순히 화학물질을 교체하는 것은 독성물질 사용 감소에 별다른 효과가 없으며, 독성물질 사용 감소 목표를 손쉽게 달성할 수 있는 유일한 방법은 사용한 유기용제를 회수하여 재사용하고 장비의 유지보수 작업을 개선해야 한다는 것이었다. 이 계획 입안자는 독성물질 사용 감소 계획의 수립을 회사 내에서 중요한 업무로 인식시킬 수 있을 정도의 위치에 있지도 않았고, 또한 기술부서 간부들이 가져온 해결책의 적절성에 대해서 평가를 할 수 있는 지식이 없었다. 이후 경영진의 무관심과 기업 내 계획 입안자로서의 역할이 모호하여, 이 계획 입안자는 독성물질 사용 감소 계획 수립 팀에 더 이상 의존하지 못하고 혼자서 계획서를 작성하는 일에만 매진하게 되었다고 했다.

이 사례에서 알 수 있듯이, 기업에서 권한이 적은 일상 업무만을 수행하던 피고용인은 기업 내에서 독성물질 사용 감소 계획에 대한 관심을 불러일으키고 더 높은 지위에 있는 사람들에게 계획의 장점을 설득해야 하는 계획 입안자로서의 역할을 수행하기에 부적절함을 알 수 있다. 이 유형의 계획 입안자는 계획을 수립하는 데 다른 사람들의 선의에 의존해야 하며, 수립된 계획 실행에 대해 경영진을 설득하는 것에도 한계가 있다. 그러나 경영진이 권한이 낮은 피고용인을 담당자로 지정했다는 것 자체가 다른 피고용인들에게 독성물질 사용 감소 계획이 그리 중요하지 않다는 것을 암시한다고 볼 수 있다. 이 경우 사용 감소 계획은 결과적으로 최소한의 요구사항만 충족하는 형식으로 수립된다. 고객 서비스 업무를 주로 담당했던 계획 입안자는 이러한 상황에 대해 다음과 같이 말했다. "관리자들에게 계획에 대해 설명하면, 우리가 구체적으로 무엇을 해야 하는지 말해달라고 합니다. 그래서 화학이나 공학 기술자들과 의논을 해도 생산품에 변화가 없는 경우에는 독성물질 사용 감소 계획에 대해 별 관심이 없습니다. 검토해보겠다고만 하고, 실제로 계획 수립에 필요한 아이디어는 전혀 주지 않아요." 이 계획 입안자는 감소 계획의 수립에 도움을 달라고 열심히 요청했고, 그 결과 그 자신은 성공적인 결과물이라고 표현한 사용 감소 계획은 주로 폐기물을 재활용하는 방안이었는데, 이는 기업 입장에서 많은 노력이 들어가는 계획은 아니었다.

조사 결과에 따르면, 기업이 자격이 있는 사람을 계획 입안자로 선정하고 지원을 해주는 것만으로는 효율적인 계획을 수립하여 실행하는 데 충분하지 않은 것으로 나타났다. 응답자 중 화학 공학자 출신으로 관리직에 있었던 계획 입안자는 적절한 전공 분야에 대한 지식을 가졌음에도 기업이 수행하는 독성물질 사용 감소 계획에 대해 절망감을 느꼈다고 했다. 그에 따르면, 그가 수행한 업무는 대부분 관리 분야에 치중한 것이었다.

> 최고경영진이 아무리 이 업무가 제대로 수행되기를 원한다는 메시지를 반복적으로 언급한다고 해도, 실제 공장 관리자는 이익과 실적에 신경을 쓰지 않을 수가 없습니다. 아무리 최고경영진이 언급해도, 공장 관리자는 이득이 확실하지 않다면 적극적으로 이 계획에 투자하기 어렵습니다.

이 계획 입안자는 공장 관리자가 사용 감소 계획에 홍미가 없는 것이 가장 절망스러웠다고 했으며, 또한 고용인들을 독려하여 계획 수립에 창의적인 홍미를 갖게 하는 것도 매우 어려웠다고 했다. 시간이 지나자 회의에 사람들이 참석하지 않기 시작했고, 실행 가능하다고 평가된 계획도 실제 수행되지 못했다. 단순히 계획 수립에 참여하는 것만으로는 기업에 큰 기여를 하는 것이 아니었기 때문에 사람들은 일상 업무에 매몰되어 계획 수립을 지속적으로 추진하지 못한 것이다. 이 계획 입안자의 의견에 따르면, 「독성물질감소법」이 경영진으로 하여금 계획을 적극적으로 실행에 옮기게 할 만큼 강력한 자극을 주지 못하고 있다는 것이었다.

「독성물질감소법」에는 어떤 일을 '꼭 해야 한다'라고 되어 있지 않습니다. 그냥 보고만 하라고 되어 있습니다. 보고만 하고 일은 안 해도 아무 문제가 없습니다. 저는 이것이 가장 큰 문제점이라고 생각합니다. 어떤 일을 하도록 규제하지 않으니, 일이 진척될 리가 없지 않겠습니까. 기업이 나서서 일을 하지 않는데, 주 정부라고 뾰족한 수가 있습니까? 보고만 하게 되어 있는 법을 준수했으니 이후의 실행에 대해서 주 정부는 아무 조치도 취할 필요가 없습니다. 이와는 달리, 오염물질 배출규제법은 지켜야 할 기준이 있고, 어떤 것은 꼭 실행하게 되어 있습니다. 만약 기업이 실행하지 않는다면, 그에 대한 응분의 벌칙이 따르게 됩니다.

위의 사례와 같이 기업이 사용 감소 계획 자체에 대해 부정적이거나 무관심한 경우도 있지만, 다음에 설명하는 마지막 유형의 계획 입안자들처럼 계획 입안자 자신이 사용 감소 계획 수립에 대해 저항을 하는 경우도 있다.

3) 부정적인 유형의 기업 소속 계획 입안자

일부 기업 소속 계획 입안자 중에는 자신이 계획 입안자임에도 — 또는 계획 입안자가 되었기 때문에 더욱 그런 반응을 보일 수도 있지만 — 독성물질 사용 감소 계획 수립에 대해 반대하고 저항하는 경우가 있었다. 이 유형의 계획 입안자들은 자신들이 계획을 실행하는 것에 대해 다른 사람과 의논할 수 있는 충분한 권한을 가지고 있음에도 기업 내부에서 계획의 실행을 적극적으로 추진하지 않는다는 공통점이 있다. 대신 법률 조항에 나와 있는 최소한의 사항에 대해서만 수행하고 그 이상은 하지 않으려고 하는데, 이렇게 함으로써 독성물질 사용 감소 계획이 자신이 속해 있는 기업의 생산에 미치는 영향을 가능한 한 최소화하고 있는 것이다.

그 자신이 기업의 최고경영책임자인 한 계획 입안자는 독성물질 감소 계획에 대한 반감을 다음과 같이 표현했다. "우리 공장에서 원료로 쓰는 화학물질 중 어떤 것도 밖으로 나가지 않습니다. 우리가 원료로 쓰는 화학물질은 모두 다른 형태로 변형되어 밖으로 나갑니다(따라서 독성물질 사용 감소 계획을 수립할 필요가 없습니다)." 조사에 따르면 그가 운영하는 기업은 화학물질을 대량으로 사용하여 슈퍼 펀드(공해방지사업)의 관리를 받는 사업장이었다. 그럼에도 그는 자신의 기업이 아무 일도 할 필요가 없다고 했다. 그는 계획 수립이 자신의 기업에 미친 영향에 대해 다음과 같이 언급했다. "모두 문서 삭성하는 연습밖에 없었습니다. 시간낭비입니다."

그의 회의적인 태도는 계획 수립 과정을 노동자들에게 설명하는 방식에도 영향을 미쳤는데, 노동자들을 계획 수립에 참여시키기 위한 노력을 했는지에 대한 질문에는 다음과 같이 응답했다.

우리는 회의 시간 내내 앉지도 않고 선 채로 회의를 했습니다. 우리는 계획에 대해 이야기를 했고, 나는 「독성물질감소법」에서 규정되어 있는 내용을 회의 참석자들에게 설명했습니다. 제 설명이 끝나자 참석자들은 할 말이 없어서 눈만 말똥말똥 뜨고 있을 뿐이었습니다. 우리는 이러한 상황에 대해 그리 부담스러워하지는 않았습니다. 우리 기업 직원들은 차분히 앉아서 난상토론을 할 만한 시간이 없거든요.

그래서 일반적인 내용에 대해서만 간단하게 얘기를 했지요. 참석자 모두 일이 더 이상 커지는 것을 바라지 않는 분위기였어요.

이와 같이 독성물질 사용 감소 계획 입안자로서는 부적절한 언행을 했지만, 흥미롭게도 그의 독성물질 사용 감소 계획에는 기업 내에서 독성물질 사용 감소 방법을 찾기 위한 주된 방법 중 하나로 "직원과의 난상토론"을 할 것이라고 기술되어 있었다.

계획 입안자로서의 역할에 불성실했던 다른 사례를 예로 들어보면, 한 기업의 부사장 직책으로 계획 입안자 역할을 했던 사람은 자신의 계획 입안자로서의 경험을 주로 '서류작업을 한 시간'이라고 표현했다. 그는 그 일을 자질구레한 일이라고 묘사했으며, 또한 "우리는 우리 기업에서 주로 쓰고 있는 화학물질을 사용 금지 화학물질 목록에서 빼달라고 요청하는 내용의 정부에 보낼 청원서를 작성하는 데는 열심이었지만, 우리의 생산 방식을 바꾸는 데는 전혀 노력하지 않았다"고 말했다. 또한 노동자들의 의견을 수렴하기 위해 계획 수립 팀에 참가한 노동자들에게도 이 청원서가 법률에 근거한 방법이라고 강조했다고 말했는데, 이 또한 독성물질 사용 감소 정책이 기업에서 중요한 정책이 아니라는 사실만을 암암리에 강조한 셈이 되었다.

6. 기업 외부 컨설턴트 계획 입안자

논란의 여지는 있지만, 「독성물질감소법」이 발효되기 이전에는 기업 외부에서 컨설턴트로서 일하는 계획 입안자가 기업에 환경적인 변화를 일으킬 수 있을 것으로 가장 큰 기대를 받았다. 기업 외부의 컨설턴트 계획 입안자가 기업의 경영진이 별로 주의를 기울이지 않는 분야에 독성물질 사용 감소 정책의 중요성을 소개하고, 기업의 의사결정에 사회적 가치를 도입하며, 기업이 신뢰할 수 있는 계획을 수립하도록 도움을 주는 역할을 수행한다면, 독립적인 전문가로서 이상적인 정책을 수립하는 데 가장 신뢰할 수 있는 역할을 할 수 있을 것으로 기대되었다. 그러나 컨설턴트 계획 입안자들도 계획 수립과 관련하여 다양한 결과를 내놓고 있는 것으로 나타났다.

컨설턴트 계획 입안자들이 환경평가 및 환경공학 분야에서 높은 수준의 기술 교육을 받고, 독성물질 사용 감소 계획에서 쓰이는 원칙과 기술 분야에 대한 깊은 지식이 있기는 하지만, 여전히 구체적인 생산 과정이나 생산품 또는 생산 과정의 설계에 대한 핵심적인 문제들에 대한 이해 정도가 낮았다. 그 결과 아무리 유능한 외부 컨설턴트 계획 입안자도 독립적으로 독성물질 사용 감소 계획을 수립하고 평가할 수는 없었으며, 결국 기업 내부 인사들의 지식에 상당 부분 의존할 수밖에 없었다. 한 계획 입안자는 이러한 제한점에 대해 다음과 같이 언급했다.

> 아주 작은 기업들은 전적으로 계획 입안자에게 의존을 할 가능성이 많습니다. 그러나 대부분의 외부 컨설턴트 계획 입안자들은 지식이 어느 정도 있기는 하지만, 아시다시피 실제 조사나 개발 과정에 대한 경험이 부족합니다. 많은 양의 문서들을 읽으면서 그 지식들을 따라잡으려고 노력하지만, 기업이 추진하는 세부적인 분야에서의 개발 내용을 모두 따라잡기에는 역부족입니다.

다른 여성 컨설턴트 계획 입안자는 기업의 계획 입안 과정을 돕는 과정에서 부딪치는 어려움을 다음과 같이 언급했다.

> 모두 난상토론을 좋아합니다. 대부분의 사람들이 이러한 방식에 익숙합니다.

그러나 만약에 당신이 "좋습니다. 그것에 대해 조사해봅시다"라고 말한다면, 십중팔구 그 일을 할 만큼 여유가 있는 사람들이 없는 경우가 많습니다. 그러면, 회의에 참석한 사람들이 당신과 시선을 맞추지 않으려고 노력합니다. 혹시나, "다음 회의 때까지 이 문제에 대한 조사를 부탁드립니다"라는 말을 듣지는 않을지 두려워서입니다. 또 회의 도중에 자리를 뜨기도 합니다. 이쯤 되면, 앞으로 어떻게 진행될지 예측할 수 있습니다. 기업은 "「독성물질감소법」이 중요한 것은 맞지만, 우리의 생산품이 「독성물질감소법」보다 더 중요합니다"라고 흔히 말합니다. 내가 너무 많은 사람들과 함께 일하려고 하다보면, 역설적으로 그중 아무와도 같이 일을 할 수가 없게 됩니다.

변화를 촉진코자 했던 계획 입안자들은 법률에서 규정하는 요구사항이 너무 제한적이기 때문에 일을 계속 진행하지 못하고 발목을 잡히는 경우가 다반사였다. "기업들은 법률에 강제되어 있지 않은 사항은 추진하려고 들지 않습니다. 그냥 검토만 하고 추진하지 않습니다"라고 한 컨설턴트 계획 입안자가 말했다. 다른 컨설턴트 계획 입안자는 계획이 기업의 정책에 지속적으로 영향을 미치지 못하는 현실에 대해 다음과 같이 언급했다.

기본적으로 사실 그대로를 말하면, 독성물질 사용 감소 계획에 참여하는 대부분의 기업들은 이것을 가치가 있는 사업으로 생각해서 수행하는 것이 아니라 법률이 규정하는 바를 준수해야 하기 때문에 수행합니다. 독성물질 사용 감소 계획은 대부분 기업의 소유주 또는 기업의 핵심 관계자 한두 사람에게만 의존하는 경향이 있습니다. 그리고 솔직히 말하면, 소유주나 핵심 관계자도 독성물질의 사용 감소가 주된 관심사가 아닙니다. 그들의 주된 관심사는 이익, 생산, 제조와 관련된 문제이지 환경 문제는 전혀 그들의 관심사가 아닙니다. 이들에게 독성물질 사용 감소 계획은 거기에 전력을 다하여 매달려야 할 만큼 중요한 문제가 아닙니다.

이러한 불리한 상황에도 많은 수의 컨설턴트 계획 입안자들이 독성물질 사용 감소 계획이 회사에 이익을 가져다준다고 설득하는 데는 성공했다고 한다.

의심의 여지가 없이 기업들이 사용한다고 보고하는 화학물질의 숫자는 점점 줄어들고 있습니다. 가장 유명한 사례가 사이안화물(cyanide)입니다. 과거에 대부분 기업들의 사이안화물 사용량은 연간 1만 5,000~3만 파운드 정도의 수준이었습니다. 현재는 3,000~5,000파운드를 사용하는 것으로 추정될 정도로 많이 줄었습니다. 그렇지만 여전히 최종 제품의 생산량에는 변화가 없습니다. 이렇게 하기가 얼마나 쉬운지를 직접 보면 놀라실 것입니다. 몇 가지 방법이 있지만, 가장 좋은 방법은 화학 반응의 효율을 높이거나, 화학 반응에 대한 감시 기능을 강화하는 것입니다.

계획 입안자들은 「독성물질감소법」의 발효로 화학물질 사용량 감소 이외에도 다른 몇 가지 이로운 효과가 나타나고 있다고 했다. 계획의 각각의 요소들이 일부 기업들에게는 매우 포괄적인 교육 효과가 있다는 것이다. 한 계획 입안자는 이에 대해 "화학물질 구입에 소요되는 회계 장부를 보여주면 효과가 좋습니다. 실제 경영자들은 기업에서 사용하는 전체 화학물질의 구입에 소요되는 비용이 얼마나 많은지 직접 본 적이 없습니다. 이것을 보여주면, 그때부터 그들은 기업 내에서 화학물질이 실제 어떻게 쓰이고 있는지 관심을 갖기 시작합니다. 어떤 경우에는 구입한 화학물질이 원래 의도했던 바와는 다른, 전혀 엉뚱한 곳에 쓰이고 있다는 사실조차도 모르고 있었습니다"라고 말했다.

계획 입안자들은 「독성물질감소법」의 명백한 한계점에도 대체로 지지를 보내고 있었지만, 법의 장점에 대해서 모두 다 동의하는 것은 아니었다. 한 계획 입안자는 "기업들은 이익이 나지 않는 일에 대해서는 실행에 옮기려고 하지 않습니다"라고 자신의 불편한 감정을 표현했다. 그는 독성물질 사용 감소 계획을 실행하고 있는 기업들도 경제적인 면에 방해를 받지 않는 선에서만 계획을 실행에 옮긴다고 말했다.

「독성물질감소법」은 실효성이 강화되도록 개정되어야 한다고 생각합니다. 나는 유해폐기물 감소 부분 이외에 실제 생산원료나 공정을 「독성물질감소법」에 따라 바꿨다고 하는 기업의 사례는 아직까지 본 적이 없습니다. 기업 문화를 바꾸도록 노력해야 합니다. 이 사업에 많은 투자를 했다는 기업도 본 적이 없습니다. 그러나 ISO 9000에 대해서는 소비자들 때문에 투자를 합니다. 그러나 기업 문화를 바꾸는 것은 매우 어려운 일입니다. 이 일을 한다고 해서 보상이 있는 것도 아닌 상태에서, 법률에 의한 강제가 없는데도 기업이 작성한 계획을 수행하리라 기대하는 것은 거의 불가능합니다.

또한 컨설턴트 계획 입안자들 사이에서 공통적으로 공감하는 내용은 주 정부가 실제 기업이 계획을 실행하는지에 대해서 별다른 관심을 보이지 않는다는 점이다. 이 때문에 이들은 감소 계획 수립 업무의 중요성에 대해 더욱더 회의를 가질 수밖에 없는 상태라고 한다. 한 계획 입안자는 "법률로 강제되고 있지 않기 때문에, 아무도 이 일에 대해서 별다른 관심을 가지고 있지 않는 것 같습니다"라고 했다. 다른 계획 입안자는 좀 더 구체적으로 다음과 같이 언급했다.

나는 한두 쪽짜리 분량의 정말 끔찍한 계획서도 봤습니다. 단속 공무원들이 나가서 감사를 할 때 계획의 내용에 대해서는 전혀 주의를 기울이지 않는 것 같습니다. 수립한 계획들도 기업에 따라서 너무 큰 차이가 나는 경우가 많습니다. 이러한 점을 해결하려면 표준 계획서가 있어야 합니다. 제 주관적인 견해로는 계획들 사이의 일관성이 없는 것 같습니다. 물론 제가 너무 많은 것을 원해서 그렇게 생각할 수 있기 때문에 이것은 제 주관적인 판단일 수 있다는 점은 인정합니다.

요약하면, 컨설턴트 계획 입안자들이 현재 겪고 있는 경험에 기초하여 판단해볼 때, 그들이 중요한 사회적 정책에서 권위 있는 역할을 수행한다고 보기는 어렵다. 그들이 현재 이 분야에서 훌륭한 중재자의 역할을 수행하고 있지는 못하는 것으로 보인다. 현재 컨설턴트 계획 입안자들은 아직 적절한 위치를 잡지 못하고 있고, 어떤 측면에서는 위태로운 지경에 처해 있기도 하다. 그들이 변화를 이끌어낼 수 있느냐 하는 전망은 그들의 주된 고객인 기업들이 그들의 지위를 어떻게 인식하고 있느냐에 달려 있는데, 기업들은 법률이 규정하는 것에 따라 현재 계획을 수립하고는 있지만 계획을 실행에 옮겨서 유용하게 만들 생각은 하지 못하고 있는 단계다. 아직까지는 기업 외부에 있는 컨설턴트 계획 입안자들의 영향력이 기업들로 하여금 독성물질 사용 금지 계획을 적극적으로 실행에 옮길 수 있게 하기에는 역부족인 것으로 판단된다.

7. 정책 환경과 주 정부

현재 다양한 형태의 서로 이질적인 계획 입안자들이 혼재해 있는 상황은 주 정부의 정책 환경에 대한 정보가 없이는 이해하기 힘든 측면이 있다. 정치학자 데버러 스톤(Deborah Stone)은 "사회적인 규제는 합법적인 사회적 활동의 범위를 규정하는 일이라고 정의할 수 있는데, 사회적인 규제가 모호하게 규정되어 있거나, 이해당사자들의 갈등을 잘 조정하지 못하거나, 아니면 규제로 인한 이득과 부담을 이해당사자들의 한쪽 또는 양쪽 모두에게 일방적으로 지게 하는 경우에는 사회 규제가 이해당사자 양측으로부터 공격을 받게 된다"라고 주장했다(Stone, 1998). 사회적으로 바람직한 행위에 대한 정의는 이해당사자간의 끊임없는 정치적인 충돌의 결과물로 형성된다. 독성물질 사용 감소 계획 분야의 경우 주된 이해당사자는 환경보호주의자와 기업이다. 이들은 각자 자신들의 정책에 대한 선호가 분명한 편에 속한다. 스톤의 이론에 따르면, 「독성물질감소법」과 관련해서 현재 상황은 환경보호주의자와 기업 양자 모두의 최소한의 관심사를 충족해줄 만한 정책이 아직 완전히 형성되지 않은 상태라고 볼 수 있다. 따라서 주 정부가 이러한 이해당사자들 사이의 갈등 관계를 조정하여, 독성물질 사용 감소 계획 분야에서 바람직한 행위의 요건들을 구체적으로 만들어가야 할 필요성이 있다.

이렇게 하기 위해서는 「독성물질감소법」을 집행하는 규제 당국이 감소 계획을 검토하고, 적절하지 못한 경우에는 조치를 취할 권한이 있어야 한다. 또한 계획 입안자들이 자신의 업무를 소홀히 하거나, 부정을 저지르거나, 비윤리적인 행위를 하거나, 규정을 위반하는 경우에는 벌칙을 부과할 수 있는 권한이 있어야 한다. 계획 입안자들의 공통된 의견은 독성물질 사용 감소 계획 분야에서 주 정부의 관심이 많지 않다는 것이다. 한 계획 입안자는 "나는 계획에 필요한 요구사항들이 실제와는 매우 동떨어져 있다고 생각합니다. 주 정부는 항상 최선을 다하라고 말하지만, 별로 실효성이 없습니다. 주 정부가 법을 집행하는 데 더 엄격해질 필요가 있습니다"라고 말했다. 더욱이 주 정부는 계획 입안자들을 위한 징계 절차를 1999년 초반부터, 즉 「독성물질감소법」이 발효되고 나서 5년 동안이나 계속 준비만 하고 있을 뿐 확정하지 않았다. 기업에서 수립한 계획이든 계획 입안자의 업무든 그 어느 것에 대해서도, 그것이 법이나 사회에서 요구하는 기대치에 부합되는지를 아직까지 주 정부는 면밀한 조사를 하지 않고 있는 것이다.

독성물질 사용 감소 계획 수립 여부에 대해 기업을 감시하는 역할을 맡고 있는 주 정부 환경 관련 공무원들은 이 법률에 대한 무관심을 "우리는 기본적으로 서류가 갖춰져 있는지만 볼 뿐이지 서류의 내용까지 찬찬히 살펴보지는 않습니다"라는 말로 표현했다. 감소 계획이 마련되지 않았거나 완성되지 않은 기업은 서류가 갖춰지지 않은 것 때문에 지적을 받지만, 부실한 계획에 대해서는 지적을 받지 않는다. 계획은 실행될 때에야 비로소 의미가 있는데, 정부의 규제는 계획이 존재하고 있는지에만 관심이 있다. 규제 담당 공무원은 이 문제에 대한 무관심을 "우리도 기업 외부의 계획 입안자들이 충분한 지원 없이 일을 하고 있다는 것은 알지만, 그것은 주 정부가 해결해야 할 문제는 아니라고 생각합니다. 담당 공무원들이 모든 기업들이 완벽한 계획을 세워야 한다고 말할 수는 없으니까요"라고 표현했다.

징계 절차가 갖추어져 있지 않은 상태에서, 현재까지 어떤 계획 입안자도 법률 위반으로 징계를 받지 않았다. 담당 공무원은 주 정부가 조치를 취하기 위해서는 법률 위반이 명확하고 확실해야만 한다고 언급했다. 주 정부의 입장은 가능한 한 많은 수의 계획 입안자에게 효율적으로 면허를 발급하고 자격을 유지하게 하는 것에만 관심이 있을 뿐이며, 법률에 규정된 요건을 만족했느냐 하는 골치 아픈 논쟁을 불러일으킬 가능성이 있는 문제에 대해서는 손을 떼고 싶어 하는 것처럼 보였다. 이러한 입장은 독성물질 사용 감소 계획 수립 조항을 위반한 회사에 대한 규제 조치에도 반영되어 나타났다. 계획 입안을 하지 않았거나 기한 내에 계획을 제출하지 않은 것과 같이 명백한 법률 위반이 분명한 경우에만 벌금을 부과하며, 부실한 계획에 대해 벌금을 부과한 경우는 없다고 했다.

논란의 여지가 있지만, 1991년 기업에 대한 열렬한 지지자이며 공화당원인 윌리엄 웰드(William Weld)가 주지사로 선출된 시점이 독성물질 사용 계획 분야에서 중요한 전환점이 되었다. 웰드는 당선 직후 그의 재임 기간에 주 정부는 친기업적 정부가 될 것이며, 기업계 대표자들과 매주 회의를 개최할 것을 약속했다. 새로운 주 정부 내각의 환경부장관도 취임 후 매사추세츠 기업연합회 산하 에너지 및 환경위원회에서 자신의 첫 번째 대중 연설을 했다. 환경부 장관은 재임 기간에 업무 우선순위를 공해 방지, 유해폐기물 배출 감소로 설정했고, 내각의 환경 규제 관련 분야의 책임자는 재임 기간에 기업계의 지도자들과 주 정부 정책의 동반자적 관계를 형성하여 그들의 의견을 경청할 것이라고 했다. 현재 독성물질 사용 감소 계획에 대한 주 정부의 입장은 주 정부의 친기업적인 정서를 반영하는 것이라고 판단된다.

8. 결론

독성물질 사용 감소 계획 정책이 원래 의도했던 것은 계획 입안자가 기업 내부로부터 자발적으로 공중보건에 대한 관심을 불러일으키는 것이었지만, 현재까지의 사례들은 이러한 이상적인 상황과 거리가 먼 것으로 판단된다. 현재까지 수립된 감소 계획의 질을 평가해보면, 매우 고르지 못한 결과를 보이고 있는데, 이는 개별 기업들이 감소 계획을 바라보는 입장이 제각기 다르기 때문일 가능성이 크다. 직무에 적합한 계획 입안자가 해당 기업에서 독성물질 사용 감소 계획에 도움이 되는 지위에 오르면 성공적인 계획이 수립되었던 사례들을 볼 때, 현재의 접근 방식은 규제를 받는 당사자들에게 독성물질 사용 감소 계획의 수행 분야에서 상당한 정도의 자율적인 재량권이 부여되어 있는 방식이라고 볼 수 있다. 일반 대중보다는 기업들이 정하는 기준이 독성물질 사용 감소 계획의 수행에 더 큰 영향을 미치고 있다. 독성물질 사용 감소 계획 입안자들은 기업 외부의 사회적인 가치에 바탕을 두고 업무를 수행하지는 못하고 있으며, 주로 기업 내부의 가치에 바탕을 두고 업무를 수행하고 있다.

독성물질 사용 감소 계획의 현재 상태가 이렇게 된 것에는 주 정부의 책임이 크다. 현재 규제 당국은 개별 계획의 적절성에 대한 평가를 수행하지 않고 있으며 계획의 수립 여부에만 집착하고 있는데, 이는 주 정부가 기업에 대해 관대한 정책을 펴고 있는 상황과 일맥상통한다고 볼 수 있다. 정상적인 상황이라면 법률을 적절히 준수했는가를 평가하기 위해서는 규제 당사자가 의미 있는 행위를 했느냐에 대한 평가가 필수적이다. 그러나 이러한 당연한 평가 원칙이 독성물질 사용 감소 계획 분야에서는 전혀 지켜지지 않고 있다. 독성물질 사용 감소 계획의 승인 과정에는, 계획 수립에 적절한 노력이 투입되었는지 또는 계획을 실제 실행에 옮길지에 대한 고려 사항은 전혀 없다. 주 정부의 규제 담당자들이 이러한 특이한 접근 방식을 취하는 것은 규제 대상인 기업으로 하여금 독성물질 사용 감소 정책이 우선순위가 높은 중요한 정책이 아니라는 암시를 주는 것이다. 또한 주 정부는 계획 수립에 참고할 수 있는 표준이나 계획 입안자 역할에 적합한 자격을 수립하지 않고 있어서 전반적인 정책의 방향성을 제시하지 못하고 있다. 아무 계획이나 제출하면 모두 법률에 따른 것으로 간주하는 현재의 정책은 아무런 의미도 없는 정책이라고 할 수 있다.

계획 수립에 드는 노력이 기업에 따라 큰 차이를 보이고 있는 것도 정책 설계상의 중요한 문제점이다. 독성물질 사용 감소 계획의 수립을 전략적으로 기업 내부에서 주의를 기울여 수행하는 경우는 아주 드물게 일어나고 있다. 「독성물질감소법」은 기본적으로 윈윈전략을 채택하고 있다. 이는 기업들이 적절하고 효율적인 독성물질 사용 감소 계획을 수립하고 실행한다면 이에 소요되는 비용 이상으로 현실적인 보상을 받을 수 있다는 가정을 하고 있음을 의미한다. 한 계획 입안자는 "「독성물질감소법」은 아무 계획이나 실행하면 된다고 되어 있지 않습니다"라고 언급했는데, 이는 계획 수립 시 적절한 필요조건을 충족하기 위해서는 기업의 선의가 매우 중요한 역할을 한다는 것을 강조하는 말이다. 기업들은 본질적으로 어떤 일을 추진하기 전에 이 일을 추진하면 이익이 발생할지를 따져보는 경향이 있는데, 「독성물질감소법」에 대해서는 매우 회의적이고 저항하는 입장을 일관되게 취하고 있다. 이 때문에 지금 기업들이 계획 수립에 소극적인 것은 당연한 결과라고 할 수 있다. 주 정부가 계획 수립 여부만으로 법률 준수를 판정하는 방식은 독성물질 사용 감소 계획의 적절성 여부를 기업이 자체적으로 평가하는 것을 의미하는데, 이는 전적으로 현 주 정부의 친기업적 정책과 일맥상통하는 정책이라고 볼 수 있다. 기업이 독성물질 사용 감소 계획을 수립하는 것만이 유일한 법적 요건인 현재 정책이 지속되는 한 독성물질 사용 감소 정책이 향후 예측 가능한 방식으로 기업들의 주목을 받기는 어려울 것이다. 독성물질 사용 감소 정책을 기업들이 우선적으로 추진하는 정책으로 만들기 위해서는 좀 더 강력한 정책 집행이 요구되는 상황이다.

이러한 여러 가지 제한점이 있지만, 「독성물질감소법」이 환경적으로 바람직한 변화를 이끌어내는 데 완전히 실패한 정책은 아니다. 「독성물질감소법」의 시작부터 줄곧 주 정부는 이 정책의 유효성을 강조해왔다. 주 정부는 매사추세츠 주의 기업들이 1990년부터 1997년까지 8년 동안 전체 화학물질의 사용량을 24% 줄였고, 유해폐기물의 발생을 41% 감소시켰으며, 유해폐기물의 배출량을 80% 감소시켰다는 점과 함께 이러한 개선효과가 「독성물질감소법」에 힘입은 바가 크다는 내용의 보고서를 1999년 3월에 발표했다(Massachusetts Department of Environmental Protection, 1999). 이러한 통계는 그동안의 독성물질 사용 감소 정책이 성공적이었다는 것을 의미하지만, 기업들이 독성물질 사용 감소 계획에 대처하는 소극적 자세와는 상반되는 결과이기도 하다. 이와 같이 명백히 상반되는 현상을 이해하는 데 도움을 줄 수 있고, 자료 해석의 맥락을 제공해줄 수 있는 몇 가지 사항을 제시하면, 다음과 같다.

첫째, 이 연구 결과에서 강조된 것처럼, 일부 기업들은 독성물질 사용 감소 계획을 수립한 결과 독성 화학물질에 대한 기존의 편견을 버리고, 화학물질의 사용량을 획기적으로 감소하는 데 성공했다는 점을 고려해야 한다. 이러한 훌륭한 성공 사례들이 그동안 매사추세츠 주 기업들의 독성물질 사용 감소에 얼마나 기여했는지는 알려지지 않았지만, 이는 실제로 사용 감소 계획과 계획 입안자들이 기여한 결과로 판단할 수 있다.

둘째, 그동안 화학물질을 사용하는 방식이 낭비가 심하고 비효율적이었던 기업의 입장에서는 아주 기본적인 독성물질 사용 감소 계획도 화학물질의 사용량을 줄이는 데 기여할 수 있다는 점을 고려해야 한다. 이러한 일시적인 개선 효과는 기업의 자원을 많이 사용하거나 생산 과정의 근본적인 변화 없이도 이루어낼 수 있다. 이 또한 독성물질 사용 감소 계획이 가져온 성과로 가볍게 취급할 수 없는 성질의 것인데, 낮은 수준에서 독성물질 사용 감소 계획을 적용한 결과로 평가할 수 있다.

셋째, 일부 기업과 계획 입안자들은 법률이 정하는 의무사항을 회피하는 방법으로 「독성물질감소법」에서 규정한 것과는 별도의 다른 방법으로 상당한 정도의 화학물질 사용량 감소를 이루어내는 데 기여했다는 점도 고려할 수 있다. 이 유형에 속하는 기업들은 주로 손쉬운 방법을 이용하고 있다. 「독성물질감소법」에서 규제되고 있는 화학물질을 규제를 받지 않는 다른 화학물질로 교체하는 방식을 이용하는 경우가 많다. 그렇지만 이 방식은 실질적인 생산공정의 개선이 이루어지는 것도 아니고 공중보건이나 환경에 미치는 영향으로 봐도 개선이 이루어졌다고 보기는 어렵다. 또한 관련자들 사이에 떠도는 얘기로는 어떤 기업에서는 특정 화학물질을 기준치 이하로만 사용하고, 대신에 다른 화학물질을 똑같은 공정에 사용하는 경우도 있다고 한다. 이 경우 결과적으로 각각의 화학물질 사용량은 큰 폭으로 줄어드는 것으로 보고되지만, 해당 기업의 전체 화학물질 사용량은 전혀 변화가 없게 된다. 이러한 방식은 화학물질 사용 감소 또는 생산 과정의 친환경적 개선이라는 독성물질 사용 감소 계획의 본래 목적에 어긋나는 방식이다.

넷째, 화학물질 사용량 감소의 큰 부분은 「독성물질감소법」에 기인한 것이 아니라 더 강력한 규제정책인 1990년에 개정된 「대기오염방지법(Clean Air Act)」에 의해 시행된 염화불화탄소와 1,1,1-삼염화에탄에 대한 단계적 사용금지 조치에 기인한 것이라는 점도 고려할 수 있다. 이들 물질의 사용량 감소도 「독성물질감소법」의 효과로 기술되어 있으나, 이는 「독성물질감소법」이 추진하는 원원전략에 따라 기업이 자율적으로 사용량을 감소시켰다고 보기보다는 「대기오염방지법」이 시행하는 강력한 규제 정책에 기인한다고 보는 것이 타당하다.

마지막으로, 「독성물질감소법」이 기업에서 변화를 유도하는 데 도움을 주었을 가능성이 있지만, 중요한 점은 이 법이 발효되지 않았더라도 이 법 이외의 다른 요인들이 화학물질 사용의 전반적인 감소에 기여하고 있을 가능성도 고려해야 한다. 예를 들어, 환경운동가들은 기업들이 수립하는 독성물질 사용 감소 계획 자체보다는 기업들이 사용하는 화학물질의 종류를 보고하게 되어 있는 법률 조항에 더 많은 관심을 가지고 있다. 기업들이 보고하는 화학물질 사용 자료는 기업 외부의 이해당사자들에게 기업의 행위에 대한 중요한 정보를 제공하며, 또한 일반 대중을 겨냥한 캠페인 또는 기업과의 협상 과정에서 중요한 자료로 사용될 수 있다. 이 경우 「독성물질감소법」이 추구하는 기업 내부로부터 유발된 동기보다는 기업 외부로부터의 압력이 기업의 행태를 변화시키는 주된 동기가 된다.

요약하면, 현재 매사추세츠 주의 독성물질 사용 감소 정책 구조에 따르면, 생산 과정의 변화의 주도권을 전적으로 기업이 가지고 있다. 독성물질 사용 감소 계획 수립에 어느 만큼의 자원을 투입할지, 화학물질 사용 감소를 위한 방법으로 어떤 것들이 있는지, 어떤 방법이 기술적·경제적으로 유용한지 등의 거의 모든 결정 사항들이 일반 대중보다는 전문가나 규제 당사자인 기업의 이해관계에 의해 결정되고 있다. 달리 말하면, 정부가 밑그림을 그리고 기업이 대부분의 중요한 사항을 결정하는 형태로 진행되는 현재의 독성물질 사용 감소 정책은 환경적으로 중요한 정책임에도 사회적으로 결정되기보다는 기업의 자유재량권에 맡겨져 있다고 볼 수 있다. 1990년대 10년 동안 환경운동이 점차로 쇠퇴하고 있는 것도 「독성물질감소법」이 사회적인 중재 조치의 원칙들을 보다 포괄적으로 실현하지 못한 이유의 하나로 꼽힐 수 있다. 이러한 현실을 바꾸기 위해서는 단순히 정부가 생산 과정에 강력한 중재 조치를 취하기를 기대하는 것보다는, 향후 사회 운동의 활성화를 위해 노력할 필요가 있다고 판단된다.

[임형준 옮김]

7

직업성 및 환경성 오염에 대한 통합 예방 전략

1차 예방 모델

칼라 아멘티(Karla Armenti), 라파엘 모르-에라소(Rafael Moure-Eraso),
크레이그 슬레틴(Craig Slatin), 켄 가이저(Ken Geiser)

우리는 환경 유해물질을 제거하거나 감소하려고 할 때 직업보건과 환경보건 문제를 항상 동시에 고려하지는 못한다. 작업장에서 유해한 화학물질에 대한 노출을 줄이기 위해 사용하는 방법들은 보통 주변 환경과 지역 사회에 대한 노출을 증가시킨다. 반대로 유해 화학물질들이 주변 환경으로 방출되는 것을 조절하려는 노력들은 흔히 공장 내부의 노동자들의 노출을 증가시킨다. 정부가 작업 환경이나 외부 환경을 안전하게 하기 위해 규제를 하고 있기는 하지만, 전체적인 공중보건을 고려하여 이 두 가지 접근 방법을 통합하는 일은 드물다. 이 장에서는 이러한 이분법 뒤에 숨어 있는 몇 가지 이유를 작업장과 환경에 관한 규제와 정책의 틀에 초점을 맞추어 검토할 것이다. 이러한 규제와 정책의 틀이 직업안전보건청과 환경보호청이 공중보건을 위해 협력하는 문제에 대해 능력을 발휘하지 못하도록 하는 결과를 낳고 있기 때문이다. 이 장은 「환경오염예방법(the Pollution Prevention Act)」의 구성 요소와 이 법이 직업보건과 환경보건을 통합하는 모델에 기여할 수 있는 가능성을 다루고 있다. 또한 환경오염에 대한 예방을 강화하는 데 환경보건이 작업 환경과 분리되어 있다는 점을 함께 조명했다. 마지막으로 직업보건과 환경보건의 패러다임을 통합하는 데 장애물과 공중보건에서 1차 예방의 활성화에 대해서 검토했다.

유해물질을 사용하고 가공하는 과정은 작업장의 유해인자와 환경오염 사이에 강력한 연결고리를 만든다. 지난 30년 동안 미국은 환경오염과 직업적 손상 및 질병의 부담을 줄이기 위해 비용이 많이 드는 방식으로 노력을 기울여 왔다. 그러나 이러한 노력들은 사실상 사후약방문과 같은 것이었다. 즉, 문제가 발생한 다음에야 그 유해성을 감소시키기 위한 관리 방안을 적용하는 방식이었다. 이러한 전략은 생산 공정과 관련된 위험의 가능성을 묵인하는 방식이었다. 이러한 방식을 생산 공정에서 유해한 화학물질의 대체 또는 제거, 유해물질 발생원 사용의 감소, 에너지 절약의 촉진 등과 같은 방법으로 변화시킨다면, 유해한 제조 공정과 작업장의 유해인자에서 발생하는 오염을 제거하거나 상당한 정도로 감소시킬 수 있을 것이다.

미국에서 환경오염 정책은 이를 '조절'하는 것에서 '예방'하는 것으로 전략적 변화가 있었다. 이러한 변화는 작업 환경 분야의 직업안전보건 전문가들에게 강한 지지를 받지는 못했다. 그렇지만 생산 공정에서 유해물질의 사용과 관련된 위험을 감수하기보다 이러한 물질의 사용을 회피하기 위해서는 작업장에서도 이와 유사한 패러다임의 개발이 필요하다. 환경오염 예방이라는 목표를 달성하기 위해서는 발생원 감소, 즉 유해물질의 사용을 원천적으로 감소시키는 것이 하나의 방법이다. 발생원 감소가 의도하는 목적은 환경오염을 줄이는 것이다. 발생원 감소가 포괄적인 직업안전보건 프로그램의 요소로 통합될 때 작업장에서 유해물질의 노출로 인한 사망과 질병을 상당한 수준으로 감소시킬 수 있을 것이다.

이 장에서는 환경관리체계의 단계 가운데 발생원 감소를 환경오염 예방 모델의 가장 중요한 방법으로 인식하고 있다. 이 모델은 파이프의 끝에서 발생하는 유해인자를 조절하는 것이 아니라, 생산 과정의 시작 지점에서 발생원을 줄일 수 있도록 원자재 투입 변화를 통한 노출 제거 또는 감소에 초점을 맞추고 있다. 우리는 환경오염 예방, 즉 지역사회의 환경 및 건강보호를 위한 유용한 전략이 작업 환경에서도 효과적일 수 있다는 점을 입증하고자 한다. 또한 공중보건 규제기관들이 취하는 특정 인자 중심의 접근 방법과 조절 지향적 접근 방법이 성취를 최대화하는 데 걸림돌이 되고 있다는 점을 보여주고자 한다. 덧붙여, 직업안전보건과 환경 안전보건 전략의 분리가 공공의 건강보호를 위한 통합적 접근으로의 이행 능력을 어떻게 손상시키는지 밝히고자 한다.

환경보건청의 규제 틀 내에서 환경오염 예방 활동의 장애물은 여러 기관에서 직업 환경보건 문제를 통합하는 것이 어렵다는 것을 의미한다. 직업안전보건청과 환경보건청이 노동자와 일반 인구집단을 포함하는 공중보건을 위해 함께 일할 수 있도록 일부 인사들이 촉구하고 있지만, 연방 정부 수준에서 이들 기관의 공동 활동을 규제하는 정책에는 영향을 주지 못했다. 이것은 이미 결정되어 있는 각 기관의 규제 범위를 뛰어넘는 것이 얼마나 어려운지를 보여주는 사례에 해당한다. 환경오염 예방 전략은 점점 더 환경 및 건강을 보호하는 것에만 초점을 맞추고 있지만, 여기에서 설명할 이슈와 문제는 환경오염 예방이 직업보건과 환경보건 양측에서 표준적인 예방 모델로 받아들여져야 할 필요성을 요구하고 있다.

1. 직업환경 정책의 틀

직업안전보건청과 환경보호청의 규제 정책의 틀은 작업장과 대기 환경에서의 유해인자 조절 전략을 강화하는 데 맞추어져 있다. 이것은 부분적으로 양 기관이 노출을 조절하기 위해 위험을 이전하는 것에 의존하고 있기 때문이다(Ashford, 1976). 보통 유해인자를 조절하기 위한 전략에 관한 환경적 규제들은 종종 공기, 물, 토지와 같은 환경매개체 사이에 위험을 이전시키는 결과를 낳는다. 직업보건에 대한 규제들은 공장 외부로의 공기 배출을 증가시키거나 개인보호구를 사용하여 유해인자와 작업자를 차단하는 등의 방법을 사용하여 작업장 노출을 감소시키는 것에 초점을 맞추고 있다. 이러한 방법은 외부 환경으로 공기 배출이 증가하는 것과 관련된 잠재적인 환경오염의 문제들뿐 아니라 유해폐기물을 양산하는 유해물질의 지속적인 사용 문제를 해결할 수 없다. 이러한 전략으로 인한 환경오염의 결과는 고려의 대상도 예방의 대상도 아니다.

2. 공중보건 모델 내에서 직업 환경보건에 대한 역사적 고찰

오늘날 직업안전보건청과 환경보호청의 협력이 부족한 이유를 이해하기 위해서는 직업환경 안전보건이 공중보건 모델에 부합하는 지점에 대해 이해하고, 나아가 이러한 운동이 왜 분리되었는지를 이해하는 것이 중요하다. 직업안전보건청과 환경보호청은 30년 이상 존재해왔지만, 이러한 연방조직들에 대한 노동, 공중보건, 환경운동의 요구는 그 근원이 1800년대까지 거슬러 간다. 직업안전보건청과 환경보호청의 탄생을 유발한 사건들은 그 당시의 정치, 경제, 환경 분위기와 다르게 반응한 여러 사회적 움직임과 복잡하게 얽혀 있다.

이 장의 목적이 그 당시 공중보건운동에 대해서 다시 이야기하는 것은 아니다. 수많은 저자들이 직업안전보건청과 환경보호청에 대한 자세한 분석을 포함하여 공중보건제도의 근원에 대한 심도 깊은 역사적인 분석을 내놓았다(Berman, 1978; Colten and Skinner, 1996; Gottlieb, 1993; Noble, 1986; Rosner and Markowitz, 1989; Wooding and Levenstein, 1999). 이러한 설명들을 간략하게 살펴보면, 작업장과 지역사회 사이에 관계가 형성되었고, 산업공정에서 방출되는 유해물질과 관련된 위험에 대해 노동단체, 환경운동가, 활동가와 보건 전문가들이 인식을 같이한 시대였다는 점이다(Gottlieb, 1993). 어떤 사람들은 작업장의 개선을 주장했고, 다른 사람들은 환경보호라는 관점에서 작업장 개선을 제안했다. 19세기 후반부터 20세기 초반, 직업의학의 발전과 전문가의 등장은 계급 기반 법적 체계(classbased legal system)와 작업장 손상에 대한 보상으로 국한되는 경향을 강화했다(Berman, 1978). 또한 직업환경 영역에서 개별 노동자들의 작업안전에 대한 책임이 강조되면서, 직업보건의 문제는 전반적인 공중보건의 의제와 분리되는 경향이 강화되었다. 환경보건의 영역에서는 위생기술자들을 공중보건 부서에 전략적으로 배치한 결과 배종설(germ-theory)이 강조되었고, 이는 산업폐기물을 질병의 기여요인으로 인식하지 못하고 개인에게 질병의 책임을 전가하는 것으로 귀결되었다. 이러한 현상은 직업보건과 환경보건의 분리를 더욱더 심화시켰다(Slatin, 1999: 649).

그 뒤로 근본적인 수준에서 직업보건과 환경보건을 효과적으로 규제하는 것에 많은 걸림돌이 존재하게 되었다. 초창기에 대중은 환경보호청의 능력을 벗어난 발생원 감소나 환경오염 예방과 같이 더 예방적인 접근을 요구하는 것보다 현존하는 오염을 어떤 방식으로라도 제거해주기를 바랐다. 결과적으로 폐기물 처리 산업이 부상했고, 유해물질이나 오염이 생긴 다음에야 조절에 들어가는 환경보호청의 정책은 관련 산업계의 로비에 의해 더욱 강화되었다(Slatin, 1999: 649). 초창기의 직업안전보건청은 작업장 개선보다는 특정 화학물질에 대한 노출 기준을 설정하는 것과 이 기준을 준수하는 것에 중점을 두었다. 「직업안전보건법」의 지원에도 진보적인 안전보건 전문가들은 노동자들이 더 나은 작업 조건을 통제할 수 있도록 직업안전보건청이 관련 조치를 취하게 만들지 못했다(Noble, 1986; Rosner and Markowitz: 1989). 직업안전보건청과 환경보호청은 존재하는 유해물질의 '제거'보다는 '조절'에 중점을 두고 규제

정책을 수행했다. 연방과 주 정부 수준에서 분리된 두 기관의 존재는 이 분야의 전문가들을 구분했고 전문가 양성 체계도 분리시켰다. 이에 따라 전문가와 학자에 대한 교육은 이러한 분리된 양성 체계에 의해 이루어졌다. 이러한 분화는 규제 기관의 사업에도 영향을 미쳐 직업보건과 환경보건을 다루는 부서를 독립적이고 단절되도록 만들었다.

3. 규제 기관의 구조와 우선순위의 차이점

환경보호청과 직업안전보건청은 모두 공중보건 기관이지만, 연방 정부의 공중보건 주무 부처인 보건부(Department of Health and Human Services)에 포함되지는 않는다. 두 기관 모두 정부의 별도 행정부서이지만, 다른 방식으로 공중보건 업무와 연결되어 있다.

첫째, 환경보건에 관한 문제는 광범위한 공중보건 요구에 기반을 두고 있다. 환경의 악화와 오염은 노인, 환자, 어린이와 같이 위험에 처한 사람들을 포함한 일반 대중에게 영향을 미친다. 그러므로 공중보건과 환경보건은 같은 정의를 공유하고 있다고 할 수 있다. 환경보건은 일반적인 공중보건과 달리 특수한 목표를 갖는다는 점에서 차이가 있지만, 사업의 대상이 일반 인구집단이라는 점에서 공중보건과 동일하다. 이론적으로 환경보건과 공중보건은 삶의 질 및 환경의 질 향상, 질병과 장애의 감소, 의료비용의 감소와 같은 동일한 가치에 의해 연결되어 있다(Dowie, 1997).

직업보건은 일반 인구집단의 한 부분인 노동자들을 보호하는 데 초점이 맞추어져 있다. 작업장 유해인자로부터 보호받기 위한 노동자들의 요구는 일반 인구집단을 둘러싸고 있는 환경오염 문제만큼 주목을 받지 못하고 있다.[1] 역사적으로 유해인자로부터의 보호를 요구하는 노동자들의 투쟁이 「직업안전보건법」의 제정과 같이 일부 작업장 유해인자를 규제하는 결과를 낳았지만, 그 보호 방법이란 작업장 유해인자와 노동자 사이를 차단하기 위한 환기시설이나 개인보호구 등을 강조하는 것이었다. 위험물질의 노출을 감소시키거나 제거하기 위한 방법으로서 생산 공정을 변화시키려는 시도는 거의 고려되지 않았다.

직업안전보건청과 환경보호청의 규제와 노출 기준 설정은 일반 환경과 작업장 사이에 오랜 기간 존재하는 역사적인 규제와 정책의 분리를 강화시키는 역할을 했다. 직업안전보건청의 첫 번째 과제는 산업계에서 실천할 수 있을 정도로 직업안전보건에 대한 최소한의 노출수준을 정의하고 그 기준을 수립하는 것이었다. 이것은 작업 현장에서 유해 화학물질에 대해 강제적으로 적용할 수 있는 노출 기준을 포함하고 있다. 직업안전보건청은 산업계가 상당한 비용과 노력 없이도 이러한 새로운 규정들을 실천하도록 하기 위해 1968년 미국산업위생사협회(American Conference of Governmental Industrial Hygienists: ACGIH)가 제시한 노출 한계치(Threshold Limit Values: TLVs)를 포함하여 몇 가지 기준을 채택했다. 이 합의된 기준이 허용 농도(Permissible Exposure Limits: PELs)로 채택되었고, 이는 화학물질 노출에 대한 구속력을 갖는 규제였다. 이러한 접근 방식의 근거는 유해 화학물질에 대해 안전한 노출수준과 인체에 이상반응이 없을 정도의 한계점이 있을 것이라는 가정에서 나온 것이다. 이러한 노출 기준은 생산 공정의 재설계를 통해 유해물질을 대체하거나 제거하는 것이 아니라, 전통적인 노출 조절 기술의 적용에 직업안전보건의 역할을 국한시키려는 의도를

---

1   1935년 「국가노동관계법(National Labor Relations Act)」이 임금과 작업조건 개선에 관한 단체협약을 체결할 수 있는 법적 근거를 제공함으로써 안전보건을 포함한 작업 조건에 대한 규제가 시도되었다.

갖는다(Rappaport, 1993: 683~694; Roach and Rappaport, 1990: 727~753). 제조 공정에서 유해한 화학물질을 사용하거나 제조하는 대기업들은 이미 이러한 노출 기준에 순응하고 있었다. 새로운 규제는 기업에 큰 부담을 주지 않았다. 하지만 노동계는 한 번에 하나씩 화학물질의 노출 기준 개정을 요구하는 투쟁을 해야 했다. 두 가지 중요한 요인이 여기에 작용했다. 첫째로 직업안전보건청이 노출 기준 설정 과정에서 이러한 규제 대상 화학물질에 노출되는 노동자 대표의 참여를 적극적으로 유도하지 않았다. 두 번째로 미국에서 노동계는 다른 여러 나라처럼 강력한 정치적 힘을 갖고 있지 못했다. 미국의 낮은 노동조합 조직률은 산업계와 노동자 사이의 힘의 불균형을 초래했다(Gibson, 1994: 34, 42~44).

직업성 및 환경성 유해인자들의 공통점과 노출 허용 농도 측면에서의 차이점을 알 필요가 있다. 어떤 화학물질에 대한 작업장 허용 농도는 환경보호청에서 권고하는 대기 중 허용 농도보다 훨씬 더 높다는 점에 주목하는 것이 중요하다. 직업안전보건청의 허용 농도는 직업환경에서 유해인자에 노출되는 사람들이 여사·어린아이·노인보다는 젊고 건강한 사람일 것이라는 가정하에 추정된 것이다. 또한 직업보건의 경우, 작업장에서 받아들여지고 있는 화학물질 노출을 조절하기 위한 방법은 호흡용 보호구와 같은 개인 보호 장비의 사용일 수 있다. 하지만 호흡용 보호구의 착용 등과 같은 접근 방법은 일반 인구집단을 대상으로 한 보호 방법으로는 결코 인정될 수 없다.[2]

수용 가능한 위험(acceptable risk)이라는 정의가 노출 기준의 수립과 함께 등장했다. 1978년 직업안전보건청의 벤젠에 대한 노출 기준처럼, 암 유발 물

---

[2] 노동자들은 작업장에서 호흡용 보호구를 착용해야 한다. 이는 사용주들이 유해물질에 대한 노출을 허용기준 이하로 유지하기 위해 사용하는 방법이다. 만약 일반 시민이 호흡용 보호구를 착용한다면 누구나 그들을 둘러싼 환경조건이 위험하다는 것을 알게 될 것이며, 시민은 이를 용납하지 않을 것이다.

질 또는 발암물질에 관한 기준이 제정될 때 법정 공방이 있었다. 벤젠이 백혈병을 유발한다는 증거 때문에 직업안전보건청은 벤젠의 허용 농도를 10ppm에서 1ppm으로 줄이려고 시도했지만, 법원은 최종 판결에서 직업안전보건청이 "작업장에서 특정한 독성물질이 인체에 의미 있는 건강 위험을 일으키는지, 더 엄격한 새로운 기준이 합리적으로 필요한지를 입증할 의무가 있다"고 했다(Gottlieb, 1995: 98~103). 이러한 판결문의 결과는 직업안전보건청이 생명을 구하거나 질병을 피한다는 측면에서 양적 편익의 증가를 입증했을 때에만 기준을 현 수준에서 다른 수준으로 감소시키려는 판단을 정당화하도록 요구하는 것이었다(Moure-Eraso and Tsongas, 1990: 13~21).

「직업안전보건법」은 작업 현장에서 독성물질을 감소시키는 것보다는 화학물질에 대한 노출을 작업하기에 안전하도록 제한하는 것에 초점을 맞추고 있다. 또한 이 법은 환경적 유해인자와 직업적 유해인자에 의한 노출이 만나는 상황에 대해서 어떠한 지침도 제공하지 않는다. 직업안전보건청이 노동부에 속해 있다는 점 역시 직업안전보건청이 공장 외부의 그 무엇이나 누군가를 보호하기 위해 주의를 기울이는 것을 어렵게 만들었다(Gottlieb, 1995: 102).

환경보호청 역시 초기부터 단일 매개체 또는 조절 위주의 기준 설정에 대해 강조했는데, 이것이 직업적 상황을 유해인자로부터 똑같이 영향을 받는 독립된 환경으로 고려하는 전략을 수립하지 못하게 만드는 요인이 되었다. 직업보건운동과 환경보건운동이 분리됨으로써 나타나는 문제점은 다음과 같이 요약할 수 있다. "일반 환경 안에서 동일한 유해인자임에도 노동인구가 경험하는 생산의 유해성과 지역사회나 자연환경에서 경험하는 유해성을 분리하고 있는 현 상태가 노동보건운동과 환경보건운동의 정체성 분리를 직접적으로 설명해준다"(Gottlieb, 1993: 274). 통합을 위해서는 환경, 지역사회, 직업안전보건운동이 다시 한 번 협력할 수 있는 방법을 찾아야 한다.

4. 예산의 차이

과거나 지금이나 직업안전보건청은 매우 적은 재원으로 업무를 수행해야 한다. 반면 환경보호청은 환경과 일반 대중을 유해한 상황에서 보호하기 위해 만들어진 법을 집행하는 데 더 나은 조건을 가지고 있었다. 문제가 되는 독성물질이 같은 것일 때, 환경보호청은 직업안전보건청이 노동자를 위험으로부터 구하기 위해서 취할 수 있는 것보다 더 강력한 조치를 기업에 대해 취할 수 있었다.

불공평한 재원 배분의 증거는 각 기관들의 연간 예산에서 볼 수 있다. 2002년 국가 재정에서 직업안전보건청의 예산이 4억 4,300만 달러인 반면,[3] 환경보호청의 예산은 73억 달러로 관련 예산이 23배 더 많았다.[4] 환경보호청은 시민의 건강과 환경을 보호하기 위한 명목으로 연방 정부에서 상당한 지원을 받고 있으면서도 환경보호에 쓰는 비용의 극히 일부분만 노동자 보호에 사용하고 있다는 것은 의미심장한 일이다.

직업안전보건청의 약점은 법적 구속력에서도 볼 수 있다. 설립 초반 몇 년 동안 평균 과태료는 50달러 이하였고, 직업안전보건청의 규정을 심각하게 위반한 사건에 해당하더라도 최고 벌금이 평균 625달러에 불과했다. 현재 직업안전보건청은 법을 위반할 때마다 사업주에게 7,000달러까지 과태료를 부과할 수 있고, 위반 사항이 고의적이거나 반복적일 경우 7만 달러까지 벌금을 부과하거나 최고 6개월까지 구속시킬 수 있다. 그렇지만 이러한 벌금형이 최고

---

3 OSHA Web site: http://www.osha.gov/oshafacts.html(January 17, 2003).

4 EPA Chief Financial Officer Web site: http://www.epa.gov/ocfopage/budget/budget.htm (January 17, 2003).

수준으로 부과된 경우는 드물다. 전통적으로 직업안전보건청은 주로 큰 회사들을 감독해왔고, 소규모 기업에 대한 관리감독은 하지 않고 있다. 그 결과 대다수의 공장에 대한 감독이 거의 이루어지지 않고 있는 실정이다.

환경보호청은 「직업안전보건법」보다 더 높은 민사상 과태료와 형사상의 처벌권한을 가지고 있어서 규제 권한이 더 강하다. 이러한 과태료는 위반 한 건당 하루에 2만 5,000달러 또는 최고 15년까지 구속할 수 있는 수준이다.

5. 규제 순응의 장애물들

작업장과 환경 규제에 대한 경영계의 저항은 산업계의 기본적인 전술이었다. 사업주들이 이윤 증대를 위해 생산 비용을 감소하려는 것은 미국의 경제 체제 및 정치적 맥락에서 자연스러운 '이해의 충돌'이라 할 수 있다. 이것은 사업주들이 가능한 한 최대치의 노동력을 뽑아내기 위해 최대한의 작업장 통제권을 가지고 있어야 한다는 것을 의미한다(Noble, 1986). 이윤 증대라는 산업의 최종 목표를 달성하기 위해 제조 공정에서 시간과 비용을 줄이려는 시도는 작업장의 안전과 건강을 저해할 수 있다. 공정의 속도를 높이거나 작업자 수를 줄이는 것은 질병이나 손상을 증가시킬 수 있다(Levenstein, Wooding and Rosenberg, 2000). 이러한 경향이 강화된 결과로 공장 활동과 안전보건에 관한 결정 과정에 노동자들이 참여할 수 있는 구조가 사라졌다. 노동자 조직률이 낮고, 노동자 참여에 대한 인식이 부족하며, 노사 공동의 안전보건위원회가 구성되어 있지 않았기 때문이다(Ochsner, 2001).

사업주가 직업성 유해인자의 감소와 환경오염 예방을 할 수 있도록 유도하는 인센티브에는 질병이나 손상 증가에 따른 산재보상 비용 확대, 재산상 손실에 대한 법적 소송의 증가, 좋은 공적 이미지의 유지, 내부 영업 방침에 대한 정부 개입 방지 등이 포함되었다(Colten and Skinner, 1996). 그러나 경제와 외부의 우선순위들은 산업계가 자발적으로 안전하고 건강한 환경을 만드는 것을 어렵게 했다.

직업안전보건청과 환경보호청의 기준에 따르지 않을 경우 발생할 수 있는 위협은 기업들이 기준을 지키게 만드는 원동력이 되었다. 직업보건과 환경보건에 대한 각종 규제는 폐기물과 오염을 정화시키라는 대중의 요구뿐만 아니라 부상과 질환의 증가에 대한 반응이었다. 이전에 논의한 것처럼 노출 기준을 만들 때 유해인자에 대한 예방 및 잠재적 질병과 부상은 우선적으로 고려되지 않았다. 대개의 경우 규제 순응은 유해인자의 실질적인 결과를 '예방'하는 것이 아니라 '조절'하는 것을 의미했다. 조절은 이미 존재하고 있는 제조 방법을 바꾸지 않고 추가할 수 있다. 규제 기관으로서는 특정 매개체에 주안점을 두는 것이 오염 조절에 더 쉬운 방법이었다. 하나의 환경 매개체가 규제될 경우 그 매개체로 방출되는 것을 조절하는 방법들이 개발되었다.

직업안전보건청과 환경보호청의 설립 이후 산업계는 직업적·환경적 규제에 대해 두 가지 대처 방안을 가지고 있었다. 처음에 기업들은 직업보건과 환경보건 문제 각각에 대해 분리된 부서와 관리자를 두었다. 하지만 최근 구조조정 계획에 의해 많은 기업들이 두 부서를 하나의 안전보건 부서로 만들어 직업보건과 환경보건 문제를 다루도록 했다. 그 결과 노동자의 안전보건 문제와 직업안전보건청 규제 문제를 다루는 안전 관리자와 방사성 물질 및 폐기물 관리 업무와 환경보호청 규제 업무를 담당하는 환경 관리자 중 하나만을 배치하는 것으로 나타났다. 그 과정에서 적절한 훈련이 이루어지지 않은 관리자가 배치되는 문제가 발생했다. 현재 이러한 인력들은 제한된 자원과 지식을 가지고 직업안전보건청과 환경보호청의 요구를 맞추기 위한 업무를 담당하고 있다(Armenti, 2001).

6. 1990년의 「환경오염예방법」

환경보호청은 1990년 10월, 연방에서 「환경오염예방법」이 통과된 것을 계기로 환경관리 전략을 재검토하게 되었다. 이 법은 폐기물 관리나 환경오염의 조절보다 발생량 감소를 지지하는 새로운 환경오염 예방 정책을 제시하고 있다. 환경오염 예방 정책의 목표는 폐기물의 양과 독성을 발생하는 시점에서 원천적으로 감소시키는 것에 있다. 환경보호청은 환경오염 예방의 개념을 정의하기 위해 '잠재적으로 유해한 환경오염물질의 발생을 제거하거나 감소하는 예방적인 프로그램'을 설명하는 환경오염 예방선언(Pollution Prevention Statement)을 연방 정부 관보에 게재했다(Pollution Prevention Policy Statement, 1989). 이 정의는 광범위한 내용을 담고 있지만 환경보호청의 환경오염 예방정책을 대표하고 있다.

① 대기, 물, 토양으로 배출되는 오염물질의 감소 또는 제거
② 발생량 감소, 폐기물의 최소화, 공정의 변화를 통해 제조 과정을 통해 발생하는 오염물질의 양(과)이나 독성 감소
③ 환경오염을 유발하지 않는 화학물질이나 생산물로 대체하는 방법을 통한 환경오염물질의 제거(예: 화학물질 대체, 생산 공정의 변화)
④ 폐기물의 재활용(예: 재사용, 재생)

이러한 「환경오염예방법」은 새로운 정책에 대한 요구와 산업 오염에 대한 문제를 해결하는 데 좀 더 예방적인 접근 방법을 취하도록 촉진시키기 위해 통과되었다.

7. 현재 환경 패러다임의 전환에 대한 효과에서 「환경오염예방법」의 제한점

환경보호청의 환경오염 예방 프로그램의 중심에는 '환경관리제도'가 자리 잡고 있는데, 이 제도의 최고 우선순위는 발생원 감소에 있다. 여기에서 발생원 감소란 '유해물질, 환경오염물질, 오염물질 등이 재활용, 처리, 처분하는 단계 이전에 폐기물의 흐름에 들어가거나 일시적인 배출을 포함하여 환경에 방출되는 것을 줄이는 것'으로 정의할 수 있다.[5] 환경보호청의 환경관리제도에서는 환경오염이 일어나기 전에 문제를 해결하는 것이 유일한 예방대책이라는 점을 명확히 하고 있다. 이 제도에서는 환경오염 예방을 위한 최상의 선택으로 발생원 감소를 강조하지만, 환경오염을 예방할 수 없을 때는 환경적으로 안전한 재활용, 처리, 처분하는 것을 허용하고 있다. 폐기물 최소화와 재활용이라는 2차적인 예방에 대한 선택권이 허용된다는 사실은 환경보호청이 처리와 조절에 초점을 둔 전통적인 관점을 유지하고 있으며, 발생원 감소라는 1차 예방의 추진에 소극적이라는 것을 의미한다.

또 다른 한계는 환경오염 예방의 정의와 이에 대한 정책이 어떻게 시행되어야 하는가에 대해 산업계, 환경운동가, 환경관리자 사이에 합의가 부족하다는 점이다. 환경보호청 관료들이 기존의 환경오염 통제 전략에서 발생원 감소를 강조하고 '환경적으로 건전한 재활용'을 강조하는 새로운 방향으로 환경오염 예방정책의 전환을 선언했지만, 이 선언은 현장에서 떨어진 곳에서 재활용이 가능하도록 하는 방안을 포함하고 있어서 문제를 안고 있다. 이는 폐기물 감

---

[5] Pollution Prevention Act of 1990, 42 United States Code of Federal Regulations, section 13102.

량에 대한 산업계의 다양한 요구에 순응하는 것인데, 현장에서 떨어진 곳에서 재활용을 선호한 산업계의 요구를 들어줌으로써 산업계의 우려를 가라앉혔다(Gottlieb, 1995: 74~78). 이러한 접근 방법은 산업계와 정부가 기존의 환경오염 통제 전략을 계속 유지할 수 있도록 해준다는 점에서 문제를 안고 있다.

「환경오염예방법」의 자발적인 측면을 생각하면, 환경보호청이 제조 공정에서 발생한 위해요인의 감소를 강제적으로 적용시키기는 어렵다. 환경보호청은 환경오염 예방을 강화하기 위해 몇 가지 중요한 전략을 개발했지만, 이러한 프로그램의 대부분은 본질적으로 정보 제공과 홍보 활동의 확대에 초점을 두는 것이었고, 규제를 잘 따르는 좋은 기업에 대한 인센티브 부여를 통해 발생원 감소에 맞춘 환경오염 예방 접근법을 채택하도록 하는 것이었다.6 여기서 인센티브란 세금 감면이라는 형태의 경제적인 것일 수도 있고, 제조 공정에서 발생원 감소 노력에 대한 인증(formal recognition)을 통해 기업의 홍보활동을 추구하는 것일 수도 있다(United States Environmental Protection Agency, 1997). 환경보호청은 계속해서 효율성을 강조했는데, 효율성이란 기업이 '수락할 수 있는 최저 기준'을 의미하거나 기업에게 환경오염 예방을 통한 비용절감을 호소하는 것이었다. 이러한 태도는 건강 위험을 줄이는 것에 반하는 것이었고, 산업 전반에 걸쳐 환경오염 예방 프로그램이 성공하는 데 제약이 되었다. 규제에 의한 중재가 없다면, 환경오염 통제 구조에 기초한 예산과 환경보호청 조직 내부에 확고하게 형성되어 있는 환경오염 통제 맥락을 벗어나서 환경오염 예방 정책에 대한 틀

---

6 이러한 환경보호청의 접근법은 Industrial Toxics Project, the "33/50" Initiative, the Common Sense Initiative, Design for the Environment, the Environmental Leadership Program, the Green Lights Program, Project XL, Energy Star Computers, the Source Reduction Review Project 등을 포함하며, 이 프로그램들의 상세내용은 환경보호청 홈페이지에서 확인할 수 있다.

을 잡는 것은 어려운 일이다(Gottlieb, 1995). 규제에 대한 순응은 기업이 환경오염 예방에 대한 대안을 마련하도록 동기를 부여해준다는 점에서 중요한 요인이다. 그러나 제조 공정에 대한 규제를 둘러싼 정부와 산업계의 전통적인 대립관계는 환경오염 예방을 필수적인 의무로 만드는 데 어려움으로 작용하고 있다.

「환경오염예방법」의 효율성을 감소시키는 또 다른 요인은 환경보호청의 환경오염 예방 프로그램이 작업장 환경 문제와 단절되어 있다는 점이다. 환경오염 예방에 대해 정의하고 법을 제정하기 위한 논의를 할 때 작업장의 유해인자에 대한 논의는 포함되지 않는다. 외부 환경으로의 배출을 감소 또는 제거할 수 있도록 유해 화학물질의 사용을 줄이는 것에만 중점을 두고 있다. 연방정부의 자발적 환경오염 예방 프로그램은 공장 내부의 환경과 제조 공정에서 유해물질 사용의 감소가 어떻게 작업장에 영향을 주는지에 대해 주목하도록 요구하는 요소가 별로 없었다. 이러한 요소가 누락되어 있기 때문에 환경 프로그램과 직업안전보건 프로그램의 통합이 제한되고 있다. 환경보호청의 웹 사이트에서 구할 수 있는 자발적인 '방법'의 개발은 지역사회와 직업장이 오염을 감소 또는 예방하기 위해 잠재적인 유해인자를 지역사회에서 작업장으로, 또는 작업장에서 지역사회로 이동시키는 것을 고려해야 한다는 내용을 포함하고 있다. 이러한 방법은 직업보건과 환경적 유해인자의 건강 위험을 하나의 기구로 통합하려는 시도에서 갈등으로 작용한다.[7] 이러한 프로그램은 직업성

---

7 환경보호청은 ChemSTEER(Chemical Screening Tool for Exposures & Environmental Releases), Green Chemistry and Green Engineering programs, Design for the Environment 등의 오염 예방 수단을 마련했다. 다른 방법들은 다음과 같은 기관에서 마련했다. 매사추세츠 대학교의 작업환경 프로그램(University of Massachusetts Lowell Work Environment Program), 독성물질 사용 감소 기구(Toxics Use Reduction Institute), 테네시 대학교(University of Tennessee), 청청 생산 및 기술을 위한 센터(Center for Clean Products and Clean Technologies), 퍼듀 대학교(Purdue University), 인디애나 주 청정생산기술 및 물질안전기

및 환경성 문제를 하나의 환경오염 예방 모델로 통합하는 데 중요한 단계 중 하나이지만, 환경보호청의 과제와 사업주에 대한 지원은 대부분 직업성 노출에 중점을 두고 있지 않다.

위험을 둘러싼 직업 및 환경 문제에 대한 의사 결정의 통합을 방해하는 또 다른 중요한 장애물은 환경오염 예방의 활성화 정도를 계량화하지 못하는 환경보호청의 무능함이다. 환경오염 예방 활동의 긍정적 또는 부정적 효과를 측정할 수 있는 실행 가이드라인과 기준이 없었기 때문에 환경보호청의 규제 시스템으로 환경오염 예방 활동을 통합할 수 없었다. 환경보호청이 수집한 데이터는 법률에 근거한 유해 화학물질의 방출과 배출 감소에 초점이 맞추어져 있었다. 환경오염 예방 활동이 더 광범위한 환경 데이터 보고 체계와 공식적으로 통합되어 있지 않았다.

8. 주 정부가 제안한 오염 예방 프로그램

환경오염 예방과 관련된 규제는 주 정부 차원의 환경 관리 전략으로 느리지만 점차적으로 확산되고 있었다. 15개 이상의 주에서 제조업체들은 어떤 방식으로든 환경오염 예방 계획을 수립해야 한다는 법안이 통과되었다(Ochsner, 1998). 어떤 주에서는 제조업체들이 자발적으로 환경오염 예방 프로그램에 참여하기도 했지만, 이러한 계획을 수립하도록 강제함으로써 환경오염 예방에 대한 사업주의 자각을 불러일으켰고, 제조 공정에서 사용되는 독성물질의 양을 감소시키기 위한 법률이 제기될 수 있는 근거를 마련해주었다.

구(Indiana Clean Manufacturing Technology and Safe Materials Institute).

9. 매사추세츠 주의 독성물질 사용 감소

처음으로 환경오염 예방 프로그램 법안을 통과시킨 주는 매사추세츠 주다. 1989년 6월에 통과된 「독성물질감소법」은 지역사회에서 유독성물질과 유해물질의 사용 감소를 촉진하기 위해 만들어졌다.[8] 이 법안은 "노동자, 소비자 또는 환경으로 위험의 전가 없이 노동자, 소비자, 환경에서의 건강 위험을 감소시키기 위해 독성물질 또는 유해인자의 사용과 생산단위당 유해 부산물의 생성을 제거, 감소, 회피하도록 원재료 또는 생산 공정에 대한 공장 수준의 변화"[9]를 강제하고 있다. 이 「독성물질감소법」은 그밖에 "독성에 대한 수용할 수 있는 수준 및 특정 노출수준의 위험에 대한 논란을 넘어 …… 모든 유독성 화학물의 사용은 감소되거나 제거되어야 한다는 주장에 기초하고 있다"(Geiser, 1991). 「독성물질감소법」은 덜 유해한 물질을 사용하거나 발생 단계에서 환경오염을 감소 또는 제거함으로써, 1997년까지 독성물질의 생성을 50%까지 단계적으로 줄이겠다는 목표를 세웠다.

10. 직업보건과 연결된 독성물질 사용 감소

환경오염 예방 전략은 환경으로의 방출을 조절하는 것보다 발생단계에서 환경오염 자체를 없애는 것에 더 주안점을 두고 있다. 그렇기 때문에 노동자나 작업 환경에 끼치는 영향이 과거의 공장 내부 노출에 대한 검증되지 않은,

---

[8] Massachusetts General Laws, Toxics Use Feduction Act, HB 6161, Chapter 211, 1989
[9] Massachusetts General Laws, Toxics Use Feduction Act, HB 6161, Chapter 211, 1989.

때로는 더 악화시키는 조절 전략을 통해 환경에 대한 영향을 감소시키려는 노력과 근본적으로 다르다. 앞에서 언급했듯이 「독성물질감소법」은 작업장 등 다른 영역으로 위험을 전가시키지 않고 발생단계에서 독성물질의 사용을 감소시키도록 설계되어 있다. 「독성물질감소법」이 통과되기 전까지 매사추세츠 주 기업들은 연방 정부의 직업안전보건청과 주 정부의 노동부서 등에서 이루어지는 작업장의 직업적 유해인자에 대한 관리를 별도로 받지 않았다. 그러나 이 법이 도입된 이후 제조 공정의 변화 또는 물질 대체 등으로 인한 부가적인 위험과 유해성을 노동자에게 전가하지 못하도록 규제를 받았다.[10]

11. 독성물질 사용에 대한 제한의 한계

독성물질 사용에 대한 제한은 환경오염의 조절 기술과 규제보다 한층 진일보한 방법이지만, 몇 가지 제한점이 있다. 우선, 「독성물질감소법」은 매사추세츠, 오리건, 워싱턴, 미네소타, 메인, 버몬트 등 몇 개 주에서만 통과되었다. 또한 이 법에서 규정하고 있는 독성물질 중에는 심각한 영향을 줄 수 있는 다수의 독성물질이 배제되어 있었다. 독성물질의 사용을 제한하는 범위에 농업이나 교통, 광산에서 나오는 독성물질 등은 포함되지 않았다는 점도 큰 문제였다 (Rossi, Ellenbecker and Geiser, 1991: 31~32). 직업안전보건의 측면에서 살펴보면, 독성물질의 사용 제한 규정을 집행할 때 공장 바깥의 환경에 영향을 주는 독성물질을 감소시키는 데 초점을 맞추고 있었기 때문에 공장 내부 노동자들에게 영향을 미치는 공장 내부 문제의 발생에 대해서는 거의 주의를 기울이지

---

10 Massachusetts General Laws, Toxics Use Feduction Act, HB 6161, Chapter 211, 1989.

않았다(Armenti, 2001). 이 법안은 독성물질 사용 감소로 노동자들에게 부가적인 위험이 발생하지 않는다는 가정에서, 1997년까지 유해폐기물의 50%를 줄인다는 목표를 갖고 유해폐기물의 감소에 우선순위를 두고 있다. 「독성물질감소법」은 독성물질의 사용을 줄이는 것이 노동자와 환경에 대한 위험을 감소시키는 수단으로 가장 좋은 방법이라고 권고하고 있지만, 그 실제적인 효과는 공장과 제조업체가 이 법안을 지켜 독성물질의 사용을 줄이느냐에 달라질 수밖에 없다. 직업환경 관리에 대한 통합 운영체계를 갖고 있는 기업은 매우 드물다. 독성물질의 사용 제한으로 위험이 노동자에게 전가되지 않고 발생 단계에서 유해폐기물을 최소화하는 목표를 달성하기 위해서는 직업안전보건의 목표가 「독성물질감소법」 및 훈련에 좀 더 분명하게 통합되어 있어야 한다.

12. 협력을 강화하는 중재방안

직업안전보건청과 환경보호청은 중첩되는 사안에 대한 노력을 조정하고 각 기관의 책임을 조정하기 위해 몇 가지 합의를 했다. 1987년 직업안전보건청, 국립직업안전보건연구소, 환경보호청은 양해각서를 체결했다. 이는 공동 집행과 감독 계획에 대한 지원을 강조하고, 작업장의 독성물질에 대한 국가 전략을 수립하기 위한 준비 과정으로서 직업성 화학물질에 대한 협조, 기술적 지원, 각 기관의 인력 사이의 의뢰를 촉진하고 공동의 감독 및 규제를 지원하기 위한 교육 훈련 프로그램의 조정과 실행 등을 강화하자는 것이었다(Penny and Moure-Eraso, 1995).

1994년 직업안전보건청과 환경보호청이 협력하여 개발한 '작업장 독성물질에 대한 국가 전략' 등을 포함하여 다수의 양해각서가 1990년대 전반부에 걸처 체결되었다. 이는 노출 기준의 수립, 규제 순응/시행의 문제, 자율적 프로그램의 사용, 연구 및 정책의 우선순위에 대한 장기적인 배치 등을 포함하고 있다. 또 다른 양해각서는 직업안전보건청과 환경보호청이 주요 화학물질의 사고 예방을 두 기관의 최우선 문제로 다루고, II, III, V, VI 지방에 있는 여러 석유화학 공장에 대해 다양한 전달 수단을 활용하여 감독하도록 규정하고 있다 (Penny and Moure-Eraso, 1995).

양해각서 이후 두 기관의 관계가 항상 부드러웠던 것은 아니다. 각 기관이 필요로 하는 시간의 차이와 공동 감독 과정에 관한 문제, 공동 교육 훈련을 위한 노력의 실패, 관심과 관리감독의 부족 등은 공동 프로그램들이 성공하거나 유지되는 것을 어렵게 만들기도 했다(U.S. Department of Labor, 1992). 1990년대의 정치적 분위기도 두 기관이 협력하기 어려운 장애물로 작용했다. 이 시기에 새로운 국가 전략이 보류되었고, 두 기관은 예산을 삭감하고 기존 규정을 재검토 하도록 강요받았다(Penny and Moure-Eraso, 1995). 환경보호청에서 환경오염 예방 활동이 증가했던 1990년대에 양해각서를 통한 공동 활동이 실패한 것은 직업안전보건청과 환경보호청의 내부 및 두 기관의 관계에서 직업보건과 환경보건을 통합하는 것을 고려하지 못했기 때문이었다.

1999년 6월, 직업안전보건청과 환경보호청은 양해각서 프로그램의 일환으로 한 위원회의 주도 아래 직업보건과 환경보건의 문제에 대해 기관의 통합에 초점을 둔 회의를 진행했다.[11] "노동자와 환경의 보호, 포괄적 해결책 마련을

---

[11] 이 회의는 '화학물질노출예방 수석정책고문(이하 정책고문)'의 노력으로 개최되었다. 이 자리는 1992년 매사추세츠 주립대학교 로웰 캠퍼스와 정부 간 인력 협약에 근거하여 만들어졌다. 작업환경에서 만성 건강영향과 급성 건강 문제들을 포함한 화학물질 노출에 대한 1차 예방을 위해 직업안전보건청의 주요 정책으로서 오염 예방의 개념을 정립하고 소개할 목적으로 만들어졌다. 공과대학의 작업환경학과 교수인 라파엘 무어-에라소(Rafael Moure-Eraso) 박사가 정책고문을 맡게 되었다. 더 자세한 정보에 대해서는 무어-에라소 박사에 의한 보고

위한 기관 간 협력 등의 상식적 접근"이라는 제목으로 직업안전보건청, 국립 직업안전보건 연구원, 환경보호청의 후원 속에 진행된 회의에서 노동자들이 취급하는 독성물질에 관한 정책 조정 등에 대해 공통의 관심을 가지게 되었다. 이 회의에서 각 기관들은 법률 제정 노력을 더 나은 방향으로 조정하기 위한 방법, 법률의 시행과 허용기준 설정 단계에서의 협력 증대, 공동 연구 프로젝트의 개발과 협의를 위한 노력, 그리고 공식적인 법률 제정 이전에 노동자와 환경 등 두 이해당사자가 위험 감소라는 목표를 달성할 수 있도록 여러 기관의 협력을 이끌어내기 위한 논의를 진행했다.

주 정부 및 연방 정부의 대표자들은 물론이고 제조업협회의 회원들, 노동 및 환경단체, 산업계, 학계에서도 참가했다. 직업안전보건청 대표인 찰스 제프리스(Charles Jeffress)는 환영 연설에서, 특정 규제의 결과로 기업이 작업장과 환경의 오염을 상호 전가시킬 수 있음을 예측하는 것이 그것을 전적으로 감소시키는 것보다 더 중요하다고 강조했다. 그는 이 회의가 각 기관들의 헌신적 노력에 의한 성공사례를 확인하기 위해 양 기관을 포함한 이해당사자들의 정기적 대화를 여는 첫걸음이라고 말했다. 나머지 안건 역시 단순히 갈등을 피하기보다 가치를 더하기 위해 같이 일할 수 있는 방법을 찾아보자는 것에 있음을 명확히 했다(Jeffress, 1999).

워크숍은 갈등이 생길 수 있는 목표에도 직업안전보건청과 환경보호청이 왜 동반자가 되어야 하는지, 무엇을 해야 하는지에 대해 두 기관이 전망을 공유하도록 했다. 이러한 공통의 전망은 의미 있는 결과를 달성하기 위해 필요

서를 참고하기 바란다. 이 보고서의 제목은 *Pollution Prevention/Source Reduction and Occupational Safety and Health, Activities of OSHA's Senior Policy Advisor on Chemical Exposure Prevention(SPACEP): Final Report to Assistant Secretary of Labor for OSHA* (Massachusetts: Lowell, 1995)이다.

한 연대에서 어떤 개별 집단이나 기관보다 더 큰 중요성을 갖는다.

유감스럽게도 워싱턴 회의의 참가자들이 수립한 권고안에 대해서 연방 수준에서 이루어진 결정이 거의 없었다. 이 회의 이후 관계된 연방의 대표자들 중 일부가 기관을 떠나기도 했고, 현 대통령에 의한 개각으로 자리가 바뀌기도 했다.

13. 통합의 장애물들

환경보호청의 규제 틀 내에서 환경오염 예방을 적용하기 위한 장애물은 기관들 사이에서 직업보건 문제와 환경보건 문제를 통합하기 위한 장애물과 유사하다. 직업안전보건청과 환경보호청이 공중보건을 위해 함께 일하도록 만들기 위해 노동자, 학자, 직업 및 환경보건 전문가, 일반인을 포함한 몇몇 개인들이 많은 노력을 전개했음에도, 연방 정부 수준에서 직업안전보건청과 환경보호청 간에 혹은 그 내부의 정책에 영향을 미치려는 시도가 실패한 것은 현재와 같이 규제에 대한 명령과 조절이라는 전통적인 접근 방식의 제한점을 뛰어넘는 도전이 필요하다는 것을 말해준다. 환경오염 예방에 대한 사회적 의식의 기반이 확장되고 있는 지금, 환경오염 예방이 직업성 및 환경성 유해인자를 모두 예방하기 위한 1차 예방의 표준 모델로서 인정받기 위해서는 여기서 제시된 안건과 문제가 활발하게 논의되어야만 한다.

「환경오염예방법」은 미국 환경 관리의 1차적 정책 목표가 발생 단계에서 환경오염을 예방하는 것임을 명확히 하고 있다. 그러나 이러한 폭넓은 정책은 미국 내 기존의 규제들과 통합되기가 어려웠다. 이는 법률 제정 과정에서의 정치 공작이라는 제약, 그리고 이러한 법의 채택 시 새로운 법률과 법률적 제도의 시행에 이의를 제기하는 규제 반대 풍토 때문이다. 이러한 제약들은 직업안전보건청에 의해 수립된 것을 포함한 미국의 모든 법률 제정과 기준 설정 과정에 내재되어 있다. 직업보건과 환경보건 모두를 포함하는 유해 환경에 대한 전체적인 예방에 관한 더 폭넓고 강화된 법을 채택하지 못한다면, 정부기관은 통합적 접근을 성공시킬 수 없을 것이다.

이전에 언급한 것처럼, 환경보호청의 환경오염 예방을 자발적으로 수행할 수 있도록 만들기 위한 노력은 환경오염 예방 프로그램을 비체계적이고 일관성 없게 만들었다. 이 프로그램에는 포괄적인 데이터베이스도, 환경오염 예방 프로그램에 대한 성공을 측정하고 평가할 수 있는 수단도 없었다. 환경오염 예방 프로그램의 진행을 측정할 수 있는 유용한 평가도구가 부족하다는 사실 역시 노동자의 안전과 건강에 대한 환경오염 예방 프로그램의 효과를 평가할 수 없게 만드는 이유였다. 규제 및 기관 수준에서 환경오염 예방의 선택지를 고려할 때 환경오염 예방 효과에 대한 체계적이고 일관된 측정 방법이 없고, 그 결과로 노동자의 안전과 건강에 대한 환경오염 프로그램의 효과를 측정할 수 없다면, 직업 및 환경 위험을 동시에 평가할 수는 없는 것이다(Armenti, 2001; Roelofs et al., 2000: 843~850; Sivin, 2002).

환경오염 예방을 규제 도구로 요구하는 것에 대한 정부의 실패는 산업계가 환경오염 예방의 문제를 환경오염 조절의 문제로 다루고 발생원에 대해서는 거의 다루지 않는 것을 허용한다. 산업계의 입장에서 환경오염 예방은 처리비용을 줄이기 위한 하나의 '일거리'일 뿐이다.[12] 이러한 관점은 너무 협소한 것이며, 처리비용 절감이라는 메시지는 환경오염 예방 활동에 다른 사업이 미

---

12 환경오염 예방의 산업계 동기에 관한 더 자세한 논의는 환경보호청의 'Prototype Study of Industry Motivation for Pollution Prevention(EPA document 100-R-96-001)'와 '면접조사결과(100-R-96-001a)'를 참고하기 바란다.

칠 잠재적인 영향을 무시하는 것이다. 이러한 방법은 그 결정에 의해 이익이나 불이익을 받을 사람들, 지역 주민들이나 노동자들을 포함하는 모든 이해당사자들의 참여를 허용하지 않는다. 대부분의 환경 관련 법률은 특별한 시설 내에서 특정한 환경오염 예방 전략 개발에 피고용인들과 그 대표자들이 참여할 수 있는 구체적인 기전을 제시하지 못하고 있다(Ashford and Caldart, 1996).

환경과 노동자 건강보호를 위한 좀 더 통합적인 접근을 촉진하려는 노력을 조정하는 것에 대한 각 기관들의 실패는 작업장과 외부 환경을 보호하기 위한 접근에서 산업계를 통합시키는 것에 걸림돌이 되었다. 산업계가 규제적 요구조건에 의해 영향을 받는 정도는 노동자 보호와 환경오염 예방을 둘러싼 산업계의 판단에 영향을 미친다. 정부의 정책을 포함한 다양한 요인들이 직업보건과 환경보건의 양 측면에서 산업계에 '규제 순응을 뛰어넘는' 동기를 어떻게 부여하는가를 이해하는 것은, 이러한 영역을 생산물과 공정 설계 및 작동 같은 핵심적 사업상의 판단에 어떻게 통합시킬 것인가에 대한 효과적인 지침을 제공할 수 있다.

1차 예방은 직업안전보건청과 환경보호청이 직업성과 환경성 유해인자에 대해 동시적으로 예방하지 않는다면 달성될 수 없다. 작업장과 주위 환경이 모두 안전보건 활동을 지원하기 위해 반드시 보호되어야 할 완벽한 인간의 환경으로 인식되지 않는 한, 작업장과 환경 매체 간에 위험의 전이는 계속될 것이다. 부상, 질병, 사망을 예방하기 위해서는 환경보건 및 직업보건이 필수적으로 통합되어야 할 뿐만 아니라, 각 분야에서 위험의 전이가 수용되는 것을 중단해야 한다. 위험의 이동을 방지하기 위해 설계된 환경오염 예방은 두 가지 전략을 통합시키는 모델로서 사용될 수 있으며, 직업안전보건청과 환경보호청의 정책 틀 내에서 1차 예방 전략을 개발하도록 이끌 것이다.

우리가 직업보건과 환경보건의 위험을 설명하는 데 더욱 전체적인 접근법을 활성화하려면 정부의 규제는 반드시 산업 정책과 밀접하게 조율되어야 한다. 규제는 생산 과정이나 생산물, 기술적 혁신을 장려하는 데 사용될 수 있고, 지속가능한 개발이라는 목표에 도달할 수 있도록 도움을 줄 것이다. 이러한 혁신의 영향을 가장 많이 받을 노동자를 포함한 광범위한 이해당사자 집단을 포함하는 것이 대단히 중요한 과제다.

[김현주 옮김]

옮긴이 보론

후쿠시마, 녹색운동, 그리고 노동자

한재각(에너지기후정책연구소 부소장)

현대 시대는 후쿠시마 이전과 이후로 나누어질 것이다

앞으로 역사가가 어떻게 기록할지 장담할 수 없지만, 일본 후쿠시마 핵발전 사고는 한 시대를 가르는 중대한 사건으로 기록될 것이다. 즉, 현대는 후쿠시마 사고 이전과 이후로 나뉠 것이라고 생각한다. 후쿠시마 사고로 비극적으로 새롭게 열린 시대는 사고 이후 독일과 스위스의 원전 포기 정책으로 그 모습을 뚜렷이 드러내고 있다.

1905년 아인슈타인이 특수상대성 이론을 내놓은 이래 숨 가쁘게 달려온, 원자핵을 쪼개거나 융합하는 과정에서 발생하는 에너지를 군사적으로 또는 '평화적'으로 이용해왔던 100여 년의 시대는 이제 새로운 국면으로 접어들고 있다. 핵폭탄이 투하된 히로시마와 나가사키의 비극과 핵발전소가 폭발해버린 체르노빌의 비극도 있지만, 후쿠시마는 두 가지 점에서 차원을 달리한다.

첫째, 후쿠시마 사고는 단기적으로 안정화되지 않고 있다는 점이다. 후쿠시마 제1원전 단지의 운영자인 도쿄전력이 밝혔듯이, 후쿠시마 제1원전에 위치한 1호기부터 4호기의 핵발전소(심지어는 5, 6호기에 저장된 사용 후 핵연료까지)의 압력용기 내의 핵연료가 냉각되기까지 6개월에서 9개월까지의 시간이 더 필요할 것이다. 이마저도 최대한 낙관적으로 추정할 경우라고 생각한다.

지금까지 대기, 바다, 지하수 등으로 배출된 방사능 물질량은 최악의 사고라고 했던 체르노빌 때의 배출량을 넘어섰다고 한다. 그러나 앞으로 상당히 긴 기간에(최소 6개월 이상) 방사능 물질은 계속 유출될 가능성이 높다. 어떻게든 한 달 안에 방사능 물질 방출을 중단시켰던 체르노빌과 다른 것이다.

이제 적어도 한국을 비롯한 동북아시아는 '방사능 물질과 함께하는 법'을 배워야 할 것으로 보인다. 이것은 지속적으로 핵에너지 이용의 정당성에 대해서 회의하도록 할 것이다.

둘째, 지구화된 시대의 핵발전소 폭발 사고는 말 그대로 전 지구적인 차원에서 시민에게 충격을 안겨주었으며, 우려와 행동을 이끌어내고 있다. 이런 충격과 우려는 후쿠시마 핵발전소 폭발 사고로 방출된 방사능 물질이 편서풍을 타고 전 세계로 퍼져나갔다는 점을 인식했기 때문만이 아니다.

무엇보다도 주목해야 할 것은 실시간으로 중계되었던 후쿠시마 핵 사고에 대한 언론 보도일 것이다. 핵발전소가 폭발하는 장면이 직접 시청자들의 눈에 각인되었고, 거의 매시간, 매일 단위로 핵사고 피해의 참상, 핵사고 수습의 어려움을 접하고 있기 때문이다.

무슨 일이 일어났는지를 수십 년 혹은 수년 이후에야 단편적으로만 알 수 있었던 히로시마와 나가사키, 그리고 체르노빌의 경우와 너무도 다르다. 핵발전소의 안전을 장담하는 국내 전문가의 인터뷰 도중, 그를 조롱하듯 갑작스럽게 보도된 폭발 장면은 쉽게 잊히지 않을 일이다.

위험은 사회적 하층 계급에 축적된다

이제는 전 세계적인 베스트셀러가 되었으며, 후쿠시마 핵발전소 사고 이후 자주 언급되고 있는 책이 있다. 체르노빌 핵발전소 폭발사고가 발생했던 1986년에 독일에서 출판된 울리히 벡(Ulrich Beck)의 『위험사회(Riskogesellschaft)』가 그것이다. 『위험사회』는 근대적 위험의 인식과 관리가 과학기술 전문가(기관)에 의존하고 있지만 그에 대한 대중의 신뢰는 점점 더 논란에 휩싸인다는 점을 지적하는 등 여러 대목에서 주목할 만한 통찰을 제공해주고 있다.

벡의 통찰에는 이번 후쿠시마 핵발전 사고에서도 그 타당성을 재확인할 수 있는 여러 내용이 있다. 그중에서 별다른 주목을 받지 못한 대목 하나를 눈여

겨볼 필요가 있다.

위험 분배의 역사는 부와 마찬가지로 위험이 계급 유형에 밀착되어 있다는 것을 보여준다. 다만 그 방향은 서로 반대다. 즉, 부는 상층에 축적되지만, 위험은 하층에 축적된다. 그런 만큼 위험은 계급사회를 폐지하지 않고 강화하는 것으로 보인다(벡, 1997: 75).

이 대목을 읽으면서 우리는 자연스럽게 후쿠시마 핵발전 사고 직후, 최악의 상황 속에 사고를 수습하도록 남겨진 '50인의 결사대'를 떠올리지 않을 수 없다. 그들이 자발적으로 남았는지, 아니면 그들의 의사에 반해서 남겨졌는지는 정확히 알 수가 없다. 그러나 언론은 그들이 하루 일당 10만 원 수준에 불과한 비정규직 노동자들이라고 보도했다. 울리히 벡의 『위험사회』를 한 줄도 읽지 않았다 하더라도, 우리는 그것이 현대 자본주의 사회에 어울리는 일이라는 점을 알고 있다.

"위험은 하층에 축적된다"는 것은 꼭 이 책을 읽지 않아도 알고 있는 것이다. 게다가 도쿄전력이 민영화되었다는 점을 알게 되면, 어떻게 일이 돌아갔을 것인지도 쉽게 이해할 수 있다. 비용 절감 노력은 '핵심인력'을 제외하고 아웃소싱되었을 것이고, 대개 비정규직 노동자들이 그 자리를 채웠을 것이다. 물론 핵발전소가 폭발한 상황에서 그 '핵심인력'이란 폭발 현장에서 방사능 피폭을 감수하고 작업해야 할 인력이겠지만.

한국의 핵 산업과 노동자

잠깐 한국의 상황에 대해서도 살펴보자. 최근 ≪시사인≫(2011년 4월 23일 자)에 한국 핵발전소의 비정규직 고용 현황이 보도되었다. 이 기사에 의하면

한국에서 핵발전소 운영 기업인 (주)한국수력원자력(이하 한수원)은 공기업으로 운영되고 있기는 하지만, 소위 '공기업 선진화' 등의 정부 정책 때문에 점차 인력이 줄고 있다.

핵발전소 20기가 가동되던 2010년에 한수원 현장 인력은 3,247명이었지만, 21기가 가동되는 2011년에는 오히려 3,141명으로 줄어들었다. 줄어든 인력(과 추가로 필요한 인력)은 대부분 비정규직과 외주 하청으로 채워졌을 것으로 보인다. 이런 일은 주로 정비와 지원 업무에서 나타나고 있는 것으로 보이는데, 이런 업무에는 방사능 오염이 이루어진 발전소 내 구역의 배관을 점검하고 교체하는 일도 포함될 것이다.

2006년 건설노조의 파업이 한창이던 때의 일이다. 포스코 협력업체의 건설 일용직 노동자들이 정규직 임금의 36%에 불과한 임금과 3,000명에게 주어진 10개도 안 되는 화장실 등의 열악한 노동조건에 항의하며, 포스코 본사의 점거도 불사하고 있었다. 그에 동조적인 한 인터넷 신문에서 파업에 참여하고 있던 50대 초반 배관공의 삶을 선했다. 그는 핵발전소 내에서 근무했던 것으로 보인다.

> 내가 씨가 말랐어요. 고리 원전에서 일하다가. 사람이 평생 동안 쬘 수 있는 방사능이 정해져 있다데요. 검사 해보니까 난 이미 다 찬 거야. 그래서 이제 원전 일은 하고 싶어도 못해요(김하영, ≪프레시안≫, 2011년 3월 22일자).

핵발전소 내의 방사능 작업 종사자의 방사선량 한도치는 연간 50mSv(시버트)로 일반인의 기준 1mSv의 50배나 높은 수치다. 이 50대 초반의 배관공은 그 기준을 넘어섰다는 이야기로 보인다. 그래서 먹고살기에 바쁜 그는 허락만 된다면, 50mSv든 뭐든 언제라도 핵발전소 안으로 일하러 갈 듯한 태도다. 그나마

모종의 안전관리 지침이 작동되어서 그의 방사능 노출량이 기록되고 있으며, 한도치를 넘어선 그가 더 이상 방사능에 노출되지 않도록 작업이 금지되었다는 점은 다행으로 여겨진다. 그래도 그의 삶은 파업에 나설 수밖에 없었지만.

하지만 생각해보면, 전국에 얼마나 많은 비정규직 노동자들이 핵발전소 내에서 일하면서 방사능에 노출되었는지, 또 얼마나 노출되었는지 궁금해진다. 그리고 무엇보다 방사능 노출에 의한 그들의 건강에 이상은 없는지, 그것을 체계적으로 모니터하고 관리하고 있는지가 궁금하다. 한도치를 넘어섰기 때문에 그의 작업 참여를 중단시키고, 그 이후로는 팽개쳐두고 있는 것은 아닐까.

핵발전 산업에 종사하는 노동자들과 노동조합의 상황을 잘 알고 있는 노동운동가는 "지금 핵 산업 노동자들은 패닉 상태에 빠져 있다"고 전하고 있다. 따라잡을 모범이라고 생각했던 일본에서 핵발전소 폭발 사고가 발생하고 방사능 유출에 속수무책인 상황을 접하면서 망연자실하고 있다는 것이다. 만약에 한국에서도 유사한 사고가 발생한다면, 바로 자신들이 후쿠시마의 '50인의 결사대'가 되어야 할 판이지 않은가? 그들이 패닉 상태에 빠진 이유를 짐작하는 것은 어려운 일이 아니다.

후쿠시마 사고로 피폭된 노동자들, 어디로 간 것일까

일본의 상황을 매일같이 모니터하는 한국의 한 반핵운동가는 '에너지 활동가 메일링 리스트'를 통해서 우리에게 후쿠시마 사고로 피폭된 노동자를 잊지 말라고 환기시키고 있다. '단순명쾌'라는 필명의 그는 도쿄전력이 매일같이 기자회견을 열어 사고 수습이 어떻게 진행되고 있는지를 보고하고 있지만, 여기에 피폭된 노동자에 대한 소식이 거의 들어 있지 않다고 지적한다.

그가 정리한 피폭된 노동자들의 수는 상당하다. 그에 의하면 지금까지 후쿠시마 핵발전소 사고와 관련된 부상자 및 행방불명자는 도쿄전력 사원 13명,

협력업체 작업원 13명으로 총 26명이다. 또 이외에 3월 말일까지 100mSv 이상의 방사선량을 쪼인 사원과 작업원이 16명이나 존재한다는 것이다.

특히 3월 24일의 피폭 사고는 심각했다. 제1핵발전소 3호기 터빈건물 1층과 지하에서 케이블 부설작업을 하고 있던 협력업체 작업원 3명이 방사성 물질로 오염된 물속에서 작업을 하다가 170mSv 이상을 초과하는 방사선량을 쪼였다. 그중 2명이 베타선 열상 가능성을 의심받아 후쿠시마 현에서 지바 현 방사선 의학종합연구소로 이송되었다. 이후 그들에 대한 소식은 뉴스에서 사라졌다.

또한 최근에는 도쿄전력의 사원으로 중앙 제어실에서 근무하던 30~40대의 노동자들이 250mSv가 넘는 피폭을 당했다는 소식이 전해진다. 연간 50mSv로 정해진 노출 한계량을 5배나 넘은 수치이지만, 정작 더 큰 문제는 그들이 어떤 경로로 피폭을 당했는지 확인되고 있지 않다는 것이다. 게다가 그들의 피폭 사실을 확인한 홀바디카운터(whole body counter, 전신 방사선 측정기)라는 특수검사기의 설치 대수가 한정되어 있어서 지금까지 3,700명 작업자 중 1,400명(40%)만 이 정밀기기로 체크 받았다.

미국의 '작업장의 레이첼 카슨' 토니 마초키와 정의로운 전환

핵발전소는 대단히 위험한 일자리다. 일상적인 방사능 노출을 감수해야 하며, 또한 후쿠시마와 같은 불행한 사태에 직면할지도 모른다. 물론 어떤 이들은 고액의 연봉과 국가 경제를 이끌어간다는 자부심으로 그 위험을 기꺼이 감수하겠지만(아마도 한국수력원자력의 고액 연봉자들일 것이다), 점차 그 상대적인 수는 줄고 위험은 노동시장의 하층을 점하는 이들(앞서 언급한 50대 초반의 배관공과 같은 이들이다)에게 노골적으로 강요되고 있다.

그뿐만 아니라 핵발전소 인근의 주민들에게는 몇 푼의 지원금으로 위험 감수의 대가를 치르고 있다. 이러한 일들은 핵발전소 이외에도 여러 곳에서 벌어질 것이다. 포항과 광양의 대규모 제철소, 여수와 울산의 화학단지 등에서 위험의 불평등한 배분은 지속되고 있다. 물론 위험에서 가장 멀리 떨어진 이들은 쾌적한 사무실에 앉아 화면에 떠오르는 증권 시세를 관찰하는 자본가들이겠지만.

우리는 계속 이런 위험한 일자리에 매달려 있어야만 하는가? 좀 더 안전하고 환경적으로 지속가능한 일자리는 없는 것일까? 이미 1970년대 말부터 시작된 '녹색 일자리' 운동이 그에 대한 한 가지 답을 주고 있다.

1970년대 초반 전 세계적 차원에서 환경운동이 본격적으로 성장하기 시작했다. 그러나 1970년대 후반에는 세계적인 경제 불황으로 일자리 축소를 걱정한 미국의 노동운동이 환경운동과의 연대에 소극적인 태도로 변했고, 그것을 계기로 '녹색 일자리' 운동이 제안되었다.

환경도 보호하고 일자리도 만들어내자는 것이다. 오염된 지역을 정화하고, 자연생태계를 보호하고, 태양광 등의 재생에너지 설비를 설치·운영하는 데 필요한 일자리를 만들어내자는 주장과 실천이었다.

이러한 흐름은 1991년의 리우 환경 정상회의를 전후로 하여 유럽과 오스트레일리아 등에서 노동조합과 환경단체가 연대하여 본격적으로 펼쳐지기 시작했다. 그리고 2008년 세계 경제위기를 겪으면서, 국제노총과 국제연합 환경계획(UNEP), 그린피스 등이 다시 '녹색 뉴딜' 등을 주장하면서 녹색 일자리의 창출을 강력히 촉구하고 있는 상황이다.

환경도 살리고 일자리도 만들어낸다는 '녹색 일자리 창출' 담론은 거의 모든 이들을 만족시킬 수 있는 것이지만, '녹색 일자리 전환'은 그렇지 못하다. 이는 녹색경제로의 전환 과정에서 누군가는 '승자'가 되겠지만 누군가는 '패자'가 될 수 있다는 것을 의미하는 것이어서, 누구도 꺼내기 싫어하는 담론이 될 수도 있다.

그래서 우리에게는 이 문제를 다룰 전략이 필요하다. 이를 위해서 북미 노동조합이 1980~1990년대에 개발한 '정의로운 전환(Just transition)' 전략을 주목해야 한다. 정의로운 전환이라는 개념의 탄생은 '작업장의 레이첼 카슨(Rachel Carson)'이라고 불렸던 미국의 원로 노동운동가인 토니 마초키에 힘입은 바가 크다. 카슨이 지은 『침묵의 봄(Silent Spring)』(1962)을 읽은 후 마초키는 저농도 농약에 의해서도 생태계가 파괴되고 더 이상 새가 울지 않는 '침묵의 봄'이 온다면 고농도 농약을 직접 다루는 노동자들은 과연 안전한 것일까 자문했다.

그래서 그는 '독성 경제(즉, 화학 산업)'에 의존하는 노동자들이 비독성 경제에서 생계를 이어갈 방법을 고민했다. 즉, 환경 친화적 산업에서 새로운 일자리를 찾아서 옮길 수 있는 방안을 고민한 것이다. 이를 1990년대 캐나다의 노동조합이 '정의로운 전환'이라고 명명하고 체계화했던 것이다

정의로운 전환 전략은 현재의 생산체계가 환경적으로 지속가능하지 않다는 점을 지적하면서, 지속가능한 체계로 전환해야 한다는 것을 명확히 하며 시작한다. 그러나 이와 동시에 그러한 전환 과정에서 일자리를 잃거나 하는 손실을 입게 된 노동자들에게 형평성 있게 보상해줘야 한다는 것이다. 예를 들어서 다른 산업에서 일자리를 제공해줘야 하며, 고용 전환에 필요한 교육훈련 프로그램을 제공하며 그 시기 동안에 수입을 보전해줘야 한다는 것이다.

한편 새로운 산업은 녹색 일자리를 만들어내는 산업이 되는 것이 필요하기 때문에 이를 위한 국가적 차원의 연구개발, 새로운 녹색 산업을 성장시키기 위한 지역사회 지원, 이를 위한 공공투자 자금의 조성 등을 요구하고 있는 것이다.

이러한 정의로운 전환 전략은 국제 노동계에 의해서 폭넓게 수용되고 있으며, 국제 기후협약에도 관철시켰다. 2010년 멕시코 칸쿤에서 개최된 기후변화 국제회의에서 정의로운 전환 전략이 반영되었다. 그뿐만 아니라, 주요 선진국들에서도 기후변화와 관련된 법률안에 정의로운 전환 원칙을 반영한 조항을

담고 있다.

한국의 녹색 일자리: 과연 괜찮은 일자리인가

한국의 녹색 일자리의 수는 꾸준히 증가할 것으로 보인다. 부침은 있지만 환경규제가 지속적으로 강화되고 있으며, '삶의 질'에 대한 대중의 관심 증가가 소위 '녹색 경제' 영역을 확장시킬 것으로 예상되기 때문이다. 실제로 최근 조사된 신재생에너지 분야의 일자리 현황을 보더라도 녹색 일자리의 수가 확대될 것이라는 전망이 우세한데, 이것을 보더라도 '녹색 경제'의 확장이 근거가 없지 않음을 알 수 있다.

즉, 신재생에너지 설비 제조업체들의 고용 인원수가 2004년 689명에서 2009년 9,151명으로 13.3배 증가했으며, 연평균 증가율은 62% 수준이었다. 그리고 2010년 고용 인원수는 전년 대비 28% 증가한 1만 1,715명으로 전망되고 있다. 또한 사회적 경제 안에서 창출되는 녹색 일자리도 아직 소규모이기는 하지만 꾸준히 증가하고 있다. 15개 회원사들이 참여하고 있는 재활용 대안기업연합회의 일자리는 2006년 248명에서 2009년 650명으로 증가하고 있다.

그러나 한국에서 창출되는 녹색 일자리들이 과연 '괜찮은 일자리'인지, '정의로운 전환' 전략이 실행되고 있는지는 의문이다. 예를 들어 사회적 경제 내의 대표적인 녹색 일자리라고 할 수 있는 주택 에너지 효율화 사업의 경우, 노동시장 내 취약계층의 일자리로 고정되면서 낮은 임금이 지속되고 있다. 괜찮은 일자리라고 하기 힘들다.

한편 현대중공업의 경우를 보면 '정의로운 전환' 전략의 필요성이 새삼 강조될 필요를 느낀다. 현대중공업의 조선사업 본부를 중심으로 500여 개의 일자리가 줄었지만, 최근 들어 시작된 태양광 에너지 부문에는 800개의 일자리가 생겼으며, 군산의 풍력발전기 생산 공장에서도 100개의 일자리가 만들어졌다. 하지만 군산의 풍력발전기 공장에 고용된 노동자들은 모두 비정규직이라고 알려져 있다.

녹색 산업의 노동자를 조직하고, 환경운동과 연대하자

최근 후쿠시마 사태를 지켜보면서 한 노동운동가는 다음과 같이 반성하고 있다. "이미 사용 기간이 지난 원자력발전소를 연장해서 사용하는 것을 묵인할 수밖에 없는 현실은 신자유주의시대에 노조운동이 얼마나 무기력한지를 보여줄 뿐이다." 그는 일본과 한국의 무기력한 노동운동과 다르게 '반핵과 생태'라는 가치 지향을 명확히 하는 독일운동의 움직임을 소개하고 있다. 독일노총(DGB)은 지난 3월 26일 독일의 4대 대도시인 베를린, 함부르크, 뮌헨, 쾰른 등에서 약 25만 명이 참석한 대중 집회를 열어 원전폐지를 주장했다는 것이다.

사실 독일 노동운동 내에서도 핵을 둘러싼 갈등이나 '회색경제'와 '녹색경제' 사이의 대립은 결코 무시할 수 없는 상황이다. 그러나 독일 노동운동은 새롭게 성장하는 재생에너지 산업을 비롯하여 녹색 산업의 노동자를 직극적으로 조직함으로써 시민사회를 비롯하여 수많은 사회세력과 연대할 수 있는 조직적 기반을 만들어냈다. 우리의 노동운동이 풍력 산업의 비정규직을 조직하지 못하고 있는 것과 대별된다.

녹색 산업의 노동자를 조직하고, 환경운동과 연대하자. 이것이 21세기 노동운동이 가야 할 방향은 아닐까?

참고문헌

김미영. 2010. 「질 좋은 녹색 일자리로 전환하자」. ≪민중의소리≫(2010. 11. 26.). http://www.

vop.co.kr/A00000340790.html

벡, 울리히(Ulrich Beck). 1997. 『위험사회: 새로운 근대(성)을 위하여』. 홍성태 옮김. 새물결.

이종래. 2011. 「노조의 원전 대응 … 독일, 일본 & 한국」. ≪레디앙≫(2011. 5. 6.).

한재각. 2010. 「기후변화·고용위기의 시대, 녹색 일자리 전환의 필요성」. ≪환경과생명≫ 2010년 2월호.

한재각 외. 2010. 『이명박 정부의 녹색성장/녹색뉴딜 정책 평가: 녹색 일자리 분야를 중심으로』. 국회의원 이미경, 이찬열, 홍영표 의원실.

_____. 2010. 『시민사회 내 분야별 녹색 일자리 현황 조사 및 개선과제 연구』, 함께일하는재단. http://www.redian.org/news/articleView.html?idxno=22321

| 제3부 젠더 |

제8장 성적 괴롭힘
다른 수단에 의한 노사 관계

제9장 젠더와 청정생산
전략 개발과 대안 설계에서 젠더 분석을 포함한 틀 짜기

제10장 보스턴 지역 '건설 여성 노동자 안전보건' 연구 서클
특수한 작업 환경 묘사를 극대화하기 위한 새로운 참여방법

옮긴이 보론
한국 사회에서 직업안전보건과 젠더 이슈

8

성적 괴롭힘[1]
다른 수단에 의한 노사 관계

이브 스팽글러(Eve Spangler)

나는 이 장에서 성적 괴롭힘을 '다른 수단에 의한 노사 관계'라고 표현하는 것이 과연 무엇을 의미하는지 탐색해보려 한다. 직장에서의 성적 괴롭힘이라는 것은 흔히 남성이 여성에게 가하는 것일 뿐 아니라, 언제나 상사가 직접적으로 혹은 상사가 책임지고 있는 사회적 관계 안에서 노동자들에게 가해지는 것이라는 사실에 주목해야 한다. 최근의 사건들을 보면 지금이 성적 괴롭힘에 대해 논의하기 매우 적절한 시기라는 것을 알 수 있다. 사실 여성주의는 이 문제에 대해 이미 10년 이상 논의를 제기해왔다(MacKinnon, 1979). 나는 여기에서 여성주의의 관점이 필요하기는 하지만 아직은 불완전하며, 노동 생활의 이슈로서 성적 괴롭힘을 이해하는 데 직업안전보건 전문가들도 결정적인 기여를 할 수 있다고 주장하고자 한다. 여성주의자들은 성적 괴롭힘이 일어나는 작업장의 상황에 대해 체계적으로 이해할 필요가 있다. 또한 직업안전보건 커뮤니티는 작업장의 화학적·물리적 위해를 넘어서, 사회적 위해와 이들을 둘러싼 정치적 성격으로 관심을 확장해야 한다.

---

1 원문의 'sexual harrassment'는 흔히 '성희롱'으로 번역된다. 하지만 harassment는 '침략, 괴롭힘'의 뜻을 지니는 반면, '희롱'은 ① 말이나 행동으로 실없이 놀림, ② 손아귀에 넣고 제멋대로 가지고 놂, ③ 서로 즐기며 놀리거나 놂 등(국립국어연구원, 표준국어대사전), 가벼운 놀림이나 상호 즐김의 뜻을 내포하고 있다. 이렇듯 '성희롱'이라는 번역어 자체는 젠더 감수성이 부족한 한국 사회의 특징을 그대로 드러낸다. 이 책에서는 다소 낯설지만 원문의 뜻을 살려 '성적 괴롭힘'으로 번역했다. _ 옮긴이

클레런스 토머스(Clarence Thomas)에 대한 애니타 힐(Anita Hill)의 진술[2]에 대한 사람들의 뜨거운 관심은 성적 괴롭힘과의 싸움에서 여성주의와 직업안전의 관점 두 가지 모두가 필요하다는 것을 분명히 보여주었다. 힐-토머스 사례가 가진 두 가지 특성에서 이러한 필요성을 확실히 잘 알 수 있다.

(A) 작업장 위해, 특히 사회적 속성에 대한 인식의 경우 만장일치란 없다.[3] 대중 여론조사 결과를 보면, 상당수의 사람들이 사건에 대한 힐의 보고를 인정하지조차 않았음을 알 수 있다(Newsweek, October 21, 1991: 28).[4] 그리고 많은 이들은 힐의 주장을 믿었지만, 여전히 그녀의 문제 제기를 작업장 보호를 촉구해야 할 만큼 심각한 것으로 여기지 않았다(Patterson, 1991).

이런 의견들은 어느 정도 특정한 사례의 세세한 내용에 대한 반응이라 여길 수도 있다. 그러나 한편으로는, 남녀의 안전한 작업장이라는 주제와 관련하여 줄곧 침묵해왔던 대중의 문화에서 기인한 것이기도 하다(Ryan, 1992).

(B) 직업안전보건에 대한 대중적 요구가 없다는 점을 고려해본다면, 힐의 주장을 믿고 가해자에 대한 처벌을 지지하는 사람들조차 이 문제를 대개 '개인적 일탈'이라는 틀 안에 가두었다. 어떤 남자가 나쁜 동기에서 어떤 특정 여성을 잘못 대했으며, 따라서 개인의 잘못된 행위에 합당한 심판을 받아야 한다는 것이다.

---

2 클레런스 토머스는 1991년 조지 부시 대통령이 지명한 연방 대법관으로, 인사 청문회 과정에서 교육부와 고용평등위원회 재직 시절의 성적 괴롭힘 전력으로 큰 논란이 되었다. 애니타 힐은 토머스가 상관으로 재직하던 시절의 행적을 증언했으며, 토머스는 적극적으로 이를 부인했다. 누구의 말이 진실인지 분명하게 규명되지 않았으며, 미국 역사상 가장 작은 표결 차이에 의해 토머스는 연방 대법관으로 임명되었다. _ 옮긴이

3 "sexual harassment quiz," in *The Boston Globe*(October 24, 1991), pp.73, 76~77.

4 이 도표에 따르면, 여성의 36%, 남성의 42%가 힐의 주장에 대해 마음을 정하지 못했던 반면, 여성의 27%, 남성의 17%는 그녀의 주장을 믿었다.

직원이 업무 중 수행한 일탈 행위에는 고용주도 책임이 있다는 견해는 법(Equal Employment Opportunity Commission)에 명시되어 있고,[5] 예전의 직업안전보건 캠페인(Paludi and Barickman, 1991: 61~63)에도 분명히 나타나 있지만, 이러한 의견들은 거의 제기되지 않았다.

성적 괴롭힘 문제를 사고하는 지배적 틀은 힐-토머스 사례에서 드러나듯 성적 괴롭힘이 '다른 수단에 의한 젠더 관계'라는 것이다. 잘못된 젠더 관계는 집에서의 가정 폭력, 기숙사에서의 데이트 강간, 주차장에서의 강간, 작업장에서의 성적 괴롭힘을 낳는다.

1. 비교하기

이러한 관점에서 성적 괴롭힘을 여성들이 경험하는 다른 형태의 폭력과 비교해보자. 이를테면, 우리는 가정 폭력이 공격성의 우발적인 폭발이라기보다, 한때 생각했던 것에 비해 훨씬 정교하게 구조화된 폭력이라는 것을 알고 있다 (Dobash and Dobash, 1983; Yllo and Bogard, 1988; Groth, 1978; Brodsky, 1976). 연구에 따르면, 가정 폭력은 차례차례 단계를 밟으며 진행된다. 가해자는 우선 피해자를 사회적·물리적으로 고립시킨다. 그리고 수없이 많은 사전 준비 과정을 거치며 심지어 예행연습을 하기도 한다(Joan, 1991). 윤리적 측면에서 볼 때, 이는 실망스러운 소식이 아닐 수 없다. 가해자는 단순히 분노에 휩싸여 폭력을 저지르는 것이 아니라는 것이다. 그들은 자신의 폭력적 행동을 용의주도하

---

5 Equal Employment Opportunity Commission. 29CFR Part 1604: Discrimination Because of Sex under Title VII of the Civil Rights Act of 1964, as Amended; Adoption of *Final Interpretive Guidelines*(Washington D.C.: Equal Employment Opportunity Commission).

게 계획한다. 하지만 중재의 관점에서 보자면, 이는 부분적으로 좋은 소식이기도 하다. 만일 구타하려는 충동과 실제 구타 행위 사이의 시간 간격이, 수초 혹은 수분이 아니라 몇 시간 혹은 며칠이라면, 그리고 눈치챌 만한 일련의 행태들이 수반된다면 중재의 가능성이 상당하다고 할 수 있다.

가정 폭력에 대한 지식은 작업장에서의 성적 괴롭힘을 이해하는 데 도움이 된다. 작업장에서 일어나는 성적 괴롭힘도 가정 폭력처럼 우발적인 것이 아니라 차근차근 진행되는 것일까? 희생자들이 상황을 더욱 묵인하도록 만들기 위해 그들의 입장을 호도하지는 않는가? 가정 폭력과 마찬가지로, 직장 내에서의 성적 괴롭힘도 피해자를 보호하기 위한 행동이라든가, 친근함의 표현이라는 식으로 포장되지는 않는가?6 나쁜 의도가 없었다거나, 혹은 심하게 표현해봤자 빗나간 기사도쯤으로 여겼던 상사나 동료의 행동이 나중에 분명한 성적 괴롭힘으로 나아가는 경우, 이를 간파할 특정한 전조가 있는 것일까? 가정 폭력과 직장의 성적 괴롭힘을 비교해보면 앞으로의 연구 방향에 대한 시사점을 분명히 얻을 수 있을 것이다.

하지만 성적 괴롭힘을 '다른 수단에 의한 젠더 관계'라고 이해하는 것은 여전히 불완전하다. 성적 괴롭힘은 남자와 여자 사이(혹은 동성 간 괴롭힘 사례처럼 같은 성별의 사람들 사이)에서뿐만 아니라, 관리자와 노동자, 노동자와 그 동료, 혹은 노동자와 고객 사이에서도 일어난다. 이들의 공통분모는 희생자가 작업장 위해에 폭로되는 노동자라는 점이다. 이러한 작업장 위해에 대해 우리가 이미 알고 있는 것은 정확하게 무엇일까?

첫째, 성적 괴롭힘은 어느 직장에서나 매우 흔히 일어나고 있는 문제임을 우리는 알고 있다. 우리는 자신들의 경험에 대한 노동자들의 주장을 통해 이를 알

---

6 Sarah Buel, Domestic Violence Advisory Council, Boston, Mass. Training Film #3.

게 되는데, 성적 괴롭힘 사건들을 직장 생활에서 생기는 다양한 어려움 중의 한 부분으로 기억한다(Blewett, 1991; Griffin, 1985; Hochschild, 1983; Milkman, 1985; Sparadley and Mann, 1975). 특정한 작업장 위해인자로서 성적 괴롭힘의 수준을 파악하려는 조사들은 이러한 결과를 보여준다. 이를테면, 실적제도보호위원회(Merit Systems Protection Board)는 연방공무원들 중 여성의 42%, 남성의 15%가 성적 괴롭힘의 대상이 된 적이 있다는 것을 확인했다.[7] 주 공무원들에 대한 조사에서는 성적 괴롭힘 경험률이 60%나 되는 것으로 드러났다(Bureau of National Affairs, 1981: 29ff). 민간 부문과 학계에서도 성적 괴롭힘의 비율이 30% 이상인 것으로 일관되게 보고하고 있다(Riger, 1991: 497~505; Schlozman, 1991: 236~239).

2. 고비용

우리는 작업장 성적 괴롭힘이 심각한 문제일 뿐만 아니라 엄청난 비용이 소모된다는 점을 인정하는 것에서부터 이야기를 시작해볼까 한다. 1981년 실적제도보호위원회의 추정에 따르면, 1978년부터 1980년까지 2년 동안 고용주인 연방 정부가 성적 괴롭힘 문제 때문에 부담한 비용은 1억 8,000만 달러에 달했다. 1988년까지 그 비용은 급증하여 연간 1억 8,900만 달러가 되었다(*The New York Times*, October 13, 1991: Forum 13/8). 마찬가지로 *Working women's*(근로

---

[7] 미국 실적제도보호위원회는 1981년 서베이 보고서 「연방 정부 작업장에서 성적 괴롭힘: 이는 문제인가?」(Washington D.C. Governmental Printing Office)와 1988년의 서베이 보고서 「작업장에서의 성적 괴롭힘: 업데이트」(Washington D.C. Governmental Printing Office)를 통해 이러한 사실들을 보고했다.

여성) 잡지의 추산에 따르면, *Fortune*이 선정한 500대 기업 중 160개 기업들이 성적 괴롭힘 때문에 발생한 비용으로 매년 670만 달러를 지불하는 것으로 나타났다(Working Women's Institute, 1985, 1986). 이러한 비용 계산에는 직무 전환, 병가, 생산성 감소, 법적 소송의 금전적 비용 등 다양한 요소들이 포함된다. 예를 들면, 케이마트는 한 건의 분쟁을 조정하는 데만 무려 320만 달러를 지출한 적이 있다(*The New York Times*, October 13, 1991: Forum 13/8).

기업에게 엄청난 비용을 발생시키는 이와 같은 행태에는 두 가지 유형이 있다. 첫째는 '보상성' 괴롭힘이고, 둘째는 '적대적 환경'에 의한 괴롭힘이다(Martin, 1989: 54~69; Crull, 1987: 225~244). '보상성' 괴롭힘은 주로 상사와 부하 직원 사이에 발생하는 것으로 생각된다. 상사는 부하 직원의 성적 호의에 따라 실질적인 혜택을 주거나 보류할 수도 있고, 혹은 협박할 수도 있다. '적대적 환경'에 의한 괴롭힘은 거의 동등한 직급에 있는 동료 노동자들 사이에 발생한다고 할 수 있다. 이런 종류의 성적 괴롭힘은 예전에는 모두 남성들만 일하다가 여성들이 새롭게 편입된 곳에서 특별한 포악성과 함께 흔하게 발생한다. 경멸적인 언사, 음란물 전시, 원하지 않는 접촉과 같은 형태를 띠기도 하며, 어떤 경우에는 부적절한 안전 지침을 주거나 동료 노동자들과 공모하여 여성 노동자를 위험에 처하게 만드는 것 등과 같은 극단적인 형태를 띠기도 한다. '보상성' 괴롭힘과 달리, '적대적 환경'에 의한 괴롭힘은 흔히 성적 호의를 이끌어내기 위해서라기보다 여성을 특정 작업장에서 완전히 몰아내기 위해 계획된 것처럼 보인다.

고객에 의해 자행되는 성적 괴롭힘(이를테면, 주점에서의 고객, 의료기관에서의 환자)은 일부 인식되고는 있지만, '보상성' 혹은 '적대적 환경'에 의한 성적 괴롭힘만큼 주목을 받지는 못했다. 이 장을 서술하는 목적에서 볼 때, 나는 '적대적 환경'에 의한 성적 괴롭힘의 개념에 직원들에 대한 고객들의 행태까지도 포함될 수 있도록 확장할 것을 제안한다.

작업장에서 이루어지는 성적 괴롭힘의 다양한 유형을 보면, 여성에게 안전한 작업 환경이란 없다는 사실을 깨닫게 된다. 그들은 전통적, 그리고 비(非)전통적인 직업 모두에서 성적 괴롭힘을 경험한다(Crull, 1987: 225~244). 전통적인 직업의 경우, 성적 호의는 여성에게 통상적으로 기대하는 양육, 지지, 순종적 행태를 부당하게 작업장으로 연장하는 것으로 볼 수 있다. 비 전통적인 직업에서는 신참을 위협하거나 배제하기 위해 성적 괴롭힘이 활용된다.

3. 지형의 일부

불행하게도, 성적 괴롭힘은 매우 만연해 있다는 사실 때문에 풍경의 '자연스러운' 일부로 보이기도 한다. 여성주의 노동 활동가와 직업안전보건 옹호자들이 성적 괴롭힘에 대해 작업장 안에서 직접적으로 대응하기 위해 노력해왔지만 ― 이를테면, 산재보상 체계를 통해(Kasinsky, 1992: 74~83) ― 직업장의 성적 괴롭힘에 대한 1차적인 법적 대응책은 이미 시민권 조항에 나타나 있다. 1964년에 제정된 「시민법」 7조에서, 성적 괴롭힘은 성차별의 한 형태로 간주되었다(Bureau of National Affairs, 1981: 29ff). 이에 대한 구제는 7조 위반 사항을 청취하는 고용평등위원회(Equal Employment Opportunity Commission)를 통해 직접 이루어지거나, 가능한 고용평등위원회의 청구에 따라 수행되는 내부적 절차를 통해 이루어진다.

1980년 11월, 고용평등위원회는 성적 괴롭힘 혹은 성차별이라고 정의할 수 있는 다양한 행위들을 금지하는 개정 지침을 공표했다. 이에 따르면 고용주에게는 본인, 대리인, 그리고 직원들에 의해 자행되는 '보상성' 성적 괴롭힘과 '적대적 환경'에 의한 성적 괴롭힘에 대한 책임이 있다. 또한 일부의 경우에서 발생하는 고객들로부터의 성적 괴롭힘에 대해서도 책임을 져야 한다. 마지막으로, 만일 성적 호의를 제공한 직원이 그렇지 않은 이들에 비해 유리한 조건을 가질 수 있게 된다면, 이는 때로 성차별의 존재로 확정될 수도 있다.

고용평등위원회의 지침은 보수주의자들에 의해 비판받았다. 또한 그보다는 강도가 덜하고 다른 의도에서 비롯된 것이지만, 여성주의자들에 의해서도 비판을 받았다.

보수주의자들은 성적 괴롭힘이 만연해 있다는 사실을 통해 노동력 내부의 성적 분리만이 여성의 이해를 보호할 수 있다는 믿음을 갖게 된다. 더구나 일부 보수주의자들은 여성에게 성적으로 끌리는 남성의 타고난 경향성을 고려할 때, 그러한 행태에 대해서 고용주의 책임을 묻는 것은 무고한 방관자를 습격하는 것과 다름없다고 주장한다(Schlafly, 1981). 따라서 보수주의자들은 작업장 성적 괴롭힘의 문제를 안전한 작업장을 제공해야 하는 고용주 책임에 대한 공격으로 활용하기를 서슴지 않는다. 아마도 그들은 노동법이 '동료-하인(fellow-servant)' 규칙, '사고를 부른 태만' 기준, '위험 추정' 교리의 시대로 돌아가는 것을 보고 싶어 하는 건지도 모른다.8

여성주의자들은 성적 괴롭힘과 성차별을 동등하게 취급하는 것은 환영하지만, 고용평등위원회의 지침에 대해서는 다른 의미에서 유보적인 입장을 취하고 있다. 여성주의자들은 성적 괴롭힘을 통제하기 위한 유인 동기를 고용주에게 부여함으로써, 이를 통제할 수 있는 개인의 일탈 행위로 간주하지 않는

---

8   1837년 영국에서 처음 도입된 이후 '동료-하인' 규칙은 19세기 중반부터 20세기 초까지 미국에서 강력한 법률적 영향력을 행사한 원칙으로 작동했다. 안전보건에 대한 사업주의 포괄적 책임이 부여되기 전까지 동료 노동자의 태만에 의해 산재가 발생할 경우 사업주에게 책임을 물을 수 없고 동료 노동자에게 책임을 물어야 한다는 원칙이 사법체계를 지배했다. _ 옮긴이

다. 오히려 성적 괴롭힘은 가부장적 관계 속에서 불유쾌하기는 하지만 정상적인 행위로 여겨진다(MacKinnon, 1987). 여성주의 내의 의제는 여성들을 위험에 빠뜨리는 모든 힘에서 여성을 보호하는 것이다. 이를테면, 음란물, 가정 폭력, 여성 가구주에 대한 재정적 지원의 부재, 임신·출산·육아 권리의 축소 등에서 여성을 보호하는 일이다. 작업장 투쟁은 여성주의의 정치적 의제 안에 적절하게 포함되어 있다. 하지만 계급 분석이나 노사 관계의 틀을 그들의 사고에 활용하는 일군의 여성주의 부류 내에서나 1차적인 우선권이 부여된다.

4. 고용주가 이득을 얻는 방식

사실, 고용주가 성적 괴롭힘으로 인하여 이득을 얻는 것은 그가 남성이든 여성이든, 혹은 자유주의자든 보수주의자든 관계없이 하나의 계급으로서 그러한 것이므로, 그들이 이득을 얻는 방식에 내해 우리가 관심을 갖게 된다면 이는 곧 노사 관계에 대해 관심을 갖는 것과 동일하다. 또한 안전한 작업장에 대해 법적 대응책을 요구하는 것도 노사 관계에 대한 분석에서 출발해야 한다.

성적 괴롭힘과 관련한 경영진의 이해관계에 대해 다루기 어려운 질문을 제기하려면 작업장 내의 역학 관계에 대한 체계적 이해가 필요하다. 리처드 에드워드(Richard Edwards)는 그러한 경쟁적 지형에 대해 유용한 설명을 제시한 바 있다(Edwards, 1979).

그는 최소한 전체적인 관점에서 볼 때 작업장에서 노사의 이해관계가 대립한다는 전제에서부터 논의를 출발한다. 그렇기 때문에 사 측은 작업장에서 삶의 질을 둘러싼 모순을 필요로 한다. 어느 정도까지는 생산성을 위해서 행복한 노동자와 안전한 일터가 필요하다. 하지만 수익성을 위해서는 불행한 노동자와 비참한 노동조건이 필요하다.

더 나은 혹은 더 나쁜 일자리를 만드는 모든 힘 사이의 상호작용은 연속선을 만들어낸다. 한쪽 극단에는 활력소가 되면서 벌이도 괜찮은 좋은 평판의 일자리들이 있다. 다른 한편에는 더럽고 위험하며 보수가 나쁜 일자리가 있다. 그 사이에는 일자리의 질을 두고 노사 간에 지속적인 투쟁이 벌어지는 수많은 일자리가 있다. 작업장 내 성적 괴롭힘은 이러한 연속선상에 있는 각기 다른 부분에서 서로 다른 역할을 하고 있다고 볼 수 있다.

가장 문제가 되는 것은 미숙련이면서 더럽고 위험한 일자리다. 이러한 일자리에 노조가 조직되어 있는 경우, 위해한 업무를 받아들이게 만드는 유인책으로 더 높은 수준의 급여가 제안되곤 한다(Mowry, 1991). 노조가 없는 경우, 낮은 임금은 상처에 모욕까지 더해준다. 이제 이러한 일자리들은 순전히 빈곤 때문에 선택하게 된다. 실업자가 되느니 차라리 나쁜 일자리라도 선택하는 것이다. 하지만 가장 나쁜 일자리조차 일자리 보장에 대한 위협만으로 버틸 수는 없다.

가장 어려운 환경에 맞서서 노동자들은 그들이 겪은 일들을 단순히 견뎌내기보다 무언가를 더 할 수 있도록 만드는 어떤 합리화를 시도할 것이다(Burawoy, 1979). 개인의 일생에 대해 설명을 구축해가는 이러한 과정은 개인적이고 집합적인 측면을 모두 가지고 있다. 역사학자 리처드 플랙스(Richard Flacks)는 특정한 작업 현장에서의 노사 관계는 좀 더 폭넓은 문화적 '거래' 안에서 발생하는 것으로 이해해야 한다고 제안했다. 이는 작업장과 지역사회 안에서 무엇이 가능한지에 대해 계급들 사이에 잠정적 합의가 있음을 뜻한다(Flacks, 1988). 이러한 '거래'는 특정한 노동 계약, 정치와 공공정책, 대중매체의 담론, 소비자 행태 등과 같은 많은 영역에서 작동한다.

5. 거칠고 험한 업무에 대한 '거래'

거칠고 험한 업무를 둘러싼 '거래'의 일부는 그것이 '남성적'이라는 것이다. 위험한 작업(예, 화학 단지, 군대, 공장)에 종사하는 남성들을 대상으로 한 수많은 연구들을 보면, 그들이 열악한 노동 조건을 '감수하는' 능력으로 남성성을 정의하고 있음을 알 수 있다(Halle, 1984; Rustad, 1982; Willis, 1977).

위해한 작업을 용인하는 것과 남성성을 동등하게 취급함으로써 수많은 관계 당사자들에게 상당한 비용이 부과된다. 더 안전한 일을 요구하려 하지 않는 남성들, 여성들의 진출로 인하여 그 직업의 남성다움이 사라진다는 이유로 진입을 거부당하는 여성들, 위해의 보상이 아니라 제거를 바라는 직업안전보건 활동가들 모두에게 말이다. 실제로 위험한 작업을 받아들임으로써 남성성을 드러낼 수 있다는 믿음에서 이득을 얻는 유일한 당사자는 경영진이다. 이렇게 사 측은 그동안 남성 노동자들과 맺어온 거래를 고수할 이유가 충분하다. 더럽고 위험한 직업은 스스로를 마초(Macho)라고 생각하는 의심스러운 특권을 대가로 수행된다. 이러한 거래 비용 중 하나가 그러한 직업에 진출하려는 여성들에게 적대적 환경을 부과하는 것이라면, 그것은 사 측이 기꺼이 지불하고자 할 것이다.

하지만 대부분의 여성들은 최근까지 남성적 영역이었던 블루칼라 직종에서 일하지 않고 있다. 노동력의 성별 분리는 여전히 심각하며, 여성들 중 압도적 다수는 여성 지배적인 직종에서 일을 하고 있다. 전체 취업 여성들 중 절반 이상이 사무직(27%), 서비스직(17%), 판매직(13%)에 종사한다(Bureau of Labor Statistics, 1992: 169). 이러한 여성 위주의 직업군에서는, 고용주들은 굳이 여성들을 희생시켜 남성 노동자들을 달랠 필요가 없다. 하지만 이 경우에도 고용주들은 고객을 유인하는 수단으로 성적 괴롭힘을 활용한다. 더구나 고객과 지속적으로 마주해야 하는 여성들(이를테면 식당 근무자나 간호사)만이 이러한 형태의 작업장 성적 괴롭힘에 노출되는 것은 아니다. 사 측은 여성의 섹슈얼리티를 활용하기 위해 고객과 직원 사이의 가벼운 접촉마저도 구조화시킬 수 있다. 이를테면 성적 매력이 드러날 수 있는 복장을 착용하도록 지시함으로써 말이다(Bureau of National Affairs, 1981: 11).

이러한 타협은 널리 퍼져 있는 문화적 성차별주의, 마찬가지로 성적 고정관념을 활용하려는 사 측의 의도로 귀결된다. 이 두 가지 요소들은 서로 맞물려서 여성 노동자들을 고객에 의한 성적 괴롭힘의 위험에 빠뜨리는 표준적인 사업 관행을 가진 수많은 사무직과 서비스 작업장들을 만들어내고 있다.

6. 강인함의 기풍

아이러니하게도 그렇게 폭로된 여성들은 남성 동료들이 그랬듯이 작업장의 전형적 위해에 대해 똑같이 적응하게 된다. 그들은 강인함의 기풍을 발달시킨다. 이러한 환경에서 능력이란 특정한 성적 괴롭힘 사건에 문제를 제기하지 않고 그저 만연한 관행으로 '다루는' 능력을 지칭한다. 최근의 ≪뉴욕타임스(The New York Times)≫ 기사는 이러한 적응 정신을 잘 보여준다. 노동계급 여성들의 적어도 일부는 작업장에서 이루어지는 성적 괴롭힘의 구조적 성격에 도전하는 이들을, 마치 카우보이들이 '도지 시티(Dodge City)'에서 어리둥절해하는 도시 깍쟁이들을 보듯이 멸시와 불신의 시선으로 바라본다고 기술했다. 그들에게 작업장이란 나쁜 남성들이 주변에 떠돌고, 현명한 여성들이라면 스스로를 돌보는 방법을 익히거나 (마을을) 떠나버리고야 마는, 일종의 길들여지지 않은 전선이다(The New York Times, October 18, 1991: A 12/1).

'보상성 괴롭힘'과 동료 노동자들의 '적대적 환경'만을 보려고 하는 우리 습관 때문에 고객에 의한 성적 괴롭힘은 주변적인 문제로 간주되고 있음을 주목할 필요가 있다. 전체 여성 노동자들 중 절반 이상은 성적 괴롭힘이 발생하는 상황에서 일을 하고 있는데, 상사와 동료 노동자의 괴롭힘의 정도는 매우 다양한 반면 고객에 의한 괴롭힘은 고르게 존재하는 경향을 띠고 있다. 따라서 성적 괴롭힘이라는 것이 일상적인 어려운 문제들 중 하나쯤으로 여겨지던 것에서 통탄할 만한 범죄로 다루어질 만큼 상황이 변하고 있지만, 우리는 그것의 가장 흔한 유형들 중 하나에 주의를 기울이지 못하고 있다.

마지막으로, 아직 적은 숫자이지만 점점 더 많은 여성들이 전문직에 진출하고 있다. 이러한 직업은 에드워드의 틀에 따르자면, 진정한 노력과 실질적 혜택(고임금, 자극이 되는 일, 승진 가능성)을 거래하도록 구조화되어 있다. 이런 환경이야말로 사 측이 조화로운 노사 관계를 가장 필요로 하는 곳이다. 따라서 우리는 전문직 사업장에서는 성적 괴롭힘이 훨씬 덜 용인될 것이라고 짐작하게 된다.

하지만 자료는 이러한 예측과 일치하지 않는다(The New York Times, October 13, 1991: Forum 28/3; Schneider, 1991: 533~548). 성적 괴롭힘은 다른 곳과 마찬가지로 전문직에도 만연해 있다. 왜 이럴 수밖에 없는 것일까?

미라 마르크스 페리(Myra Marx Ferree)의 연구에서 이에 대한 하나의 답변을 찾을 수 있다(Ferree, 1985: 517~536). 페리는 일반인과 연구자들이 전문직에 대해서도 남성의 경험에서 비롯된 방식으로 생각하는 경향이 있다고 주장했다. 전문직은 가장 바람직한 형태의 일로 그려지고, 따라서 모든 직업이 열망하는 이미지를 갖는다. 연구자들은 전문적 훈련을 성취하기 위한 개인적 동기유발, 혹은 전문직 자격 획득에서 유색인 공동체가 마주치는 구조적 장애요인, '준' 혹은 '전 단계' 전문직이 진정한 전문직으로 인정받는 데 필수적인 집합적 행동 같은 주제에 집중한다.

전문직 일에 대해 우리가 알고 있는 것 중에서 여성의 경험에서 유래한 것은 아무것도 없다. 경제활동에 종사하는 여성들은 일과 가족의 요구 사이에 균형을 이루어야 한다. 최소한 지난 20년 동안의 수많은 연구는 여성이 유급 노동에 종사하는 경우에도 가정일의 거의 전부를 여전히 책임지고 있다고 보고해왔다(Wilmot and Young, 1973). 이러한 이중 부담 문제는 노동력 전반에 걸쳐 흔하게 나타나고 있지만, 남성 동료들처럼 장시간 노동을 했을 때에만 가치 있는 일이 부여되는 전문직 여성들에게는 더욱 특별한 문제가 된다(Spangler, 1986).

7. 여성의 경험으로부터 시작하기

우리가 만일 여성의 경험으로부터 시작했다면, 전문직을 모든 직업 중 가장 나은 것으로 여기는 경향에 조금 덜 경도되었을 것이다. 오히려 가족과 일 사이에 균형을 맞춰야 하는 극단적이며 제한된 사례로서 전문직을 이해했을 것이다. 피고용인들이 가족에 대한 의무를 무시하고 그들의 모든 주의를 업무에 기울여야 보상을 받을 수 있는 그런 일로서 말이다. 달리 이야기하자면, 전문직이라는 위치는 두 사람분의 일로 이해할 수 있다. 전문직에서 성공을 이루기 위해서는 파트너의 지지가 필요한 것으로 말이다(Fowlkes, 1980; Gerber, 1983; Hunt and Hunt, 1982: 500~510; Ostrander, 1984).

전문직 여성들은 주부의 역할을 담당하는 파트너를 기대할 수 없기 때문에 여성들의 전문직 진출은 '탐욕스러운' 일자리를 구성하려는 사 측의 권리에 심각한 도전을 불러일으킨다(Coser, 1974). 고용주는 딜레마에 직면한다. 그들은 유능한 전문직 여성을 끌어들이고 싶어 하지만 그들이 제기할 가능성이 높은 요구들(보육, 양육휴가, 합당한 근로 시간 등)에 맞서고 싶어 하지는 않는다(Brandt et al. 1991: 50~65; Quinn and Buiatti, 1991: 48~56). 고용주는 전문직 여성들을 환영하지만 가정 시간을 근무 시간으로 맞바꾸도록 설득하거나 강요할 수 있는, 유능한 전문직 남성들과 똑같이 행동할 준비가 되어 있는 만큼만 환영한다. 전문직 여성들이 이러한 거래에 가장 반대할 가능성이 높은 세력인 한, 그들은 의심과 양가적인 시선을 받는다(Davies, 1974: 128; Epstein, 1981; Walsh, 1997). '마미 트랙(Mommy track)'[9], 여성 지배적인 세부 전문 분야로의 고립(Epstein, 1981; Morello, 1986), 성적 괴롭힘을 근절시키려는 헌신의 부재 등, 이 모든 것이 전문직 여성들을 주변부적 위치에 머물도록 만드는 결과를 낳는다. 그러한 위치에 있는 경우, 전문직 일자리의 '탐욕스러운' 속성에 도전할 가능성이 낮아진다.

앞서 이야기한 모든 것들은 고용주들이 어떤 조건에서 불행한 노동자와 열악한 노동조건으로부터, 혹은 최소한 작업장의 매력적인 측면과 혐오스러운 측면 사이의 균형을 유지하는 행태들로부터 이득을 얻는다는 에드워드의 인식에서 비롯된 것이다. 미숙련 노동자들 사이의 높은 이직률과 결근율, 불만 있는 노동자들의 부주의한 근로 특성 등은 고용주가 연금과 건강보험 비용을 아낄 수 있게 만들며, 더 나은 일자리의 특징이라 할 수 있는 승진과 임금 인상을 기대하는 노동력을 다루는 것을 피하게 해준다. 서비스/판매 산업 분야에서, 분명히 고용주들의 이해는 노동자들을 희생하여 고객들의 요구를 충족시키는 데 달려 있다. 전문직의 경우, 경영진에게 더욱 섬세한 균형이 요구된다. 그들은 한편으로는 균형 잡힌 삶에 해가 되는 것들을 노동자들에게 요구하면서, 다른 한편으로는 고도로 숙련된 그들의 충성심도 확보해야 한다. 이러한 요구에 대해 도전할 가능성이 가장 높은 (여성) 노동자들을 침묵시키는 것은 현상 유지에 도움이 되는 것이다.

---

9 육아 등을 취해 출퇴근 시간을 조절할 수 있되, 승진과 승급의 기회가 좋지 않은 직업 경로.

8. 감내하는 것의 편익

사업주, 고객, 노동자가 공존하는 폭넓은 문화적 조건에서의 성차별주의를 고려할 때, 경영진은 상당한 비용을 감수하더라도 성적 괴롭힘을 그냥 내버려 두는 것에서 이득을 얻을 수 있다. 그것은 노동자끼리 서로 등을 돌리게 만들고, 이직을 촉진하며, 고객의 기대에 부응하는 것일 수 있다. 또한 '탐욕스러운' 전문직 일자리에서 핵심적 반대자들을 제한할 수 있는 이득을 가져올 수 있다. 그리고 경영진은 다른 작업장 위해 요인과 마찬가지로 혹은 어쩌면 부하 직원에게 답례를 요구하는 상사와 마찬가지로 성적 괴롭힘으로 인해 더는 이득을 얻을 수 없을 때조차 사업 관행을 바꿈으로써 발생하는 비용을 여전히 꺼린다.

그러나 이러한 요약은 잠정적이며 불완전하다. 이를테면, 나는 남성들의 작업장에서 고객이나 학생으로 진입하는 여성들이 경험하는 성적 괴롭힘 문제는 포함시키지 않았다. 또한 성적 괴롭힘 문제에 대한 사 측의 어쩌면 상당히 무의식적인 이해관계가 인식 가능하고 저항할 수 있는 특정한 행위와 정책으로 나타나는 방식 또는 드러내고 도전할 수 있는 특정한 침묵과 등한시하기로 나타나는 방식에 대해 상세히 기술하지 못했다.

그럼에도 성적 괴롭힘이 매우 만연해 있으며 집요하다는 것은 사 측이 이러한 관행으로부터 비용뿐 아니라 편익을 얻기 때문이라고 할 수 있다. 간단히 말해, 한 건을 해결하는 데 수백만 달러가 드는 생산물의 안전 결함에 대해 조치를 취하지 않는 경우를 상상해볼 수나 있을까? 작업장에서의 성적 괴롭힘은 마찬가지로 값비싼 작업장 위해임에도 지속되고 있는 것이다.

노동 현장에서의 투쟁과 넓은 정치 세계를 향한 캠페인 간의 노력 배분에 관해 구체적인 대책을 개발하고 전략을 세우기 위해서 더 많은 논의가 필요하다는 것은 분명한 일이다(Kasinsky, 1992: 74~83). 그럼에도 이러한 필수적 대화의 시작 지점이 어딘지는 분명하다. 그것은 바로 성적 괴롭힘이 '다른 수단에 의한 젠더 관계'일 뿐 아니라 '다른 수단에 의한 노사 관계'이기도 하다는 점을 분명하게 인식하는 것이다.

9. 감사의 글

이 장은 레벤스타인이 성적 괴롭힘을 '다른 수단에 의한 노사 관계'라고 언급한 대화에서 비롯되었다. 나는 제목에 대해, 1991년 미국 공중보건학회에서 이 장을 발표하도록 초대한 것에 대해, 그리고 전반적인 격려와 지지에 대해 그에게 감사한다. 첫 대화 이래, 메릴린 버만(Marilyn Berman), 샤론 커츠(Sharon Kurtz), 피터 레만(Peter Lehman), 캐슬린 포로스키(Kathleen Pawlowski), 베스 로젠버그, 샬럿 리안(Charlotte Ryan), 아만다 우디스-케슬러(Amanda Udis-Kessler) 등이 통찰력 있는 수많은 논평과 어려운 질문들, 그리고 수순한 격려를 해주었다. (그들이 아닌) 나의 계산에 의하면, 샬럿 리안과 샤론 커츠는 이 장의 공저자로 이름을 올렸어야 했다. 유용한 참고문헌을 제안해준 보스턴 대학교 사회학과의 린다 리틀 홈스트롬(Lynda Lytle Holmstrom) 교수에게 감사를 표한다. 이 장의 초기 버전들은 애틀랜타에서 열린 미국 공중보건학회와 매사추세츠 주립대학교 로웰 캠퍼스 작업 환경 프로그램의 세미나, 매사추세츠 공중보건학회 회의에서 발표된 바 있다. 이장의 진전에 도움이 되는 질문들을 해준 이 세 학술회의의 청중들에게도 감사한다. 마지막으로, 논평을 해준 익명의 논평가들에게도 감사드린다.

[김명희 옮김]

9

젠더와 청정생산
전략 개발과 대안 설계에서 젠더 분석을 포함한 틀 짜기

샐리 에드워즈(Sally Edwards), 마거릿 퀸(Margaret Quinn)

국제적인 차원에서 젠더 문제를 고려하지 않은 환경정책은 어떤 부류의 사람들과 생태계에는 보탬이 될 수 있지만, 다른 부류의 사람들, 특히 여성에게는 생산과 소비의 과정 중 어디에선가 오히려 해를 끼칠 수도 있다. 이 장에서는 청정생산(Cleaner Production) 전략을 세울 때 성문제를 고려해야 한다는 중요한 사실에 대해 논의해보려고 한다. 우선 글로벌 경제개발 전략을 설명하고, 이에 대한 비판으로서 젠더 문제에 대한 인식과 분석이 필요하다는 문제 제기를 살펴볼 것이다. 이 고찰을 통해 청정생산 전략을 기획하고 실행하는 과정에서 어떻게 젠더 문제의 영향을 분석할 것인가에 대한 배경지식을 제공할 것이다. 저자들은 많은 연구자들과 실무자들이 참여해서 젠더 문제를 분석하고 젠더 형평성을 강화하며 환경 측면에서도 건전한 정책을 긴 안목으로 개발하고 논의를 진전시키기 바라고 있다.

하나의 상징체계로서 성별은 우리 주변을 둘러싼 만물의 도덕적 가치를 가늠하는 잣대 중 가장 오래되고, 가장 널리 퍼져 있으며, 동시에 가장 영향력이 큰 것이다. 거의 모든 문화권에서 사람들은 남성적인 것을 여성적인 것보다 더욱 가치 있는 것으로 여긴다(Harding, 1986: 17~18).

어느 사회에든 예외 없이 성차별이 있다. 모든 문화권에서 삶의 다양한 면들을 살펴보면 남성과 여성이 서로 다른 별에 살고 있음을 알 수 있다. 불평등한 기회, 불평등한 혜택, 그리고 불평등한 위험성이 남성과 여성에게 주어진다. 성의 차이에 대한 인식은 사람들의 생각에 너무도 깊이 새겨져 있어서 성 역할이 생물학적으로 결정되는 것이 아니라는 사실은 거의 무시당한다. 성별의 차이는 생물학적으로 드러나기도 하는데, 성별에 따라 독성 오염물질이나 다른 위해요인에 서로 다른 신체 반응을 보일 수도 있다(Sims and Butter, 2002: 195~220). 이런 성별 간 차이는 여러 가지 형태의 구별로 이어진다. 세계 어느 곳에서나 여성은 남성에 비해 교육수준이 낮고, 질병에 더 많이 걸리며, 경제적·정치적 기회가 더 적다.[1] 이러한 불평등은 환경 정책에 중요한 시사점을 던져준다.

국제적인 차원에서 젠더 문제를 고려하지 않은 환경 정책은 때때로 어떤 부류의 사람들과 생태계에는 이익이 되기도 하지만, 전 세계적으로 연결된 생산과 소비망 중에서 다른 부류에 속한 누군가, 특히 여성들이 그 비용을 지불하게 된다.[2] 예를 들어, 미국에서 유독성 살충제 사용을 금지하면 기업들은 개발도상국들에 이를 판매하고, 이 나라들의 미숙련 여성 농업 노동자들은 보호 장구도 없이 이를 사용하게 된다.[3] 유럽이나 미국이 엄격한 재활용 정책을 취하면 다 쓴 납축전지(lead acid battery)나 중고 컴퓨터가 개발도상국들로 수출되어 안전하지 않은 환경에서 폐기된다.[4] 빈곤선 이하에서 살아가는 개발도상국 사람들 13

---

[1] United Nations Development Program, Gender Equality: Practice Note, 2002.
[2] 인종과 사회계급의 불평등에 대해서도 마찬가지다. 이 장에서는 우선 젠더 문제에 초점을 맞추고 있지만, 좀 더 포괄적인 분석이 되려면 인종과 계급문제도 함께 고찰해야 한다.
[3] 세계적으로 농업인의 대다수는 여성이다. 농약문제 행동연대(Pesticide Action Network)의 연구에 의하면 8개 국가 여성 농업인의 90%가 보호 장비나 적절한 교육 없이 농약을 살포하고 있다(Sims and Butter, 2002: 210~211).
[4] Basel Action Network and the Silicon Valley Toxics Coalition, Exporting Harm: The High

억 명 중 70%는 여성이다. 기본적인 생활수단조차 마음대로 이용할 수 없기에 가난한 여성들과 그들의 아이들은 유해한 환경이나 환경 파괴에 특히 더 취약하다. 가족의 생존을 위해 여성들은 종종 컴퓨터 폐기 노동과 같은 매우 유해한 저임금 노동을 감수해야만 한다.5 개발도상국의 여성들이 이런 종류의 노동을 해야 하는 이유는 선진국들이 좋은 의도로 만들어낸 환경 정책 때문일 수도 있다.

이 장에서는 청정생산 전략을 수립할 때 젠더 문제가 포함되는 것이 왜 중요한지를 논의할 것이다. 작업장이 성별로 분화되어 있음에도 대부분의 오염물질 예방책은 젠더에 따라 기술과 생산 공정이 미치는 변화의 정도가 다르다는 사실을 염두에 두지 않고 있으며, 오히려 '젠더 블라인드(gender-blind)' 정책들로 일관하고 있다.6 설사 청정생산 정책이 이론적으로는 모든 노동자, 주민들, 그리고 생태계를 위한 안전한 해결책을 만들어낸다고 하더라도, 환경 문제의 해결책을 고안할 때는 필히 젠더 문제에 대한 인식이 있어야 한다. 그래야만 글로벌 경제에서 생산자 또는 소비자 중 어디에 위치해 있든지 간에 모든 사람들이 이 정책의 혜택을 누릴 수 있기 때문이다.

과거의 실책을 짚어보면 훌륭한 교훈을 상당히 얻을 수 있다. 이 장에서는 지난 50년 동안의 글로벌 개발 정책을 살펴봄으로써 왜 젠더 문제를 고려하지 않은 전략이 성공하기 어렵고 장기간 지속되기 어려운가를 실증적으로 보여줄 것이다. 제2차 세계대전 이후 지배적인 글로벌 개발 전략은 제3세계를 '현

Tech Trashing of Asia, 2002.

5 International Institute for Environment and Development and New Economics Foundation, *Up in Smoke? Threats from, and responses to, the impact of global warming on human development*, 2004.

6 최근 스웨덴의 한 연구에 의하면 스웨덴 노동자 중 단 10%만이 성별 종사자가 각각 40~60%인 비분리된(non-segregated) 직종에서 일하고 있다고 한다(Kilborn, Messing and Thorbjomsson, 1998).

대화' 하는 것이었다. 하지만 이는 개발도상국의 여성들에게는 재앙과 다름없었다.7 1970년대 페미니즘 학자들이 국제개발 정책을 비판하기 시작할 때까지 사람들은 개발 정책과 사업을 수립할 때 젠더 문제를 염두에 두지 않았다.

젠더와 개발 정책을 연구해보면 청정생산의 관점을 세울 때 적용할 수 있는 교훈들을 얻을 수 있는데, 특히 청정생산이 전 지구적인 차원에서 지속가능한 개발을 지원하기 위한 경영 부문의 중요한 전략으로 인식되고 있기 때문이다. 정말로 지속가능하려고 한다면, 예전에 국제개발 영역에서 빠졌던 함정을 피하기 위해서 청정생산의 증진 사업에 젠더 문제가 명확하게 고려되어야 한다.

다음 절에서는 청정생산, 오염 예방, 지속가능한 생산 등의 개념을 살펴볼 것이다. 그리고 나서 글로벌 개발 정책과 이것에 젠더 문제에 대한 인식과 분석이 필요하다는 비판을 검토할 것이다. 이러한 검토를 통해 청정생산의 기획과 실행을 어떻게 젠더 문제의 분석과 결합할 것인지에 관한 마지막 절의 배경지식을 제공할 수 있을 것이다.

1. 청정생산/오염 예방 또는 지속가능한 생산

청정생산과 오염 예방이라는 용어는 1980년에 도입되어 종종 서로 같은 의미로 사용되었다.8 미 환경보호청은 오염 예방을 다음과 같이 정의하고 있다.

---

7 제3세계라는 용어는 1950년대에 자본주의도 사회주의도 아닌 대다수가 그 전에 유럽의 식민지였던 가난한 비유럽국가를 지칭하기 위해 만들어졌다. 혹자는 이들이 사실 세계인의 대부분을 차지하기 때문에 '제3분의2세계(two-thirds world)'로 표현하자고 주장하기도 한다(Harcourt, 1994: 7).

8 이 장에서도 두 용어를 같은 의미로 사용하고 있다.

공해물질이나 쓰레기를 발생 단계에서 없애거나 줄이기 위한 물질 또는 공정의 사용 혹은 활동. 이는 유해물질, 에너지, 물을 비롯한 자원의 사용을 줄이고 천연자원을 절약하거나 보다 효율적으로 사용하는 활동을 포괄한다(Bishop, 2000: 11).

오염 예방은 직업보건 문제에 대한 명시적 고려 없이 환경보건을 개선하는 것에 초점을 맞추고 있다. 실제로 어떤 연구자들의 주장에 따르면 어떤 오염 예방/청정생산 활동은 환경보건상의 위험성을 고스란히 직업보건의 위험으로 바꿔놓고 있다고 한다(Ashford, 1997: 115~121). 더 나아가 오염 예방은 지배적인 경제 성장 모델에 의문을 제기하지 않는다. 오히려 현재 사용되는 물질이나 공정이 환경에 덜 치명적이면서 더 효율적이라는 확신을 심어주려 한다. 이런 이유로 오염 예방은 많은 주류 경제계의 입맛에 잘 맞아떨어지고, 1992년 '환경과 개발에 관한 국제연합 회의(United Nations Conference on Environment and Development)'에서 환경 효율성(eco-efficiency)이라는 이름으로 재포장된 이후 사실상 지속가능한 개발을 위한 최선의 전략으로 떠오르고 있다.

'지속가능한 발전에 관한 세계기업협의회(The World Business Council on Sustainable Development)'는 환경 효율성의 개념을 정초하는 데에 앞장섰는데, 국제연합환경계획(United Nations Environment Programme)의 문서에서 지적한 것처럼 이는 '지속가능한 발전에 관한 세계기업협의회'가 재화와 서비스의 소비를 억제하지 않아 경제가 지속할 수 있는 기반을 해치는 상황을 우려했기 때문이었다(United Nations Environmental Program, 2002: 31). '지속가능한 발전에 관한 세계기업협의회'는 환경 효율성을 다음과 같이 정의하고 있다.

환경 효율성은 인간의 삶이 환경에 미치는 영향과 자원의존도를 최소한 지구가 감당할 수 있는 수준까지 계속 줄이는 동시에 인류의 생존과 질 높은 삶을 위한 재화와 서비스를 경쟁력 있는 가격에 공급함으로써 얻을 수 있다(Holliday and Pepper, 2002: 15).

환경 효율성은 환경 정의를 위해 노력하는 많은 기업들의 목표가 되고 있다. 이 개념에 입각해서 기업들은 생산 공정의 효율성을 높이고 쓰레기를 감축하고 있다. 그러나 환경 효율성 개념은 유해물질을 줄여야 한다고 분명하게 주장하지는 않는다.9 또한 몇몇 환경 효율성에 입각한 접근 방법들이 제품의 생산에서 폐기까지의 전체 주기를 모두 고려한다고는 하지만, 다수는 그렇지 않은 실정이다. 환경 효율성 전략은 소위 '손쉽게 얻을 수 있는 열매'만을 해결책으로 제시할 뿐이다. 종합해보았을 때 이런 노력은 점진적인 변화와 생산효율성 향상을 얻을 수는 있지만, 기업들의 생산 공정을 근본적으로 바꾸지는 않는다. 환경 효율성을 높임으로써 얻는 것이 있다고 할지라도, 소비 수준은 계속해서 높아지고 부족한 자원은 점점 고갈되고 있다.10

'지속가능한 생산을 위한 로웰연구소(Lowell Center for Sustainable Production)'는 오염 예방/청정생산 전략의 한계를 해결하기 위해 '지속가능한 생산'을 좀 더 폭넓게 정의하려고 시도하고 있다. 이들의 정의는 다음과 같다.

---

9 일례로, '지속가능한 발전에 관한 세계기업협의회'의 한 사례 연구는 BASF사가 네덜란드 도시들 간에 2만 5,000톤의 스타이렌(styrene)을 수송할 때 가장 환경에 유익한 방법을 찾기 위해 고안한 '생활주기 효율성평가도구(life cycle efficiency tool)'에 대해 기술하고 있다. 이 분석은 스타이렌을 기차나 트럭으로 수송할 때의 환경 영향에만 초점을 맞출 뿐, 생산과정에서 아예 스타이렌을 사용하지 않는 방법에 대해서는 고려하지 않는다(World Business Council for Sustainable Development, *Case Study: BASF-The eco-efficiencylife cycle tool*, www.wbcsd ch).
10 일본의 예를 보면 1965년부터 1995년까지 에너지 효율성은 25% 높아졌지만 동시에 전체 에너지 소비량은 계속 증가하고 있다. 천연자원 이용의 효율성이 증가하고 있지만 미국, 오스트레일리아, 독일, 일본, 네덜란드의 폐기물과 오염물질 배출은 1975년 이후 28%나 증가했다(United Nations Environmental Program, 2002: 18).

〈표 9-1〉 지속가능한 생산의 원칙

1. 생산과 포장 공정은 제품의 수명이 다할 때까지 안전하고 환경에 유익하게 고안하며, 제품 뿐만 아니라 서비스도 이 원칙을 지킨다.
2. 폐기물이나 환경에 해로운 제조 공정의 부산물들은 줄이거나 제거 혹은 재활용한다.
3. 에너지와 원료를 절약하며 그 이용형태 또한 바람직한 결과에 적합해야 한다.
4. 사람의 건강이나 환경에 해로운 화학약품, 천연물질, 기술, 노동을 제거한다.
5. 물리적·화학적·생물학적·인간공학적 위해요인을 최소화하거나 완전히 없애도록 작업장을 설계한다.
6. 기업의 경영자는 평가와 개선과정에 노동자들이 참여하도록 개방하여 보다 장기적인 관점에서 기업이 성장할 수 있도록 도모한다.
7. 피고용인들의 효율성과 창조성을 유지·강화할 수 있도록 생산 작업을 설계한다.
8. 피고용인들의 안정과 복리, 그리고 지속적인 재능과 능력 개발을 최우선으로 한다.
9. 지역주민들을 존중하고 이들에게 경제적·사회적·문화적·신체적으로 이익이 되며 형평성과 공정성을 강화해야 한다.

자료: Quinn et al.(1998).

오염물질을 배출하지 않고, 에너지와 천연자원을 절약하며, 경제적이며, 노동자·지역주민·소비자 모두의 건강에 유익하고 안전하며, 모든 노동자들에게 사회적·창조적 면에서 이득이 되는 생산 공정과 체계, 이를 통한 재화와 서비스의 생산(Kriebel, Geiser and Crumbley, 2001: 295~308).

지속가능한 생산은 "노동자·지역주민·소비자 모두의 건강에 유익하고 안전하며, 모든 노동자들에게 사회적·창조적 면에서 이득이 되는 생산"을 강조하기 때문에, 오염 예방/청정생산보다 훨씬 진전된 개념이다.

생산이란 "경제적·사회적 이익을 얻기 위해 재화와 서비스를 만들어내고 분배하는 활동 …… 돌봄, 음식 준비, 건강서비스, 사무, 미화, 경작, 건설, 제조 등의 산업 활동"을 일컫는다(Quinn et al., 1998: 299). 지속가능한 생산의 원칙은 〈표 9-1〉과 같은 내용으로 이루어져 있다.

이 아홉 가지의 원칙을 완전히 실행에 옮기려면 노동환경과 지역사회를 근본적으로 재편해야 할지도 모른다. 재편의 방향은 오늘날의 글로벌 경제구조와 아주 판이한 것이 될 것이다. 그러나 이 원칙은 성 불평등의 해결을 겨냥한 것이 아니다. 개념적으로 위에 포함된 많은 원칙들은 젠더 문제의 관점에서 분석할 수 있다. 또한 이론적으로는 인종과 사회계급 문제도 다룰 수 있다. 지속가능한 생산 전략을 수립할 때 젠더 문제를 고려함으로써 이 전략을 실행에 옮겼을 때 예측하지 못했던 부정적 결과가 나타나지 않도록 해야 한다.

2. 서구식 개발 패러다임과 이에 대한 비판, 그리고 대안

서구의 개발 관점과 이데올로기는 제2차 세계대전 이후 활발히 도입되면서 오늘날까지도 개발 정책을 주도하고 있다. 해리 트루먼(Harry Truman) 미국 대통령은 1949년의 유명한 연설에서 세계를 두 부문으로 나누었다. '선진산업국가'와 '미개발국가'가 그것이다.

> 우리는 세계의 미개발국가들이 우리가 이룩한 과학 발전과 산업 개발의 혜택을 받아 성장하고 진보할 수 있도록 새로운 사업을 과감히 추진해야 합니다. 해외로부터 이익을 취하려는 과거의 제국주의적 착취는 우리의 계획에 발붙일 자리가 없습니다. 우리가 구상하는 것은 공정한 민주주의적 거래에 기반을 둔 개발 사업입니다(McMichael, 2000: 23).

개발은 서구의 경험에 기반을 둔 국가 경제 성장과 등치되어 '현대'사회의 보편적 모델이 되어가고 있었다. 제3세계 국가들이 경제를 현대화하려면 부의 공

〈표 9-2〉 주류 개발정책에 대한 비판

- 1960년대 말: 여성의 개발 참여: 형평성에 기초한 접근 - 복지, 반빈곤, 효율성
- 1970년대: 여성과 개발: women-only, 소규모, 참여에 기반
- 1980년대: 성과 개발/임파워먼트-변화의 주체로서의 여성
- 1980년대~1990년대: 여성, 환경, 개발

동 소유보다는 사유재산과 시장에 기반을 둔 '외부적 활성화(jump start)'가 필요하다고 서구의 경제학자들은 믿었다. 세계 경제를 재건하고 제1세계의 기술력을 도입하여 제3세계의 경제 성장을 지원하기 위해 마셜 플랜과 국제통화기금 및 세계은행을 탄생시킨 브레턴우즈 프로그램이 1940년대에 나란히 수립되었다(McMichael, 2000: 48). 이 프로그램들의 목적은 국제적인 생활수준을 높이기 위함이었다. 많은 학자나 활동가가 이런 관점의 개발을 비판했다. 이들은 50년 동안 이 프로그램들을 실행한 결과 생활수준이 향상되기는커녕 오히려 세계적으로 빈곤이 증가하고 소수의 사람들이 더 많은 부를 차지하고 있다는 점을 근거로 제시했다(Flavin, 2001). 이 문제를 논하기 위해 우리는 이러한 관점에 기초한 개발이 여성들에게 미친 영향에 초점을 맞추고자 한다(〈표 9-2〉 참조). 인종과 사회계급 문제를 포함한 보다 광범위한 분석은 이 장에서 다루지 않는다.

1) 여성의 개발 참여 전략과 성인지적 접근 전략

이스터 보서럽(Ester Boserup)은 제3세계의 개발 계획이 여성들에게 이익이 되지 않았다는 점을 처음으로 연구한 학자 중 한 명이다(Boserup, 1970). 1970년에 발간한 『경제개발에서 여성의 역할(Woman's Role in Economic Development)』이라는 책에서 보서럽은 아프리카의 개발 계획이 농업을 현대화하면서 남성들에게는 시장진출 기회를 주었지만 반대로 여성들은 소외되기 일쑤였고 생계의

부담만 더 가중시켰다고 지적했다. 제3세계 여성을 관습에 묶여 그저 출산과 육아만을 담당하는 무지한 존재로 인식하는 서구의 고정관념 때문에 여성들은 개발 과정에서 배제되었다.

캐비어에 의하면, 보서럽은 시장주의 접근 방법에 이의를 제기하지는 않았지만 여성의 역할에 대한 서구식 개념으로 인해 능력 있는 생산자들이 '절름발이' 취급을 당한다고 믿었다(Kabeer, 1994: 25). 보서럽은 서구식 개발 패러다임 전체를 비판하기보다는 개발 계획에 여성들을 참여시키라고 주장했다. 보서럽을 포함한 여러 사람들의 노력에 의해 '여성의 개발 참여(Women in Development)'라고 알려진 1970년대의 비판적 접근 방법이 탄생했다. '여성의 개발 참여'는 형평성에 근거한 접근 방법으로, 여성도 동등한 교육, 훈련을 받고 땅과 자본 등 개발에 필요한 자원을 이용할 수 있도록 해야 한다는 내용을 담고 있다. 이는 기존의 개발 계획이 물자에 대한 여성의 접근성에 문제가 있었다는 전제에서 출발하고 있는데, 이를 해결하기 위해서 남성들이 지배하는 경제와 사회구조에 여성의 참여 기회를 제공해야 한다는 것이다(Rathgeber, 1995: 206).

2) '여성의 개발 참여' 전략: 복지, 반빈곤, 효율화

세계은행은 '여성의 개발 참여' 전략을 실현하기 위해 복지, 반빈곤, 효율화, 이렇게 세 가지 종류의 계획을 실행에 옮겼다(Chowdhry, 1995: 26~41). 기타 초드리(Geeta Chowdhry)가 서술한 바와 같이 1960년대와 1970년대에 등장한 복지적 접근 방법은 제3세계 여성의 임신과 출산 역할에 초점을 맞추어 가족계획과 영양공급 프로그램을 강화했다. 1970년대 중반에 등장한 반빈곤 접근 방법은 빈곤을 완화하고 기초물자를 제공하는 데 집중했다. 여성들이 보통 가장 빈곤한 계층에 속해 있었기 때문에 이 프로그램의 대상은 주로 여성들이었다.

실제로 반빈곤 접근 방법은 복지적 접근 방법처럼 보였는데, 여성에 대한 교육이 가족의 규모에 영향을 미친다는 주장과 함께 반빈곤 접근 방법에서도 가족계획, 의료 서비스, 교육 등을 강조했기 때문이다. 이러한 접근 방법에서 여전히 제3세계의 여성은 관습에 지배받고 특성이 없으며 독자적인 의견이 없는 존재로 인식되었다(Chowdhry, 1995: 33).

세 번째 접근 방법은 1980년대에 만들어져 '효율성 접근 방법'이라 불리는 것으로 신고전주의 경제학과 구조조정, 민영화, 시장 자율성 확대 등의 정책들에 잘 들어맞아 오늘날까지도 지배적인 접근법으로 남아 있다. 효율성 접근 방법의 주장은 여성이 세계 인적 자원의 반 이상을 차지하므로 이들이 개발 과정에 참여하면 더 효율적인 경제 성장을 이룰 수 있다는 것이다. "여성의 생산성을 계속 무시하는 것은 큰 손해였으며 더 이상 이런 실수를 되풀이해서는 안 되는 상황이었다. 여성들이 경제개발을 원했다기보다는 개발을 위해 여성이 필요했다는 것이 문제이다"(Kabeer, 1994: 25). 즉, 효율성 접근 방법은 서구식 현대화 패러다임에 이의를 제기하기보다 경제적 효율성을 위해 여성을 참여시켜야 한다는 주장을 담고 있다.

주류 연구자들뿐만 아니라 여성주의자들도 경제개발계획에서 여성이 중심이 되거나 적어도 참여해야 하는 이유를 여전히 '효율성' 논리로 설명하고 있다. 예를 들어 웬디 하코트(Wendy Harcourt)는 가난한 여성이 가정 안팎에서 어떻게 비공식 의료 서비스를 제공하고 환경보건 문제의 부담을 줄이는 역할을 하는지에 대해 기술하고 있다. 따라서 모든 이들이 개발의 혜택을 보기 위해서는 이 가난한 여성들의 건강과 복리에 우선 초점을 맞추어야 한다고 하코트는 주장한다. 이런 관점은 가난한 여성들의 건강을 증진함으로써 가족과 지역사회의 생활과 복지가 향상되고, 나아가 국가의 지속가능한 개발이 이루어질 수 있다는 논리다(Harcourt, 2001: 85~90). 다시 말해 가난한 여성의 건강을 향상시키면 그 이득이 더 넓은 사회로 파급되기 때문에 이는 공평한 전략일 뿐 아니라 '효율적인' 전략이라는 것이다.

'여성의 개발 참여' 전략에 이어 두 번째로 등장한 비판적 관점으로 1970년대의 '성인지적 접근(Women and Development)' 전략을 들 수 있다. '성인지적 접근' 전략은 여성의 개발을 지원하기 위한 여성들만의 '개발 계획, 남성이 지배하고 있는 기관들의 제한적인 틀 밖에서 여성들의 자립을 주장한다. 이 주장에 의하면 여성들만을 위한 소규모의 개발 프로젝트를 여성들의 참여에 기초해서 수행함으로써 개발 프로젝트의 기획과 실행에서 남성의 지배를 막고 여성들이 자기 의견을 개진할 수 있다는 것이다. 많은 비정부기구에서 이러한 비판적 시각을 반영한 정책과 프로그램이 개발되었다(Parpart and Marchand, 1995: 13~14). 이러한 접근 방법은 대안적인 개발 방법으로 알려졌다.

3) '성인지적 개발' 및 '임파워먼트' 접근 전략

개발 담론에 대한 세 번째 비판은 1980년대에 등장했는데, 젠더의 역할을 사회적으로 규명하는 것에 중점을 두고 젠더의 역할 전환을 요구했기 때문에 흔히 '성인지적 개발(Gender and Development)' 혹은 '임파워먼트' 접근 전략이라고 알려졌다. 이러한 접근 방법은 사회주의 페미니즘 학자들과 제3세계의 페미니스트, 특히 '신시대를 위한 여성 개발 대안(Development Alternatives with Women for a New Era)'이라 불리는 그룹의 주장에 뿌리를 두고 있다. 1987년 '신시대를 위한 여성 개발 대안'의 멤버들은 『개발, 위기 그리고 대안: 제3세계 여성의 관점(Development, Crises and Alternative Visions: Third World Women's Perspectives)』이라는 책을 발간했다. 이 책에서 그들은 여성이 스스로를 조직하고 권한과 역량을 보유함으로써 개발 지원의 수동적인 수혜자가 되기보다는 변화의 주역이 되어야 한다고 주장했다(Sen and Grown, 1987). '신시대를 위한 여성 개발 대안'에 따르면, '제3세계'라는 관점은 "우리의 비전을 공유하는 모든 사람들, 즉 남쪽 국가 사람들뿐만 아니라 북쪽 지역에서도 탄압과 불이익을 당하는 여성운동 그룹과 이를 실현하기 위해 애쓰는 모든 사람들"을 포함해야 한다(Sen and Grown, 1987: 19). '신시대를 위한 여성 개발 대안'은 전체를 조망하면서 최적의 위치에 있는 가난한 여성의 관점에서 개발에 대한 해결책의 틀을 수립했다.

'성인지적 개발' 관점은 여성의 물질적 조건을 개선하는 것에 국한하지 않고 동시에 권력, 젠더 역할과 같은 사회관계를 고려한다. '성인지적 개발' 전략은 자원에 대한 통제권이라든가 소유권, 의사결정권과 같은 주제를 다룬다. 여성을 관습에 묶인 무언의 피해자로 보기보다는 변화의 주역으로 인식함으로써 '성인지적 개발' 전략은 여성의 권한 및 능력 강화와 젠더 관계의 변화를 추구한다. 이러한 시각은 여성에게 보편적인 상황이란 존재하지 않고, 많은 차이들이 사회계급, 인종, 민족, 문화 등의 요소에 의해 매개된다는 포스트모더니즘의 관점이다(Rathgeber, 1995: 206~207). 임파워먼트 접근 전략 중 하나는 여성들의 자립을 가능케 하는 집단 능력을 증진하기 위해 풀뿌리 조직의 강화에 초점을 맞추는 것이다. '성인지적 개발' 전략은 젠더의 역할과 젠더의 관계에 대해 비판적이기 때문에 이제까지 주류 개발 정책과 프로그램들에 깊이 관여해오지 않았다(Chowdhry, 1995: 38). 그럼에도 어떤 학자들은 지배적인 서구식 개발 담론에 근본적인 이의를 제기하지 않는다는 이유로 '성인지적 개발' 전략을 비판하기도 한다(Braidotti et al., 1994: 82~83).

4) '여성, 환경, 개발' 전략

1970년대와 1980년대를 거치면서 '여성의 개발 참여' 전략과 '성인지적 개발'

전략의 한 부분으로 또 하나의 접근 방법이 등장했다. '여성, 환경, 개발(Women, Environment, and Development)' 전략은 에코페미니스트 운동에서 발전했으며 환경과 경제개발의 연관성, 그리고 전 지구적 사안에서 여성의 역할에 대한 관심 증대에서 출발했다.

에코페미니스트 운동은 1970년대에 급진적인 페미니즘, 환경 보호주의, 여신 숭배 종교를 기반으로 등장했다(Spretnak, 1990: 3~14). 프랑스 작가인 프랑수아즈 도본(Francoise d'Eaubonne)이 1974년 처음 사용한 '에코페미니즘'이라는 용어는 "지구상에서 인간의 생존을 위한 생태 혁명을 가능하게 하는 여성의 능력"이라는 의미로 사용되었다(Merchant, 1990: 100). 에코페미니즘은 크게 문화적 에코페미니즘과 사회적 에코페미니즘으로 나뉜다. 문화적 에코페미니즘은 '본질주의자(essentialist)'의 입장에 서 있다. 여성을 자연에 더 가까운 존재로 가정하여 여성의 우월함과 자연의 우월함을 동일시하며, 자연과의 깊은 연결 때문에 환경 위기를 해결하는 능력이 남성보다 더 뛰어나다고 본다. 여성을 환경 위기의 희생자로 파악하기보다, 반대로 '선택 받은' 환경의 관리자이자 환경 문제를 해결할 자로 파악하는 것이다. 이러한 관점에서는 양육, 감정 이입 등의 여성이 갖고 있는 능력과 같이 자연과 여성이 맺고 있는 특별한 관계 때문에 지속가능한 개발에 여성 중심적인 관점이 필요한 것으로 이해하고 있다(Braidotti et al., 1994: 2). 반면, 사회적 에코페미니즘은 젠더 역할이 사회적 구조에 기초한다는 '유물론자'의 입장을 취하고 있다. 그들은 시장 경제를 통해 자연과 여성이 착취당하는 자본주의적 가부장제를 비판한다(Merchant, 1990: 103). 성별 간의 노동 분화와 인간과 자연의 관계에 대한 근본적인 변화를 주장한다는 면에서 사회적 에코페미니즘은 성인지적 개발 전략과 유사하다.

'여성, 환경, 개발' 전략은 1972년 스톡홀름에서 열린 '인간 환경에 관한 국제연합 회의(United Nations Conference on the Human Environment)'에서부터 시작된 일련의 국제회의를 통해 더 가다듬어지고 진화했다. 벌목을 막고 히말라야의 삼림을 보호하려는 인도 여성들의 칩코(Chipko) 운동이 처음 대중에게 알려진 것도 이 회의에서였다(Braidotti, 1994: 85). 1985년 '여성과 개발에 관한 국제연합 회의(United Nations Conference on Women and Development)'에 맞춰 열린 나이로비 포럼(Nairobi Forum)에서는 '여성과 환경 위기'라는 의제로 워크숍이 열렸다. 인도의 반다나 시바(Vandana Shiva)와 케냐의 그린벨트 운동의 지도자인 왕가리 마타이(Wangari Maathai)와 같은 활동가들이 '여성, 환경, 개발'의 활동 계획을 작성했다.11 '우리가 공유하는 미래'라는 제목으로 1987년에 「브룬틀란 보고서(Brundtland Report)」가 출간된 후 이 그룹은 '여성, 환경, 지속가능한 개발'이라는 이름으로 불리게 되었다.12 1980년대 후반부터 1990년대 초반까지 이 개념을 중심으로 결집되기 시작한 사람들은 1992년 리우데자네이루에서 개최된 '환경과 개발에 관한 국제연합 회의'를 겨냥한 계획에 집중했다. 그리고 '환경과 개발에 관한 국제연합 회의'를 조직하기 위해 여성환경개발기구를 결성했는데, 마이애미에서 '환경과 개발에 관한 국제연합 회의'의 준비회의 격인 '건강한 지구를 위한 세계여성 회의(World Women's Congress for a Healthy Planet)'를 개최했다. 이 회의에 참석한 여성들은 '여성행동 의제 21'을 작성하여 '환경과 개발에 관한 국제연합 회의'에서 발표했다(Braidotti, 1994: 83~92). 이 활동의 결과로 의제 21의 한 부분이자 '환경과 개발에 관한 국제연합 회의'의 중요한 결과물인 국제활동계획이 지속가능한 개발에서 여성의 역할에 초점을 맞추어 작성되었다(Sitarz, 1994). '여성행동 의제 21'은 2002년 남아프리카공화국의 요하네스버그에서 열린 '지속가능한

---

11 왕가리 마타이는 2004년 노벨평화상을 수상했다. 건강한 환경과 평화와의 연관성을 명시적으로 인정한 첫 수상이었다.

12 *Our Common Future The Report of the World Commission on Environment and Development* (New York: Oxford University Press, 1987).

개발을 위한 세계정상회의(World Summit on Sustainable Development)'에서 갱신되어 1992년 리우회의 이후의 진전 상황을 평가했다. '지구의 건강과 평화를 위한 여성행동 의제 2015(Women's Action Agenda for a Healthy and Peaceful Planet 2015)'의 다섯 가지 우선과제는 평화, 지속가능한 세계화, 자원의 이용과 통제력, 환경보호와 건강, 지속가능한 개발에 대한 관리 등이다(Corral, 2002: 28~32).

3. 과학과 기술에 대한 페미니즘의 비판

많은 학자들은 서구의 과학을 일컬어 오늘날 지구가 맞닥뜨린 생태계와 인간사회의 위기를 만들어낸 '원동력'이라고 주장한다(Braidotti, 1994: 9). 앞에서 설명한 주류 개발 패러다임에 대한 페미니즘의 비판을 살펴보면 몇 가지 교훈을 얻을 수 있다.

반다나 시바와 같은 활동가들은 서구 과학이 환원주의와 다르지 않다는 사실을 보여줌으로써 페미니즘적 비판에 크게 기여했다. 서구의 과학적 방법론은 그동안 보편적이고 가치중립적인 것처럼 포장되어왔다. 하지만 시바는 서구 과학이 백인 남성 부르주아의 지배적 문화가 가진 관점을 반영한다고 설명한다. 시바는 두 가지 이유에서 서구의 과학이 환원주의라고 비판한다. 우선 서구 과학은 자신과 다른 '지성'이나 '지적 방법론(가령 비전문가, 여성, 타 지역의 토착민)'을 인정하지 않기 때문이다. 또한 자연을 자생력을 결여한 파편적인 대상처럼 다루고 있기 때문이다(Shiva, 1993: 22~35). 자연을 기계에 비유할 수 있다는 생각은 계몽기 프랜시스 베이컨(Francis Bacon) 등의 초기 저작에서 등장했는데, 이러한 비유는 사람들로 하여금 자연을 통제하고 지배할 수 있다는 자신감을 심어주었지만, 자연과 지구를 살아 있는 생명체로 인식하고 상호의존성을 핵심 원칙으로 하는 생각들과는 반대되는 것이었다. 역사가 캐럴린 머천트(Carolyn Merchant)는 다음과 같이 쓰고 있다.

> 오늘날 난관에 봉착한 환경 문제의 근원을 추적할 때, 그리고 과학·기술·경제와의 연관성을 고찰할 때, 우리는 현실을 살아 있는 생명체가 아닌 기계로 인식함으로써 여성과 자연의 지배를 인정하는 관점과 과학을 재고할 필요가 있다(Bradotti, 1994: 31).

시바에 따르면, 가부장적이고 환원주의적 과학기술 모델에 기반을 둔 서구의 주된 개발방식 때문에, 자본 축적과 시장 경제만을 추구하고 지역민들과 생태계에는 무관심한 정책이 수없이 결정되었다. 자연과 조화를 이루는 생계수단으로서의 농업을 버리고 단일종을 재배하는 대규모 임농업을 택하는 경우가 대표적인 사례다(Braidotti, 1994: 95). 시바의 견지에서 보자면 서구의 과학적 방법론은 세상을 설명하기 위해서뿐만 아니라 현실을 통제하고 지배하기 위해서 이용되고 있는 것이다. 환원주의 접근법은 단기적인 효율성이나 이윤에만 집착한 경제 발전을 추구할 뿐, 그로써 자연과 사회가 치러야 할 대가를 생각하지 않는다.

성장, 개발, 생산성 등의 용어는 그 의미가 모호한 경우가 많다. 심지어는 '지속가능한 개발'이라는 표현조차도 서구식 개발 담론에서 정의하는 방식 때문에 문제로 지적되고 있다. 시바는 성장이나 생산성 같은 용어들을 비판하면서 국내총생산을 이용한 경제 성장의 측정은 많은 개발도상국가에서 '불량 개발'을 측정하는 것과 다름없다고 꼬집었다. 왜냐하면 국내총생산은 생태계의 파괴나 사회적 단절을 비용으로 계산하지 않기 때문이다. 자원에너지 집약적인 산업생산에만 초점을 맞추는 서구의 협소한 생산성 개념도 개인의 생존과 가족의 보호유지에 필요한 자원을 소모해버린다는 점에서 마찬가지 한계를 갖고 있다(Shiva, 1990: 189~200). 샌드라 하딩(Sandra Harding)은 개발을 오로지 경제적인 생산과 소비로만 이해한다면 윤리적·정치적·미적·영적 가치 등과 같은 다른 문화적 '자산들'의 중요성이 간과된다고 지적했다(Harding, 2000: 246).

지속가능한 개발이라는 용어가 서구식 개발 담론과 깊이 연결되어 있기 때문에 많은 활동가들이 '지속가능한 생존(sustainable livelihood)'이라는 용어를 더 선호한다. 머천트가 기술한 바와 같이 "지속가능한 생존은 사람에 초점을 맞춘 접근법으로 건강, 고용, 안정된 노년 생활, 빈곤 퇴치, 여성의 신체에 대한 주권, 피임, 그리고 자원의 이용과 같은 기본적 필요를 충족시키는 데 중점을 둔다"(Merchant, 1999: 222). 지속가능한 생존은 당사자들의 참여가 기본이다. 따라서 이 개념은 "스스로 삶의 방식을 결정하는 데 필요한 자원 이용능력의 향상"을 뜻한다(Braidotti, 1994: 90). 더불어 이 개념은 남쪽 국가들의 빈곤과 환경 파괴가 서로 연관되어 있다는 점을 중시한다(Braidotti, 1994: 34).

4. 개발정책은 어떻게 여성의 삶을 좌우하는가?

주류 개발 모델이 도입되면 제3세계의 여성들은 다방면에서 큰 영향을 받는다. 물론 어떤 여성들은 개발을 통해 혜택을 입기도 하겠지만, 거시적 관점에서 개발 정책은 파괴적인 결과를 초래해왔다. 철학자인 하딩은 다음과 같이 주장했다.

남쪽의 국가들을 개발하기 위해서는 여성과 농민의 후퇴가 필요했다. '인류의 진보'는 여성과 농민에게는 퇴보에 불과했다(Harding, 2000: 243).

하딩의 관점에서 보면, 개발에서 여성을 배척함으로써, 즉 여성의 상황을 개선하는 정책을 선택하지 않음으로써 국가경제를 현대화할 수 있는 자원을 확보할 수 있었다. 즉, 여성들의 무급 가사노동은 점점 늘어만 가고, 임금이 형편없는 제조업과 농업 노동으로 여성을 유인하거나 내몰았으며, 토지소유권을 박탈했던 것이다.

그린(C. Green), 조크스(S. Joekes), 리치(M. Leach)는 개발 과정에 여성을 '보탬'으로써, 즉 여성을 참여시키기만 하면 여성들에게 이득이 될 것이라는 가정은 그릇된 생각이라고 말한다(Green, Joekes and Leach, 1998: 259~283). 여성 노동이 필수적인 지역의 임업 사례를 들어보자. 여성을 임업노동에 참여시킴으로써 여성이 본인들의 자가 경작을 통해 독립적인 소득을 올릴 수 있는 기회를 박탈당하고 가계에 손해를 끼친다. 개발 프로젝트들은 그동안 시간, 에너지 사용 및 기타 여성들이 개발 과정에 참여함으로써 발생하는 기회비용을 고려하지 않은 채 여성 노동을 동원해왔다. 또한 가정과 지역사회의 성 위계질서로 말미암아 여성이 참여하여 맡은 역할이 제한받기도 한다. 예를 들어 수질 개선 사업의 경우 여성의 노동이 필요하지만, 물 양동이를 나르는 전통적인 역할만을 담당할 뿐이다. 새로운 상수 체계를 운영하고 관리하도록 교육하여 여성의 기술 및 관리 능력을 향상시키는 경우는 찾아볼 수 없다.

주류 개발 모델이 가진 또 하나의 부정적인 면은 인구 증가를 삶의 질 향상의 장애물로 여긴다는 점이다. 이는 인구 증가가 빈곤의 주요 원인이라는 이론을 바탕으로 한다. 이런 가정 위에 여러 강압적인 인구 억제 정책이 시행되었다. 1990년대에 이르러서 '국제연합 인구회의(U.N. Population Conference)'에 의해 그 반대 가정, 즉 가난이 인구 증가의 원인이라는 명제가 사실로 인정되었다. 가난한 가정에서는 경제적·사회적 역할을 제공할 아이들이 필요했기 때문이다. 하딩의 지적대로 서구 과학의 관점은 인과관계를 뒤집어 놓았던 것이다(Harding et al., 2000: 246).

1980년대 이후 국제통화기금이 제시한 구조조정 정책은 개발도상국의 여성들에게 수많은 폐해를 안겼다. 사회적 서비스 제공을 위한 공공재정이 줄어들면서 여성들이 가정에서 맡아야 할 무급노동의 몫이 늘어났다. 토지가 점점 더 산업화를 위한 용도로 바뀌면 농지 면적이 줄어들어 가계들이 생존을 위협받게 되었다. 이는 가사를 담당하는 여성들이 땔감과 식수를 구하기 위해 더 멀리 다녀야 하고 식량을 얻기 위해 더 멀리 가서 농사를 지어야 한다는 의미이다(Desai, 200: 15~33). 여성들은 저임금 노동자로 노동시장에 편입되었고, 점점 더 가사와 섹스를 제공하는 비공식 노동자가 되어 말할 나위 없이 가혹한 노동환경에 시달리고 있다(Pyle and Ward, 2003: 461~489; March, Smyth and Mukhopadhyay, 1999).

5. 젠더 관점에 기초한 청정생산 분석틀을 위하여

이상에서 살펴본 역사적 경험을 통해 우리는 경제개발의 영향이 성별 간에 다르다는 사실에 대한 분석과 이해 없이 정책을 실행하게 되면, 비록 의도하지 않았다고 하더라도 참담한 결과를 초래할 수 있다는 점을 알 수 있다. 캐비어는 젠더와 관련하여 정책들을 다음과 같이 분류하고 있다(Kabeer, 1994).

1) 젠더 블라인드 정책

젠더 블라인드 정책은 성별 간의 차이를 인식하지 못한다. 이 정책들의 기본 가정은 편향되어 있어서 기존의 성별 간 관계를 옹호하고 여성을 배제하는 경향으로 흐른다.

2) 젠더 인식 정책

젠더 인식 정책은 여성과 남성이 모두 하나의 주체이며, 여성이 참여하는 방식은 성별 간의 관계에 의해 결정되어 서로 차이가 나고 불평등하게 된다는 점을 인정한다. 여성은 남성과는 다른 욕구와 관심사를 갖고 있으며 우선시하는 바도 남성과 다를 수 있기 때문에 종종 마찰을 빚는다. 캐비어는 세 가지 범주의 젠더 인식 정책이 있다고 말한다.

① 젠더 중립 정책(geder-neutral policies): 젠더 중립 정책은 성별 간의 고유한 차이를 인정하여 개발계획의 편향을 극복하고, 남성과 여성에 모두 이익이 되는 개발을 통해 각 성별 욕구의 충족을 지향한다. 젠더 중립 정책은 이미 존재하는 성별 간 자원분배 상황과 구분된 성 역할 테두리 안에서 기능한다.
② 젠더 지향적 정책(gender-specific policies): 젠더 지향적 정책은 주어진 상황에 따라 성별 간의 차이가 있다는 사실에 기초하여 남성과 여성의 실제적인 욕구 충족에 부응하려 한다. 이 또한 이미 나누어져 있는 성별 간 자원과 역할의 테두리 안에서 기능한다.
③ 젠더 재분배 정책(gender-redistributive policies): 젠더 재분배 정책은 기존의 자원과 권력의 분포를 변화시켜 좀 더 균형 잡힌 성별 간 관계를 추구한다. 이 정책은 남녀 모두를 겨냥하기도 하고, 그중 하나만을 대상으로 삼기도 한다. 여성의 능력과 권한 강화에 호의적인 상황을 만들어냈을 때 이 정책은 변화의 잠재력을 갖는다.

청정생산/오염 예방 정책은 오염을 발생 단계에서 억제한다는 목표를 갖고 있어서 노동자, 지역 주민, 그리고 생태계를 포함한 모두에게 개선된 환경을 가져다줄 것이라고 기대를 모으고 있다. 그러나 오염 예방 정책은 주로 환경 효율성에만 집중한 나머지 다른 대체 노동자들에게 미칠 영향이나 생산 공정의 변화 혹은 기술 등이 미칠 영향에 대해서는 충분하게 고려하지 않고 있다. 대부분의 오염 예방 전략들은 생산 기술과 공정의 변화가 성별 간에 서로 다르게 영향을 미친다는 사실을 고려하지 않고 있고, 오히려 젠더 블라인드 정책을 개발하고 있다. 한편 지속가능한 생산의 관점은, 퀸 등이 말한 바와 같이(Quinn, 1998: 297~304) 오염 예방 전략보다 노동자의 안전, 직업 만족도, 그리고 임파워먼트의 측면을 고려하고 있다는 점에서 훨씬 앞선 관점이다. 그러나 이 또한 정책 변화가 가진 젠더 영향에 대해서는 특별히 고려하지 않는다. 작업장 안의 많은 직종과 업무가 성별로 분화되어 있기 때문에 정책의 변화가 남성과 여성에게 미칠 서로 다른 영향을 반드시 고려해야 한다. 또한 생산과 소비가 세계화되어 있기 때문에 여성이 생산자 혹은 소비자 중 어느 위치에 있는지에 따라 새로운 전략에 따른 영향이 어떻게 달라지는지를 고려해야 한다. 지속가능한 생산, 소비 전략은 젠더 인식 정책이어야 하며, 더 나아가 젠더 재분배 정책이 되어야 한다.

3) 생산과 소비가 사회와 환경에 미치는 영향 드러내 보이기

에바 차키윅(Eva Charkiewicz)은 자신의 저서『지속가능한 생산과 소비로의 이행: 개념, 정책, 실행(Transitions to Sustainable Production and Consumption: Concepts, Policies and Actions)』에서 젠더 분석은 지속가능한 생산과 소비를 위한 효과적인 정책 개발의 열쇠이고, 전 지구적인 생산/소비 과정의 각 단계들에서 여성이 맡는 역할을 분석함으로써 청정생산이 남성과 여성에 미치는 서로 다른 영향에 관한 분석틀을 제공한다고 주장했다(Charkiewicz, 2001: Ch 2). 차키윅은 사회의 성별 위계가 어떻게 생산과 소비의 패턴의 구조를 결정하는지를 파악하는 것이 중요하고, 더불어 이러한 성별 간 차이를 인정함으로써 정책에 긍정적인 결과를 불러올 수 있다는 점과 젠더 관련 이슈들을 포함함으로써 더욱 효과적인 정책을 수립할 수 있다는 점을 지적했다. 차키윅은 젠더의 관계를 고려하지 않은 채 프로그램을 기획하면 노동, 권리, 자원 이용 등에서의 성별분업과 성차별과 같은 중요한 쟁점들을 간과할 수밖에 없다고 주장한다. 마찬가지로, '친환경(greening)' 시장 정책도 거시경제에 미치는 영향이 성별에 따라 다르다는 점과 여성의 노동 시간을 포함한 자원의 이용·통제·수요에 성별 간 차이가 있다는 사실을 고려하지 않으면 성공하지 못할 것이다. 노동집약적 농업, 조림사업, 재활용사업 등과 같이 지속가능성을 위해 선택한 많은 수단들이 여성의 노동 시간을 증가시킨다. 여성들에게는 저임금이거나 아예 보상이 없는 경우도 있다. 더구나 여성의 가사노동은 계산에 포함되지도 않는다.

차키윅은 생산과 소비활동이 사회와 환경에 미치는 영향을 파악하기 위해 분류법의 사용을 권한다. 이 방법은 환경 주기 분석틀과 사회 회계를 위해 고안된 방법들을 결합한 것이다. 즉, 생산과 소비 활동이 일자리, 가계, 지역사회에 미치는 영향을 고려한 방법이다. 이 분류법을 통해 우리는 생산과 소비의 각 단계가 환경에 미치는 영향과 각 단계마다 여성이 담당하는 역할을 파악할 수 있다.

이 분류법의 예로 차키윅은 면화생산/방직산업/피복산업/의류소비로 이어지는 생산-소비 사슬을 제시한다. 이 예에서 차키윅은 사슬의 각 단계가 환경과 젠더 문제에 미치는 영향을 고려하고 청정생산 전략의 결과를 평가했다. 첫째로 면화생산 단계에서 차키윅은 생산량을 늘리기 위한 정책을 쓸 때 비용이 가장 많이 발생하는 것이 무엇인지 고려해야 한다고 지적하고 있다. 유기농업은 노동집약적이고 여성의 노동 시간을 연장시킨다. 이 추가적인 노동 시간은 정당화될 수 있는가? 여성의 추가노동에 대한 보상은 있는가?

다음으로 차키윅은 환경과 젠더의 관점에서 피복산업을 분석하면서 다림질이나 마감 시에 사용하는 폼알데하이드와 같은 유해물질에 대해 언급하고 있다. 가공수출구역에서 일하는 노동자의 90%가 여성이다(Charkiewicz, 2001: 116). 강압적인 환경임에도 여성들에게 어느 정도 생산수단에 대한 통제 권한을 주기 때문에 여성들은 종종 이런 종류의 일자리를 선호하기도 한다. 차키웍은 지속가능한 생산과 성 평등을 동시에 추구하기가 매우 어려우며 경쟁이 가중되는 세계 경제 상황에서 노동자들은 불가피하게 지속가능한 개발을 추구하지 않도록 강요받는다고 지적한다. 세 번째로 차키웍은 의류소비 분야가 언론매체와 기업의 마케팅에 의해 성별로 분화되어 있음을 지적하면서, 의류 세탁이 환경에 미치는 영향도 함께 고려한다고 지적하고 있다. 차키웍의 결론은 환경 효율성에 입각한 접근방법은 한계가 분명해서 반드시 소비감소 전략과 동반되어야 한다는 것이다.

이러한 관점은 국제적 생산 소비의 모든 단계들에 대해서 환경과 직업건강뿐만 아니라 젠더에 미치는 영향까지 포함한 분석으로 나아갈 수 있는 출발점이다. 지속가능한 생산 전략을 수립할 때 젠더 영향을 분석하여 고려하면 기존 체계를 분석하는 데도 도움이 되고, 새로운 정책방향의 부정적 결과를 예측할 수 있으며, 자칫 해결책을 제한할 수 있는 젠더에 대한 편향된 시각을 명확히 할 수 있게 된다.

청정생산 분석의 강점은 한 기업의 생산 공정 전반에 대해 심층 분석을 할 수 있다는 것이다. 이 과정에서 생산에 투여되는 자원과 생산방법의 세세한 내용을 파악할 수 있다. 이런 특성으로 인해 청정생산 분석은 좀 더 안전한 대체원료를 사용하거나 생산 공정을 바꿈으로써 오염물질을 발생단계에서 제거할 수 있다. 반면 단점도 존재하는데, 청정생산 분석은 원재료가 생산에 투입되기 전의 공급 단계나 생산 과정 이후의 소비/사용 과정과 폐기 과정에 대해서는 고려하지 않는다는 것이다. 이렇게 생산 공정에만 초점을 맞춘 분석방법은 환경에 미치는 영향의 총합을 줄이기보다는 생산 단계의 환경 영향을

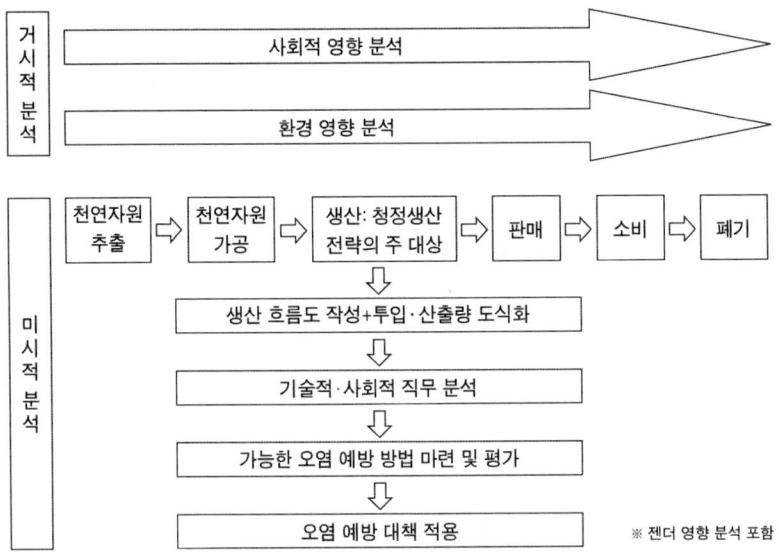

〈그림 9-1〉 청정생산 전략에서 거시적 분석과 미시적 분석의 연결 개요

다른 곳에 전가하는 경향이 있다.

청정생산 전략이 지속가능한 생산으로 나아가려면, 〈그림 9-1〉에서 보는 바와 같이 개별 기업 수준의 '미시' 분석과 더불어 전체 경제 사슬을 고려하는 '거시' 분석을 병행해야 한다. 이러한 거시 분석은 차키워이 제시한 분석틀을 통해서 개별 기업 수준을 넘어서는 전 지구적 생산/소비 사슬의 각 단계마다 환경 영향을 분석함으로써 더 확대될 수 있다. 이 틀을 통해 사회적인 영향, 특히 "청정생산으로 인한 변화로 영향을 받는 집단이 누구인지, 누가 이익을 얻고 피해를 입는지"를 고려한 젠더 문제와 관련한 논점들도 함께 분석할 수 있다. 비록 거시 분석이 맞춤 전략이 아닌 '무차별' 전략이라 하더라도 전 지구적으로 형성된 생산과 소비 사슬의 현실을 무시하는 분석에 비해서는 진일보한 접근법이다.

6. 독성물질 사용 감소 계획에 젠더 분석 포함하기

청정생산을 실천에 옮기는 사람들에게 이것은 무엇을 의미하나? 오염 예방/청정생산의 평가에 젠더 분석을 포함시키려면 무엇부터 시작해야 하나?

독성물질사용감소협회에서 매사추세츠 주 기업들의 기획 담당자들을 위해 독성물질 사용 감소를 위한 교육 과정을 개발했다.13 이 교육 과정을 간단히 살펴보기만 해도 생산 방법에 젠더 영향 분석을 어떻게 포함할 것인지를 알 수 있다. 이 교육 과정은 청정생산 전략을 산업체에서 실행에 옮길 때 국내 또는 국제적으로 오염 예방 업무에 종사하는 전문가들이 준수해야 할 보편적인 과정을 소개하고 있다. 따라서 이 과정은 매세추세츠 주에 국한되는 내용이 아닙니다(Toxics Use Reduction Institute, 2003). 다음에 열거한 원칙들이 독성물질 사용 감소 계획의 뼈대가 되는 사항들이다.

① 생산 공정의 특성 파악: 공정 단계별 분류, 사용 원료 계산, 생산물 추적, 부산물과 배출물질 파악.
② 독성물질 사용 감소 기회 파악: 대체 원료 투여, 생산품 재처리, 공정 재설계, 공정 현대화, 운영과 유지보수 과정 개선, 생산 공정 내 재활용 등의 개선책 활용.
③ 개선책에 대한 시험과 평가: 기술적 평가, 건강, 안전, 환경에 미치는 영향 평가, 재정 영향 평가 등 포함.
④ 평가 결과 종합, 계획의 수립과 실행: 명확하고 실행하기 쉬운 계획부터 시도. 비용지출이 발생하거나 인력이 소요되는 계획은 예산 수립 과정을 거쳐 실

---

13 독성물질사용감소협회는 1989년에 통과된 「독성물질감소법」을 실행에 옮기기 위해 만들어졌다. 독성물질사용감소협회는 매사추세츠 주에서 독성물질의 사용 감소를 지원하기 위한 연구 및 교육 훈련을 수행하고 효과 평가를 실시하고 있다.

행. 성과 측정과 평가를 포함.

이 틀을 검토해보면 젠더 영향 분석이 삽입될 만한 몇몇 곳을 찾을 수 있다. 젠더 영향 분석은 오염 예방 평가의 첫 번째 단계에서 생산 공정을 기술하거나 세세한 공정 흐름도를 제시할 때 시도할 수 있다. 이 단계에서 젠더 문제에 주목함으로써 우리는 노동현장이 성별로 분화되어 있다는 사실과 유해한 작업들이 성별 간에 다르게 배정된다는 사실을 이해할 수 있다.

또 다른 하나는 감소 대책의 기술적, 건강/안전/환경, 그리고 경제적 평가와 더불어 추가적인 사회/젠더 영향 분석을 시행하는 경우다. 흥미롭게도 원래 오염 예방 평가 과정은 단지 환경에 대한 평가에만 초점을 맞추었으며 건강과 안전 문제는 도외시했다. 오염 예방 전략이 노동자들에게 오히려 더 유해할 수 있다는 우려가 제기되면서 건강과 안전 문제가 평가항목에 추가되었다. 젠더 문제도 마찬가지다. 해결책을 수립할 때 젠더 영향을 고려하지 않는다면 실행 후에 의도하지는 않았을지라도 부정적인 결과를 낳을 것이다. 사회/젠더 분석을 할 때 어떤 문제의식을 가져야 하는가? 아래에 몇 가지 제안을 하고자 한다.

① 업무자들의 성별 분포는 어떠하며, 그 결과 해결책이 누구에게 영향을 미칠 것인가? 누구의 업무가 변경될 것인가? 남성과 여성에게 미치는 영향에 차이가 존재하는가? 업무의 질과 전반적인 노동환경이 개선될 것인가 아니면 악화될 것인가? 이런 질문에 답하기 위해서 분석자는 해당 노동환경의 젠더 관련 사항들에 익숙해져야 한다.

② 해결책이 공급체계에는 어떤 영향을 미칠 것인가? 새로 도입될 원재료, 생산품, 기술, 서비스는 어디에서 공급받는가? 새로운 원재료의 추출, 가공, 서비스 제공은 누가 담당하게 되는가? 성별에 따라 그 영향이 다른

가? 업무의 질과 전반적인 노동환경이 개선될 것인가 아니면 악화될 것인가? 위와 마찬가지로 이런 질문에 답하기 위해서 분석자는 해당 공급 체계의 젠더 관련 현황에 능통해야 한다.

③ 해결책이 최종 생산품의 고객, 혹은 사용자에게 어떤 영향을 미치는가? 남성과 여성에게 미치는 영향이 서로 다른가? 해당 제품 사용 시 느끼는 품질이 개선될 것인가 악화될 것인가? 이런 질문에 답하기 위해서 분석자는 해당 제품 소비과정의 젠더 관련 현황을 고려해야 한다.

이런 질문들은 청정생산 작업에서 젠더 영향 분석을 포함하는 시발점이 된다. 젠더 영향 분석은 선택적인 고려 사항이 아니라 필수 사항이다(〈그림 9-1〉 참조). 젠더 역할에 대한 이데올로기는 너무도 뿌리 깊은 것이어서 일터가 성별화되어 있다는 사실이 그다지 문제가 되지 않으며, 여성의 능력과 권한을 강화하는 문제가 중심 사안이 되는 경우도 별로 없다. 이런 논점들이 지속가능한 생산 전략의 분석 과정에 뚜렷하게 명시되지 않으면, 젠더 관련 문제들은 계속해서 묵살될 것이며 오염 예방 전략은 진정 지속가능한 전략에 도달하지 못할 것이다. 이 장은 연구자들과 전문가들이 지속가능한 청정생산의 기획과 실행과정에 젠더 문제를 고려할 수 있도록 이를 소개하고 개념적 기초를 제공하는 것에 목표를 두었다. 우리는 이 분야를 더 진전시킬 뿐 아니라 젠더 동학을 분석하고 젠더 형평성을 지지하며 지속가능한 해결책을 찾기 위한 효과적인 도구와 정책을 발전시킬 수 있도록 집합적 노력을 기울여야 할 것이다.

[최영철 옮김]

10
보스턴 지역 '건설 여성 노동자 안전보건' 연구 서클*
특수한 작업 환경 묘사를 극대화하기 위한 새로운 참여방법

수전 모어(Susan Moir), 레노 아자로프(Lenore S. Azaroff)

최근의 질적 연구들은 건설업처럼 전통적으로 여성의 일이 아니었던 직업의 유해인자들에 맞추어져 있다. 그러나 초점집단조사나 면접조사와 같은 형식으로 이루어지는 일반적인 연구에서는 참여 연구자들 간, 혹은 연구자들과 참가자들 사이의 소통이 대개 일회적이며, 건설업 여성 노동자들이 자신들의 작업 환경에 대해서 몸으로 알고 있는 지식들을 깊이 탐색하기에는 관계, 공간, 시간 등이 턱없이 부족하다. 이 연구는 연구 서클이라 불리는 스칸디나비안 방법을 이용, 연구자들과 건설업 여성 노동자들이 협조하여 2년이 넘는 시간 동안 지속적으로 모이면서 작업장의 현안들을 설명하는 방안을 적용했다. 그 결과, 우리는 부족한 훈련과 보호구, 유해인자나 재해 보고 시의 불이익, 위생시설 부족, 성차별 등 건설업 여성 노동자들의 안전보건과 관련한 연구 결과들을 검증하고 확장했다. 특히 이 결과는 유해 환경에 대처하는 남성과 여성 건설업 노동자들의 복잡한 사회 위계구조의 몇몇 특징들에 대해 기술했다.

건설업 노동자들의 안전과 건강 증진의 걸림돌은 기술적인 문제들이 아니

---

* 이 연구는 노동자권리보호센터 및 미국 국립직업안전보건연구소의 연구비로 수행되었다. 보스턴 지역의 건설업 여성 노동자 조직들에서 참여한 17명의 여성들로부터 지역 상황을 풍부히 담아낼 수 있었던 것에 대해 감사드린다.

다. 주요 장애물은 사회적이고 구조적인 문제들이며(Moir and Buchholz, 1996: 425~430), 이에 대한 해결 또한 작업 환경의 사회적·정치적 맥락과 깊이 관련되어 있다(Dwyer and Raftery, 1991: 167~178; Hagberg, 2001: 354~357; Levenstein, 1996: 258~261; Wegman and Fine, 1990: 89~103). 1999년, '건설 여성 노동자 안전보건' 연구 모임으로 불리는 자문위원회는 미국 직업안전보건청의 요청으로 기존의 건설업 여성 노동자의 안전보건 관련 정보들을 검토했으며, 그 결과 「건설 현장의 여성: 평등한 안전과 건강보호를 위하여」를 발간했다.[1] 이는 '건설 여성 노동자 안전보건'과 관련한 직업안전보건청의 보고서로, 이 보고서에서 강조된 연구의 필요성은 이 문제들을 심도 있게 연구할 수 있는 건설업 건강 프로그램이 매사추세츠 주립대학교 로웰 캠퍼스에 만들어지는 데 기여했다(Moir, 2002: 3~11). 전체 건설업 내에서 여성 노동자의 수는 신뢰할 수 있는 양적 연구를 하기에는 부족한 상황이지만, 보스턴 지역의 경우 두 건설 여성 노동자 조직의 활동과 건설업 여성 노동자들의 수가 늘어나면서 이 연구가 가능했다. 전통적인 작업에서 일하지 않는 여성의 문제는, 사회적 맥락을 고려하지 않은 연구에서는 측정하기 힘든 정치적·감정적·경제적인 편견들을 내포하고 있다(Levenstein, 1996: 258~261; Levenstein, Wooding and Rosenberg, 1994: 25~53; Eisenberg, 1999; Goldenhar et al., 1998: 19~32; Latour, 2001: 179~189). 그러므로 이 연구는 지역에서의 건설업 여성 노동자들의 현재 상황과 중재 기회에 대한 건설 여성 노동자의 국지적 지식을 이끌어내기 위해 참여적 방법을 적용했다(Elden, 1983: 21~33).

---

[1] Advisory Committee on Occupational Safety and Health, Women in the Construction Workplace: Providing Equitable Safety and Health Protection. Washington, DC: ACCSH Health and Safety of Women in Construction Workgroup(HASWIC). Submitted to the Occupational Safety and Health Administration(OSHA), June 1999. Available at http:// www.osha.gov/doc/accshlhaswicformal.html, accessed November 1,2006.

1. 방법

이 연구에서 사용된 연구 서클 방법은 1950년대 이래 스웨덴의 농업 연구에서 쓰이고 있는데(Granstedt and Kjellenberg, 1997), 노동자, 노동조합, 연구자가 같이 협력하여 작업장의 현안들을 심도 있게 연구하기 위한 방안으로 적용되었다(Hiimsten, 1994; Harnsten, 2000; Holmstrand, 1993: 106~114). 연구 서클은 지속적으로 만나는 상시적인 모임으로, 참가자들은 상세한 지식과 경험을 가지고 모임에 참석하고, 연구진은 이를 구조화하여 결과를 기록하는 과정을 돕는다. 참가자들은 자신들의 문제와 관심사에 대해 이야기하는 과정에서 유동적이면서 반복적으로 문제를 탐색하고 정제해나갈 수 있으며, 새로운 문제를 더하고 통찰력을 갖게 된다. 기존의 포커스 그룹과 달리 연구 서클에서는 이 과정이 반복되면서 참가자들이 능동적으로 주제를 관리한다. 포커스 그룹에서는 연구자들이 문제를 정의하고, 관련 정보를 얻기 위해 일정 시점에서 사람들 사이에 통용되는 정적인 직관을 제공한다. 포커스 그룹의 참가자들은 한번에 하나씩 현안을 의논하며, 이들 사이의 관계나 다른 이슈들을 더 이상 반복하지는 않는다(Krueger, 1994; Stewart and Shamdasani, 1990).

보스턴 지역 '건설 여성 노동자 안전보건' 연구 서클의 주 대상 집단은 보스턴의 노동조합이나 건설 여성 노동자 조직 등에 속해 있는 건설업 여성 노동자들이다. 연구진은 지역의 건설 여성 노동자 조직, 건물노동조합의 여성 조합원, 보스턴 여성 노동자 네트워크에 구두 초대와 서면 초대장 발송으로 참가자들을 모집했다. 몇몇 건설노동조합 지부들은 여성 회원들에게 초대장을 배포했다.

첫 모임에서 국립직업안전보건연구소의 린다 골든허(Linda Goldenhar) 박사가 직업안전보건청의「건설 여성 노동자 안전보건 보고서」를 발표했다. 참가자들은 보고서에서 제기된 문제들의 중요성에 동의하면서, 여성 노동자들의 작업 환경 증진은 남성 노동자들에게도 도움이 될 것이라는 의견을 제시했다. 참가자들은 참여를 효과적으로 하기 위한 방안들을 제시하면서 제안된 연구 서클을 적극 지지했다.

연구 서클 모임은 여성 노동자 조직들의 사무실에서 2년에 걸쳐 6주마다 한 번씩 진행되었다. 모임은 매번 2시간가량 진행되었고 저녁식사가 제공되었다. 연구진은 모임 때마다 회의 결과를 요약 기록한 후 그 기록을 참가자들의 검토와 의견을 받기 위해 참가자들에게 보냈고, 이에 대한 의견을 이후 회의 보고서에 포함시켰다.

연구 서클의 진행 과정은 '참여적 기획 연구틀(participatory planning framework)'에 기초하여 설계되었다. 연구 서클 회원들은 현안에 대해서 매우 자세하게 기술하고 토의하면서 모임을 시작했다. 그들은 자신들의 미래에 대한 집합적인 전망을 진전시켜나갔다. 마지막 단계에서는 변화 전략을 구상했다. 매번 모임은 이전 모임에서 참가자들에 의해 제기된 문제들 위주로 구성되었다. 연구진은 문제들을 심층적으로 탐색하기 위해 참여 활동을 개발했는데, 친해지기, 역할극(Arnold et al., 1991; Hope and Timmel, 1996), 그룹 평가(Burke, 1998: 43~56; Patton, 2002), 위험도 그리기(Mujica, 1992: 767~770; UCLA -LOSH, 1996) 등 다양한 모임 활성화 방법들이 참여를 극대화하고 골고루 만들기 위해 사용되었다.

때로는 비회원들이 연구 서클에 참가하여 현안을 논의하거나 정보를 제공하기도 했다. 보스턴 지역 여성 노동자 모임들의 대표들은 여성 견습공들의 직장 유지를 돕기 위한 지도 프로그램과 고용 증진을 위한 입법상의 노력 등에 관한 자신들의 성과를 발표했다.

2. 결과

모임에 두 번 이상 참여한 건설 여성 노동자들은 모두 17명으로, 이들 중 16명이 노동조합에 가입해 있었다. 그 외 참가자들은 모두 여성으로 대학 연구자들 3명, 산업보건 간호사 1명, 그리고 지역건설노동조합협의회의 대표 1명으로 구성되었다. 비건설업 참가자 중 한 명은 대학의 수석 연구원으로서 비전통적인 작업에서 일해왔다. 건설업에 포함된 업종은 전기 기술자, 목수, 터널 작업자, 일반 노동자, 판금 작업자, 마무리공, 배관공 등이었다. 5명의 노동자들은 자신들의 업종에서 15년 이상 일한 경력이 있었고, 다른 사람들도 모두 최소 2년의 경력이 있었다.

1) 보스턴 지역 건설 여성 노동자의 작업 환경 현황

연구 서클의 참가자들은 미국 직업안전보건청의 「건설 여성 노동자 안전보건 보고서」 형식을 따라서 작업장 문화, 위생시설, 개인 보호구, 현장교육 등을 평가했다.

(1) 작업장 문화

「건설 여성 노동자 안전보건 보고서」는 "작업장 분위기가 여성들에게 우호적이지 않으며 성차별과 반여성적 태도가 아직도 만연해 있음"2을 지적한 바

---

2 Advisory Committee on Occupational Safety and Health, Women in the Construction Workplace: Providing Equitable Safety and Health Protection. Washington, DC: ACCSH Health and Safety of Women in Construction Workgroup(HASWIC). Submitted to the Occupational Safety and Health Administration(OSHA), June 1999. Available at http://

있으며, 참가자들은 모두 여기에 동의했다. 그러나 그들은 또한 작업장의 비우호적인 분위기가 여성들만의 문제가 아니라 모든 노동자들에게 해당되는 문제라고 지적했다. 일례로, 작업장의 위해요인을 보고하는 노동자는 해고 위협을 받았으며, 이는 노동자들이 작업장 위해요인에 대해 목소리를 키우는 데 걸림돌로 작용했다. 몇몇 노동자들은 유해인자를 보고했다는 이유로 직접 해고를 당했거나, 동료들이 해고당하거나 배척받는 것을 본 적이 있다고 말했다. 한 참가자는 급성질환을 일으켰던 디젤 가스에 대한 경험을 이야기해주었다. "이야기했죠. …… 그리고 며칠 후 난 직장을 잃었습니다." 보호 장비 없이는 크레인에 올라갈 수 없다고 거부했던 여성 노동자는 그 결과 해고를 당했다. 대부분의 노동자들은 위험에 대해 말함으로써 직장을 잃느니 유해한 작업장을 떠나 새로운 일거리를 찾는 것이 더 낫다는 데 동의했다. 한 참가자는 보복적인 해고 위협을 먼저 제기하지 않고 안전보건 향상을 이야기하는 것은 마치 '술에 취해 너무나 당연한 문제들도 보지 못하는(an alcoholic family with a pink elephant in the living room)' 행동과 동일하냐고 평가했다.

참가자들은 해고 위협 문제는 특히 실업이 높은 시기에 더 심해진다고 진술했다. 한 노동자는 자신들의 노조 사무실에 일자리를 찾는 800명의 대기자 명단이 있는데, 해고는 가까운 장래에 취직할 수 없다는 것을 의미한다고 설명했다.

참가자들은 사업주들이 직업안전보건청에 부상을 의무적으로 보고하도록 되어 있는 절차를 위반하고 있다고 보고했다. 한 참가자는 자신의 동료가 삼각건을 맨 채 일할 것을 요구받았다고 진술했다. 다른 참가자들은 사업주들이 직업안전보건청에 손상을 보고하는 규정을 회피하고 산재 발생을 감추려고 한다고 보고했다. 참가자들은 건설현장 관리자들이 종종 의사에게 정식 처방

---

www.osha.gov/doc/accshlhaswicformal.html, accessed November 1, 2006.

전 대신 견본 약품을 재해 노동자에게 줄 것을 요청하는 것을 보았는데, 이는 관리자들이 견본약품을 사용하면 산재를 기록할 의무가 없다고 잘못 알고 있기 때문이었다. 한 참가자는 재해를 당한 동료 노동자를 의사에게 데리고 가되, 의사에게 약이나 업무상 휴가가 필요하다는 처방을 하지 말아달라고 부탁할 것을 지시받았다고 했다.

참가자들은 작업장이나 노조의 위계질서가 유해한 작업 환경을 고치는 데 효과적인 의사소통의 방해물이 된다고 생각했다. 유해인자를 보고하려면 노동자는 담당자에게 가야 하고, 담당자는 현장 감독에게 가야 하며, 현장 감독은 총지배인에게 의뢰해야 한다. 단기적인 건설 현장의 특성상, 애초에 문제가 되었던 현장은 문제점들이 제기되기도 전에 철수될 수도 있다. 노동조합에 속해 있는 담당자들의 경우 안전교육을 받기도 하지만, 대부분은 안전 문제를 작업 보호에 대한 그들의 역할에서 2차적인 것으로 여긴다. 모든 참가자들은 안전 환경에 대해 불만을 제시했던 노동자가 즉각 해고되고 다른 대기자로 대체되었던 경우를 알고 있었다.

참가자들은 성차별 때문에 여성들의 숙련도와 연공에 따른 승진이 적절하게 이루어지지 못하고 있음을 인지하고 있었다. 몇몇 참가자들은 자신들의 경험에 기초해볼 때 남성이 여성을 '담당 관리자'로 인정하지 않고 있다고 진술했다. 참가자들은 남성 위주의 'foreman(십장)'이라는 용어를 중성적인 'foreperson'으로 바꿀 것을 제안했다. 반면 한 참가자는 12년 동안 관리자를 해왔는데, 여성 관리자로서 자신의 경험은 긍정적이었고 동료들과 문제가 전혀 없었다고 말했다.

참가자들은 다른 동료 여성 노동자가 전혀 없는 작업에서 일하는 것의 어려움을 토로했다. 몇몇은 여성 노동자의 고립 문제가 소위 '체커보딩'이라 불리는 여성 의무고용 할당제에 기인한다고 생각하고 있었다. 할당된 여성 인원수가 채워지면, 여성들은 일을 잘 하고 있더라도 언젠가는 해고된다. 또 다른 예로 관리자가 의무 할당수를 채우기 위해 여성을 고용했으나 곧 그 고용 의무가 자신들의 업종에는 해당되지 않음을 깨닫고 다시 해고하는 경우도 존재한다. "여성을 고용해야 하는 줄 알았는데, 실제로는 아니었네요. 그러니 이만 돌아가십시오." 참가자들은 적대감이나 차별을 모두 개인적으로 경험한 적이 있었는데, 이는 모두 그들이 남성 위주의 작업장에서 일하는 여성이었기 때문이며, 자신들이 살아남은 생존자들이라는 점을 강조했다. 그들은 견고한 제도적 장벽이 일자리에 대한 여성의 진입을 어렵게 하고, 여성의 발전을 방해한다고 보았다.

(2) 공중위생 시설

직업안전보건청의 「건설 여성 노동자 안전보건 보고서」에서 기술된 문제점 중 하나는 건설 현장에 여성용 화장실이 부족하다는 것이다. 이에 대해서 참가자 모두 공감을 표시했다. 건설 현장은 일반적으로 세면 시설이 부족한데, 여성들로 인해 위생시설이 개선되었을 때 종종 남성 동료들은 변화를 가져온 여성들에게 감사를 표현했다고 말했다. 건설 노동자들에게 만연한 질병 문제는 미국 건설업계의 병가 급여 부족과 그로 인해 아파도 일을 할 수밖에 없는 상황 때문에 더욱 악화되었다. 참가자들은 위생시설이 없다는 것이 노동자들의 복지에 대한 사업주의 관심 부족을 반영하는 것이라고 지적했다. 노동자들의 경우와는 대조적으로 회반죽 혼합기처럼 생산 과정에 필요한 기계에는 물이 공급되었고, 관리자들도 대개 위생시설 이용이 용이했다.

참가자들은 적절히 이용할 수 있는 화장실이 없다는 것은 건강뿐만 아니라 생산성에도 영향을 미친다고 주장했다. 그들은 화장실에 가기 위해서 먼 거리를 걸어가야 하는 현장에 대해서 기술하면서 화장실을 사용할 수 없는 신체적인 불편감과 이에 관련된 불쾌감은 작업에 집중하는 것을 방해한다고 말했다.

참가자들은 손을 씻기 위해 자신들이 찾아낸 임시 해결책에 대해서 말해주었다. 그들은 기계를 세척하기 위한 유기용제를 사용하거나, 벽돌공의 호스, 소화전, 기화기, 눈을 씻기 위해 제공된 물이나 식수 등을 사용했다. 위생시설의 주된 장벽은 기술적인 것이 아니라 정치적이라는 자신들의 주장을 입증해 보이기 위해 참가자들은 실현 가능하면서 저비용의 세면 시설을 한 시간 안에 기획하고 그려보는 활동을 수행했다. 여기에서 물을 덥히기 위한 전구를 동반한 중력 또는 전기 펌프로 작동하는 선반 안의 물 냉각기, 손 펌프로 작동되는 물탱크를 동반한 바퀴 달린 이중싱크대, 발 페달을 밟아 중력을 이용하여 허리 높이의 세면기에 설치된 선풍기 모양의 살수기로 물이 나오게 하는 장치, 크레인을 이용하여 필요한 현장으로 운반되는 싱크대를 갖고 있는 휴대용 트레일러 등의 아이디어가 제기되었다.

(3) 개인 보호구

참가자들은 잘 알려져 있던 문제이기도 한, 건설 여성 노동자들에게 잘 맞지 않는 개인 보호구에 대한 경험과 의견에 대한 언급을 추가했다. 장갑을 끼고 크레인 운전자에게 수신호를 보낼 때 장갑이 너무 커서 안전의 문제가 있었다. 보호 안경도 직업안전보건청의 안전 점검이 있을 때만 지급된다고 했다. 심지어 몇몇 현장에서는 호흡기 보호구에 대한 유지보수, 분실이나 파손 시 보상해야 할 책임까지도 노동자들에게 있었다. 이런 사례들은 효과적인 호흡기 보호구에 대한 접근을 어렵게 만드는, 직업안전보건청 기준 위반의 흔한 사례에 해당한다. 그러나 적절한 보호구 지급의 경우, 최근 안경이나 고공 작업 시 안전장치 등 일부 개선이 이루어졌다고 연구 서클 참가자들은 말했다.

〈표 10-1〉 '건설 여성 노동자 안전보건' 연구 서클이 제안한
이상적인 건설업 현장을 만들기 위한 조건

- 더욱 안전한 장비: 더 나은 도구와 장비. 안전 기준에 일치하는 비계 설치.
- 적절한 위생 시설: 현장 내 트레일러, 창고, 화장실의 설치; 현장에 세탁기와 건조기 구비. 현장에 냉온수 구비. 모든 위생 시설에 양질의 손비누, 생리대 판매대, 후처리시설, 양질의 화장지 구비.
- 적절한 개인 보호구: 보호구가 모든 체형에 이용 가능해야 함. 개개인에게 적합한 보호구가 모든 노동조합 단체협약에서 요구됨. 수용성의 재생 가능한 장갑 및 고어텍스(Goretex) 우비 지급 등 보호구 개선.
- 여성에 대한 공정한 대우: 건설업에서dml 더 많은 여성의 고용. 더 많은 여성을 상급자나 위생 관리자, 현장 감독관으로 승진. 여성에 우호적인 작업과 동료 노동자들. 법으로 육아시설 의무화. 모든 노동자들에 의한 팀 작업. 작업 현장에서 포르노 사진 보기 금지.
- 노조의 안전보건 활동 개선: 단지 참가자 명단에 서명하기 위한 것이 아닌, 실질적인 안전 미팅. 수개월 이상 안전교육 훈련에 투자할 것. 장비 사용에 대한 더 나은 교육 훈련. 동료 노동자들과 안전 관리자들에게 여성 노동자의 안전 관련 문제를 인지시키기. 성희롱이나 추행 등에 대한 광범위한 교육. 동성애 공포증이나 인종차별 등 다양하고 민감한 주제들에 대한 교육. 사업주와 노조의 안전보건 의식 함양. 안전 분석을 통한 위해인자 확인 및 개선.
- 공정한 작업 할당: 성별에 따라 차별적으로 작업을 할당하지 말 것. 작업을 공평하게 돌아가면서 할 것. 기술을 쌓기 위해 필요한 작업들을 다양하게 모두에게 배치할 것. 고령의 노동자를 위한 일정한 일거리 보유.
- 건설 여성 노동자들의 연대 강화: 안전과 건강을 위한 여성 연대 강화. 건설 여성 노동자들의 연대 조직. 전국 차원에서 대표자협의회 구성.

(4) 안전보건 훈련

참가자들은 특히 노동자들이 직업안전보건청의 기준을 잘 모르고 있다는 점을 지적하면서, 그 때문에 위험한 작업 환경에 대한 잘못된 확신을 갖게 되었다고 불만을 토로했다. 참가자들은 직업안전보건청의 요구에 의해 이루어지고 있는 간단한 안전 관련 모임인 '연장통(toolbox) 모임'이 필요한 정보를 제공하지 못하고 있으며, 몇몇 관리자들이 단순히 몇 가지 사항만을 반복 나열하고 있다는 사실에 동의했다. 안전모임의 참가는 순전히 의무적인 참가자 명단에 서명하기 위한 것이었다고 한다. 또한 많은 남성 노동자들은 근무 시간 이

후 비노조원 신분으로 일하는 '부업'을 통해 훈련이나 기술에 관한 추가적인 정보를 얻고 있고, 별도의 추가 시간을 통해 더 빨리 기술을 익힐 수 있다고 했다. 반면, 많은 여성들은 가사를 돌봐야 하기 때문에 부업을 하기 어렵고, 그렇지 않은 여성 노동자들의 경우도 임금 협상 단계에서 불이익을 받는다. 건설 여성 노동자 조직 중 한 곳에서 제공하고 있는 여성 견습공 대상의 상담 프로그램은 부업에 참여한 일부 여성에 초점을 맞추어 진행되었는데, 참가자들은 이러한 활동들이 현장에서의 안전에 간접적으로 도움이 된다고 느끼고 있었다.

3. 더 나은 미래를 위한 건설 여성 노동자들의 전망

연구 서클 참가자들은 '누구나 팀으로 일하고', '함께 일할 때 더 나은' 건설 작업장의 총체적인 비전을 개발했다. 비전에서 모든 노동자들은 안전보건을 포함한 자신들의 관심사를 자유롭게 표현할 수 있고, 의사소통을 훨씬 더 쉽게 할 수 있다. 참가자들은 미래 건설 작업장의 비전을 향해 나아가기 위한 필요한 변화에 대해 다음과 같이 확인했다(〈표 10-1〉 참조).

미래의 작업 현장에서는 여성 노동자들이 지금처럼 위생 시설이나 성추행 등을 걱정하기보다는 일에 집중하면서 좀 더 생산적으로 일할 수 있을 것이다. 일로 인한 알력이나 스트레스도 덜할 것이다. 변화는 또한 모든 노동자들에게 평등하고 포괄적으로 적용될 것이며, 나이 많은 노동자들을 위한 특수 작업들이 할당될 것이다. 참가자들은 직무 순환 같은 작업 조직의 변화가 노동자들의 기술을 발전시키고, 자신들이 하는 일에 계속 매력을 느끼게 할 수 있을 것으로 전망했다.

이러한 변화들이야말로 여성 노동자들에게 건설업에서의 만족감과 자부심을 줄 수 있을 것이다. 오랫동안 건설업 여성 노동자들은 온갖 좌절과 실망에도 그 만족감과 자부심을 지키기 위해 투쟁해왔다. 종국에는 이것이 건설 여성 노동자들이 갈망해온 미래의 비전 중 하나인 것이다.

4. 변화를 위한 전략

연구 서클은 직업안전보건청의 「건설 여성 노동자 안전보건 보고서」에 서술된 권고안의 타당성을 검토했고, 사업주, 노동조합, 개별 노동자 및 정부의 변화를 위한 몇 가지 제안을 추가했다.

1) 사업주

모든 참가자들은 사업주들(Contractors)의 관심이 노동자들의 안전보다 비용 절감에 우선해 있음을 반복해서 강조했다. "돈이 걸려 있지 않으면, 사업주들은 움직이지 않아요." 보험회사는 대형 건설업자들로 하여금 다른 유해 환경은 그대로 두면서 비용이 적게 드는 안전 문제만 강조하도록 유도하는 데 관심이 있다. "지난 2~3년 동안 보험회사의 관심은 보호 안경이었죠." 왜냐하면 눈의 손상으로 인한 보험 청구가 가장 흔한 경우였기 때문이다. 참가자들은 사업주들이 "뭔가 책임을 노동자들에게 전가할 수 있는 문제"에 더 관심을 가지고 있다고 주장했다. 예를 들어, 만약 노동자가 일산화탄소에 노출되었다고 하자. 그러나 사업주는 그다지 개의치 않을 것이다. 왜냐하면 일산화탄소로 인한 건강 영향은 입증하기가 어렵기 때문에 보험료에 미치는 영향이 없을 것이기 때문이다. 비용-절감 원칙에 기반을 둔 위생시설 개선에 대해 사업주를 설득할 수 있을 것인가의 문제를 놓고 연구 서클 내의 의견이 양분되었다. 몇몇 참가자들은 사업주가 병가도 내주지 않고 있는데, 현장의 건강 상태를 개선하는 일이 사업주에게 무슨 이득이 되겠느냐고 생각했고,3 다른 참가자들은 노동자들이 아픈 채로 일하면 생산성이 떨어지기 때문에 사업주 역시 손해라는 점을 지적했다. 특정 대안으로, 모든 건설 사업 입찰 안에 손을 씻을 수 있는 위생시설의 의무적 설치가 포함되도록 요구해야 한다는 점이 제시되었다.

2) 노동조합

이 연구에 참가했던 여성 조합원들은 자신들의 이해를 제대로 대변해주지 못하는 단체와 일해야 할 때 흔히 느끼는 미묘한 감정을 잘 보여주었다. 참가자 중 상당수가 건강과 안전을 위한 환경을 개선해보려는 노동자들에 대한 노동조합의 지원 수준이 매우 실망스러웠다고 답했다. 가히 환멸이라고까지 표현할 정도였다. "무기력한 노동조합은 아마 기업 전체보다도 바꾸기 힘들 거예요." 그렇지만 조합원들은 예외 없이, 노동조합의 일원이라는 정체성을 강하고 일관되게 표출했으며, 함께 행동에 나서고 자신들의 권리를 지킬 수 있는 유일한 방법이 노동조합이라는 신념을 갖고 있었다. 노동조합의 역할에 대한 기대가 높았기 때문에 어떤 사람들은 특정 활동을 비판하면서도 계속 노동조합에 남아서 활동을 하고 있었다. 어떤 사람들은 노동조합이 없는 사업장의 환경이 말할 수 없이 유해하다는 사실을 목격했고, "노동조합이 없는 곳에서 일했는데, 정말 끔찍했습니다"라는 말에 동의했다. 이들은 노동조합이 아무

---

3   미국에서 노조가 있는 건설 부문의 많은 노동자들이 유급 병가나 휴가가 없는 실정이다. 아픈 노동자들은 그날 일당을 받지 못한 채 하루를 쉬어야 한다.

리 결점을 갖고 있다고 하더라도 노동조합 없는 노동자는 위험한 노동환경을 해결할 방법이 없음을 강조했다.

연구에 참가한 사람들은 노동조합이 노동자를 보호할 수 있는 능력은 노동조합 간부와 십장에 따라 크게 달라진다고 했다. 한 여성 노동자의 얘기를 들어보자. "노동조합 간부와 십장이 작업 기준을 조정합니다. 저는 지난번 직장에서 괴롭힘과 따돌림에 시달리다가 결국 떠날 수밖에 없었죠." 괴롭힘은 노동조합에서 이미 상식이 되어버렸다. 그녀가 다른 직장으로 옮겼을 때, "새 직장의 노동조합 간부가 말했죠. '지난번 직장에서와 같은 일은 이곳에서는 절대 일어나지 않아요.' 직장을 옮겼을 때 저는 무섭지 않았어요. 노동조합 간부와 십장들이 나서서 저에게 가해질 괴롭힘을 막아주었죠."

참가자들은 노동조합이 건강과 안전을 위한 사업주들의 노력에 영향력을 제대로 발휘하지 못하고 있기 때문에 노동환경이 열악한 것이라 믿고 있었다. 만약 노동조합 간부들과 조합원 신분의 십장들이 잘 훈련되고 노동조합원들의 지지를 받는다면, 사업주가 유해 환경에 대해 언급한 노농자들을 마음대로 해고하지 못할 것이라고 말했다.

직종들 간에 유해 환경에 대해 서로 의견을 나누어야 한다는 점도 강조되었다. 한 참가자는 모든 직종을 한 장소에 모아놓고 유해 환경을 공동으로 해결하려고 한 곳을 소개했다. 이들은 노동조합 간부들이 훈련 과정을 통해 다른 직종 노동조합과 정보를 교환해야 할 필요성을 배워야 한다고 결론을 내렸다. 참가자들은 또한 선출직이 아닌 임명직 노동조합 간부가 있는 건설노동조합의 문제를 관찰한바, 이런 관행은 인맥으로 사람을 지명하기 때문에 자격도 없고 헌신성도 없는 사람이 노동조합 간부가 되는 문제를 야기한다고 지적했다.

참가자들은 노동조합이 유해 환경을 개선하고 직업안전보건청의 규정을 강제할 수 있는 더욱 강력한 근로 계약이 필요함을 설명했다. 연구 서클 참가자들은 다양한 직종에 종사하고 있었기 때문에 그 이전에는 서로 만나거나 다른 사람들의 작업 환경에 대해 알 기회가 없었다. 많은 참가자들은 단체협상에서 휴게실이나 온수 세면시설의 설치, 남녀 분리 화장실의 청결 유지 등의 항목을 교섭할 수 있음을 알고 놀라워했다. 그들은 모든 건설 노동조합의 협상이 안전보건 관련 사항들을 명확히 규정하고 있는 몇몇 협상안 중 모범 사례를 포함할 것을 제안했다.

참가자들은 노조 내의 분위기 쇄신을 위해 필요한 것은 다양성의 존중이라고 지적했다. 노동조합이 성희롱, 동성애 공포증, 인종차별주의 등 민감하고 다양한 주제들의 교육을 해줄 것을 제안했는데, 특히 견습공들부터 교육을 시작해야 한다고 주장했다. 참가자들은 노동조합이 여성 조합원 수와 여성의 직업 배치를 늘리기 위해서는 선제적인 행동이 필요하다고 지적했으며, 노동조합이 여성 노동자의 구인 및 직업 유지 등을 위한 활동도 후원해줄 것을 제안했다. "여성을 고용하지 않는 것에 대한 사업주들의 책임 전가를 막기 위해서 우리는 노동조합이 필요합니다." 참가자들은 또한 노조가 '형제애'라는 말을 빼줄 것을 요청했다. 연구 서클 참가자들은 건설업에서 여성 노동자의 리더십을 높여야 할 필요성에 대해 동의했다. 그들은 노동조합 여성위원회의 구성을 제안했다. 더 많은 여성이 노동조합 활동에 참여하고 지역이나 상부에서 지도적 위치를 추구하도록 제안했다. 몇몇 참가자들은 '고위직 친구들'을 만들거나 여성에게 우호적인 평조합원을 승진시키는 등의 시도가 중요하다고 조언했다. 또한 여성위원회의 구성을 의무화하도록 국제적 차원의 지지자를 찾아야 한다는 점도 지적했다.

3) 개별 노동자들

참가자들은 일반적으로 개별 노동자들의 행동도 작은 변화들을 가져올 수 있지만, "만일 당신이 뭔가 더 큰 일을 벌이려고 한다면, 주목받게 되고 해고를 당할지도 모릅니다", "안전에 대해 이야기하는 사람들은 끝내 해고자 리스트에 오르게 됩니다"는 말에 동감했다. 또한 동료 노동자들이 생산과 노동자 보호 사이의 갈등에 영향을 미칠 수 있다. 작업 파트너는 "우리가 이 일을 끝내야 한다"는 태도를 지지하면서 필요한 사전예방 조치를 주장하는 노동자를 현장에서 배척할 수도 있다. 몇몇 참가자들은 더 안전한 작업 환경을 주장해온 더 공격적이고 노련한 파트너에 대해 신뢰를 보내기도 했다. "적극적인 동료를 만나지 않는 한 그런 작업 환경 속에서 결국은 그냥저냥 지내게 됩니다." 몇몇은 안전보건을 위한 노동자의 행동이 실제로 여성들로부터 시작되는 경우가 많다고 단언했다. 그들은 남성들이 여성들을 구석으로 불러내어 작업 현장이 개선된 것에 대해 개인적인 감사를 표현하곤 한다고 말했다.

참가자들은 노동조합이 유해한 작업 환경에 대해 불평했다가 해고된 노동자를 대체하기 위해 사업주에게 다른 노동자를 소개하는 일을 중단해야 하며, 나아가 보복 조치로 해고된 사람들을 다시 현장에 돌려보냄으로써 노동자들이 작업 현장의 유해인자들을 가려낼 수 있는 권리를 가질 수 있도록 힘써야 한다고 주장했다.

4) 정부

많은 참가자들은 안전보건 환경이 나쁜 이유는 직업안전보건청의 기준 문제 때문이 아니라, 사업주들이 그 기준을 제대로 지키도록 강제하는 정부의 노력이 부재하기 때문이라고 생각하고 있었다. 한 참가자는 "법은 있지요. 그렇지만 어떻게 그걸 지키도록 할 건가요?"라고 질문을 던졌다. 그들의 관점에서 볼 때 "사업주들이 어떻게 그 법을 피해 갈지를 알기" 때문에 법은 지켜지지 않는다는 것이다. 노동자들은 경험을 통해 벌금이 미미하고 그나마도 협상으로 더 깎을 수 있음을 알고 있었다. 몇몇 참가자들은 종합 건설업체들도 직업안전보건청의 규정 위반에 대한 조치들을 피해간다고 말했다. "종합 건설업체들은 장미꽃처럼 좋은 향기가 나죠. 청소를 열심히 하고 미리 다 치워놓거든요. 하청업체들도 마찬가지예요." "정부에서 감독을 나오면 미리 귀띔을 해줍니다. 금요일에 나오면, 수요일에 나올 거라고 이야기를 듣게 되죠." 직업안전보건청이 감독 일정을 미리 사업주에게 알려주지 않는다는 이야기를 들었지만, 정부 감독관이 회사 본부의 사무실부터 먼저 들르기 때문에 사업주들이 감독에 대비하여 미리 준비할 수 있다는 데에 모든 참가자들이 동의했다.

연구 서클 참가자들은 안전보건 기준을 잘 지키도록 만들기 위한 전략 논의에서 합의점 도출에 실패했고, 이에 낙담했다. 몇몇은 핵심적이고 힘 있는 사람을 고용해서 규정이 준수될 수 있도록 해야 한다고 했다. "싸우려면 투사가 필요하죠. 그렇지 않으면 되는 일이 없어요." 다른 참가자는 건설업 여성 노동자들의 문제를 해결하기 위한 로비스트나 변호사를 이용해야 할 필요가 있다고 했다. 한 참가자는 힘 있는 사람들과 골프 등을 같이 치면서 개인적인 관계에서 변화를 만들 수도 있을 것이라고 설명했다. 참가자들은 변화를 위해서 건설업종의 모든 이해관계자들로부터 다방면의 지지가 필요하다고 주장했다.

참가자 중 몇몇은 건설 여성 노동자들이 정부와 법률 제정에 좀 더 영향력을 행사할 수 있어야 한다고 말했다. 보스턴의 여성 노동자 조직에서 온 이 초청 연사들은 매사추세츠 주의 공공 프로젝트 중 하나로 여성을 좀 더 고용하도록 업주들에게 요구하는 법안을 추진하기 위해 연구 서클 모임에 참가했다. 이 법안은 연구 서클 모임이 진행되는 동안에 통과되었다.

'건설 여성 노동자 안전보건' 연구 서클은 한 가지 직접적인 활동을 전개했다. 직업안전보건청이 「건설 여성 노동자 안전보건 보고서」를 1년이 넘도록 발표하지 않고 있다는 사실을 확인한 후, 직업안전보건청에 보고서 발행을 촉구했고 여성 노동자 조직들에게 동참을 호소했다. 결국 직업안전보건청은 1999년 6월 온라인상으로 보고서를 발표했다.

5. 고찰

보스턴 지역의 '건설 여성 노동자 안전보건' 연구 서클은 건설 여성 노동자들의 안전보건과 관련하여 더 많은 연구가 필요하다는 현실에 부합한 시도였다(Goldenhar and Sweeney, 1996: 516~520; Welch, Goldenhar and Hunting, 2000: 89~92).[4] 연구 서클은 소수자 집단과 협조적인 연구를 수행하기에 효과적이라고 입증된 방법이다(건설 여성 노동자는 아직도 전체 건설 노동자 중 5% 미만의 소수자 집단이다). 연구 서클은 직업안전보건청의 「건설 여성 노동자 안전보건 보고서」나 다른 연구들에서 제안된 결과들을 검토했다. 특히 건설 현장에서 여성의 고립, 불충분한 위생 시설, 재해보고 시 보복 등이 참가자들이 강조한 문제들이었다. 기술 개발의 제한된 기회, 괴롭힘에서부터 물리적 폭력에 이르는 곤란함 등을 포함한 여성에 대한 차별이 비전통적인 영역에서 일하는 여성들에 대한 연구에서 생생하게 기술된 바가 있으며(Eisenberg, 1999; Latour, 2001: 179~189), 이 연구 서클의 결과도 이러한 문제의 확인 및 문제 완화를 위해 지지

---

[4] Advisory Committee on Occupational Safety and Health, Women in the Construction Workplace: Providing Equitable Safety and Health Protection. Washington, DC: ACCSH Health and Safety of Women in Construction Workgroup(HASWIC). Submitted to the Occupational Safety and Health Administration(OSHA), June 1999. Available at http://www.osha.gov/doc/accshlhaswicformal.htrnl, accessed November 1,2006.

적인 관리자와 동료 노동자가 중요하다는 선행연구 결과를 확인할 수 있었다 (Goldenhar et al., 1998: 19~32; Goldenhar and Sweeney, 1996: 516~520). 오랜 기간 반복적으로 수행되는 연구 서클의 연구 디자인은 기존 연구 결과에서 나아가, 작업장 위해요인을 둘러싼 권력 관계, 관계망, 위계질서, 동학 등과 노동자들에 의해 요구된 변화들, 그리고 중재의 장벽과 기회 등을 담아낼 수 있도록 했다. 또한 기존 연구에서 다루지 못했던 새로운 연구 결과로서 소수 노동자로 배제되곤 했던 건설 여성 노동자들이 덜 주변화되어 있는 남성 노동자들에게 당연하게 주어진 작업 환경, 태도, 훈련 등을 더 명확하게 이해하고 기록할 수 있도록 했다. 건설 여성 노동자들의 생생한 목소리로 기록된 결과는 단지 여성 노동자뿐만 아니라 건설 현장에서 일하는 남성 노동자들까지 아우르며, 건설업 작업 환경에 대해 우리가 알고 있는 정보를 한층 넓혔다. 연구 서클은 노동집약적이고 또 많은 자원이 필요한 연구 방법이지만, 노동환경에 대한 자율성과 권력에서 배제된 집단을 연구에 참여시키고자 할 때 유용한 방법이 될 수 있다.

'건설 여성 노동자 안전보건' 연구 서클은 몇몇 제한점을 갖고 있다. 먼저, 사례 연구의 결과를 일반화시키기 어렵다는 점이다. 참가자들은 자발적으로 참여했기 때문에 보스턴 지역 건설 여성 노동조합원을 대표한다고 볼 수는 없다. 또한 여성 견습공의 수가 건설업에서 증가하고 있다는 점, 현장이나 노조에서 상대적으로 힘이 없다는 점, 작업장에서 초보자라는 점 등을 고려할 때 여성 견습공의 관점이 중요했음에도 이들의 참여가 부족했다. 그럼에도 이들에게 함께 논의할 수 있는 적합한 장소와 시간을 제공함으로써 심층적인 이해를 할 수 있었던 것은 다른 연구 방법으로는 가능하지 않은 일이었다.

[김재영 옮김]

옮긴이 보론

한국 사회에서 직업안전보건과 젠더 이슈

김명희·김현주(노동건강연대)

한국의 직업안전보건에서 젠더에 관한 이슈는 거의 다루어지지 않다가, 최근 들어 일-가정 균형, 감정노동 같은 사회심리적 요인에 대한 관심이 늘어나고 있는 상황이다. 하지만 앞의 세 장에서 제기한 노동자의 건강권과 관련된 몇 가지 젠더 이슈는 아직까지 한국 사회에서는 새로운 것이다. 성적 괴롭힘 문제는 한국 사회에 낯설지 않은 주제이지만 직업안전보건 측면에서 작업장 '유해인자'로 인정받고 있지 못하며, 젠더 관점에서의 청정생산 문제나 건설현장의 여성 노동자 문제는 아직 직업안전보건에서 다루어지지 않고 있다.

성적 괴롭힘

1993년 서울대 S교수의 조교 성희롱 사건, 2000년 롯데호텔 노동자들의 집단 성희롱 진정 사건 등 사회적으로 큰 논란을 일으켰던 몇몇 '사건'들은 관점의 차이를 떠나 이 문제에 대한 우리 사회의 인식 수준을 크게 높였다.

우선 문제의 현황을 살펴보면, 전체 취업 인구 중 남성의 0.4%, 여성의 1.0%가 지난 1년 동안 '성희롱'을 경험한 것으로 파악되었다(산업안전보건연구원, 2006). 이는 통념에 비해 상당히 낮은 수치인데, 아마도 직종에 따라 상당한 변이가 있을 것으로 짐작된다. 이를테면, 여성 비서직 대상의 연구에서는 지난 2년간 20%가 성희롱을 경험한 것으로 나타났고(홍경옥, 2005), 호텔서비스업과 오락시설에 종사하는 여성 노동자들의 27.2%가 지난 1개월 동안 성적 괴롭힘을 경험한 것으로 보고된 바 있다(변창범 등, 2009). 이는 성적 괴롭힘 문제가 특정 직종과 산업 부문에서 더욱 중요한 문제가 될 수 있음을 보여준다.

우리 사회에서 직장 내 성적 괴롭힘의 특징은 한국여성민우회의 상담 기록에서 잘 드러난다. 2000년부터 2008년 6월까지 민우회 고용평등 상담실을 통해 1,135건의 성희롱 상담이 접수되었는데, 그중 32%는 10인 미만 사업체에 근무하는 여성 노동자들에 의해 제기된 것이었다. 이들 사례는 전형적으로 조직의 규모와 구성 요인, 불안정한 지위와 관련이 있었다. 또한 상담 사례의 다수에서, 성적 괴롭힘 그 자체뿐 아니라 사후 조치가 문제로 제기되었다. 문제를 공론화시킨 후 가해자에 대한 조치가 미흡함은 물론, 오히려 피해자의 고용 환경이 악화되는 경험을 호소한 경우가 많았다. 이 논문은 우리 사회의 성차별적 직장 문화와 권력관계가 문제의 핵심이며, '문제적' 성희롱 사건이란 전혀 특별한 것이 아니라 일상적인 희롱의 반복과 묵인 속에서 돌출되는 사례일 뿐이라고 지적했다. 그동안 이 문제를 해결하기 위한 법제화는 상당 부분 진척되었지만, 구조적 요인이 별로 개선되지 않은 상황에서 오히려 당사자들의 개별적인 법적 문제로 치환되거나 법망 피해 가기로 왜곡되는 현상들이 관찰되며, 다른 범주로 호명하기 어려운 다양한 성차별/여성 비하 문제들이 '성희롱'이라는 이름으로 대표 명사화하는 경향까지 낳았다는 것이다(박정옥 등, 2008).

이렇듯 성적 괴롭힘의 실태에 대한 조사 연구는 있으나 안전한 일터와 노동자의 기본권 보장이라는 측면에서의 학술적 탐구는 아직 드문 편이다. 더구나 이러한 '유해인자'가 노동자의 건강과 삶의 질에 미치는 영향에 대한 역학 연구는 찾아보기 어렵다. 이를테면 ≪대한산업의학회지≫에 '성희롱'이나 '성적 괴롭힘'이라는 키워드로 검색되는 논문은 한 편도 없다.

제8장에서 지적했듯이 성적 괴롭힘 문제는 분명히 노사 관계의 한 부분이며, 특히 가부장적 질서가 강력하고 작업장 민주주의가 취약한 한국 사회에서 더욱 심각할 가능성이 높은 작업장 유해인자다. 이를 직업안전보건의 중요한 이슈로 포함하려는 노력이 그래서 더욱 절실하다.

환경보건과 여성/노동자

우리 사회에서 환경보건과 젠더 이슈를 연계하여 바라보게 된 것은 비교적 최근의 일이다. 그런데 이는 주로 소비자로서의 여성, 특히 모성의 관점에서 다루어진 것으로 보인다. 이를테면, 젠더 관점에 입각한 환경보건 이슈를 가장 적극적으로 주창하고 있는 시민단체인 여성환경연대의 활동을 살펴보자. 이들은 여성들이 주로 사용하는 소비상품(예, 체취 제거제, 생리대)에 포함된 건강 유해물질 정보를 알리고 관련 규제를 이끌어내는 데 큰 기여를 했을 뿐 아니라, 아토피 등 환경성 질환의 관리에 대한 대중적 이해를 확산시키는 등 긍정적인 성과를 이루고 있다(이안소영, 2007). 하지만 이러한 운동에서 여성의 위치는 합리적 소비자에 머무를 뿐이며, 자녀 양육의 1차적 책임자로 정형화되고 있다. 이는 매우 아쉬운 부분이 아닐 수 없다.

그에 비해, 생산자로서의 여성이 유해물질에 어떻게 얼마나 노출되고 있는지는 잘 알려져 있지 않다. 여성 노동자는 흔히 유해물질에 덜 노출될 것으로 여겨지지만, 그렇기 때문에 더욱 무방비로 노출되는 경우를 작업 현장에서 흔히 발견할 수 있다. 예를 들면, 페인트 등 여러 화학물질을 사용하는 도장작업의 보조로 일하는 여성 노동자, 폼알데하이드 등의 약품처리가 된 자재를 다루는 미싱사, 직접 농약을 살포하지는 않지만 살포 후 작업을 하는 여성 농민 등은 통상적으로 유해물질에 노출되지 않는 노동자로 분류되며, 어떠한 예방 조치도 없는 상황에서 일하게 된다. 이러한 문제들은 작업장 단위, 직접적인 유해물질 취급자를 중심으로 이루어지는 전통적인 직업안전보건 체계의 접근으로는 해결하기 어려운 것들이다. 따라서 유해물질 사용 자체를 감소시키는 청정생산 전략은 대안의 하나가 될 수 있다.

하지만 울리히 벡이 『위험사회』에서 지적했듯이, 신(新)사회의 위험은 결코 모두에게 공평하게 혹은 무작위로 부과되지 않는다. 환경보건상의 위해는 계급, 젠더, 인종에 걸쳐 불균등하게 분배된다. '청정생산' 혹은 '환경보호' 조치들이 가져올 효과 또한 모두에게 공평하게 작동할 것으로 기대하기는 어렵다. 대표적으로, '우주복', '클린룸'으로 상징되는 반도체 산업에 종사하는 여성 노동자들의 잇따른 암 발생 보고는 '청정'의 의미를 되묻게 한다. 또한 자본주의 핵심국가 혹은 대기업에서 이루어지는 각종 환경보호 조치들이 주변부 국가들이나 영세사업장, 그곳의 시민과 노동자들에게 어떠한 영향을 미치고 있는지에 대한 분석은 불충분하다. 저개발국가로 산업폐기물을 수출하는 선진국 대열에 한국은 일찌감치 동참했고(≪한겨레신문≫, 2006), 2005년 첨단 기술의 상징인 LCD 제조 과정에서 타이 출신의 여성 이주 노동자들에게 유기용제 중독에 의한 다발성신경장애가 발병한 것은 이를 잘 드러낸다. 하지만 새로운 청정생산 방식, 추가된 환경규제에서 발생하는 차별적 건강 영향에 대해 학계가 알고 있는 것은 거의 없다. 젠더와 관련해서는 더욱 그렇다.

여성 노동자의 건강권 보장은 투쟁의 역사

한국 사회에서 여성 노동자 건강권 보장의 역사는 투쟁의 역사였다. 비단 '젠더' 측면에서만이 아니라, 노동자 건강권 개념을 확장하고 기존의 주류 직업안전보건 체계에 도전을 제기한 것은 항상 여성 노동자들이었다고 해도 과언이 아니다. 이를테면, 한국통신 여성 노동자들의 투쟁은 근골격계 질환의 직무 관련성을 인정받도록 했고, 골프장 여성 경기보조원들은 '특수고용' 노동자들의 산재보험 적용 문제를 세상에 드러냈으며, 청구성심병원 여성 노동자들은 불공정 노동관행의 정신건강 악영향을 인정받도록 만들었다. 그러나 이러한 사례들은 '통상적인' 연구 과정을 통해 도출된 것이 아니었다. "한국 여성 노동자의 건강 문제를 파악하려면 학술지가 아니라 신문이나 운동단체의 조사보고서를 살펴야 한다"는 지적은 이러한 배경에서 나왔다(Kim & Kim, 2007).

새로운 문제는 새로운 연구 방법을 필요로 하는 경우가 많다. 제10장의 건설업 사례처럼 노동시장의 확장과 개편에 따라 젠더, 인종 등 새로운 노동 주체들의 유입이 활발해지고, 혹은 신기술 도입과 서비스 부문의 확대에 그동안 알지 못하던 새로운 위험이 발생할 수 있는 상황에서, 새롭고 창의적인 접근법은 선택이 아니라 필수라 할 수 있다. 예를 들면, 국내 건설 현장 노동자들에 대한 설문조사 결과, 남성 노동자들은 일당이 많기 때문에, 여성 노동자들은 단순 작업이라 별다른 기술이 필요 없어서 이 일을 하게 되었다는 응답이 가장 많았다. 여성 노동자들은 직무 만족도가 훨씬 낮고, 차별 경험이 더 많았을 뿐 아니라, 각종 복지제도 적용에 대한 이해도 부족한 것으로 나타났다. 한편 남성 노동자들은 가장 필요한 편의시설로 휴게/수면실과 샤워실을 꼽았던 반면, 여성 노동자들은 샤워실과 탈의실이 가장 절실하다고 답했다(손창백, 2006). 이러한 계량적 연구는 문제를 개괄하는 데는 도움이 되지만, 현장의 구체성과 해결 방안을 모색하는 데는 여전히 부족하다. 특히 문제 해결의 실마리를 찾고, 이후 실질적인 다양한 실천으로 이어질 수 있으려면 주체들의 참여 연구가 활성화되는 것이 매우 필요하다. 다행히, 우리 사회 진보운동의 역사 속에서 전문가와 현장 노동자의 연대는 그리 낯선 것이 아니다. 현재 시점에서 필요한 것은, 작업장 민주주의와 젠더 관계의 전망 속에서 더 참신한 연구, 연대에 기반을 둔 실천적 연구를 더 많이 시도해보는 것이 아닐까 싶다.

참고문헌

박정옥·선백미록·최명숙·혜영. 2008. 「직장 내 성희롱 법제화 10년, 새로운 운동의 모색을 위하여」. ≪여/성이론≫, 19권, 146~172쪽.
변창범 등. 2009. 「일부 서비스직종 근로자의 직장 내 폭력과 우울증상」. ≪대한산업의학회지≫

21권 4호, 314~323쪽.

손창백. 2006. 「남성 및 여성 생산직 건설근로자의 근로환경 및 의식동향 비교분석」. ≪대한건축학회 논문집 구조계≫ 22권 4호, 169~176쪽.

이안소영. 2007. 「생활 속 유해 화학물질 없애기: 일상 속으로 들어간 여성환경건강운동」. ≪여성건강≫ 8권 2호, 133~150쪽.

홍경옥. 2005. 「직장 내 성차별 관행과 성희롱 인식에 관한 연구」. ≪비서학 논총≫ 14권 1호, 27~44쪽.

한국산업안전공단 산업안전보건연구원. 2006. 「연구보고서-취업자 근로환경 전국표본조사」. 2006. 12.

"후진국은 선진국 전자쓰레기 폐기장?". 2006. ≪한겨레신문≫(2006. 11. 7). http://www.hani.co.kr/arti/international/globaleconomy/170149.html

"LCD 작업장 타이노동자 집단 '앉은뱅이병'". 2005. ≪한겨레신문≫(2005. 1. 12.). http://www.hani.co.kr/arti/society/labor/2883.html

MH, Kim and Kim HJ. 2007. "An untold story in labor health: Korean women workers." *New Solutions 2007*, vol. 17(4), pp.325~343.

| 제4부 윤리적 문제 |

제11장
민간 영역의 지원을 받는 직업안전보건 연구를 위한
올바른 연구 가이드라인

옮긴이 보론
'노동자 건강 정책·연구'에서의 법적·윤리적 고려점

11

민간 영역의 지원을 받는 직업안전보건 연구를 위한 올바른 연구 가이드라인

마거릿 퀸(Margaret Quinn)
찰스 레벤스타인(Charles Levenstein), 그레고리 드로이어(Gregory F. DeLaurier)

민간 영역의 지원을 받는 연구가 늘어나고 있지만, 정부의 지원을 받는 연구를 위해 개발된 가이드라인은 기업과 학자들 사이의 관계에는 적용되지 않는다. 민간 영역의 지원을 받는 직업안전보건 연구를 위한 올바른 연구 가이드라인이 필요하다. 연구를 지원하는 기업과 연구를 진행하는 학자들은 달성하고자 하는 목표가 서로 다르고, 그에 도달하기 위한 방법 그리고 그것을 평가하기 위한 방법도 서로 다른 시스템에 속해 있다. 결과적으로 둘 사이의 관계에 문제가 내재해 있는 것이다. 가이드라인은 기업의 지원을 받는 연구가 받는 평가에 대한 기준을 제공해서 기업에 도움을 줄 것이다. 그리고 그것은 대학의 연구자들이 자신의 연구를 검토하고 그 장점에 대해 비판할 수 있도록 도와줄 것이다. 그러한 보호는 장기적으로 연구의 질을 높이는 데 기여한다. 여기서 우리는 질병관리본부의 후원 아래 열린 워크숍에서 나온 질문들을 검토하고 관련 문제를 다뤘다. 민간 영역이 연구를 지원할 때, 대학의 연구자들은 전문가로서 연구자와 연구 대상 및 연구 과정의 완결성이 보호될 수 있도록 보장해야 하는 책임이 있다. 그동안의 경험들이 모두에게 도움이 되는 올바른 연구 가이드라인을 만들 수 있도록 도와줄 것이다.

이 장의 목적은 민간 영역의 지원을 받는 직업안전보건 연구를 위한 실용적인 가이드라인을 개발하는 데 필요한 기본적인 논점들을 정리하는 것이다. 여기서 '민간 영역'은 정부를 제외하고 가장 빈번하게 연구를 지원하는 기업과 기업체 연합을 1차적으로 의미한다. 또한 부수적이지만 중요한 노동조합의 지원을 받는 직업안전보건 연구도 간략히 서술되었다. 민간 재단이나 소송과 관련된 서비스도 역시 연구를 지원하는 중요한 원천이지만, 그것들과 직업안전보건 연구와의 관계는 이 장에서 다루지 않았다.

민간 영역의 지원을 받는 직업안전보건 연구를 위한 가이드라인의 개발이 필요한 것은 두 가지 기본적이고 중요한 이유 때문이다. 첫째로 민간 영역의 지원을 받는 연구가 증가하고 있고, 학술기관들은 적극적으로 그러한 연구를 권장하고 있기 때문이다. 정부의 지원을 받는 연구를 위한 가이드라인은 잘 개발되어 있지만, 그것들이 학계와 기업의 관계에서는 적용되지 않는다. 연구의 완결성을 보호할 수 있도록 동료 연구자들에 의한 연구 초안 검토, 과학적 자문위원회, 비밀보장을 포함하여 연구 대상자들을 보호하기 위한 계획서, 행정 분야 공무원이나 연구자인 공무원들에 의한 연구 감시 그리고 연구 결과를 동료들이 검토하는 문헌에 수록하도록 장려하는 정책까지 여러 과정을 정부 지원 연구들은 거쳐야 한다.

둘째로 민간 영역과 학술 연구 사이의 관계가 여러 장점들을 갖고 있는 반면, 주로 표면적인 이유로 언급되곤 하지만 — 예를 들어 어려운 개개인, 회사, 노동조합, 대학 등으로 표현되는 — 실제로는 관계를 맺고 있는 양측이 서로 다른 목표와 기대를 갖고 있기 때문에 발생한다. 이러한 문제는 사실 매우 본질적인 문제이기 때문에 그것들이 연구 과정 외부에 존재한다고 생각해서는 안 된다. 올바른 연구 가이드라인이 개발되면, 그것은 학계의 연구자들과 민간 영역에서 연구를 지원하는 이들 사이에서 나타날 수 있는 갈등을 밝혀내고 예측하며 때로는 완화시키는 역할까지도 할 수 있다. 현재 연구자들은 다른 연구자들이 경험했던 바에 대해 알지 못한 채 각자 기업의 동의를 얻기 위해 협상해야 한다. 가이드라인은 매번 새로운 도구를 다시 개발해야 하는 그 같은 필요를 줄여주고 양쪽 모두의 시간과 노력을 절약하는 데 기여할 것이다.

1. 가이드라인이 필요하다

레이건과 조지 H. 부시가 대통령이던 시절, 민간 영역들은 공공 문제를 다루는 연구들을 지원하도록 적극적으로 요구받았다. 직업안전보건 연구에서 이것은 대학에서 기업들이 지원하는 연구가 증가하고, 기업과 학계 간의 협력이 늘어나며, 더 많은 동반자 관계가 생겨난다는 것을 의미했다. 이러한 경향은 클린턴 대통령 재직 기간에도 계속되었으며, 조지 W. 부시 행정부 기간에도 특별한 문제가 없는 한 계속될 것으로 보인다.

산업체 지원을 받는 직업안전보건 연구가 갖는 수많은 이점이 있다. 그것은 정부의 예산 소비를 줄이고, 지속적인 경제발전을 가능하게 하는 실용적이고 상업적인 적용이 가능한 연구를 늘어나게 한다. 기업의 지원을 받는 연구는 공장에 접근할 기회를 제공하고, 역학적이고 산업 위생과 관련된 데이터를 수집하는 데 기업의 적극적인 협조를 얻어낼 수 있다는 면에서 큰 이점을 가지고 있다. 기업에서 일하는 산업 안전보건 전문가들 역시 그러한 연구의 주요한 자원이 될 수 있다.

그러나 동시에 기업이 연구를 지원하는 목적이 학계 연구자들의 연구 목적과 갈등을 일으킬 수 있다. 두 집단은 각기 다른 목표와 그것을 달성하고 평가하는 각기 다른 방법을 가지고 있기 때문이다. 연구자의 역할은 매우 간략히 요약할 수 있다. 연구자들이 이상적으로 설정한 가설과 관련된 새로운 지식을 발견하고, 그 결과를 더 큰 과학자 공동체로부터 비판과 검토를 받기 위해 출판한다. 기업이 연구를 지원하는 목적은 좀 더 복잡하고 또 상황에 따라 다르다.

대부분의 경우 기업 측에서 연구를 지원하는 사람들은 상품이 생산자, 소비자, 좀 더 넓게 환경에 유해한지를 알고 싶어 한다. 그러나 그들의 관심사는 상품의 수익성과 장기적인 안정성 그리고 자신들이 그러한 목표 달성에 영향을 미치는 정보를 통제할 수 있는 위치에 있는가와 관련되어 있다. 과학과 경제라는 다른 시스템 사이에서 시작된 갈등은 직업안전보건 연구자가 연구를 지원하는 이들에게 경제적으로 혹은 대중과의 관계에서 유해할 수 있는 연구 결과를 발견했을 때 명확해진다. 그러한 발견이나 그것들이 대중에게 전달되는 과정에 대해 통제할 수 없을 때 과학이 목표로 하는 것은 기업 – 때로는 노동조합 – 이 원하는 무언가가 아닌 것이 될 수 있다.

사실 기업들은 그러한 지식의 생산을 법적 책임으로 볼 수 있다. 예를 들면 기업 내부의 새로운 건강 유해인자을 발견할 경우 그것은 기업의 미래를 발목 잡을 수도 있다. 그러한 유해인자를 알아내는 것이 사 측의 가장 큰 관심사이지만, 만약 그것을 어떻게 언제 알 수 있는지를 통제할 수 없다면, 설사 그러한 발견이 대중에게 알려진다 할지라도 사 측의 연구 지원자들은 그 발견에 동의하지 않을 수 있다.

유해인자에 대한 잠재적인 책임은 회사의 이해와 명예를 보호하는 것이 임무인 사 측 변호사의 검토에 맡겨진다. 대학의 연구자와 그들의 전문가 동료들은 연구의 진행 상태와 내용 그리고 결과가 알려지는 과정을 지켜보고자 하는 사 측 변호인에게 압박을 받을 수 있다. 사 측은 그들과 대학 연구자들과의 관계를, 연구를 지원하는 것보다는 계약으로 맺어진 관계라고 생각하며, 그렇게 행동하고자 한다. 계약이란 미리 정해진 계획서를 따라가야 하고, 그것에서 벗어나는 것이 매우 제약되어 있으며, 실행 가능한 것이 잘 명시되어 있는 정확한 법적인 문서를 이야기한다. 이 모든 것들은 연구에 관한 문제에서 상당한 제약을 가한다.

당연하게도 연구자들은 각각의 단계에서 알게 된 결과가 다음 단계 연구에 이용될 수 있는, 제약을 받지 않는 다양한 방법으로 가설들을 검토할 수 있는 연구 보조금의 속성을 강조한다. 과학적인 연구를 위해서 연구자들은 계약이 허용하는 범위를 넘어서서 자신이 자유롭게 선택할 수 있는 유연성을 필요로 한다. 과학적 연구를 시작도 하기 전에 연구에서 사용될 수 있는 각각의 방법과 기술들을 미리 정해 놓는 것은 불가능하며, 매우 일반적인 용어로(예를 들어 결과 보고서와 같이) 표현하는 경우를 제외하고는 최종 결과물을 명시하는 것도 불가능하다.

오늘날 회사와 연구자들 사이에서 나타날 수 있는 이러한 문제점들과 예상 가능한 갈등은 사 측 대표와 대학 연구자들에(그리고 지원받는 연구의 사무실) 의해서, 때로는 개별적인 프로젝트를 위해 수립된 임시적인 과학자문위원회를 통해서 협상이 가능하다. 만약 연구자와 기업 대표가 연구를 시작하는 데 열정적이라면 그러한 협상은, 그 구체적인 내용이 유의미한 정도로 연구의 실행과 진행 그리고 더 많은 연구자들에게 그 연구 결과를 배포하는 것을 제한한다고 할지라도, 부수적인 것으로 생각할 수 있다. 단지 훗날 연구가 진행되는 동안 갈등과 문제가 발생하는 것이다. 이것들은 만약 우리가 제안하는 올바른 연구 가이드라인이 있었다면 굳이 배울 필요가 없는, 아마도 불필요한 과정일 것이다.

올바른 연구 가이드라인은 과학 분야의 문헌을 통해 기업체 지원을 받는 연구들이 평가받는 데 판단 기준을 제공해 기업들을 이롭게 할 수 있다. 오늘날 기업들이 지원한 연구들은 회의적인 평가를 받고, 일반 대중만이 아니라 과학자들 내부에서도 극히 편향된 것으로 여겨진다. 더 많은 연구들이 민간 기업의 지원하에 시행되면서 그것들의 유의성과 합법성을 평가할 수 있는 기준이 절실히 필요하다. 이것은 노동자들의 건강을 보호하고 그것을 위해 필요한 건전한 공공정책을 세우기 위한 결정적인 요소다.

기업체 후원 연구의 연구 대상이 되는 노동자들과 지역사회 구성원들은 비밀 유지(confidentiality), 사전 동의 그리고 연구 대상자들에게 연구 결과에 대해 알리는 것을 포함한 가이드라인을 통해 이득을 볼 것이다. 올바른 연구 가이드라인의 중요한 목적은 노동자들과 노동자 대표, 지역사회 대표들로 하여금 연구를 검토할 수 있는 근거를 제공하는 것이다.

그러한 가이드라인은 대학 연구자들에게도 도움이 될 것이다. 직업안전보건 연구자들은 공공 영역으로부터 안정적으로 연구 지원을 확보할 수가 없어서, 민간 영역과 협력하라는 대학의 압력을 받는다. 이러한 새로운 연구 지원과 관련해서 대학의 과학자들은 그들의 과학적이고 인간적인 완결성을 보호할 필요가 있는데, 올바른 연구 가이드라인은 그들의 연구가 검토되고 그것들의 장점에 대해 비판받도록 보장하는 데 도움이 될 것이다. 그러한 보호는 장기적으로 연구의 질을 발전시키고 과학적인 지식의 발전을 강조하는 데 중요한 역할을 할 것이다.

2. 논점들

직업안전보건 연구자들과의 토론 그리고 저자들의 경험을 검토하여 우리는 민간 영역의 지원을 받는 직업안전보건 연구를 윤리적으로 실행하는 데 기본이 되는 질문과 과제들을 정리해냈다. 그 과제들에는 (A) 학자들의 독립성, (B) 과학적 자문위원회의 역할, (C) 연구를 진행하고 결과물들을 배포하는 문제에서 노동자들의 권리 등이 포함된다.

1) 연구자의 독립성과 연구 계약

독립성과 객관성은 올바른 과학을 수행하고 학계의 시스템이 작동하는 데 중심이 되는 요소이다. 그러나 그러한 독립성은 기업 시스템의 논리와 상충되고, 연구자가 독립성을 유지하고자 하는 것은 연구 과정과 결과물 그리고 일정을 통제하거나 관리할 경우에 더욱 쉽게 달성될 수 있는 기업의 목표와 충돌한다. 연구자가 민간 연구지원 영역의 직원이 아니라면 갈등이 생겨날 것이고 기업은 연구자를 관리하고 싶어 할 것이다. 특히 거대 연구의 경우 연구 과정 중에 생겨나는 예측하지 못한 수요를 맞추기 위해서는 연구자와 기업 모두에게 유연성이 요구되지만, 유연성과 부적절한 간섭 사이의 경계는 분명해야 한다. 모든 문제들을 예측하고, 연구를 지원하는 이들에 의해 연구가 부적절하게 통제받는 가능성을 완전히 없애는 것은 불가능하다. 그럼에도 연구자의 독립성과 관련해서 중요한 질문은 "가이드라인이 어느 정도까지 연구 그 자체를 번거롭게 만들지 않으면서, 연구를 지원하는 이들에 의한 부적절한 간섭을 다룰 수 있는가"다.

연구자들의 독립성은 대학과 연구를 지원하는 이들 사이의 계약에 의해 부분적으로 다루어지도록 되어 있다. 몇몇 학술 기관들은 기업이 지원하는 연구들을 위한 표준 계약 양식을 가지고 있다. 그 속에는 연구 대상이 되는 사람들을 보호하고 연구 계획서를 바꿀 수 있는 권리, 연구 진행 과정의 간섭 그리고 출판과 관련된 규제 등이 포함되어 있다. 이러한 경우조차도 연구의 계약은 연구자의 독립과 관련된 모든 문제들을 다루지 못한다. 게다가 계약은 연구를 지원하는 이들에 의해 협상 가능한 상태로 존재한다.

그/그녀의 연구를 진행하는 동안 연구자가 장차 독립성을 유지하는 데 필수적일 수 있는 여러 질문들이 계약과 관련해서 생겨날 수 있다. 그러한 질문들은 좀 더 일반적으로 연구자의 독립성에 대한 우려뿐만 아니라 저자들과 다른 직업안전보건 전문가들의 계약 관련 문제에 대한 과거 경험들에서 유래되었다.

(1) 연구에서 수집된 데이터를 사용하고 소유하는 권한

연구자나 공기 중 노출 샘플 수집 등과 같은 과정을 통해서 얻은 직업과 관련된 정보들을 포함한 데이터를 누가 소유하는가? 그 데이터를 복제할 권리를 누가 가지고 있는가? 연구자들은 연구 도중 혹은 새로운 연구 보조금 제안서를 내기 위해 연구를 끝낸 후 데이터를 사용할 권리가 있는가?

(2) 비밀 유지

연구자가 노동자들과 관련해서 수집한 노출과 의학적 상태에 대한 자료를 연구 지원이 이루어지는 이들로부터 보호할 수 있는가? 예를 들어, 고용주가 특정 시기에 노동자가 노출되었다는 정보를 고용주에게 제공하는가? 노출된 사람이 누구인지 밝혀낼 수 있는 내용이 포함된 데이터를 회사에 제공해야 하는가?

(3) 연구자의 독립성

연구자들이 새로운 연구 발전에 따라서 연구 계획서를 바꿀 수 있는 권리가 있는가? 예를 들어, 본래 연구 계획서에 명시한 물질은 아니지만 연구 결과물에 영향을 줄 수 있는 해로운 물질을 우연히 발견하면, 연구자는 새로운 연구를 계속할 수 있는가? 연구를 지원하는 이들은 계획서를 승인하고 그에 대한

최종 검토를 해줄 수 있는 권한이 있는가?

(4) 연구 방법과 결과물을 대중에게 배포하고 출판할 수 있는 권리

연구자들은 출판이나 구연 발표 등의 형식을 통해서 연구에서 수집된 데이터와 결과물을 대중에게 알릴 수 있는 권리가 있는가? 그렇다면 연구를 지원하는 이들은 제안된 출판물을 검토할 권한이 있는가? 만약에 검토 기간이 필요하다면, 얼마만큼의 시간이 연구를 지원하는 이들에 의해 요구되는가? 연구자는 연구를 지원하는 이들이 검토할 수 있도록 구연 발표를 위한 초록을 제출해야만 하는가? 연구를 지원하는 이들은 발표 전에 모든 슬라이드와 오버헤드를 검토할 권리가 있는가? 그렇다면 이 검토에 특별히 필요한 기간은 얼마인가?

(5) 논쟁 해결 과정

연구 내부에서 과학적인 질문에 대해 얼마만큼의 불일치나 이견이 존재하는가? 결과를 해석하는 것에 대한 논쟁은 어떻게 해소될 수 있는가? 대학이나 그 밖의 공간에 지적 재산권이나 저자들 사이의 논쟁을 해소하기 위한 기관들의 보호가 있는가? 정부기관의 지원을 받는 연구들에는 과학적인 위법행위와 관련한 가이드라인이 있다. 그것들은 데이터의 위조나 표절 등의 문제들을 다룬다. 그러한 가이드라인은 민간 영역의 지원을 받는 연구에는 적용되지 않는다.

전체적으로 연구자의 독립성이라고 하는 특정한 영역과 관련해서 대학과 연구를 지원하는 기업이 맺은 계약에는 그 구체적인 내용의 수준이 매우 다르다. 예를 들어 연구를 지원하는 이들이 연구 방법과 결과물에 대한 출판 그리고 구연 발표 자료를 검토하는 시간과 관련해서 계약들이 서로 차이가 많을 것이다. 계약에서 아예 구체적으로 언급하지 않는 경우도 있지만 대개 30일에서 60일가량이다.

이러한 연구를 지원하는 이들의 검토 시간은 연구자들과 그들이 데이터를 대중에게 제시할 수 있는 능력과 관련해서 명백하게 의미하는 바가 있다. 몇몇 회의는 초록 제출 마감일 60일 전에 이를 공지하지 않는다. 이것은 연구를 지원하는 이들이 오랜 시간 검토를 해야 하는 연구를 하는 경우에는 문제가 된다. 또한 연구자들에게 모든 슬라이드나 오버헤드를 회의 시작하기 60일 전에 준비하는 것은 불가능할 수도 있다.

모든 대학의 계약들이 같지는 않다. 연구자들은 한 대학의 계약에 대한 지식이 다른 곳에도 적용될 것이라고 가정해서는 안 된다. 계약들 사이의 차이는 새로운 대학으로 옮길 때나 혹은 기업이 후원하는 연구를 다른 대학으로부터 하청 받을 때조차도 연구자들에게 영향을 미칠 수 있다.

기업이 지원하는 연구 계약들이 어떠해야 하는지에 대한 표준을 제공하는 것 또한 연구를 지원하는 이들이나 대학에 의해 협상 가능한 것으로 보인다. 연구자들 역시 계약 내용의 특정 변화가 가지는 의미를 제대로 이해하는 데 성공할 수 있다. 올바른 연구 가이드라인은 그러한 계약 협상에서 연구자들에게 도움이 될 수 있다. 대학의 연구 합의에 의해서 일반적으로 포괄되지 않는 잠재적인 갈등 상황들을 가이드라인이 얼마나 다룰 수 있는지는 중요한 연구의 영역이다.

2) 과학자문위원회의 역할

과학자문위원회는 학계 과학자들과 기업들 사이의 관계에서 여러 목적을 실현하기 위해 활동하고 있다. 과학자문위원회는 기업이나 기업의 노동조합에서 연구를 지원하는 이들에게 조언을 해주고 직업안전보건에서 과학적인 전문 지식을 제공하기 위해 만들어졌다. 또한 그들은 건강과 안전 문제와 관련하여 기업들의 노력이 적합하다는 판단을 제공할 수도 있다. 위원회는 특정 문제를 다루기 위해 임시적으로 만들어진 것일 수도 있으며, 기업 내부에서 노동자들의 건강을 감시하는 광범위한 역할을 하는 영구적인 조직일 수도 있다. 그것들은 한 기업이나 기업체들의 연합에 의해 만들어졌을 수 있고, 중요한 노동조합 파트너들과 함께 만들어졌을 수도 그렇지 않을 수도 있다. 위원회에 가입할 수 있는 자격을 분명히 기술하는 경우는 드물다. 권위 있는 학계 연구자들, 때때로 정부나 독립적인 기관으로부터 온 학자들, 그리고 이해관계가 얽혀 있는 단체로부터 ― 경영이나 노동 혹은 둘 모두 ― 고용된 학자들이 검토위원회에 속할 수 있다. 일반적으로 학계 연구자들은 연구를 지원하는 이들에 의해 상담역으로 일하고 돈을 받는다. 그러나 위원회에 속한 사람이 자신의 연구를 위해 지원할 기관을 찾고 있으면서 동시에 그 연구 계획서나 다른 이들의 연구 결과를 판단하는 위치에 있다면 잠재적인 갈등이 생겨날 수 있다.

연구 과정에 개입되어 있는 특정한 검토위원회에 따라 이해관계로 인한 충돌이 발생하는지가 달려 있기도 한다. 첫째, 위원회는 문제나 문제들을 밝혀내는 데 개입할 수 있고, 그것은 연구를 지원하는 이들에 의해 문제로 제시될 수 있다. 어떠한 경우든 위원회가 기업의 데이터나 내부 보고서에 대해 온전한 정보를 가지고 있는 게 중요하다. 둘째, 위원회는 발견된 문제에 따라 '연구 지원서에 대한 요구사항'을 쓰도록 되어 있을 수 있다. 이것은 연구자들 사이에서 경쟁을 관리하는 제3기능과는 확연히 다른 것이다.

제3기능은 연구 지원자를 평가하고, 그들의 연구 계획서를 검토하며, 실제 계약과 관련해 협상하는 것까지 포함한다. 때때로, 위원회는 단순히 계획서를 검토하고 기업이나 기업체 연합에 권고를 한다. 최종 협상은 위원회 외부의 개입 없이 연구를 지원하는 이들에게 남겨진다. 위원회는 자주 동료심사 집단으로 기능을 하고, 연구 계획서, 방법, 중간 보고서를 받아보고 조언을 해준다. 과학자문위원회는 또한 결과와 그것들을 해석하는 방법에 대해 동료들의 검토를 제공해줄 수 있다. 연구를 지원하는 이들은 위원회에게 연구 결과물을 출판하는 것과 관련한 규칙들을 검토하고 개발하는 권한을 줄 수 있다.

사적으로 이루어진 과학검토위원회는 민간 영역이 지원하는 연구를 적법화하는 데 주요한 역할을 할 수도 있다. 그 구성원들이 선출되고 권한과 자율성이 부여되는 방식은 공공정책에 주요한 문제이며, 어떠한 올바른 연구 가이드라인을 만드는 과정에서도 고려되어야 한다. 특히 위원회의 규칙은 그 구성원들과 연구를 검토 받는 연구자들에게 매우 중요하다.

3) 직업안전보건 연구에서 노동자의 권리

기업이 후원하는 검사, 감시 프로그램과 관련해서만이 아니라 직업안전보건 연구에서 노동자의 권리에 대한 우려는 주요한 문헌에 계속 있었고, 전문가들에 의해 논의되어왔다. 전통적으로 이러한 토론들은 사전 동의, 비밀 유지, 그리고 특히 직업병과 사고성 재해의 위험이 높은 일에 종사하는 노동자들이 그 결과에 대해 알 수 있는 권리문제 등을 다루었고, 최근에 현장참여연구 모델로 인해 노동자들의 권리에 대한 논의가 연구 과정의 모든 요소를 포함하도록 토론의 영역이 확장되었다.

직업안전보건 연구에서 노동자의 권리에 대한 문제는 단순히 윤리와 정치의 영역이 아니라, 연구의 실행과 결과물에 직접적으로 영향을 미칠 수 있는 요소다. 항상 그런 것은 아니지만 많은 경우에 직업안전보건 연구자가 노출과 건강 영향에 대한 정보를 얻을 때 노동자들과 연구 대상자들의 협조를 필요로 한다. 연구의 내용과 목적에 대해서 알리지 않았을 때, 연구 대상자들은 연구의 결과물을 해치는 방식으로 자신들의 '동의'를 표현할 수 있다. 예를 들어 연구가 어떻게 실행되고 그 목적이 무엇인지에 대해 제대로 알 수 없을 경우, 노동자들은 산업위생사들이 자신들이 일하는 장소에 왔을 때 일하는 방법을 바꿀 수도 있고, 위생사들을 시간동작 연구를 하는 산업 공학자들로 착각을 할 수도 있다. 연구에 대해 제대로 설명을 듣지 못한 노동자들은 데이터 수집 자체를 거부할 수도 있다.

게다가 노동자들/연구 대상자들은 자발적으로 임상실험이나 지역사회 기반 역학 연구에 참여하는 환자들과는 항상은 아니지만, 많이 다르다. 노동자/연구 대상자들은 생계가 그들의 고용주에 달려 있고, 고용주가 지원하는 연구 프로젝트에 참여할 것인지 말 것인지를 결정할 때 제약을 받는다.

올바른 연구 가이드라인을 개발할 때 노동자들의 권리를 둘러싼 문제들이 다루어져야 한다. 이것은 단지 연구 대상자에 대한 도덕적 의무나 현장에서 좀 더 공정한 '통제' 배분을 옹호하는 정치적인 이유 때문이 아니라, 만약에 노동자/연구 대상자들이 연구에 참여하지 않으려 한다면 연구 결과 자채가 문제가 될 것이기 때문이다.

3. 올바른 연구 가이드라인 개발을 위한 워크숍의 질문들

1996년 11월 1일 질병관리본부가 지휘하는 워크숍이 매사추세츠 주립대학교 로웰 캠퍼스에서 열렸다. 그 목적은 민간 영역의 후원을 받는 직업안전보건 연구에 대한 올바른 연구 가이드라인을 개발하기 위한 가능성을 타진하기 위한 것이었다. 워크숍 참가자들은 일차적으로 학계의 직업안전보건 연구자들이었다.

토론의 대부분은 10명 남짓의 사람들로 이루어진 소규모 그룹으로 진행되었으며, 토론 주제는 연구자의 독립성, 과학자문위원회, 그리고 노동자의 권리와 공지 등이었다. 토론을 활성화하기 위해 각 소그룹에는 각 주제에 대한 세 가지 논쟁 지점이 주어졌으며, 그에 대한 가이드라인 초안을 만들도록 요구했다. 세 그룹에게(더 명확하게 표현하기 위해 질문은 본래 사용된 것에서 약간 변형되었다) 주어진 질문은 다음과 같다.

1) 연구자의 독립성

(1) 연구의 실행

본래 연구의 계획서로부터 연구 과정에서 새롭게 발견된 정보에 따라 필요한 경우 얼마만큼의 변형이 가능한지에 대해 다루어야 하는가? 그 변형에 대한 논쟁은 어떻게 해결되어야 하는가?

(2) 연구 도중에 혹은 연구를 마친 이후에 데이터를 사용하는 것

연구자들이 연구 도중에 잠재적으로 기업이 아닌 다른 이들로부터 지원받는 새로운 연구 지원 제안서를 쓰기 위해 데이터를 쓸 수 있는가? 그렇다면 연구자는 기업에서 연구를 지원하는 이들에게 공지해야 하는가? 기업은 새로운 제안서를 검토할 권리가 있는가? 그렇다면 그 검토에 필요한 기간은 얼마인가?

(3) 연구 결과와 데이터를 출판하고 대중에게 배포하는 것

연구 도중에 수집된 데이터를 누가 소유하는가? 이후 연구들을 위해 데이터의 일부분이나 전체를 복제할 수 있도록 허용할 권리를 누가 가지고 있는가? 연구자들은 연구를 실행하는 동안에 데이터를 출판할 수 있는 권리를 가지고 있는가? 연구자들은 연구를 마칠 때, 그렇게 할 수 있는 권리가 있는가? 그렇다면 연구를 지원하는 이들은 출판물 혹은 구연 발표를 검토할 권리가 있는가? 그 경우 검토에 필요한 시간은 얼마만큼 보장되어야 하는가?

2) 과학적 자문위원회

(1) 독립성

과학적 자문위원회가 연구를 지원하는 이들로부터 독립적이라는 것이 얼마나 중요한가? 적절한 수준의 독립성이 어떻게 보장될 수 있는가?

(2) 연구자와 관련된 역할

과학적 자문위원회가 연구를 실행하는 데 지속적인 역할을 해야 하는가? 과학적 자문위원회가 기업에서 연구를 지원하는 이들과 연구자들 사이의 완충 역할을 해야 하는가?

3) 노동자의 권리와 공지

(1) 사전 동의

사전 동의(Informed consent)의 어떤 요소들이 직업안전보건 연구를 수행하는 데 포함되어야 하는가? 이러한 요소들이 효과적으로 실행되었는지 연구자가 어떻게 확인할 수 있는가? 노동자의 사전 동의가 필요하지 않거나 요구되지 않는 연구의 특정 상황이나 유형이 있는가? 이러한 상황을 어떻게 정확하게 확인할 수 있는가?

(2) 연구 결과의 공지와 배포

연구 결과물들은 어떻게 그리고 언제 노동자들과 연구 대상자 개개인들에게 발표되거나 보고될 수 있는가? 이 과정에서 연구자의 역할은 무엇인가? 노동자에게 결과가 보고될 때는 어떠한 내용이 포함되고 다루어져야 하는가? 예를 들어, 작업 현장에 필요한 가능한 변화나 간섭에 대한 토론 역시 연구 결과로서 보고되어야 하는가? 연구 결과를 다른 그룹, 예를 들어 위험에 노출된 다른 노동자들, 의료 서비스 공급자들, 정부 관리 기관들에게 보고하도록 해야 하는 의무는 무엇 때문인가?

(3) 비밀 유지

직업안전보건 연구에서 어떠한 데이터나 정보가 기밀사항으로 — 어떠한 형태로도 연구를 지원하는 이들이나 회사 측 사람들에게 제공되지 않는 — 유지되어야 하는가? 어떻게 이 데이터들의 비밀 유지가 보장될 수 있는가?

워크숍 동안에 진행된 토론은 생기가 넘쳤고 열기로 가득 차 있었다. 전체적으로 올바른 연구 가이드라인을 만드는 것에 대한 참가자들의 태도는, 어떤 경우에도 기업이나 기업체 연합으로부터 지원을 받지 않는 직업안전보건 연구자들에게는 그러한 가이드라인이 필요하지 않다는 것이었다. 또한 효과적인 가이드라인을 위해 많은 의미 있는 제안들이 있었던 반면에, 그러한 제안들을 대중화시키기에는 아직 그것들이 초기 단계라는 것 역시 느꼈다. 마지막으로 가이드라인을 만들어내는 일은 더 많은 직업안전보건 전문가들을 전체로서 대표할 수 있어야 한다고 느꼈으며, 학계만이 아니라 기업이나 노동조합 그리고 정부기관에 속한 연구자들의 의견도 수렴해야 한다고 생각되었다.

4. 우리가 가야 할 길

직업안전보건 연구를 민간 영역이 지원하는 것은 — 이미 이야기했듯, 여러 장점에도 – 사실 문제의 소지가 있다. 아직도 민간 영역으로부터 지원받는 연구의 숫자는 계속 증가하고 있다. 이러한 현실을 감안할 때 올바른 연구 가이드라인은 매우 중요하다. 국립직업안전보건연구소가 모든 연구들을 지원하지 않는다고 하더라도, 연구원은 책임감 있는 직업안전보건 연구를 실행하는 데 중요한 역할을 해야 한다. 연구원은 국가 직업안전보건 연구의 우선순위 주제 목록을 만들었던 것과 같이, 공공정책을 위한 연구들이 갖추어야 하는 통용되는 기준을 만들어야 할 특별한 의무가 있다. 국가 정책을 통해 민간 영역의 지원을 받는 연구들을 권장했기 때문에 그 연구가 올바르게 실행되는 데 도움이 될 수 있도록 가이드라인이 개발되어야 한다.

우리는 이 장에서 이러한 가이드라인에 포함되었으면 하는 특정한 주제들과 질문들을 제시하고, 그 가이드라인이 왜 필요한지에 대해 간략히 설명했다. 그러나 우리가 제안한 것은 단지 시작일 뿐이다. 워크숍 경험이 보여주듯이 더 많은 논쟁과 토론이 필요하다. 이 장은 그것을 위한 일종의 초대다. 직업안전보건 연구자로서, 전문가로서 우리는 민간 영역의 지원을 받는 연구들이 그 연구자들, 연구 대상자들 그리고 연구 과정 자체의 완결성이 보호받을 수 있도록 해야 할 의무가 있다. 또한 우리는 모든 이들에게 도움이 될 수 있는 올바른 연구 가이드라인을 만들 수 있는 경험을 축적해왔다. 그러나 우리 중 몇몇은 특히 이 영역에 새롭게 들어온 이들은 이 장에서 제기하는 논점들에 충분히 주목하지 않았다. 그러나 학문 연구의 기본적인 방법론과 민간 기업의 목소리 사이에 본질적으로 내재한 긴장은 우리에게 태만할 수 있는 사치를 허용하지 않는다.

[김승섭 옮김]

옮긴이 보론 '노동자 건강 정책·연구'에서의 법적·윤리적 고려점

주영수(노동건강연대)

입증책임의 전환

법적으로 입증책임은 대부분 문제 제기를 한 사람에게 요구된다. 그러나 예외적인 경우가 있기도 한데, 피제기자가 전문지식 혹은 자료를 더 많이 가지고 있는 경우에는 역으로 입증책임을 부여할 수도 있다.

현재 「산재보상보험법」에 의해 설치·운영되고 있는 질병판정위원회는 실제로는 산재인정을 거부하는 장치로 기능하고 있다. 최근의 산재불승인율을 보면, 2008년 55.3%, 2009년 60.6%, 2010년 63.9%로 지속적으로 상승하고 있으며, 특히 뇌·심혈관계 질환의 불승인율은 2010년에 85.6%에 달하는 등 사실상 산재보험이 산재환자들을 지원하는 사회보험으로서의 기능을 거의 포기하고 있는 실정이다.

이런 와중에 삼성반도체에서 근무한 적이 있는 130여 명에 달하는 백혈병, 림프종, 각종 희귀질환 환자들의 산재 신청 또한 연속적으로 불승인 처리되고 있는데, 이들의 집단적 불승인 사례는 산재노동자들뿐만 아니라 급기야 전문가들이나 정치인들의 산재심사의 공정성에 대한 문제 제기와 함께 직업병 입증책임을 노동자 당사자가 아닌 사업주나 국가가 져야 한다는 패러다임의 전환을 촉구하는 계기로 작동하고 있다.

실제로 삼성반도체의 사례를 보면, 기업이 필요한 정보를 영업 기밀이라는 이유로 공개하지 않거나 과거의 위험물질별 노출평가 자료를 찾을 수 없다는 이유로 사실상 정보제공을 '거부'함으로써,[1] 해당 노동자들은 '자신의 질환'의

---

1 ≪프레시안≫, 2010년 10월 14일자.

업무 관련성을 증명할 방법이 없게 되어 부당하게도 그에 따른 피해를 온전히 감수할 수밖에 없는 상황이다.2 게다가 이러한 현실은 직업 관련성을 평가하는 공적·사적 연구자들의 역학조사에도 그대로 적용되고 있다. 자료 불충분으로 인해 전문적 연구기관이 업무 관련성을 밝혀내지 못한 '유보적 상황'을, 마치 충분한 조사가 이루어졌음에도 결국 관련성을 못 밝혀낸 '결정적 상황'으로 오해하게 함으로써 산재불승인을 지지·정당화하고 있다.

따라서 이제는 "문제 제기자(산재노동자)가 업무 관련성을 증명하는 방식"이 아니라 "사업주나 국가가 오히려 발병 원인이 업무와 무관하다는 것을 증명하는 방식"으로 입증책임을 전환함으로써 억울한 산재노동자들을 더 이상 만들어내지 않도록 해야 할 것이다. 이를 위해서는 구체적으로 「산재보상보험법」에 "업무와 재해 사이에 상당한 인과관계의 존재 여부에 대한 입증책임은 사업주가 부담한다"는 문항을 명확히 삽입하는 법 개정이 필요할 것으로 판단된다.3

이해상충의 극복4

어느 사회든 어느 정도는 있을 수 있지만, 특히 한국과 같이 급격한 경제 성장 과정에서 일부 기득권층이 배타적으로 부를 독점하고, 그 부를 이용하여 정치·경제·사회·문화 영역에서 막강한 권력을 행사하고 있는 경우에는, 그 집

---

2 삼성반도체 관련 백혈병 사망 노동자의 유족인 황상기 씨는 "삼성의 허락 없이 작업장에 들어갈 수 없는데도 노동자에게 산재 책임을 입증하라는 건 부당하다"고 호소했다(≪프레시안≫, 2011년 5월 23일자).
3 여·야 정치권(한나라당 이범관, 강성천, 손범규, 민주당 이미경 의원 등)뿐만 아니라 시민사회단체들이 제안하고 있는 개정법률 '안'으로서, 만약에 노동자의 질병이 업무와 무관하다는 것을 사업주나 국가가 반증하지 못한다면 자동적으로 업무 관련성이 인정되도록 하자는 내용이다. 이들은 '회사 내 사고도 모두 산재로 인정'하고, '산재신청권을 의료기관에 부여하는 방안도 언급하고 있다(≪내일신문≫, 2011년 5월 31일자).
4 『임상윤리학』(서울대학교출판부, 2005)의 일부 내용을 발췌·수정 인용함.

단(우리의 경우에는, 대기업이나 언론재벌 등)의 후원에 의해 정책자문과 연구가 수행될 때 최종 결론에 그 집단의 의견이 '객관성'의 외피를 뒤집어쓴 채 암묵적으로, 아니 상당히 노골적으로 반영될 가능성이 농후하다. 특히 그 결과가 해당 집단의 이익에 반하거나 위협을 줄 수 있을 때에는 엄청난 개입과 간섭이 발생할 수 있다.

예를 들어 폐암을 일으킬 수 있는 주요 물질이 수십 년 동안 사용된 모 대기업에서 폐암이 발생한 노동자가 한 명도 없었다거나, 매년 많은 돈을 들여서 수행하고 있는 일부 기업의 노동자 대상 암 질환 역학 연구에서 계속해서 미미한 문제조차 발생하고 있지 않다고 보고하는 사례들을 보면서, 실제로 그들에게 아무런 문제가 일어나지 않는 것이 아니라, 건강 문제가 지속적으로 생기고 있으나 사업주와 연구자가 정리해고를 하거나 연구 결과를 누락시키고 위험작업들을 외주화하는 등의 방식으로 문제를 은폐·축소함으로써 마치 대외적으로는 아무 이상도 없는 것처럼 만들어가는 후안무치함에 분노를 넘어 차라리 연민을 느끼고 있다.

흔히 정책 전문가나 연구자들이 겪는 이해상충의 상황은, "주도자인 정부나 연구비 지원기관의 의도에 순응함으로써 명성, 승진, 재정적 이득 등을 얻을 수 있을 때" 발생한다. 그중에서도 가장 흔하게 발생하는 타협의 결과로서는 '재정적 이득'을 들 수 있는데, 이는 필요 이상의 많은 보수, 특허, 상표, 저작권, 주식, 보상 등의 형태로 나타난다. 그러므로 정책 전문가나 연구자는 객관성을 가지고 정책을 자문하고 연구를 수행하여 이해의 상충이 발생하지 않도록 항상 조심할 필요가 있다. 또한 정책 전문가나 연구자가 속해 있는 기관은 이러한 이해의 상충을 관리·통제하기 위한 별도의 조직(예, 윤리위원회 등)을 조직·운영하고 그를 위한 충실한 지침(가이드라인)을 만들어야 할 것이다.

여기서 지침의 예를 몇 가지만 들자면, 정책 전문가나 연구자가 정책을 자문하고 연구를 수행하면서 어떤 것으로든 보상을 받을 때에는 그들이 노력한 만큼에 해당하는 적당한 보상을 받아야 하며, 정책 전문가나 연구자는 그들이 자문하고 연구하는 과정에서 맺는 물질적·재정적인 관계에 대해서 모두 밝혀야 하고, 정책 전문가나 연구자가 자문하고 연구한 결과를 발표하는 보고서(혹은 저널)에는 이해상충 내용을 밝히는 설명문이 포함되어야 하며, 정책 전문가나 연구자의 활동은 소속기관 '윤리위원회'의 관리를 받아야 한다는 내용들이 그것이다.

노동자의 알 권리, 개인 정보 보호, 신의, 정의

노동자들의 알 권리(Right to Know)에 대해서 이야기할 때 가장 많이 언급되는 주제가 '물질안전보건자료(MSDS)'다. 실제로 이 자료는 현장에 비치되어 있어 노동자들이 항상 볼 수 있어야 하므로 사업장 근로감독 시 가장 대표적으로 점검되는 메뉴이기도 하다. 그러나 종종 유해물질 중독 사건이 발생할 때마다 확인되고 있는 해당 제도의 운영 수준을 보면, 너무 형식적이고 부실하여 실망스러움을 감출 수 없는 것이 사실이다.

또한 노동자들이 건강검진을 받은 후 그 결과를 통보받을 때, '노동자 개인별로 통보받는 방식'과 '사업주를 통해 일괄적으로 통보받는 방식' 사이에서 발생해온, '개인 정보 보호'와 '사업주 관리책임 강화' 라는 논점의 충돌은 이미 '개별통보제도'가 시행되고 있음에도 지속되고 있다. 개인 정보 보호와 고용 불안정을 예방하기 위해서는 '개별 통보'가 유지될 필요가 있는 것이 사실이다. 그러나 사업주에게 좀 더 큰 책임을 부여하고 제대로 된 사후관리 시스템을 구축·운영하도록 하기 위해서는 상당 수준의 개인 정보가 사업주 영향력 안에 집적되고 관리될 필요가 있기도 하다.

대개의 연구자들은 정부의 정책자문이나 연구를 수행하면서, 정부나 기업들이 가지고 있는 다양한 비밀들을 알게 되는 경우가 종종 있다. 사실 그 내용 중에는 일반 노동자나 사회에 알려서 공유해야 할 일도 있을 수 있고, 어떤 경우에는 정부나 기업의 입장에 서서 보안을 유지해주어야 할 상황이 있을 수도 있다. 그러나 실제로 이러한 문제들이 생겼을 때 어떤 입장을 취해야 하는지를 냉정하게 판단하기가 생각보다는 쉽지 않은 것이 사실이다. 적어도 사안에 따라서 '선의'의 입장 혹은 의도를 가진 정부와 기업일 경우, 전문가나 연구진은 그들과의 '신의'의 문제를 고민하지 않을 수 없으며, 이후의 지속적이고 긍정적인 영향력 행사를 위해 '다소간의 비밀'을 유지해주기도 한다. 그럴 때에는 과연 '정의'란 무엇이고 어떻게 지켜져야 하는지 진지하게 고민하지 않을 수 없다.

그동안의 경험을 보면, '노동자의 알 권리', '개인 정보 보호', '신의', '정의'의 문제는 의외로 명쾌하게 구분되기 어려울 수도 있는 것 같다. 만약 그 과정에서 전문가나 연구자가 자신의 철학과 신념에 투철하지 않을 경우, 자칫 노동자들에게 중대한 피해를 주거나 부정한 이득을 취하며 역사의 절벽 아래로 추락할 수 있을 것으로 보인다. 같이 생각해볼 주제들이다.

참고문헌

의학교육연수원. 2005. 『임상윤리학』(개정판). 서울대학교출판부. 420~421쪽.
"다시 불붙는 산재법 개정 요구". 2011. ≪내일신문≫(2011.5.31.). www.naeil.com/News/politics/ViewNews.asp?nnum=607812&sid=E&tid=0
"'삼성 백혈병', 피해자에게 입증 떠넘기나?" 2010. ≪프레시안≫(2010.10.14.). www.pressian.com/article/article.asp?article_num=30101014153426
"'삼성 백혈병' 재판, 마지막 변론 반도체 공장 진실 드러날까?" 2011. ≪프레시안≫(2011.5.23.). www.pressian.com/article/article.asp?article_num=30110523182148&section=02

참고문헌

Abadie, P. C. 1994. "Situacion de la industria azucarera en los Estados Unidos, Respuesta de los Trabajadores ante los Cambios en la Econmia Mundial del Azucar [Situation of the Sugar Industry in the U.S., Workers' Response to the Changes in the Sugar World Economy]." Comision de Coordinacion para la Solidaridad entre los Trabjajadores Azucareros del Mundo: 15~19, Toronto, Canada.

Abott, E. 1969. "Women in industry: A study in American economic history. In: American Labor: From Conspiracy to Collective Bargaining." *Arno & New York Times*, Chapter VIII.

Agnesi, R., F. Valentini, and G. Mastrangelo. 1997. "Risk of spontaneous abortion and maternal exposure to organic solvents in the shoe industry." *International Archives of Environmental Health*, vol. 69, pp.311~316.

Allen, D. 1987. *Testimony on H. 1477, The Massachusetts Toxics Use Reduction Act, before the Joint Committee on Natural Resources and Agriculture*. Boston, Massachusetts, 13 October.

American Federation of State, County, and Municipal Employees Web site at http://www.afscme.org/private/privat01.htm, acessed November 2001.

American Apparel & Footwear Association. 2003. "ShoeStats 2003." Arlington, Virginia, pp.i-vi, http://www.apparelandfootwear.org/data/ shoestats 2003.pdf.

Ames, Ron. 1994. Uniroyal, telephone interview, 17 January

Amin, S. 2000. "The Political Economy of the Twentieth Century." *Monthly Review*, vol. 52(2), pp.1~17.

Anderson, Bob. 1989. "La. plant makes chemical that has apple industry in uproar." The Baton Rouge Morning Advocate, 15 March, p.3-A.

Anderson, J. 1998. Interview by author, tape recording, Raleigh, North Carolina, 1 August.

Armenti, K. 2001. *Primary Prevention for Occupational Health: Using the Pollution Prevention Model to Promote the Integration of Occupational and Environmental Health*, doctoral dissertation, Department of Work Environment. Massachusetts: University of Massachusetts Lowell, Chapter 5.

Arnold, R., B. Burke, C. James, D. A. Martin, and B. Thomas. 1991. *Educating for a Change*. Toronto, Ontario: Doris Marshall Institute for Education and Action.

Asian Development Bank(ADB). 2002. "Country economic review: Indonesia."ADB, Manila, p.5, http://www.adb.org/DocumentsCERs/INO/2003/default.asp.

Ashford, N. A. 1976. *Crisis in the Workplace*. Cambridge, Massachusetts: MIT Press.

_____. 1997. "Industrial safety: The neglected issue in industrial ecology." *Journal of Cleaner Production 5*, vol. 1~2, pp.115~121.

Ashford, N. A. and C. Caldart. 1996. Technology, Law and the Working Environment (Revised Edition), Island Press, Washington, D.C.

Associated Industries of Massachusetts. 1987. *Mandated Reduction and Elimination of Chemicals Proposed, Legislative Bulletin.* 26:17, 21 August.

Autio. 1992. "phone conversation cited in Warren, Nick unpublished paper Unanticipated Consequences of Banning A Chemical: The Case of Alar, Work Environment Dept." UMass Lowell, 17 Dec.

Azaroff, L. S. et al. 2004. "Wounding the messenger: occupational health surveillance in the new economy," *International Journal of Health Services*, 34(2), pp.271~303.

Azucareros de Mexico. 1997. *Bimonthly publication of the Mexican Union of Sugar Mill Workers.* pp.10~11, August, Azucarnet. http://www.azucarnet.com/azunet/ingenios/ingenios.html, 1998.

Backman, J. 1970. *The Economics of the Chemical Industry.* Washington, D.C.: Manufacturing Chemists Association.

Bahia-SSP. 1999. *Policia Militar do Estado.* Albuns de fotografias de assaltantes de onibus, 1998~1999, Salvador, [s.n].

Barkin, D. 1990. *Distorted Development: Mexico in the World Economy.* Boulder, Colorade: Westview Press.

_____. 1993. "Building Trinational Solidarity in an Era of Free Trade." New Solutions, vol. 3(4), pp.70~80.

Barkin, D., I. Ortiz, and F. Fosen. 1997. "Globalization and Resistance: The Remaking of Mexico." *NACLA Report on the Americas*, vol. 30(4), pp.14~27.

Basel Action Network and the Silicon Valley Toxics Coalition. 2002. Exporting Harm: The High Tech Trashing of Asia.

Baxter, J. 1999. "Canada's Brain Drain 'A Subsidy' for U.S. Giants." the Ottawa Citizen, April 19, as reproduced in labor. newline@labornet.org.

Belkie, K. and P. Schnall. 1998. "On a San Francisco Public Transportation Line: Burden and Consequences upon the Human Operator." *San Francisco Bus Drivers Study*, San Francisco: San Francisco Municipal Railway.

Bello, W., S. Cunningham, and B. Rau. 1994. "Dark Victory: The United States." *Structural Adjustment and Global Poverty*, p.5, London: Pluto Press.

Bennett, D. 1997. "Beware ISO." *New Solutions*, vol. 7(3), pp.37~45.

_____. 2001. "ISO and the WTO: A Report to the International Conferation fo Free Trade

Unions' Working Party on Health, Safety, and Environment." *New Solutions*, vol. 11(2), pp.197~201.

Berberian. 1987. *IG, Journal of Occupational Medicine*, Vol. 29, p.409.

Berman, D. 1978. *Death on the Job, Occupational Health and Safety Struggles in the United States*. New York and London: Monthly Review Press.

Bishop, P. 2000. *Pollution Prevention: Fundamentals and Practice*. Boston, Massachusetts: McGraw-Hill.

Blewett, M. 1991. *We Will Rise in Our Might*. Ithaca: Cornell University Press.

Boble, C. 1997. "OSHA at 20: Regulatory Strategy and Institutional Structure in the Work Environment, in Work, Health, and Environment/Old Problems." *New Solutions*, C. Levenstein and J. Wooding(eds.), Guilford.

Boserup, E. 1970. *Woman's Role in Economic Development*. New York: St. Martin's Press.

Bower, J. L. 1986. *When Markets Quake: The Management Challenge of Restructuring Industry*. Boston: Harvard Business School Press.

Braidotti, R., E. Charkiewicz, S. Hausler, and S. Wieringa. 1994. *Women, the Environment and Sustainable Development Towards a Theoretical Synthesis*, London: Zed Books.

Brandt, B. et al. 1991. "Less Time for Our Jobs, More Time for Ourselves." *New Solutions*, vol. 2(1), pp.50~65.

Brenner, M. H. 1973 *Mental Illness and the Economy*. Cambridge, Massachusetts: Harvard University Press.

Britton, Sharon. 1989. "The post-Alar era dawns chilly for apple growers." *Boston Globe*, 25 Oct. p.29, 34.

Brodsky, C. 1976. "Rape at Work." in Walker, M. and Brodsky, S. (eds.) *Sexual Assault*. Boston: Lexington Books.

Brown, G. 2000. "Double Standards: U.S. Manufacturers Exploit Lax Occupational Safety and Health Enforcement in Mexico's Maquiladoras." Mulinational Monitor, Novemeber.

Burawoy, M. 1979. *Manufacturing Consent*. Chicago: University of Chicago Press.

Bureau of Labor Statistics. 1992. "Employed Persons by Occupation, Sex, and Age." as reported in World Almanac and Book of Facts, New York: Pharos Books, p.169.

_____. 2001. http://stats.bls.gov/iag/iag.services.htm, accessed March 27.

Bureau of National Affairs. 1981. "Illinois Task Force on Sexual Harassment in the Workplace Survey." *Sexual Harassment and Labor Relations: A Special Report*, p.29ff. Washington D.C.

Burke, B. 1998. "Evaluating for a Change: Reflections on Participatory Methodology." *New Direclionsfor Evaluation*, vol. 80, pp.43~56.

Campbell, R. 2000. Planning Without a Public: Legitimacy and Action in Toxics Use Reduction

Policy, unpublished doctoral dissertation. Lowell: University of Massachusetts, May.

Castleman, B. 1995. "The Migration of Industrial Hazards." International Journal of Occupational and Environment Health, vol. 1(2), pp.85~96.

Castro, N. and V. Sa Barreto (org.). 1998. Trabalho e desigualdades sociais, Sao Paulo: Annablume/ A Cor da Bahia.

Chapman, K. 1991. The International Petrochemical Industry: Evolution and Location, Basil Blackwell, Inc., Cambridge, Massachusetts.

Charkiewicz, E. with S. van Bennekom and A. Young. 2001. *Transitions to Sustainable Production and Consumption: Concepts, Policies and Actions*. Maastricht: Shaker Publishing.

Chen, M. A. 1999. "The Invisible Workforce: Women in the informal economy." International Perspectives on Work and the Economy, vol. 1(1). the Harvard University, Cambridge, Massachusetts: Radcliffe Public Policy Center.

_____. 2001. "Women in the Informal Sector: A Global Picture, the Global Movement." *SAIS Review*, vol. 21(1), pp.71~82.

Chen, M. and A. Chan. 1999. "China's "market economics in command": Footwear workers' health in jeopardy." *International Journal of Health Services*, vol. 29(4), pp.793~811.

Chick, Fred. 1993. grower. Worthington, MA, interview, 14 Oct. Clark, Dana. 1993. grower. Ashfield, MA, interview, 13 Oct. Claussen, B.(nd). Unemployment and Health, http://www.helsenett.no/info/fordypning/cla.../Arbeidsloeshethelseeng.htm

Chowdhry, G. 1995. Engendering Development? Women in Development(WID) in M. H. Marchand and J. L. Parpart(eds.). international development regimes, in *Feminism/Postmodernism/Development*. London: Routledge, PP.26-41.

Collective interview by Blanca Lemus with workers at the union's local. 1997.

Colten, C. and P. Skinner. 1996. *The Road to Love Canal, Managing Industrial Waste before EPA*. Austin: University of Texas Press: Chapter 4.

Confederacao Nacional do Transporte-CNT. 1998. Midia Brasil Consultoria e Comunicacao, Brasilia.

Corral, T. The Women's Action Agenda for a Healthy and Peaceful Planet. *Development* 45(3). September 2002, PP.28~32.

Coser, L. 1974. *Greedy Institutions*. New York: Free Press.

Crull, P. 1987. "Searching for the Causes of Sexual Harassment: An Examination of Two Prototypes." pp.225~244 in Bose, C., Feldberg, F., and Sokoloff, N. *Hidden Aspects of Women's Work*, New York: Praeger.

Daminozide Special Review Technical Support Document, p.II~43.

Daminozide Special Review Technical Support Document-Preliminary Determination to Cancel the Food Uses of Daminozide. 1989(May). Office of Pesticide Programs, Office of Pesticides and Toxic Substances, United States Environmental Protection Agency D-10806 p.I-8, III-3.

Daminozide: Termination of Special Review of Food Uses. 1989. Federal Register, Vol. 54(216), Tuesday 14 November, p.47482.

Davies, M. 1974. "Women's Place is at the Typewriter: The Feminization of the Clerical Labor Force." *Radical America*, vol. 8(4), pp.128.

De Castro, I. 2001. "Your left shoe is from China." *Newsbreak*, vol. 1(32), http://www.inq7.net/nwsbrk/2001/aug/30/nbk_7-1.htm.

Denman, C. and L. Cedillo. 2001. "Work and Health in the Export Industries at National Borders: The Case of the Maquiladoras in Mexico." unpublished paper presented at the International Conference on the Impact of Global Inequalities at Work, Boston, Massachusetts: Harvard Center for Society and Health, June 20~22.

Department of Labor and Employment(DOLE). 2003. "DOLE completes Philippine country program for informal sector." DOLE press release, http://www.dole.gov.ph/news/pressreleases2003/March/075.htm

Desai, M. Transnational Solidarity: Women's Agency, Structural Adjustment and Globalization, in N. A. Naples and M. Desai(eds.). *Women's Activism and Globalization: Linking Local Struggles and Transnational Politics*. New York: Routledge, pp.15~33, 2002.

Devine, J. 1996. "Lean and Mean." *Monthly Review*, vol. 47(9) p.49.

Dobash, R. E. and R. Dobash. 1983. *Violence Against Wives*. New York: Free Press.

Dodge, B. 1998. Interview by author, tape recording, Raleigh, North Carolina, 1 August.

Dowie, M. 1997. *Losing Ground: American Environmentalism at the Close of the Twentieth Century*. Cambridge, Massachusetts:MIT Press.

Druck, G. 1997. "Flexibilizacao, Terceirizacao e Precarizacao: A Experiencia dos Sindicatoss, in T. Franco(ed.). Trabalho, Riscos Industriais e Meio Ambiente: Rumo ao Desenvolvimento Sustentavel?". Caderno CRH, Savador, BA, EDUCBA/CRH/FFCH/UFBA, pp.132, 138.

Dunlop, J. T. 1958. *Industrial relations systems analysis*. New York: Holt.

Dwyer, T. and A. E. Raftery 1991. "Industrial Accidents are Produced by Social Relations of Work: A Sociological Theory of Industrial Accidents." *Applied Ergonomics*. vol. 22(3), pp.167~178.

Economist Publications. 1999. The World in 1999. London, pp.1~78.

Edwards, Clive A. 1993. "The Impact of Pesticides on the Environment." in Pimentel and Lehman(ed.). *The Pesticide Question: Environment, Economics and Ethics Chapman and*

Hall, p. 291.

Edwards, R. C. 1979. *Contested Terrain*. New York: Basic Books.

Egan, Timothy. 1991. "Apple Growers Bruised and Bitter After Alar Scare." *New York Times*, 9 July.

Eisenberg, S. 1999. *We'll Call You If We Need You: Experiences of Women Working Construction*. Ithaca, NY: ILR Press.

Elden, M. 1983. "Democratization and Participative Research in Developing Local Theory." *Journal of Occupational Behavior*, vol. 4, pp. 21~33.

Elias, N. 1997. Os alemaes, Jorge Zahar. Rio de Janeiro.

Elsner, M. 1992. Memo to Stan Holt, National Toxics Campaign, from CACOSH, dated 11/24/92, in From NIEHS files in RTP, North Carolina.

EPA Chief Financial Officer Web site: http://www.epa.gov/ocfopage/budget/budget.htm, January 17, 2003.

Epstein, C. F. 1981. Women in Law. New York: Basic Books.

Erwin, G. 1998. Telephone interview by author, tape recording, 7 August.

Evans, P. 1981. "Collectivized Capitalism: Integrated Petrochemical Complexes and Capital Accumulation in Brazil." in Authoritarian Capitalism: Brazil's Contemporary Economic and Political Development, T. Bruneau and P. Faucher(eds.), pp. 81~125.

Farm Chemicals Handbook Meister Publishing Co., 1994. Willoughby, Ohio.

Ferree, M. M. 1985. "Between Two Worlds: German Feminist Approaches to Working Class Women and Work." Signs, vol. 10(3), pp. 517~536.

Flacks, R. 1988. *Making History*. New York: Columbia University Press.

Flavin, C. 2001. Rich Planet, Poor Planet in *State of the World 2001: A Worldwatch Institute Report on Progress Toward a Sustainable Society*. NewYork: W.W. Nonon and Company.

Fouad, M. N. et al. 1997. "A Hypertension Control Program Tailored to Unskilled and Minority Workers." *Ethnology and Diseases*, vol. 7(3), pp. 191~199.

Fowlkes, M. 1980. *Behind Every Successful Man*. New York: Columbia University Press.

Franca, A. 1998. Violencia no trabalho e sofrimento mental, UFBA, Salvador, (mimeo).

Gallaga, R. 1984. Azucar: Tiempos Perdidos [Sugar: Lost Times]. Mexico, DF: Mexico: Ediciones El Caballito.

Geiser, K. 1991. "The Greening of Industry: Making the Transition to a Sustainable Economy." *Technology Review*, August-September.

Gerber, L. 1983. *Married to Their Careers*. London: Tavistock.

Gibson, S. 1994. "How OSHA Dealt with Asphalt Fumes." *New Solutions*, vol. 5(1), pp. 34, 42~44, Fall.

Ginsberg, S. 1999. "NAFTA: Low Pay Jobs to Mexico." High Pay Jobs to Canada, posted April 19, on http://www.labor.newsline@labornet.org.

Ginsburg, R. 1990. "What's in a Name? Serious Implementation of Pollution Prevention." *New Solutions*. pp.54~65, Summer.

Goldenhar, L. M. and M. H. Sweeney. 1996. "Tradeswomen's Perspectives on OccupaHealth And Safety: A Qualitative Investigation." *American Journal of Industrial Medicine*. vol. 29(5), pp.516~520.

Goldenhar, L. M., N. G. Swanson, 1. 1. Hurrell, A. Ruder, and 1. Deddens. 1998. "Stressors and Adverse Outcomes for Female Construction Workers." *Journal of Occupational Health Psychology*, vol. 3(1), pp.19~32.

Gottlieb, R.(ed.). 1993. *Forcing the spring: The Transformation of the American Environmental Movement*. Washington, D.C.: Island Press.

Gottlieb, R.(ed.). 1995. *Reducing Toxics, A New Approach to Policy and Industrial Decision-making*. Washington, D.C.: Island Press.

Government Regulation of Pesticides in Food: The Need for Administrative and Regulatory Reform. 1989. Report by the Subcommittee on Toxic Substances, Environmental Oversight, Research and Development to the Committee on Environment and Public Works, United States Senate, Oct. pp.33~34.

Granstedt, A. and L. Kjellenberg. 1997. Long-Term Field Experiment in Sweden: Effects of Organic and Inorganic Fertilizers on Soil Fertility and Crop Quality. Paper presented at the International Conference on Agricultural Production and Nutrition, Tufts University, Boston, Massachusetts.

Greenbaum, Joan. 1994. "The Forest and the Trees." *Monthly Review*, 46(6): 62.

Green, C., S. Joekes, and M. Leach, 1998. Questionable Links: Approaches to gender in C. Jackson and R. Pearson(eds.). *environmental research and policy, in Feminist Visions of Development: Gender Analysis and Policy*, London: Routledge, pp.259-283.

Griffin, C. 1985. Typical Grils. London: Routledge and Kegan Paul.

Groth, A. N. 1978. *Men Who Rape*. New York: Plenum.

Guerin, B. 2002. "Weak footing for Indonesia's shoe industry." *Asia Times*, 28 November, http://www.atimes.com/atimes/Southeast_Asia/DK28Ae02.html.

Hagberg, M. 2001. "Broadening the View of Exposure Assessment." *Scandinavian Journal of Work Environment and Health*. vol. 27(5), pp.354~357.

Halle, D. 1984. *America's Working Man*. Chicago: University of Chicago Press.

Harcourt, W. 1994. *Feminist Perspectives on Sustainable Development*. London: Zed Books.

_____. 2001. Women's Health, Poverty and Globalization, *Development* 44(1) March.

pp. 85~90.

Harding, S. 1986. *The Science Question in Feminism*. Ithaca, New York: Cornell University Press.

_____. 2000. Gender, Development and Post-Enlightenment Philosophies of Science, in U. Narayan and S. Harding(eds.). *Decentering the Center: Philosophy for a Multicultural, Postcolonial and Feminist World*. Bloomington: Indiana University Press. PP. 240261.

Harnsten, G. 2000. *Autonomy and Hospital Cleaners*. The Research Circle. in P. Daniel (ed.). Women, Literacy and Power(Equal Opportunities International S.). Patrington, East Yorkshire: Barmarick Publications.

Hartigan, P., J. Price, and R. Tolhurst. 2002. "Communicable diseases: Outstanding commitments to gender and poverty." In: G. Sen, A. George, and P. Östlin. *Engendering International Health: The Challenge of Equity*. Cambridge, Massachusetts: The MIT Press, pp. 37~62.

Hathaway, J. S. 1993. "Alar: The EPA's Mismanagement of an Agricultural Chemical." in Pimentel and Lehman, (eds.), *The Pesticide Question: Environment*, Economics and Ethics Chapman and Hall, p. 338.

_____. 1995. Natural Resources Defense Council, telephone interview, 28 March.

High, Lehman. 1993. "New Directions for Pesticide Use." in Pimentel and Lehman(ed.). *The Pesticide Question: Environment*, Economics and Ethics Chapman and Hall, p. 4.

Hiimsten, G. 1994. *The Research Circle-Building Knowledge on Equal Terms*. Stockholm: The Swedish Trade Union Federation.

Hochschild, A. R. 1983. *The Managed Heart*. Berkeley: University of California Press.

Holmstrand, L. 1993. *The Research Circl~A Way of Cooperating*. In K. Forrester and C. Thome (eds.). Trade Unions and Social Research. Aldershot, England: Avebury Press, pp. 106~114.

Holliday, C. and J. Pepper. 2002. *Sustainability through the Market: Seven Keys to Success*. World Business Council on Sustainable Development.

Hope, A. and S. Timmel. 1996. *Training for Transformation: A Handbook for Community Workers*. London: Intermediate Technology Development Group Publishing.

Hughes, J. T. 1991. "An Assessment of Training Needs for Worker Safety and Health Programs: Hazardous Waste Operations and Emergency Response." *Applied Occupational and Environmental Hygiene*, vol. 6(2), pp. 114~118.

Hunt, L. and J. Hunt. 1982. "The Dualities of Careers and Families." *Social Problems*, vol. 29(5), pp. 500~510.

International Agency for Research on Cancer(IARC). 1981. "Monographs on the evaluation of the carcinogenic risk of chemicals to humans." *Wood, leather and some associated industries*, vol. 25. IARC, Lyon.

International Conferation of Free Trade Unions(ICFTU), "Report on United States from the

Annual Survey of Violations of Trade Union Rights." available on the internet at http://www.icftu.org, accessed in October 2001.

International Labor Organization(ILO). 1999. "Decent Work and Protection for All: Priority of the Americas, Fourteenth Regional Meeting of ILO American Member States." ILO, Geneva.7

International Labour Office(ILO). 1999. "Programme to Combat Child Labour in the Footwear Industry in Indonesia, the Philippines, and Thailand. ILO, International Programme on the Elimination of Child Labour (IPEC)." Internal project document.

_____. 2000. "Labour Practices in the Footwear, Leather, Textiles and Clothing Industries." Report for discussion at the tripartite meeting. Sectoral Activities Department. ILO, Geneva, pp.27, 48.

_____. 2002. "Decent work and the informal economy. International Labour Conference, 90th Session." ILO, Geneva, http://www.ilo.org/public/english/standards/relm/ilc/ilc90/pdf/rep-vi.p df.

Interview by Blanca Lemus with union representatives. 1997.

Iversen L., O. Andersen, P. K. Andersen, et al. 1987. "Unployment and Mortality in Denmark, 1970~80." *British Medical Journal*, vol. 295, pp.879~884.

James, A. 1989. Wylie quoted in "Uniroyal pulls apple pesticide from market, citing controversy." *Chemical Marketing Reporter*, 5 June.

Janet. 1993. "Alar: The EPA's Mismanagement of an Agricultural Chemical." in Pimentel and Lehman, (eds.), *The Pesticide Question: Environment, Economics and Ethics* Chapman and Hall, New York and London, p.343.

Jeffress, C. 1999. *Welcoming Remarks*, OSHA/NIOSH/EPA Conference 1999, unpublished.

Joan, Zorza. 1991. "National Center for Women and Family Law." *speech to the Domestic Violence Advisory Council*, Boston, Mass. March.

Kabeer, N. 1994. *Reversed realities: Gender hierarchies in development thought*. Verso, London, pp.62~64.

Karliner, J. 1997. The *Corporate Planet: Ecology and Politics in the Age of Globalization*. San Francisco: Sierra Club Books.

Kasinsky, F. 1992. "Sexual Harassment: A Health Hazard for Women." *New Solutions*, vol. 2(3), pp.74~83.

Khor, M. "The Situation at the WTO a Year Since Seattle." *Third World Network report*, available on the internet at http://www.twnside.org.

Kieding, S. 1997. Interview by author, tape recording, Denver, Colorado, 18 July.

Kilborn, A., K. Messing, and C. Bildt Thorbjomsson. (eds). 1998. *Women's Health at Work*.

Helsingborg: AB Boktryck.

Kleinman, A. 1992. *Writing at the Margin*. Berkeley: University of California Press.

Kriebel, D., K. Geiser, and C. Crumbley. 2001. The Lowell Center for Sustainable Production: Integrating Environment and Health into Regional Economic Development in R. Forrant, J. Pyle, W. Lazonick and C. Levenstein(eds.). *Approaches to Sustainable Development*. Amherst: University of Massachusetts Press. pp. 295~308.

Krueger, R. A. 1994. *Focus Groups: A Practical Guide for Applied Research*. Thousand Oaks, CA: Sage.

Kuhn, S. and J. Wooding. 1994. "The Changing Structure of Work in the United States, Part 1: The Impact on Income and Benefits." *New Solution*, vol. 4(2), pp. 43~56.

_____. 1994. "The Changing Structure of Work in the United States, Part 2: Implications for Health and Welfare." *New Solution*, vol. 4(4), pp. 21~27.

Labor Institute. 1992. *OCAW/Labor Institute, Hazardous Materials Workbook (6th Edition)*. New York: The Apex Press.

Labra, A. 1997. "Economial de Estado, salario del miedo [State Economy, Fear Wages]." *La Jornada Labora*, 25 September, pp. 6~8.

Laksamana. 2002. "Private sector: gloom in shoes." *The Politics and Economics Portal*, 15 December 2002, http://www.laksamana.net/vnews.cfm?ncat=31&news_id=4439.

Latour, J. 2001. "Live! From New York: Women Construction Workers in Their Own Words." *Labor History*, vol. 42(2), pp. 179~189.

Leavitt, K. 1995. "Toward Alternatives: Re-Reading the Great Transformation." *Monthly Review*, vol. 47(2), pp. 1~6.

Lee, D. H., I. G. Park, J. H. Kim, T. H. Lee, D. Kim, and S. Kang. 1998. "Neuro-behavioural changes in shoe manufacturing workers." *Neurotoxicity and Teratogenicity*, vol. 20(3). pp. 259~263.

Lemus, B. 1999. Bitter Sweetness: *The Health Impact of Privatization of a Sugar Mill in Mexico*. unpublished Sc.D. dissertation, University of Massachusetts Lowell.

Leopold, L. 1998. Interview by author, tape recording, New York, 9 July.

Levenstein, C. 1996. "Policy Implications of Intervention Research: Research on the Social Context of Intervention." *American Journal of Industrial Medicine*, vol. 29, pp. 258~261.

Levenstein, C. and D. J. Tuminaro. "The Political Economy of Occupational Disease." In: Levenstein C. and Wooding J. (Eds.) *Work, Health, and Environment: Old Problems, New Solutions*. New York: The Guilford Press, pp. 3~18.

Levenstein, C., J. Wooding, and B. Rosenberg. 1994. "The Social Context of Occupational Health." In B. Levy and D. Wegman (eds.), *Occupational Health*, Boston, MA: Little

and Brown, pp. 25~53.
_____. 2000. *Occupational Health, A Social Perspective, in Occupational Health, Recognizing and Preventing Work-Related Disease and Injury(4th Edition)*. B. Levy and D. Wegman (eds.). Philadelphia, Pennsylvania: Lippincott Williams & Wilkins.
_____. 2000. "Occupational health: Social perspective." In: B. S. Levy, and D. H. Wegman, (eds.). *Occupational Health: Recognizing and Preventing Work-Related Disease and Injury*. Lippincott Williams & Wilkins, Philadelphia, pp. 27~50.
Linger, D. T. 1992. *Dangerous Encounters*. Stanford: Stanford University Press.
Lord, William J. 1969. "Thoughts on the Apple Harvest Problem." *Dept. of Plant and Soil Sciences Fruit Notes*, May~June, pp. 8~9.
MacEwan, A. 1994. "Globalization and Stagnation." *Socialist Register*, p. 131, London: Merlin Press.
March, C., I. Smyth, and M. Mukhopadhyay. 1999. *A Guide to Gender-Analysis Frameworks*. London: Oxfam.
MacKinnon, C. A. 1979. *Sexual Harassment of Working Women*. New Haven: Yale University Press.
_____. 1987. *Feminism Unmodified*. Cambridge: Harvard University Press.
Markkanen, P. 2004. *Shoes, glues, and families: Working conditions in informal sector footwear manufacturing*. Doctoral dissertation. University of Massachusetts Lowell.
Martikainen, P. T. 1990. "Unemployment and Mortality among Finnish Men, 1981~85." *British Medical Journal*, vol. 301, pp. 407~411.
Martin, S. E. 1989. "Sexual Harassment: The Link Between Gender Stratification, Sexuality and Women's Economic Status." in J. Freeman(ed.). *Women*(4th edition). New York: Mayfield Publishers, pp. 54~69.
Massachusetts Department of Environmental Protection. 1995. "DEP toxics Use Reduction Program: Certified Toxics Use Reduction Planners by Type." 13 October.
_____. 1999. "Toxic Chemical Use." *Waste by Massachusetts Industries Continues Downward Trend*, 23 March.
Massachusetts General Court. 1989. "An Act to Promote Reduced Use of Toxic and Hazardous Substances in the Commonwealth." Boston, Massachusetts: House Bill 6161, 26 June.
Massachusetts General Laws. 1989. "Toxics Use Feduction Act." HB 6161, Chapter 211.
Mazzocchi, T. 1982. "Speech and Discussion Transcript." in From Files of Michael Brown.
_____. 1998a. "Crossing Paths: Science and the Working Class." *New Solutions*, vol. 8(1), pp. 27~32.
_____. 1998b. *Letter Introducing an OCAW History Binder, in A Collection of Documents from the OCAW struggle for Worker Health and Safety*. Washington D.C.: Alice Hamilton College.
McMichael, P. 2000. *Development and Social Change-A Global Perspective Pine Forge Press*,

California: Thousand Oaks.
Measday, W. and S. Martin. 1986. in W. Adams(ed.). *The Petroleum Industry, in The Structure of American Industry.* New York: Macmillan Publishing Company.
"Meeting the Challenge of Privatization." 1998. *New Solutions*, vol. 8(4).
Merchant, C. 1990. Ecofeminism and Feminist Theory, in I. Diamond and G. Orenstein(eds.). *Reweaving the World: The Emergence of Ecofeminism.* San Francisco: Sierra Club Books. pp.100~105.
_____. 1999. Partnership Ethics and Cultural Discourse: Women and the Earth Summit, in F. Fischer and M. A. Hajer(eds.). *Living with Nature: Environmental Politics as Cultural Discourse.* Oxford: Oxford University Press. pp.204~223.
Merrill, M. 1991. "No Test Know-How: Deficiencies of the Proposed OSHA Standard On the Accreditation of Training Programs for Hazardous Waste Operations." *New Solutions*, vol. 2(2) pp.47~58.
_____. 1994. "Trust in Training: The Oil, Chemical, and Atomic Workers International Union Worker-to-Worker Training Program." *Occupational Medicine: State of the Art Reviews*, vol. 9(2), pp.341~354.
_____. 1995. "Sharing Power: OCAW Worker-Trainers and the Small-Group Activity Method." New Solutions, vol.5(2), pp.39~50.
_____. 1998. Interview by author, tape recording, Princeton, New Jersey, 9 July.
Milkman, R.(ed.). 1985. *Women, Work and Protest.* London: Routledge and Kegan Paul.
Moir, S. 2002. "Boston's Big Dig: Lessons from Efforts to Integrate Occupational Health Goals into a Large Highway Development Project." *Occupational Health and Development.* vol. 4, pp.3~11.
Moir, S. and B. Buchholz. 1996. "Emerging Participatory Approaches to Ergonomic Interventions in the Construction Industry." *American Journal of Industrial Medicine.* vol. 29, pp.425~430.
Moises, J. A. and V. 1978. "Martinez-Alier, A revolta dos suburbanos ou epatrao, o trem atrasou, Contradicoes urbanas e movimentos sociais, Cedec/Paz e Terra." *Rio de Janeiro*, pp.13~65.
Moore, Richard. 1995. Uniroyal Agrochemical Division, telephone interview, 30 March.
Moran, J. B. and D. Dobbin. 1991. "Quality Assurance for Worker Health and Safety Training Programs: Hazardous Waste Operations and Emergency Response." *Applied Occupational and Environmental Hygiene*, vol. 6(2), pp.107~113.
Morello, B. 1986. *The Invisible Bar: The Woman Lawyer in America, 1683 to the Present.* New York: Random House.

Morris, J. K., D. G. Cook, and A. P. Sharper. 1994. "Loss of Employment and Mortality." *British Medical Journal*, vol. 308, pp.1135~1139.

Moser, K. S, P. O. Goldblatt, A. J. Fox, and D. R. Jones. 1987. "Unemployment and Mortality: Comparison of the 1971 and 1981 Longitudinal Study Census Samples." *British Medical Journal*, vol. 294, pp.86~90.

Mott, D. Lawrie. (undated but probably) 1990. "Chronology for Daminozide." *Natural Resources Defense Council*, Inc. San Francisco, CA.

Moure-Eraso, R. and Theodora Tsongas. 1990. "Benzene and Public Health Policy." *New Solutions*, vol. 1(2), pp.13~21.

Moure-Eraso, R. et al. 1994. "Bact to the Future: Sweatshop Conditions on the Mexico-U.S. Border. I. Community Health Impact of Maquiladors Industrial Activity." *American Journal of Industrial Management*, vol. 25, pp.311~324.

_____. 1997. "Bact to the Future: Sweatshop Conditions on the Mexico-U.S. Border. II. Occupational Health Impact of Maquiladors Industrial Activity." *American Journal of Industrial Management*, vol. 31, pp.587~599.

Mowry, J. 1991. "A Reconsideration of Union Effects on Safety Levels and Compensating Wage Differentials for Job Hazards." *Working Paper*, Middlebury Colleg.

Mujica, J. 1992. "Coloring the Hazards: Risk Maps Research and Education to Fight Health Hazards." *American Journal of Industrial Medicine*, vol. 22, pp.767~770.

NAFTA at 7, 2001.

National Agency for Export Development. 2003. "Europe lifts the antidumping duty on Indonesian footwear." *The Department of Trade and Industry*, Indonesia. 20 March, http://www.nafed.go.id/news/index.php?artc=780.

Navarro, V.(ed.). 2001. *The Political Economy of Social Inequality, Consequences for Health and Quality of Life, Baywood, Amityville*. New York.

_____. 1993. *Dangerous to Your Health: Capitalism in Health Care*. New York: Monthly Review Press.

_____. 1999. "The Political Economy of the Welfare State in Developed Capitalist Countries." *International Journal fo Health Services*, vol. 9(1), pp.1~49.

Neuman, J. H. and R. A Baron. 1998. "Workplace Violence and Workplace Aggression: Evidence Concerning Specific Forms, Potential Causes, and Preferred Targets." *Journal of Management*, vol. 24(3), p.391, May~June.

Nijem, K., P. Kristensen, A. Al-Khatib, F. Takrori, and E. Bjertness. 2001. "Prevalence of neuropsychiatric and mucous membrane irritation complaints among Palestinian shoe factory workers exposed to organic solvents and plastic compounds."

Nijem, K., P. Kristensen, S. Thorud, A. Al-Khatib, F. Takrori, and E. Bjertness. 2001. "Solvent exposures at shoe factories and workshops in Hebron City, West Bank." *International Journal of Occupational and Environmental Health*, vol. 7, pp. 182~188.

NIOSH-Cib. 1996. "Violence in the Workplace, Department of Health and Human Services." *Cincinnati*, n. 57.

Noble, C. 1986. *Liberalism at Work, The Rise and Fall of OSHA*. Philadelphia: Temple University Press.

Noronha, C. V. and E. Paes-Machado. 1997. *Projecto Activa: atitudes e normas coletivas frente a violencia em cidades selecionadas da regiao das Americas*. OPAS/UFBA/UNEB. Salvador.

OCAW. 1987. "OCAW Applies for Hazardous Waste Grant." Lifelines: OCAW Health and Safety News, vol. 13, pp. 5~6.

_____. 1988. "4 HAZMAT OSHECs Selectied." *Lifelines: OCAW Health and Safety News*, vol. 14, pp. 11~12.

_____. 1992. "Grant Application to NIEHS RFA ES-92-1." in *Worker Health and Safety Training Cooperative Agreement*.

Occupational Safety and Health Administration WEb site: http://www.osha.gov/media/oshnews/apr01/national-2001 accessed on 5 November, 2001.

Ochsner, M. 1998. "Pollution Prevention: An Overview of Regulatory Incentives and Barriers." *Environmental Law Journal*, vol. 6(3), New York University.

_____. 2001. "Can Workers Participate In-and Benefit Form-Pollution Prevention?" *Pollution Prevention Review*, Summer.

Our Common Future The Report of the World Commission on Environment and Development. 1987. New York: Oxford University Press.

OSHA Web site: http://www.osha.gov/oshafacts.html, January 17, 2003.

Ostrander, S. 1984. *Women of the Upper Class*. Philadelphia: Temple University Press.

Paes-Machado, E. and G. Tapparelli. 1996. "Violencia Juvenil, Infracao e Morte nas Quadrilhas de Salvador." *Cadernos do Ceas*, vol. 165, pp. 63~81.

Paes-Machado, E., C. V. Noronha, and F. Cardoso. 1997. "No olho do furacao: brutalidade policial, discriminacao racial e controle da vilencia em Salvador." *Revista Afro-Asia*. vol. 19(20), pp. 201~226.

Paludi, M. and F. Barickman. 1991. *Academic and Workplace Sexual Harassment: A Resource Manual*. Albany: SUNY Press, especially pp. 61~63.

Parpart, J. L. and M. H. Marchand. 1995. Exploding the Canon: An Introduction/Conclusion in M. H. Marchand and J. L. Parpart(eds.). *Feminism/Postmodernism/Development*, London: Routledge. pp. 1~22.

Passero, S., N. Battistini, R. Cioni, F. Giannini, C. Paradiso, F. Battista, F. Carboncini, and E. Sartorelli. 1983. "Toxic polyneuropathy of shoe workers in Italy: A clinical, neurophysiological and follow-up study." *Italian Journal of Neurological Science*, vol. 4(4), pp. 463~472.

Patterson, O. 1991. "Race, Gender and Liberal Fallacies." *The New York Times*, 20 October, IV/2.

Patton, M. Q. 2002. *Qualitative Research and Evaluation Methods(3rd ed.)*. Thousand Oaks, CA: Sage.

Penny, J. and R. Moure-Eraso. 1995. "Application of Toxics Use Reduction to OSHA Policy and Programs." *Methods and Policy Report*, No. 12. Toxics Use Reduction Institute, Lowell, Massachusetts: University of Massachusetts Lowell.

Petras, J. and H. Veltmeyer. 1999. "Latin America at the End of the Millennium." *Monthly Review*, vol. 51(3), pp. 31~52.

Pidena-Ofreneo, R. 1993. "Garments homeworkers in Bulacan." in: L. Lazo(ed.). *From the Shadows to the Fore: Practical Actions for the Social Protection of Homeworkers in the Philippines*. Bangkok: International Labour Office(ILO), pp. 1~32.

Pollution Prevention Policy Statement. 1989. "U.S. Environmental Protection Agency." *Federal Register*, vol. 54(16), 26 January.

Prokopy, Ron. 1995. telephone interview, 31 March.

Pyle, J. 1999. "Third world women and global restructuring." in J. Chafetz(ed.). *Handbook of the Sociology of Gender*. New York: Kluwer Academic/Plenum Publishers, pp. 81~104.

Pyle, J. L. and K. B. Ward. 2003. Recasting ow Understanding of Gender and Work during Global Restructuring, *International Sociology*, Vol. 18(3) September, pp. 461~489.

Quinn, M. and E. Buiatti. 1991. "Women, Time, Stress and Work: A Proposal from Italy." *New Solutions*, vol. 1(3), pp. 48~56.

Quinn, M., D. Kriebel, K. Geiser, and R. Moure-Eraso. 1998. Sustainable Production: A Proposed Strategy for the Work Environment, *American Journal of Industrial Medicine* 34, pp. 297~304.

Rappaport, S. M. 1993. "Threshold Limit Values, Permissible Exposure Limits, and Feasibility: The Bases for Exposure Limits in the United States." *American Journal of Industrial Medicine*, vol. 23, pp. 683~694.

Rathgeber, E. 1995. Gender and Development in Action, in M. H. Marchand and J. L. Parpart(eds.). *Feminism/Postmodernism/Development*. London: Routledge. pp. 204~220.

Riger, S. 1991. "Gender Dilemmas in Sexual Harassment Policies and Procedures." *American Psychologist*, vol. 46(5), pp. 497~505.

Roach, S. A. and S. M. 1990. "Rappaport, But They Are Not Thresholds: A Critical Analysis of the Documentation of the Threshold Limit Values." *American Journal of Industrial*

Medicine, vol. 17, pp. 727~753.

Roelofs, C. et al,. 2000. "Pollution Prevention and the Work Environment: The Massachusetts Experience." *Applied Occupational and Environmental Hygiene*, vol. 15(121), pp. 843~850.

Rosner, D. and G. Markowitz. 1989. *Dying for Work: Workers' Safety and Health in Twentieth-Century America*. Bloomington and Indianapolis: Indiana University Press.

Rossi, M., M. Ellenbecker, and K. Geiser. 1991. "Techniques in Toxics Use Feduction: From Concept to Action." *New Solutions*, vol. 2, pp. 31~32, Fall.

Rossi, Mark and Ken Geiser. 1992. *Toxic Chemical Management in Massachusetts: An Analysis of Further Chemical Restriction Policies Rossi*. The Toxics Use Reduction Institute, University of Massachusetts Lowell.

Rudino, L. 1997. "Pactada por Serra Puche, la sustitucion de azucar por fructosa." *El Financiero*, 29 August.

Rustad, M. 1982. *Women in Khaki*. New York: Praeger.

Ryan, C. 1992. *Prime Time Activism*. Boston: South End Press.

Salsas, C. 1996. "Ajuste Estructural y Empleo: el Caso de Mexico [Structural Ajdustment and Employment: The Case of Mexico]." *Revista Latinoamericana de Estudios del Trabajo*, vol. 2(2), pp. 77~103.

Saunders et al. 1987 "Outbreak of Omite-CR-Induced Dermatitis Among Orange Pickers in Tulare County, CA." *JOM*, vol. 29(5), pp. 409~413.

Schlafly, P. 1981. "Testimony before the Senate Labor and Human Resources Committee." 4 April, *reported in the Bureau of National Affairs*, p. 51ff.

Schlozman, K. 1991. "Sexual Harassment of Students: What I Learned in the Library." *PS: Political Science and Politics*, June, pp. 236~239.

Schneider, B. 1991. "Put Up or Shut Up: Workplace Sexual Assaults." *Gender and Society*, vol. 5(4), pp. 533~548.

Scott, J. C. 1990. *Domination and the Arts of Resistance*. Yale: Yale University Press.

Sen, G. and C. Grown. 1987. *Development, Crises, and Alternative Visions: Third World Women's Perspectives*. New York: Monthly Review Press, p. 34.

Sennet, R. 1993. *O declinio do homem publico, Cia*. Sao Paulo: cas Letras.

Sewall, Bradford and Whyatt. 1989. "Robin Intolerable Risk: Pesticides in Our Children's Food." Natural Resources Defense Council, Feb. 27.

sexual harassment quiz. 1991. *The Boston Globe*, 24 October, pp. 73, 76~77.

Shiva, V. 1990. Development as a New Project of Western Patriarchy in I. Diamond and G. Orenstein(eds.). *Reweaving the World: The Emergence of Ecofeminism*. San Francisco:

Sierra Club Books. pp.189~200.

_____. 1993. Reductionism and Regeneration: A Crisis in Science, in M. Mies and V. Shiva. *Ecofeminism*. London: Zed Books. pp.22~35.

Shor, G., E. Spieler, and T. McFarren(eds.). 2000. "Assessing Workers' Compensation." *New Solutions*, vol. 3.

Sims, J. and M. Butter. 2002. *Health and Environment: Moving Beyond Conventional Paradigms in Engendering International Health: The Challenge of Equity*, Gita Sen, Asha George, and Piroska Ostlin (eds.), Cambridge, Massachusetts: MIT Press, pp.195~220.

Sindicato dos Rodoviatious do Estado da Bahia. 1996. Salvador, Transporte, 15 July.

Singelmann, P. 1995. *Campesinos, Sugar and the Mexican State: From Social Gurarantees to Neoliberalism, LaJolla CA: Center for U.S.-Mexican Studies*. San Diego: University of California.

Siqueira, M. 1995. "Os onibus e seus donos: relacoes de poder no transporte coletivo de Belo Horizonte." CEPEAD/FACE/UFMG, Belo Horizonte.

Sitarz, P.(ed.). 1994. *Agenda 21: The Earth Summit Strategy to Save our Planet*. Boulder: Earth Press.

Sivin, D. 2002. *doctoral dissertation, Pollution Prevention and Worker Toxic Exposures: A Method*. Johns Hopkins University, Ann Arbor: UMI.

Slatin, C. 1999. *Training for Action: The Political Economy of the Superfund Worker Training Program [Dissertation]*. Lowell, Massachusetts: University of Massachusetts Lowell.

Slatin, C. 1999. *Training for Action: The Political Economy of the Superfund Worker Training Program, doctoral dissertation, Department of Work Environment*. Lowell, Massachusetts: University of Massachusetts Lowell, p.649.

Slatin, C. and E. Siqueira. 1998. "Does a Collateral Duty Require Less Protection: Workers, Hazardous Materials Emergency Response, and OSHA's Failure to Protect." *New Solution*, vol. 8(2), pp.205~219.

Smith, Rick. 1994. telephone interview, 19 Jan.

Spangler, E. 1986. *Lawyers for Hire*. New Haven: Yale University Press.

Sparadley, J. and Mann, B. 1975. *The Cocktail Waitress*. New York: Wiley.

Sreswell, R. 1989. *Qualitative Inquiry and Research Design: Choosing among Five Traditions*. Thousand Oaks, California: Sage.

Spretnak, C. 1990. Ecofeminism: Our Roots and Flowering in I. Diamond and G. Orenstein(eds.). *Reweaving the World: The Emergence of Ecofeminism*. San Francisco: Sierra Club Books. pp.3~14.

Standign, G. 1999. *Global Labour Flexibility*. London: Macmillan.

Standing, H. 2002. "Frameworks for understanding health sector reform." In: G. Sen, A. George, and P. Östlin. *Engendering International Health: The Challenge of Equity*. Cambridge, Massachusetts: The MIT Press, pp.347~371.

State Board of Health. 1912. *Hygiene of the Boot and Shoe Industry in Massachusetts*. Wright &Potter Printing Co.

Stewart, D. W. and P. N. Shamdasani.1990. *Focus Groups: Theory and Practice*. Thousand Oaks, CA: Sage.

Stiglitz, J. E. 2003. *Globalization and its Discontents*. New York: W. W. Norton, pp.216, 226.

Stone, D. 1998. *Policy Paradox and Political Reason*. Illinois, Glenview: Scott-Foresman.

Stott, WT and Bullerman, LB. 1975. "Patulin: A Mycotoxin of Potential Concern in Foods" *J. Milk Food Technology*, vol. 38(11), pp.695~705. (Nov. 1975).

Sugarman, Carole. 1989. "Apple Processors Urge the EPA to Ban Alar." *Washington Post*, 12 May, quoted in Hathaway.

Suqueira, C. E. 2003. *Dependent Convergence: The Struggle to Control Petrochemical Hazards in Brazil and the United States*. New York, Baywood: Amityville.

Sykes, J. T. 1995. *Preventing Injuries to School Bus Drivers from Violence on the Job*. Boston (mimeo).

Syncook, Joe. 1993a. telephone interview, 16 Nov.

_____. 1993b. telephone interview. 16 Dec.

Tabb, W. K. 2000. "Turtles, Teamsters, and Capital's Designs." *Monthly Review*, vol. 52(3), pp.28~45.

Tanzer, M. 1995. "Globalizing the Economy." *Monthly Review*, vol .47(4), pp.1~15.

The Department of Trade and Industry, the Philippines. 2003. Summary of Philippine merchandise exports to all countries by major product grouping during 2003~2002, http://tradelinephil.dti.gov.ph/betp/statcod3.sumprod.

Thomas, K. 1998. *Solvents used in the production of footwear*. Maquila Solidarity, http://www.maquilasolidarity.org/campaigns/nike/solvents.htm.

Tomei, F., P. Guintoli, M. Biagi, T. P. Baccolo, E. Tomao, and M. V. Rosati. 1999. "Liver damage among shoe repairers." *American Journal of Industrial Medicine*, vol. 36, pp.541~547.

Toth, B. 1973. "1,1-Dimethylhydrazine(unsymmetrical) Carcinogenesis in Mice: Light Microscopic and Ultrastructural Studies on Neoplastic Blood Vessels." *Journal of the National Cancer Institute*, vol. 50, pp.181~187.

_____. 1977. "The Large Bowel Carcinogenic Effects of Hydrazine and Related Compounds Occuring in Nature and the Environment." *Cancer Supplement*, vol. 40, pp.2427.

Toxics Use Reduction Institute. 2003. Toxics Use Reduction Planning and Certification Course, Curriculum and Resource Guide. Winter. Lowell: University of Massachusetts.

Trade Union Technical Bureau for Health and Safety Newsletter. 2000. Asbestos@WTO, vol. 13, pp.1~2.

_____. 2001. TWO asbestos ban hearing: update, vol. 14, pp.4~5.

U.S. Department of Labor. 1992. Progress Report, FY 1991, Workplan Under the OSHA/EPA Enforcement Memorandum of Understanding, Occupational Safety and Health Administration.

UCLA-LOSH. 1996. *Risk Mapping: A Group Method for Improving Workplace Health and Safety*. Los Angeles: Regents of the University of California.

Unidentified picker of Rich Smith's orchard. 1993. Ashfield, MA, 13 Oct.

Uniroyal Chemical MSDS No. A313002 for B-Nine(same formulation as Alar) 19 Dec. 1990.

United Nations Development Program. 2002. Gender Equality: Practice Note.

United Nations Environmental Program. 2002. Sustainable Consumption: A Global Status Report, Sept.

United States Environmental Protection Agency. 1997. Annual Report of the Office of Pollution Prevention and Toxics FY 1995. EPA Office of Pollution Prevention and Toxics, Washington D.C.

Vasconcelos, L. 1999. "Grande desafio e enfrentar o atraso." *in A Tarde*, 29 March.

Vazquez, A. 1997. "Aument/166.71% la canasta bastica y los salarios perdieron 35 puntos." *La Jornada*, 1 October.

Vevy, B. and D. Wegman. 1995. *Occupational Health: Recognizing and Preventing Work-Related Disease*. Boston: Little Brown.

Wages, R. 1998. Telephone interview with author, tape recording, 11 August.

Walsh, M. R. 1997. *Doctors Wanted: No Women in Need Apply*. New Haven: Yale University Press.

Warren, Nick. 1992. in his unpublished paper "Unanticipated Consequences of Banning A Chemical: The Case of Alar, Work Environment Dept." UMass Lowell, 17 Dec.

Wegman, D. and L. Fine. 1990. "Occupational Health in the 1990's." *Annual Review of Public Health*, vol. 11. pp.89~103.

Weisskoff, R. 1994. "The decline of the US footwear industry and the expected impact of a free trade agreement between Colombia and the United States." *North American Journal of Economy and Finance*, vol. 5(1), pp.55~78.

Welch, L. S., L. M. Goldenhar, and K. L. Hunting. 2000. "Women in Construction: OccuHealth and Working Conditions." *Journal of the American Women's Medical Association*, vol. 55(2), pp.89~92.

Wieringa., S. E. 2001. "Sexual Politics in Indonesia. From Soekarno's Old Order to Soeharto's New Order." In: S. Rowbotham and S. Linkogle, (eds.). *Women Resist Globalization:*

Mobilizing for Livelihood and Rights. New York: Zen Books.

Williams, D. and N. Homedes. 2001. "The Impact of the Maquiladoras on Health and Health Policy Along the U.S.-Mexico Border." *Journal of Public Health Policy*, vol. 22(3), pp.320~337.

Willis, P. 1977. *Learning to Labor*. New York: Columbia University.

Wilmot, P. and M. Young. 1973. *The Symmetrical Family*. New York: Pantheon.

Wood, Stephen. 1995a. telephone interview, New Hampshire Apple Grower, President of New England Fruit Growers' Council on the Environment, 29 Jan.

_____. 1995b. telephone interview, 28 Feb.

_____. 1995c. telephone interview, 29 March.

Wooding, J. and C. Levenstein. 1999. "Levenstein, The Point of Production." *Work Environment in Advanced Industrial Societies*. New York: The Guilford Press.

_____. 1999. *The point of producition, Work environment in advanced industrial societies*. New York: Guilford.

Wooding, J., C. Levenstein, and B. Rosenberg. 1997. "The Oil Chemical and Atomic Workers International Union: Refining Strategies for Labor." *International Journal of Health Services*, vol. 27(1) pp.124~139.

Working Women's Institute. 1985. *Sexual Harassment on the Job: Question and Answer*. New York: Mimeo.

_____. 1986. *Results of a Survey on Gender Bias and Sexual Harassment in the FAA, Eastern Region*. New York: Mimeo.

World Business Council for Sustainable Development. *Case Study: BASF-The eco-efficiency life cycle tool*. www.wbcsd.ch

World Social Forum. 2001. *Porto Alegre call for mobilization*, available at http://www.fsm.rits.org.br/fsm, accessed on 22 Aril, 2001.

Wright, R. T. and S. H. Decker. 1997. *Armed Robbers in Action*. Boston: Northeastern University Press.

Yllo, K. and M. Bogard. 1988. *Feminist Perspectives on Wife Abuse*. California: Sage Publications.

Zuskin, E., J. Mustajbegovic, E. N. Schachter, J. Doko-Jelinic, and V. Bradic. 1997. "Respiratory function in shoe manufacturing workers." *American Journal of Industrial Medicine*, vol. 31(1), pp.50~55.

http://www.world.psi.org.
http://www.aft.org/research/vouchers/semantics.htm, accessed May 2001.
http://www.epinet.org/real_media/010111/materials.html, ceessed November 2001.

찾아보기

ㄱ

가내노동 75
가이드라인 260, 356, 359~361, 363, 364, 366, 367, 370, 371
가정 폭력 285, 286, 291
개발도상국 38, 40, 58, 59, 64, 72, 75, 80, 83, 301, 303, 316, 319
개인 보호구 332
거래 95, 292, 293, 295, 297, 307
경제위기 49
경제적 손실 151
계획 입안자 213, 217~221, 223~228, 230, 231, 233~238, 240, 241
고용상태 30
고용주 70, 80, 285, 287, 289~291, 293, 296, 297, 362
고용평등위원회 289, 290
공중보건 84, 138, 165, 183, 204, 209, 238, 241, 246, 247, 249, 266, 299
공해 예방 정책 214
관리된 자본주의 52
구조조정 39, 47, 76, 175, 181, 193, 196, 255, 310, 319
구조화된 폭력 285
국립환경보건과학원 170, 171, 184, 191, 195, 198, 202~204, 208, 209
국제노동기구 29, 35, 57, 58, 59, 66, 74, 77, 79, 80
국제연합산업개발기구 77
국제연합여성기금 77

국제연합환경프로그램 77
국제운동 61
국제통화기금 27, 39, 47~50, 308, 319
국제표준기구 57
군살 빼기 34
규제 기관 249, 255
규제 담당자 239
규제당국 221, 236, 239
규제 순응 255, 264, 268
규제 시스템 166
규제 완화 33, 36, 39, 43
근접 교육 200

ㄴ

노동 강도 37, 46, 164, 193
노동보건운동 252
노동연구소 180, 182, 184~186, 188, 194, 198, 208, 210
노동 유연성 54
노동자 건강 56, 60
노동자 보호 74, 253, 268, 343
노동자의 권리 366, 367
노사 관계 291
노출 한계치 250
농업 노동자 129, 130, 137, 147~151, 157, 158, 161, 163, 164, 169, 301

ㄷ

다국적기업 40

찾아보기 **397**

다미노자이드(daminozide)　126, 129, 131, 132, 134, 135, 137, 138, 141, 143, 144, 164
「대기오염방지법」 242
대중교통　85, 87, 88, 90, 92, 93, 95, 97, 103, 106, 107, 109, 110
독립성　221, 360, 361, 363, 367, 369
독성　37, 69, 136, 158, 159, 161, 163, 215, 256, 301
독성물질　165, 166, 175, 187, 192, 204, 212~216, 219, 222, 260, 262, 263
독성물질 사용 감소 계획　213, 215~228, 230~234, 236~ 242
「독성물질사용감소법」 212~216, 240~243
디메틸하이드라진　131, 132, 134, 135, 138, 141

ㅁ

목적 지향 및 이론 기반 표본추출 방법　38
문화적 성차별주의　294
물질안전보건자료　157, 160
미국 직업안전보건청　142, 329, 332
미국 천연자원보호위원회　131
미국철강노조　17
미국 환경청　131~133, 135, 137, 138, 141~143, 1651

ㅂ

발생원　245, 248, 257, 258, 267
버스 노동자　85, 87~89, 91~94, 97, 99, 100, 102~106, 110
보건관리자　202
'보상성' 괴롭힘　288
본질주의　313
부정의　82
부탄도익산 모노　126

북미자유무역협정　41, 57, 58
비밀유지　366
비정규직 노동　35

ㅅ

사과 산업　129, 155
사용 금지　141, 144, 147, 149, 153, 155, 160~163, 165, 167, 168, 215~218, 230
사유화　33, 36~38, 42, 43, 45, 46, 48, 50, 53, 56
사전 동의　360, 366
산업 정책　269
살충제　126, 156~161, 164, 165, 166, 301
생산　33, 34, 37, 41~44, 46, 53, 63, 65, 66, 73, 80, 126, 134, 144, 166, 168, 173~175, 188, 229, 305, 306, 317, 321, 323, 324
생산 공정　65, 224, 241, 245, 250, 256, 261, 302, 305, 321, 323, 325
생산 과정　80, 144, 164, 168, 188, 212, 214, 215, 222, 224, 231, 241~243, 245, 269, 323, 335
생산 방식　66, 67, 213, 230
생산의 지점　208
석유 산업　173, 174, 183
석유 학교　177
석유화학원자력국제노조　170, 208
선진국　302
성별 분리　293
성 불평등　82, 307
성인지적 개발　312, 313
성인지적 접근　311
성적 괴롭힘　285~291, 294, 295, 297, 298
성적 호의　288, 290
성차별　82, 289, 290, 301, 322, 332, 334
성희롱　342
세계 경제　40, 48, 51, 84, 175, 308, 323
세계무역기구　27, 57, 58, 59

세계보건기구 77
세계사회포럼 60, 61
세계은행 27, 39, 50, 308, 309
세계화 29, 31, 34, 36, 41, 51, 57, 60, 66, 76, 82, 315, 321
섹슈얼리티 294
소그룹활동방법 180, 181, 184, 190, 201
수용 가능한 위험 251
신자유주의 세계화 33, 51, 59, 60
심층 역사적 사례 연구들 38

ㅇ

아동노동 66
안전보건 28, 35, 36, 46, 58~60, 74, 78, 79, 187, 190, 191, 195, 197, 198, 201, 205~208, 255, 329, 333, 344
안전보건교육 172, 201
안전보건훈련 171, 185, 187
안전보건훈련 프로그램 171, 173
에코페미니즘 313
연속흐름과정 174
염화칼슘 163
영국노조평의회 179
외상후 스트레스장애 104
워싱턴 합의 50
위험도 평가 135
위험한 일자리 292
유기용제 69, 70, 81, 226, 336
유해폐기물 184, 185, 188, 192, 194, 195, 204, 212, 216, 234, 238, 240, 247
유해폐기물 노동자 훈련 프로그램 178
이해관계 130, 243, 291, 298, 365
일탈 284, 285, 290
임파워먼트 311, 312, 321

ㅈ

자본 29, 31, 32, 34, 37, 48, 52, 60, 61, 66, 77, 83, 309, 316
자유 시장 29, 51
재교육 185, 197
재활용 185, 227, 256, 257, 301, 322, 325
저항운동 60
적대적 환경 288, 289, 293, 295
적시 34, 53
전략 개발 268
전문직 여성 296, 297
정부 28, 30, 35, 36, 38~41, 43, 45, 48, 51, 52, 58, 65, 71, 74, 78, 83, 84, 91, 104, 135, 138, 140, 165~168, 213, 215, 217, 219~221, 228, 230, 234, 236, 237, 239, 240, 243, 249, 253, 255, 258~260, 262, 265~269, 287, 339, 344, 356, 357, 365
제지노동자연합국제노조 171
제화 산업 63, 65, 68, 70, 71, 76, 77, 84
젠더 67, 301, 302, 307, 311, 322~324, 326, 327
젠더 관계 285, 286, 299, 312
젠더 동학 327
젠더 분석 321, 326
젠더 블라인드 302, 319, 321
젠더 영향 분석 325~327
젠더 인식 321
젠더 재분배 320, 321
젠더 중립 정책 320
젠더 형평성 327
지배 구조 80
지속가능한 개발 269, 303, 304, 310, 313~317
지속가능한 생산 303, 305, 307, 321, 323, 327
지속가능한 생존 317
지역무역협정 58
직무 스트레스 87

직업보건 185, 246~249, 251, 255, 259, 264, 267, 268, 304
직업안전보건교육 조정관 177, 188
직업안전보건법 177, 248, 250, 252, 254
직업안전보건 연구 355, 357, 358, 360, 367, 370, 371
직업안전보건청 35, 142, 165, 177, 183, 184, 201, 202, 246~255, 262~268, 329, 330, 332, 333, 335, 336, 339, 341, 343, 344
직업의학 248

참여교육방법론 179
청정생산 302, 303, 306, 320, 321, 323, 325, 327
청정생산 전략 302, 305, 322, 324, 325

파툴린 163
페미니즘 82, 303, 311, 313
폐기물 71, 214, 216, 223, 248, 255~257

행위자 분석 71
행정규제기본법 113
허용 기준치 137
허용 농도 135, 250, 251
현장교육자 172, 181, 184~186, 188~190, 194, 196~200, 206, 208
화학물질 37, 70, 71, 126, 136, 137, 144, 160, 165~168, 189, 213, 215~217, 223, 224, 226, 229, 230, 233, 240~242, 245, 248, 250~252, 256, 259, 260, 263
환경 28, 53, 59, 168, 173, 204, 212, 214~216, 232, 237, 245
환경관리제도 257
환경보건 246, 248, 249, 255, 264, 266~268, 304, 310
환경보건운동 252
환경보호정책 212
환경보호주의자 168, 236
환경보호청 246~255, 257~259, 263, 264, 266~268, 303
환경오염 예방 245, 248, 254, 256~258, 260, 261, 266~268
환경오염예방법 256, 258, 259, 266
환경 정의 205, 305
환경 효율성 304, 305, 323

편저자

찰스 레벤스타인(Charles Levenstein)
매사추세츠 주립대학교 로웰 캠퍼스(UMass Lowell) 보건환경 대학원 석좌교수. 매사추세츠 공과대학(MIT)에서 경제학 박사학위를 받았다. 연구 분야는 직업성 질환과 부상의 정치경제학, 노동자 건강 문제의 국제 비교, 통합적인 건강증진 접근법, 노동 환경 정의, 직업보건의 역사와 윤리, 지속 가능한 개발이다.

실천적 성격의 노동안전보건 학술잡지 *New Solutions Journal of Occupational and Environmental Health Policy*의 편집인이자 베이우드 출판사의 '노동, 건강, 환경 시리즈' 공동 편집인이기도 하다.

옮긴이(가나다순)

김명희 __ 시민건강증진연구소 건강형평성연구센터장
김승섭 __ 조지워싱턴 대학교 보건대학원 박사후과정 연구원
김재영 __ 계명대학교 의과대학 예방의학교실 조교수
김현주 __ 단국대학교 의과대학 산업의학교실 부교수
이화평 __ 포천중문의과대학교 산업의학 조교수
임 준 __ 가천의학전문대학원 예방의학교실 부교수
임형준 __ 한림대학교 의과대학 산업의학교실 조교수
정최경희 __ 이화여자대학교 의과대학 예방의학교실 조교수
주영수 __ 한림대학교 의과대학 산업의학교실 부교수
최영철 __ 고려대학교 대학원 박사과정 예방의학 전공
한재각 __ 에너지기후정책연구소 부소장

한울아카데미 1417
노동자 건강의 정치경제학 2
직업환경보건의 사회적 분석

ⓒ 김명희·김승섭·김재영·김현주·이화평·임준·임형준·정최경희·주영수·최영철·한재각, 2012

편저자 | 찰스 레벤스타인
옮긴이 | 김명희·김승섭·김재영·김현주·이화평·임준·임형준·정최경희·주영수·최영철·한재각
펴낸이 | 김종수
펴낸곳 | 도서출판 한울

편집책임 | 이교혜
편집 | 이가양

초판 1쇄 인쇄 | 2012년 2월 13일
초판 1쇄 발행 | 2012년 2월 29일

주소 | 413-756 파주시 문발동 535-7 302(본사)
       121-801 서울시 마포구 공덕동 105-90 서울빌딩 1층(서울 사무소)
전화 | 영업 02-326-0095, 편집 031-955-0606, 02-336-6183
팩스 | 02-333-7543
홈페이지 | www.hanulbooks.co.kr
등록번호 | 제406-2003-0000051호

Printed in Korea.
ISBN 978-89-460-5417-2 93510 (양장)
       978-89-460-4558-3 93510 (학생판)

* 가격은 겉표지에 표시되어 있습니다.
* 이 도서는 강의를 위한 학생판 교재를 따로 준비했습니다.
  강의 교재로 사용하실 때에는 본사로 연락해주십시오.